明明德教育系列丛书

儒学入门

主 编／刘 奇
副主编／刘振宇　赵 伟　刘北芦

辽宁人民出版社

ⓒ 刘奇　2021

图书在版编目（CIP）数据

儒学入门 / 刘奇主编 . — 沈阳：辽宁人民出版社，2021.6
（明明德教育系列丛书）
ISBN 978-7-205-10175-6

Ⅰ．①儒… Ⅱ．①刘… Ⅲ．①儒学－研究 Ⅳ．①B222.05

中国版本图书馆CIP数据核字(2021)第046089号

出版发行：辽宁人民出版社
　　　　　地址：沈阳市和平区十一纬路25号　邮编：110003
　　　　　http://www.lnpph.com.cn
印　　刷：辽宁新华印务有限公司
幅面尺寸：170 mm × 240 mm
印　　张：33
字　　数：506千字
出版时间：2021年6月第1版
印刷时间：2021年6月第1次印刷
责任编辑：娄　瓴
装帧设计：鼎籍文化
责任校对：吴艳杰
书　　号：ISBN 978-7-205-10175-6

定　价：99.00元

《儒学入门》编委会

主　编

刘　奇

副主编

刘振宇　赵　伟　刘北芦

编委会成员

（按姓氏笔画排序）

王　娟　刘北芦　刘兆伟
刘　奇　刘振宇　张文艳
孟宪丽　赵　伟　施华莎
陶双彬　郑　欣

前言
PREFACE

文化作为人类社会与历史长期发展的产物，是能够继承与传播的思想意识、价值观念、行为范式、生活方式、科技艺术、风俗习惯的结晶，涵盖了从过去到现在的一切物质与精神创造。对于一个国家、一个民族而言，文化更是维系存在和发展的灵魂，积淀了对世界及自身最深层次的认知与追求。任何国家、民族文化的存续，都是建立在既有文化基础之上所进行的传承、创新与改造。如果没有传统文化作为基础，那就意味着文化血脉的断裂与民族传统的丧失，无论既有成果的延续抑或新文化的创生均无从谈起。因此，保护和传承传统文化始终是每个国家、民族义不容辞的天然使命。

在漫长的数千年历史长河中，中华民族依靠顽强不屈、坚韧不拔的奋斗精神创造了灿烂悠久的文明，由此建立起伟大的传统文化遗产。而在规模宏大、内蕴深厚的中华优秀传统文化之中，由孔子始创的儒家学说是不可或缺的主要内容，是中华文明的思想集萃与杰出代表，也是延续时间最长、最具代表性的思想体系。尤其是自汉至清的两千年岁月里，儒学一直是官方大力推崇的学术流派，贯穿于中国古代社会的全过程，充盈于中华民族精神领域的方方面面。儒学作为社会意识形态的主要组成部分，对政治、经济、社会、文化、教育等方面发展具有决定性作用，直接影响到华夏民族的人文传统、生活形态与思维方式的建构，以及中国历史的演进走向。不仅如此，儒学还走出发祥地传播至东亚、东南亚以及欧美地区，对很多国家、地区、民族的文化产生深远影响。儒学由此成为世界性的文化标识，并形成了若干的分支学派。儒学自身更随着时移世易而不断调整更新，其价值历久不衰，时至今日仍具有鲜活的生命力。

正因儒学所具有的重要价值与时代意义，本书编委会组织编写了以普及儒学基本知识为目的的通俗性读本《儒学入门》，主要面向对中华优秀传统文化感兴趣的青少年，以及希望增广见闻、拓展知识面的普通成人读者。为体现知识性、思想性、可读性与普及性的统一，《儒学入门》着力于凸显如下几方面的特色：

一是主旨明确，重点突出。全书紧密围绕儒家学说的基本概念、重要人物、分支流派、经典著作、代表机构、重大事件以及儒家典籍中的妙言佳句展开。力争主题不泛化、不空洞，重点集中于适合普通读者的基本常识。

二是提纲挈领，结构明晰。为使读者能够清晰明确地了解儒学知识，本书在结构体例上力求做到科学合理、开宗明义。全书借鉴了辞书形式的优长之处，结合基础知识、历史发展、思想脉络、影响作用等元素设计了主题式架构和词条式解说，分门别类地阐述儒学在发展进程中具有代表性的名词、人物、事件、机构、思想、著作等内容，从而帮助读者更加直观地学习和掌握基本知识。

三是内容充实，引证丰富。为客观呈现儒学的基本风貌与核心内涵，本书从儒学原典、儒学辞书、儒学史书、儒学论著等学术著作中引用了大量相关材料，以五十余万字的体量进行了较为系统地阐述，以体现儒家思想的内涵深厚、意蕴悠远、著述精妙、传承枝繁、影响深远等特征。

四是行文朴实，深入浅出。为增强内容的通俗性、可读性，便于读者更好地理解其中各类知识，本书尽可能避免行文的过度理论化、抽象化，力求采用通俗易懂的语言对各知识点进行翔实描述，以便于读者领会掌握。

文化兴则国运兴，文化强则民族强。在倡导建设中国特色社会主义文化的今天，高度重视、有效保护和大力弘扬儒学这份宝贵的文化遗产，对于坚持文化自信、推动社会主义精神文明和物质文明协调发展，实现中华民族的伟大复兴具有重要意义。希冀《儒学入门》一书的出版，能为弘扬中华优秀传统文化，为中国特色社会主义文化建设略尽绵薄之力。

《儒学入门》编委会

二〇二一年三月

目录
CONTENTS

前言 /001

第一部分
儒学相关名词概念 /001

三皇五帝 /002
大一统 /002
人伦 /003
三纲五常 /003
天人合一 /004
道、器 /005
体用 /005
义利之辨 /006
性三品 /007
正名 /007
教化 /008
君子 /008
小人 /008
三孔 /009
圣人 /009
先贤 /010
至圣先师 /010
素王 /011
衍圣公 /011
六艺 /012
训诂 /013
九品中正制 /013
科举制 /014
连中三元 /015
三舍法 /015
庆历兴学 /016
熙宁兴学 /017
崇宁兴学 /018
明法科 /018
鸿词科 /018
别头试 /019
四门博士 /019
白鹿洞书院学规 /019
朱子读书法 /020
儒家 /020

大儒	/021	国子监	/035
儒士	/021	四门学	/037
儒生	/022	贡院	/037
儒吏	/022	先圣先师	/038
儒宗	/022		
儒门	/022	**第二部分**	
儒将	/023	**圣人及其弟子**	/039
儒林外史	/023		
州学	/024	周公	/040
县学	/024	孔子	/040
书学	/025	颜回	/041
律赋	/025	闵损	/042
弘文馆	/026	冉耕	/043
广文馆	/026	冉雍	/043
崇玄学	/026	宰予	/043
崇文馆	/027	端木赐	/044
明体达用	/027	冉求	/044
小经	/027	季路	/045
童子科	/028	言偃	/046
策问	/028	卜商	/046
贡举制度	/028	有若	/047
医举科	/029	曾参	/048
明算科	/029	颜路	/048
旬试、月试	/030	公冶长	/049
格物致知	/030	曾点	/049
致良知	/031	南宫适	/050
学规	/032	原宪	/051
太学	/032	高柴	/051

巫马施	/052	公肩定	/065
公西赤	/053	郑国	/066
司马耕	/053	叔仲会	/066
宓不齐	/054	颜高	/066
公伯寮	/055	原亢	/067
林放	/055	伯虔	/067
澹台灭明	/056	漆雕哆	/067
漆雕开	/056	公良孺	/067
陈亢	/057	壤驷赤	/068
颛孙师	/058	奚容葳	/068
商瞿	/058	县成	/068
蘧伯玉	/059	颜之仆	/069
公祖句兹	/059	步叔乘	/069
颜祖	/060	廉絜	/069
申党	/060	邦巽	/069
荣旗	/060	曹恤	/070
颜哙	/061	公西舆如	/070
施之常	/061	公西葳	/070
狄黑	/061	乐欬	/070
琴牢	/062	任不齐	/071
樊须	/062	秦祖	/071
句井疆	/063	漆雕徒父	/071
左人郢	/063	秦商	/072
孔忠	/063	冉季	/072
冉孺	/064	石作蜀	/072
公孙龙	/064	颜幸	/073
后处	/065	燕伋	/073
商泽	/065	孟子	/073

乐正克	/076	孔安国	/091
公孙丑	/077	马融	/091
万章	/077	郑玄	/092
公都子	/077	嵇康	/093
彭更	/078	王弼	/093
陈代	/078	颜之推	/094
屋庐连	/078	孔颖达	/095
桃应	/079	颜师古	/096
陈臻	/079	王通	/096
咸丘蒙	/079	韩愈	/097
充虞	/080	李翱	/097
孟仲子	/080	柳宗元	/098
盆成括	/081	皮日休	/099
徐辟	/081	范仲淹	/099
		欧阳修	/100
第三部分		邵雍	/101
儒学传承代表人物	/083	周敦颐	/102
		司马光	/102
荀子	/084	张载	/103
辕固生	/085	王安石	/104
贾谊	/085	程颢	/105
公孙弘	/086	程颐	/106
董仲舒	/086	朱熹	/107
文翁	/088	吕祖谦	/109
扬雄	/088	陆九渊	/109
孟喜	/089	陈亮	/110
费直	/090	叶适	/111
申公	/090	许衡	/111

吴澄	/112	康有为	/134
马端临	/113		
程端礼	/113	**第四部分**	
宋濂	/114	**儒家代表学派**	**/137**
方孝孺	/114		
薛瑄	/115	思孟学派	/138
吴与弼	/115	魏晋玄学	/138
娄谅	/116	程朱学派	/139
陈献章	/117	伊川学派	/139
湛若水	/117	洛学	/140
王阳明	/118	关学	/140
李贽	/120	泰山学派	/141
刘宗周	/120	龟山学派	/142
朱之瑜	/122	闽学	/143
黄宗羲	/122	永嘉学派	/144
王夫之	/124	陆王学派	/144
顾炎武	/125	浙东学派	/145
颜元	/125	草庐学派	/146
李塨	/127	阳明学派	/146
戴震	/127	泰州学派	/147
钱大昕	/128	甘泉学派	/148
段玉裁	/129	河东学派	/149
章学诚	/130	蕺山学派	/149
焦循	/131	乾嘉学派	/151
阮元	/131	颜李学派	/152
刘宝楠	/132		
俞樾	/133		
吴汝纶	/133		

第五部分
儒学经书 /153

"五经"	/154
"七经"	/155
"九经"	/157
"十二经"	/158
"十三经"	/159
"四书"	/160
《易经》	/161
《诗经》	/163
《尚书》	/166
《周礼》	/168
《仪礼》	/170
《礼记》	/172
《春秋》	/174
《左传》	/177
《公羊传》	/178
《穀梁传》	/181
《孝经》	/182
《论语》	/184
《孟子》	/186
《大学》	/188
《中庸》	/189
《尔雅》	/191
《学记》	/193
《白虎通义》	/195
《熹平石经》	/195
《开成石经》	/196

第六部分
儒学代表著作 /197

《十三经注疏》	/198
《三经新义》	/199
《十七史蒙求》	/200
《四书章句集注》	/200
《五经正义》	/201
《汉书·艺文志》	/202
《圣学宗传》	/202
《理学宗传》	/203
《四书正误》	/204
《孟子字义疏证》	/205
《四书五经大全》	/205
《性理大全》	/206
《五经纂言》	/206
《九经要义》	/207
《玉函山房辑佚书》	/208
《考信录》	/209
《十七史商榷》	/209
《古文尚书疏证》	/210
《易图明辨》	/211
《皇清经解》	/212
《皇清经解续编》	/212
《说文解字注》	/213
《方言疏证》	/214

《五种遗规》	/215	《弟子规》	/237
《五经稽疑》	/216		
《经义考》	/216	**第七部分**	
《群书辩疑》	/217	**儒学代表机构**	/239
《群经补义》	/217		
《九经古义》	/218	太学	/240
《四库全书》	/218	四门学	/240
《四库全书总目提要》	/220	国子学	/241
《古经解钩沉》	/221	国子监	/241
《九经说》	/222	贡院	/242
《国朝汉学师承记》	/222	广文馆	/242
《古书疑义举例》	/223	崇文馆	/243
《群经平议》	/224	州学	/243
《经学历史》	/225	县学	/243
《清代学术概论》	/226	华林书院	/244
《毛诗正义》	/227	梧桐书院	/244
《春秋繁露》	/227	松州书院	/244
《宋元学案》	/228	武夷精舍	/245
《明儒学案》	/229	应天府书院	/245
《清儒学案》	/229	茅山书院	/246
《二程全书》	/230	石鼓书院	/247
《朱子语类》	/231	宣成书院	/247
《御纂朱子全书》	/232	涵江书院	/248
《伊川击壤集》	/233	河东书院	/248
《日知录》	/234	丹阳书院	/249
《传习录》	/234	丽泽书院	/249
《明夷待访录》	/235	考亭书院	/250
《三字经》	/237	鹤山书院	/250

岳麓书院	/250	学海堂	/264
象山书院	/251	漳南书院	/265
姚江书院	/252		
五华书院	/252	**第八部分**	
阳明书院	/253	**"四书"精要语句**	**/267**
梅花书院	/253		
诂经精舍	/254	《论语》名言警句	/268
东林书院	/254	《孟子》名言警句	/381
鹅湖书院	/255	《大学》名言警句	/465
关中书院	/255	《中庸》名言警句	/475
钟山书院	/256		
广雅书院	/256	**第九部分**	
嵩阳书院	/257	**儒学重大事件**	**/487**
白鹿洞书院	/257		
还古书院	/258	孔子问礼于老子	/488
白鹭洲书院	/258	周游列国	/489
稽山书院	/259	百家争鸣	/492
韩山书院	/259	"焚书坑儒"	/497
兴贤书院	/260	兴太学、重察举、独尊儒术	/498
双峰书院	/260	石渠阁会议	/499
南溪书院	/261	白虎观会议	/500
泉山书院	/261	鹅湖会议	/500
九峰书院	/262	鲁恭王坏孔子壁	/501
伊川书院	/262	今、古文经之争	/502
正德书院	/262		
匡山书院	/263	**参考文献**	**/504**
大梁书院	/263		
仁文书院	/264	**后记**	**/508**

第一部分

儒学相关名词概念

三皇五帝

历史神话人物"三皇"与"五帝"的合称。"三皇"最初指天皇氏、地皇氏、人皇氏组成的"远古三皇",后又增补伏羲等人作为"三皇"。"五帝"最初是指东方青帝灵威仰、南方赤帝赤熛怒、中央黄帝含枢纽、西方白帝白招拒、北方黑帝汁先纪组成的"远古五方上帝",后增补轩辕、神农等五位上古部落首领作为"五帝"。中华文明自古就有"三皇五帝"之说,如《史记·秦始皇本纪》中李斯有言:"古有天皇、地皇、泰皇。""三皇"的称号由来已久,伏羲等人只是继承了"远古三皇"的称号,最早的天皇时代距今已有三百多万年,最晚的泰皇(也就是人皇)距今也有三十多万年。后世增补了燧人、伏羲、女娲、神农、颛顼等诸位上古时期神话传说人物与部落首领的历史。

后"三皇五帝"在不同著作中分别有不同的说法:

三皇:

燧人、伏羲、神农,出自《尚书大传》

伏羲、女娲、神农,出自《春秋运斗枢》

伏羲、祝融、神农,出自《风俗通义》

伏羲、神农、黄帝,出自《三字经》

五帝:

黄帝、少昊、颛顼、帝喾、尧,出自《资治通鉴外纪》

黄帝、颛顼、帝喾、尧、舜,出自《大戴礼记》

太昊、炎帝、黄帝、少昊、颛顼,出自《吕氏春秋》

大一统

中国自西周以来立国的基本观念之一。《春秋》开篇曾言:"隐公元年春,王正月。"意思是说:鲁隐公元年的春天,就是周王的正月。《公羊传》解释说:为何要说成"王正月"?"大一统也"。大,意思是尊崇;大一统,就是尊崇一统,而不是"大而一统"。国家无论大小,人口不在多寡,只要历法统一、政令统一、国家统一、民族统一、思想统一、礼仪统一、度量衡统一，以及"车同轨，书同文"等，都是尊崇一统。"大一统"观念并非儒家垄断的专利，也不是《公羊传》的发明创造，而是华夏民族固有的思想传统。西周初年，虽然推行分土而治的封建（封土建侯），但同时也设置了自天子、诸侯至大夫的礼乐制度，对祭祀天地祖宗的仪式、宴乐相见的仪式、车服礼器及拥有妻子的数目等都有统一的规定。制礼作乐是一种最高权力，类似后代所谓立法权，只有天子享有，诸侯以下只有奉行的义务，故孔子曾言："天下有道，礼乐征伐自天子出；天下无道，礼乐征伐自诸侯出。"春秋以后，诸侯力政，礼崩乐坏，周王朝大一统的政治格局被打破，但大一统的观念却牢不可破。孟子在天下分裂的战国时代预言："天下将定于一。"这个"定于"就是大一统观念的体现。汉代董仲舒以《春秋》"大一统"为依据，建议汉武帝"罢黜百家，独尊儒术"。从此，"大一统"就成为历代王朝立国的基本观念。

人伦

中国古代的教育目的。《孟子·滕文公上》："设为庠序学校以教之。庠者，养也；校者，教也；序者，射也。夏曰校，殷曰序，周曰庠；学则三代共之，皆所以明人伦也。"人伦的具体内容用孟子的话说是："父子有亲，君臣有义，夫妇有别，长幼有序，朋友有信。"（《孟子·滕文公上》）即维护上下尊卑的社会秩序所应遵循的道德规范。

三纲五常

儒家的伦理规范。三纲：君为臣纲，父为子纲，夫为妻纲。五常：仁、义、礼、智、信。"纲"在此处是做表率的意思。三纲五常（纲常）是中国儒家伦理文化中的重要思想，儒教通过三纲五常的教化来维护社会的伦理道德、政治制度，为中华文明的发展起到了极为重要的作用。其重视主观意志力量，注重气节、品德、自我节制、发奋立志，强调人的社会责任和历史使命等，约等同于孔子的"君君、臣臣、父父、子子、夫夫、妇妇"之说。"三纲"即《礼纬含文嘉》中说的"君为臣纲""父为子纲""夫为妻纲"，也就是所谓的"君臣义，父子亲，夫妇顺"。"五常"所倡导的"仁、义、礼、智、信"，都是正能量。

三纲、五常两词，出自西汉董仲舒的《春秋繁露》一书。但作为一种道德原则、规范的内容，首先源自先秦时期孔子提出的君君臣臣、父父子子和仁义礼智信等纲常伦理德观念，孟子进而提出"父子有亲，君臣有义，夫妇有别，长幼有序，朋友有信"的"五伦"道德规范。董仲舒按照其"贵阳而贱阴"的阳尊阴卑理论，对五伦观念做了进一步的发挥，提出了三纲原理和五常之道。

董仲舒认为，在人伦关系中，君臣、父子、夫妻存在着天定的、永恒不变的主从关系：君为主，臣为从；父为主，子为从；夫为主，妻为从。即所谓的"君为臣纲，父为子纲，夫为妻纲"这三纲。董仲舒又认为，仁义礼智信五常之道则是处理君臣、父子、夫妻、上下尊卑关系的基本法则，治国者应该给予足够的重视。

三纲五常之说，起于董仲舒，完成于朱熹。首次将"三纲"和"五常"并提连称的是东汉后期的经学家马融。这种并提连称意味着中国封建政治伦理道德体系的形成。宋朝朱熹发展天理说，将"三纲五常"与"天理"联结在一起，认为"理"体现在人人各守其分，守分的准则就是伦理纲常，这是永恒不变的朱熹的"理一分殊"论，对维护封建统治起到了很大的作用。

天人合一

中国哲学思想，儒、释、道诸家皆有阐释。儒家强调天、地、人，以及三者有机统一和谐发展。《易·乾卦·文言》："夫大人者，与天地合其德，与日月合其明，与四时合其序，与鬼神合其吉凶，先天而天弗违，后天而奉天时。"把"大人"看作是天人合一的理想人格。孟子提出："尽其心者，知其性也。知其性，则知天矣。"（《孟子·尽心上》）认为天与人相通，人的善性是天赋的，从而提出尽心、养性的道德修养学说。汉董仲舒称"道之大原出于天，天不变，道亦不变"（《汉书·董仲舒传》），故"屈民而伸君，屈君而伸天"（《春秋繁露·离合根》）为三纲五常的教育提供了理论根据。后来的理学家，如张载说"天地之塞，吾其体；（《西铭》）天地之帅，吾其性"，"儒者则因明致诚，因诚致明，故天人合一"（《正蒙·乾称》），"二程"则认为"天人本无二，不必言合"（《二程遗书·卷六》），都从"理""性""命"诸方面来论证天与人的合一，把封建道德视为天理，而以"存天理，灭人欲"作为教育目的。

道、器

中国古代的一对哲学范畴。所谓道，指理论、规律与功能；器，指实物和形体。《易传·系辞》在论说象的基础上言及道器："形而上者谓之道，形而下者谓之器。"把道定为形而上，器则形而下。宋代朱熹对此的解说是："凡有形有象者即器也，所以为器之理者则道也。""形而上者，无形无影是此理。形而下者，有情有状是此器。"（《与陆子静书》）北京大学冯友兰教授则从时空观念解说道器，他曾言："所谓形而上者，超时空而潜存者也。所谓形而下者，在时空而存在者也。"因《周易》是说理论卦的书，故以道为主，重道轻器。

体用

体用是中国哲学的一对范畴，呈现三种关系。

一是：体指形体、形质、实体；用指功能、作用、属性。《荀子·富国》："万物同宇而异体，无宜而有用为人。"唐崔憬《周易探元》卷下："凡天地万物，皆有形质，就形质之中，有体有用。体者，即形质也。用者，即形质上之妙用也。"认为天地是体，产生万物的功能是用；动物的形躯是体，灵识是用；

植物的枝干是体，生性是用。明清之际王夫之以真实存在的"有"为体，"实有"的功能、作用为用："天下之用，皆其有者也。吾从其用而知其体之有，岂待疑哉？"（《周易外传》卷二）近代孙中山以物质为体，以精神为用："中国哲学亦恒言有体有用。何谓体？即物质。何为用？即精神。"（《军人精神教育》）

二是：体指本体、本质，用指现象。三国魏王弼《老子注·三十章》："虽贵以无为用，不能舍无以为体也。"以"无"为世界本体。北宋王安石以静止状态的元气为体，以元气的运动为用："道有体有用，体者，元气之不动；用者，冲气运行于天地之间。"（《老子注》）"二程"、南宋朱熹以"理"为体，以"象"为用："至微者，理也，至著者，象也；体用一源，显微无间。"（程颐《易传序》）在性情关系上以性为体，以情为用："仁，性也；恻隐，情也""性是体，情是用。"（《朱子语类》卷五）

三是：体指根本原则，用指具体方法。清张之洞《劝学篇·会通》："中学治身心，西学应世事。"主张"中学为体，西学为用"，用西方的科学文化辅助中国的名教。严复《与〈外交报〉主人论教育》："体用者，即一物而言之也……故中学有中学之体用，西学有西学之体用，分之则两立，合之则两亡。"批评张之洞"中体西用"说割裂了体用关系。

义利之辨

儒家"义利之辨"包含四个方面的基本内容：第一，明确反对见利忘义；第二，肯定合理之利的正当性；第三，在动机上反对"以义求利"，但在结果上可以接受"因义得利"；第四，在特殊情况下则牺牲利益而成就道义，其极端的情况就是孔子所谓"杀身成仁"、孟子所谓"舍生取义"。综而言之，儒家"义利之辨"归根结底体现为一种"义以为上"，即以德性的要求作为人之所以为人的安身立命之本的精神追求。当道义与利益、德性精神与感性欲求发生冲突时，志士仁人理当超越利益的纠结与感性的欲求而致力于对道义和德性的追求，并在其中得到精神的满足与心灵的自由。由此，超越物欲与私利的诱惑，不断提升自己的精神境界，成就以德性精神为依归的理想人格，就成为儒家精神追求的一个重要特色。所谓"不以物喜，不以己悲"；所谓"安贫乐道""淡泊明志"；所谓"先天下之忧而忧，后天下之乐而乐"；所谓"富贵不能淫，贫贱不能移，威武不能屈"；所谓"人生自古谁无死？留取丹心照汗青"；所谓"天地与我并生，而万物与我为一"；所谓"上下与天地同流""仁者与万物为一体"，都是这种精神境界的不同表述方式。

性三品

是中国古代的一种人性学说。孔子曾说："生而知之者，上也；学而知之者，次也；困而学之，又其次也；困而不学，民斯为下矣。"（《论语·季氏》）"惟上智与下愚不移"（《论语·阳货》）。西汉董仲舒进而分人性为上、中、下三等，即"圣人之性""中民之性""斗筲之性"。认为圣人之性"过善"，斗筲之性为恶，故"圣人之性，不可以名性；斗筲之性，又不可以名性；名性者，中民之性"（《春秋繁露·实性》）。教育对天生"过善"之性的圣人，不需要；对天生恶性的斗筲之人，不起作用；唯有中民之性，"待教而为善"（《春秋繁露·深察名号》）。东汉王充也分人性为上、中、下三种："余固以孟轲言人性善者，中人以上者也；荀卿言人性恶者，中人以下者也；扬雄言人性善恶混者，中人也。"（《论衡·本性》）但又认为人之善恶，"亦在于教，不独在性"（《论衡·率性》）。唐韩愈更明确提出："性之品有上中下三：上焉者，善焉而已矣；中焉者，可导而上下也；下焉者，恶焉而已矣。"并把"性"和"情"相对应，各分上、中、下三品，认为上、中品之性的人"就学而愈明"，而下品之性，"畏威而寡罪"，故"上者可教而下者可制也。其品则孔子谓不移也"（《原性》）。

正名

指辨正名称、名分，使名实相符。《论语·子路》："必也正名乎"。

孔子认为，为政首先必须正名，"名不正，则言不顺；言不顺，则事不成；事不成，则礼乐不兴；礼乐不兴，则刑罚不中；刑罚不中，则民无所措手足。"主张"君君、臣臣、父父、子子"，都要严格遵守应有的等级名分，不得逾越。《荀子》有《正名》篇，要求"制名以指实"。分名称为四类："刑名""爵名""文名""散名"。刑名从商，爵名从周，文名（礼仪）从礼，散名（杂名）之加于万物者，则从诸夏之成俗曲期。正名的目的是"上以明贵贱，下以辨同异"，后扩大为力求辨正一切事物的名称。

教化

政教风化，教育感化。《诗经·毛诗序》："先王以是经夫妇，成孝敬，厚人伦，美教化，移风俗。"《礼记·经解》："故礼之教化也微，其止邪也于未形。"

君子

西周、春秋时对贵族的通称。《书·无逸》："君子所其无逸。"孔颖达疏引郑玄曰："君子，止谓在官长者。"《国语·鲁语上》："君子务治，小人务力。"春秋末年以后，"君子"与"小人"逐渐成为"有德者"和"无德者"的称谓。孔子曰："君子喻于义，小人喻于利。"（《论语·里仁》）"君子义以为质，礼以行之，孙以出之，信以成之。君子哉！"（《论语·卫灵公》）

小人

与君子相对。1.有德者为"君子"，无德者为"小人"。《论语·颜渊》："君子成人之美，不成人之恶，小人反是。"2.统治者为"君子"，被统治者为"小人"。《论语·宪问》："君子而不仁者有矣夫，未有小人而仁者也。"

三孔

指孔府、孔林、孔庙。1.孔府旧称衍圣公府，是孔子直系子孙居住的府第，位于山东曲阜城内。宋仁宗宝元年间（1038—1040）开始扩建，明清两代又进行了较大规模的重修。这片府第占地二百四十亩，有厅、堂、楼、房四百六十三间。府内存有大量珍贵文物和明清以来的文书档案。1961年国务院公布为第一批全国重点文物保护单位。

2.孔林亦称至圣林，孔子与其后裔及孔氏族人的墓地，位于山东曲阜城北门外。历经扩建，占地达三千亩。碑石如林，石仪成群，古柏夹道。1961年国务院公布为第一批全国重点文物保护单位。

3.孔庙，祭祀孔子的庙宇，位于山东曲阜城内。春秋鲁哀公十七年（前478）即孔子死后的第二年，哀公将山东曲阜孔子故宅三间改为庙，岁时奉祀。自西汉以来历代扩建增修，宋天禧二年（1018）增建殿庭廊庑三百六十间，成为仿宫廷规制的建筑群，历代不少帝王至此祭祀孔子。今孔庙是明清两代完成的，占地三百余亩。

圣人

中国古代推崇的最高人格。《诗·大雅·桑柔》："维此圣人，瞻言百里；维彼愚人，覆狂以喜。"将"圣人"与"愚人"并提，意指通达明哲之人。《书·洪范》："睿作圣"，亦以敏慧释"圣"。《说文解字》："圣，通也。"春秋战国时期，不同的学派对"圣人"有不同理解，孔子把传说中的尧、舜、禹作为理想的圣人，称"君子有三畏：畏天命，畏大人，畏圣人之言"（《论语·季氏》）。孟子说："伯夷，圣之清者也；伊尹，圣之任者也；柳下惠，圣之和者也；孔子，圣之时者也。"（《孟子·万章下》）并肯定"人皆可以为尧舜"（《孟子·告子下》）。荀子说："圣也者，尽伦者也"（《荀子·解蔽》），"故圣人者，人之所积而致也"（《荀子·性恶》）。道家否定儒家积极有为的人生理想，主张无为而治，"圣人处无为之事，行不言

之教"(《老子·二章》),"圣人去甚,去奢,去泰"(《老子·二十九章》)。庄子称儒家的"圣人"为"大盗","圣人不死,大盗不止","彼圣人者,天下之利器也,非所以明天下也。故绝圣弃知,大盗乃止"(《庄子·胠箧》)。墨家把兴国利民者赞为圣人,"圣人为政国,一国可倍也……圣王为政,其发令兴事使民用财也"(《墨子·节用》)。法家则把明法用术之典范称为圣人,"圣人者,审于是非之实,察于治乱之情也。故其治国也,正明法,陈严刑"(《韩非子·奸劫弑臣》)。自汉武帝独尊儒术,儒家圣人观得到进一步阐发。董仲舒说:"天令之谓命,命非圣人不行"(《举贤良对策》三),"道之大原出于天,天不变,道亦不变,是以禹继舜,舜继尧三圣相受而守一道"(同上)。此后,"圣人"愈益神化。《白虎通·圣人》:"圣人者何?圣者通也,道也,声也,道无所不通,明无所不照,闻声知情,与天地合德,日月合明,四时合序,鬼神合凶吉。"韩愈说:"如古之无圣人,人之类灭久矣。"(《原道》)周敦颐说:"圣人之道,入乎耳,存乎心,蕴之为德行,行之为事业。"(《周子通书》)"二程"说:"大抵尽仁道者,即是圣人。"(《二程遗书》卷十八)程颐在《颜子所好何学论》中说:"颜子所独好者何学也?学以至圣人之道也。"其后,朱熹、陆九渊、王守仁虽学术观点不同,但均以"穷天理,灭人欲"为旨归,以成就圣人为最高的道德境界和人生理想。

先贤

前代有才德的人。《礼祭义》:"祀先贤于西学,所以教诸侯德也。"孔庙祭礼,以林放、南宫适、公冶长等七十九人为先贤,位列东西两庑从祀。

至圣先师

孔子的谥号。古时立学必释典于先圣先师。汉以后皆奉孔子。汉平帝元始元年(公元元年)追封孔子为"褒成宣尼公"。北魏孝文帝太和十六年(492)改称"文圣尼父"。隋文帝开皇元年(581)尊为"先师尼父"。唐太宗贞观二年（628）尊为"先圣"。唐玄宗开元二十七年（739）追谥"文宣王"。宋真宗大中祥符元年（1008）改谥为"玄圣文宣王"，五年（1012）又改为"至圣文宣王"。元大德十一年（1307）加号为"大成至圣文宣王"。明世宗嘉靖八年（1529）改称"至圣先师"。清顺治二年（1645）定谥号为"大成至圣文宣先师"，十四年（1657）复称"至圣先师"。

素王

后代儒家对孔子之特称。晋杜预《春秋左传序》说："说者以仲尼自卫反鲁，修《春秋》，立素王。"孔颖达疏："汉魏诸儒，皆为此说。董仲舒《对策》云：孔子作《春秋》，先正王而系以万事，是素王之文焉……《孔子家语》称齐大史子馀叹美孔子，言云天其素王之乎！素，空也，言无位而空王之也。"

衍圣公

为孔子嫡长子孙的世袭封号。自汉高祖十二年（前195），孔子第八世孙孔腾被封为奉祀君开始，历朝均给予孔子嫡系后裔以各式封号，以示对儒学的尊崇，自此孔子嫡系长孙便有了世袭的爵位。宋至和二年（1055），仁宗封孔子第四十六代孙孔宗愿为衍圣公，负责主持孔子祀事。此后，该封号曾一度改为奉圣公，后又改回衍圣公，后世的宋、金、元、明、清及民国由此一直沿袭。至民国二十四年（1935），国民政府取消衍圣公称号，改封为大成至圣先师奉祀官。孔子第七十七代孙孔德成就此成为末代衍圣公暨首任大成至圣先师奉祀官。

衍圣公不仅是一种体现血缘和宗法制关系的荣誉称号，也是享有皇室恩泽与特权的封建大贵族。其在宋代时相当于八品官，元代时为三品官，明初是一品文官，后又"班列文官之首"，至清代还受皇权特许可在紫禁城中骑马及在御道行走。衍圣公居住的衍圣公府（今孔府），亦为全国仅次于明清皇宫的最大府第。

六艺

　　西周官学的教育内容，是礼、乐、射、御、书、数六种科目的合称。《周礼·地官司徒》："大司徒……以乡三物教万民而宾兴之……三曰六艺：礼、乐、射、御、书、数。"

　　"礼"是政治伦理课，包括奴隶制社会的宗法等级世袭制度、道德规范和仪节。分为五类：一曰吉礼，讲祭祖祀神；二曰凶礼，讲丧葬凶荒；三曰宾礼，讲朝会过从；四曰军礼，讲兴师征伐；五曰嘉礼，讲冠婚宴饮。

　　"乐"为综合艺术课（音乐、诗歌、舞蹈结合为一）。传说其内容包括六代乐舞：黄帝之乐《云门》、尧乐《大咸》、舜乐《大韶》、禹乐《大夏》、汤乐《大濩》、周武王乐《大武》。

　　"射"与"御"为军事训练课。"射"的标准有五：一曰"白矢"，穿透箭靶，露出箭头；二曰"参连"，三箭连发；三曰"剡注"，锋利易入；四曰"襄尺"，君臣同射，臣后退尺；五曰"井仪"，四矢中的，呈井字形。"御"的标准亦有五：一曰"鸣和鸾"，"和"与"鸾"都是车上的铃铛，驱车时和与鸾共鸣而有节奏；二曰"逐水曲"，沿水边驰驱，而不颠坠；三曰"过君表"，驰入辕门，而不碰撞设置的障碍；四曰"舞交衢"，在交叉道上往来奔驰，轻盈而有旋律；五曰"逐禽左"，追逐野兽，使向左方逃窜，便君主射击（礼规定君主从左方射击）。"书"与"数"为基础文化课。

　　《周礼》有"六书""九数"之名，而无细目。据汉代学者解释，"六书"：一曰"象形"，照实物描绘，如日像一轮红日，月像一弯新月；二曰"指事"，用符号表明意义，如木下加"一"为本（根），木上加"一"为末（梢）；三曰"会意"，将两个或两个以上的字合为一字，如上小下大为尖，三人合一为众；四曰"形声"，意符与声符结合，如鲤、鲫之类；五曰"转注"，同部首的同义字互相解释，如"老，考也""考，老也"；六曰"假借"，借用同音字，如"汝"本义为水名，借作人称代词，义同"你"。

　　"九数"：一曰"方田"，讲土地面积计算等；二曰"粟米"，讲按比例交换等；三曰"衰分"，讲按比例分配；四曰"少广"，讲在体积计算中运用开平方和开立方的方法；五曰"商功"，讲工程计算，主要为体积的计算；六曰"均输"，讲合理安排运输及分配徭役等；七曰"盈不足"，讲运用假设法解决难题；八曰"方程"，讲联立一次方及正负数；九曰"勾股"，讲"勾股定理"。

"六艺"以"礼"为中心，文武兼备，代表奴隶社会全盛时期的教育水平。其中书、数为小艺，主要在小学阶段学习，礼、乐、射、御为大艺，主要在大学阶段学习。

汉以后"六艺"亦指"六经"。《史记·滑稽列传》："孔子曰：'六艺于治也，《礼》以节人，《乐》以发和，《书》以道事，《诗》以达意，《易》以神化，《春秋》以道义。'"刘歆《七略》著录六经，称为"六艺略"，见《汉书·艺文志》。

训诂

又称"训故""诂训""故训"。以当代通俗易懂语言解释古代词语。诂者，古也。古今异言，通之使人知也。训者，道也。以物之事、义、形、貌告道人也。内容广泛，包括诠词释义、分析语法、说明修辞、串讲句意、分解结构、阐发旨意等。《尔雅》有《释诂》《释训》篇。《汉书·刘歆传》："初，《左氏传》多古字古音，学者传训诂而已。"《毛诗故训传》《方言》《说文解字》等均为训诂名著。

九品中正制

魏晋南北朝时期，在汉代建立"察举"的基础上发展起来的一种选拔官吏的制度，也称九品官人法。220年，魏王曹丕掌权时，鉴于天下丧乱之后，士人流徙，脱离乡土，他们的出身里爵、道德才能都难稽考，因而采纳吏部尚书陈群的建议，在各州郡设大小中正，各以本地人在中央任官员者充任，负责察访、品评本州郡的士人。人物的品行定为上上、上中、上下、中上、

中中、中下、下上、下中、下下九品，以此作为选人授官的依据。中正评定人物品级时，按家世门第高低、才德优劣，划分品等，然后向吏部推荐。吏部根据中正的报告，按品授官。高品授大官，低品给小官。中正还有权根据所管人物言行修著或德义亏缺情况分别升降进退，或以五升四、以六升五，或自五退六、自六退七。这种以中正为中心，论品定级、选拔和升降官吏的制度，叫九品中正制。初立九品，按人才优劣定品第，颇能纠正汉末"察举"为名士把持的流弊。但由于各州郡设大小中正，都由本州郡在中央任官员的"著姓士族"兼任，其结果必然为世族豪门所操纵，以致出现了"上品无寒门，下品无士族""公门有公，卿门有卿"的现象。九品中正制成了豪门士族垄断政权的工具。选士制度对当时的教育起了消极的影响。至隋朝，罢除了"九品中正"之法，创立"进士科"，开始实施科举制度。

科举制

封建王朝的选士制度，因分科取士而得名。基本方法：由国家设立"科目"，通过逐级统一考试，按成绩选录人才，分别授予相应官职。隋大业二年（606）设进士科，此为科举之始。唐代于常科外，增设制科与武科。常科除进士外，有明经、秀才、明法、明字、明算及一史、三史、开元礼、童子、道举等。考试内容按科目性质各有所侧重。明经科重帖经、墨义，进士科重策问、诗赋，明法重律令。考试方式有口试、笔试之分。考试程序：每年仲冬由官学考试挑选生徒，地方推荐乡贡，应"省试"；入第者，再经吏部复试合格，方能授官。宋因唐制，具体办法屡有变更。初科目繁多，王安石变法废明经诸科，仅留进士一科，罢诗赋、帖经、墨义，以经义论策取士。司马光当政，又将进士分为经义、诗赋两科。宋初建立"殿试"制度，考试遂增为三级：州县试、省试和殿试，并采用"糊名""誊录"等防弊措施。省试合格，称进士；殿试合格，分为三甲，赐进士及第、进士出身和同进士出身，免吏部试，直接授官。辽曾以词赋、律令取士。金设科沿用宋、辽外，增置进士科。元延祐二年（1315）设经义科，规定以"四书"（《大学》《中庸》《论语》《孟子》）出题，以朱熹《四书章句集注》为标准。明、清两代的文科举，常科仅进士一科，经义考试承元制并采八股文体，程序和制度日趋完备。考试分郡试（包括府州县试和道试）、乡试、会试、殿试四级。清代称郡试为童生试，包括县试、府试和院试。殿试后尚有朝考。每隔三年举行一套自下而上的考试：逢子、午、卯、酉年秋季为乡试，称"秋闱"；逢辰、戌、丑、未年春季为会试，称"春闱"。郡院试合格称生员，俗称秀才。乡试合格称举人，会试合格称贡士。殿试合格称进士，分三甲：一甲三人，依次称状元、榜眼、探花，赐进士及第；第二、三甲称谓同宋代。清光绪三十一年（1905），清廷发出上谕："从丙午科（1906）起，所有岁科考试、乡试、会试一律停止。"至此，中国封建社会实行一千三百年之久的科举制度正式废止。

连中三元

在乡试、会试、殿试中均得中第一者。科举考试名列第一者为元，乡试第一名为"解元"，会试第一名为"会元"，殿试第一名为"状元"，三个第一即为"三元"。

三舍法

"三舍考选法"或"三舍选察升补法"之简称，亦称"三舍推恩"，是宋代太学教学与升补制度。熙宁四年（1071）创立太学生三舍法，将太学生分为上舍、内舍、外舍三等。各以锡庆院、旧国子监、武成王庙为舍。始入学为外舍，初不限员，后定七百员，春秋各一次；外舍升内舍，二百员；内舍升上舍，一百员。学生各习一经。上舍生成绩优异者直接授官。元丰二年（1079）颁布太学新学令，定三舍法一百四十余条，详密规定太学私试、公试、舍试和升舍方法。定太学置八十斋，每斋容三十人，外舍生二千人，内舍生三百人，上舍生一百人。月一私试，年一公试，隔年一舍试；参考日常行艺，逐级校定，分别升舍。元符二年（1099）后，三舍法逐步推广于诸州学。州学岁贡其上舍生一人（崇宁元年改三年一贡），内舍生二人。上舍生先附太学外舍，经试合格方补入内舍，三试不中遣还其州。其内舍生免试，补为太学外舍生。崇宁元年（1102），太学外舍增至三千员，另建辟雍容之。内舍六百员，上舍二百员。三年，罢州县发解和省试，取士皆由学校按三舍法升贡。宣和三年（1121），罢州县学三舍法，惟太学行之。南宋绍兴十三年（1143）始建太学，养士七百人，上舍生三十员，内舍生百员，外舍生五百七十员。选察升补方法越发严密。

庆历兴学

北宋三次兴学中的第一次。针对宋初重科举、轻学校的倾向，宋仁宗庆历三年（1043），范仲淹在主持新政大局的同时，积极筹划兴学。在范仲淹的推动下，宋祁、王拱辰、张方平、欧阳修等八人合奏"今教不由于学校，士不察于乡里，则不能核名实；有司束以声病，学者专于记诵，则不足尽人材……莫若使士皆土著而教之于学校，然后州县察其履行，则学者修饬矣"。这是一个教育改革的宣言书。其后，朝廷正式下诏兴学，揭开了庆历兴学的序幕。庆历兴学的措施，主要有以下几个方面：

第一，诏州县立学，选部属官或布衣宿学之士为教授，并立听讲日限，规定士须在学校习业300日以上，旧得解人百日以上，方许应举。第二，振兴太学，选用拥护新政的著名学者石介、孙复主持太学讲席，采用胡瑗苏湖教法为太学法度，以改进太学教学及规章体制。同时，设立四门学，允许八品至庶人子弟入学，扩大了中小庶族地主子弟入学深造的机会。第三，改革科举考试方法，先策论，后诗赋，"三场皆通考去留，旧试帖经、墨义今并罢"。庆历新政维持不过一年多，便在旧官僚权贵集团的强烈反对下失败，兴学也告夭折，但庆历兴学的成就和影响仍不容忽视。

首先，庆历兴学诏为地方办学提供了合法的凭据，在新政失败后，州县兴学的成就仍部分保留下来，一些新政人士被贬到地方后，仍热心创办地方学校，使庆历兴学的成果得以保存和扩大。其次，庆历兴学整顿和改进太学、国子学的教学制度，结束了国子学、太学徒为游寓取解而无教学之实的状态。再次，石介、孙复既为著名的经学家，又是北宋古文运动的重要人物，并竭力倡赞经世致用的实学风气，由他们主持中央官学的讲席，对于改变浮靡巧伪的士学风气发挥了重大的作用，并对全国各地学校起到了主导示范的作用。最后，庆历兴学期间的改革措施虽未保留下去，但其改弦更张的观念则冲破因循守旧的积习，感召和影响了一代士子，实际上开创了北宋社会和教育领域的一个变革的时代。

熙宁兴学

指宋神宗熙宁、元丰年间王安石改革科举与发展各类学校教育的措施。具体措施有：

第一，改革太学体制，扩建太学规模，实行"三舍法"。

第二，改革人才选拔制度，在科举考试之外，又立舍选一途，其作用在于强化学校的职能，部分取代科举的作用。

第三，颁布《三经新义》。为了进一步控制学生的思想，统一士论，熙宁六年（1073）设经义局，修《诗》《书》《周礼》三经义，由王安石提举，吕惠卿、王雱修撰，并由王安石亲笔修撰《周礼新义》。熙宁八年（1075），《三经新义》修成由朝廷正式颁行学官，成为官方考试、讲经所依据的标准教材。从此，士子参加经学考试，必宗其说，进而有效地改变了经说纷异的局面。

第四，扩建和整顿国子监及各种专科学校。在熙宁兴学之前，北宋国子监虽有监名而无教养国子之实。太学兴建以后，国子监实际已经完全成为行政管理机构，基本不再承担教学职责。熙宁兴学期间，重振国子监，诏许清要官亲戚入监听读。

第五，扩建和整顿地方官学。地方官学的改进，主要采取了以下两项措施：第一个是设置诸路学官，以加强地方教育，改变州县有学而无教的状况。第二个主要措施，是为地方学校拨充学田，从而在物质条件上为州县学校的维持提供了保障。

崇宁兴学

北宋三次兴学中的第三次，为宋崇宁年间蔡京打着王安石旗号所进行的兴学活动。措施如下：

第一，诏令州县设学，形成了遍布全国州县的学校网络。

第二，扩建太学。崇宁元年（1102），在京城南郊营建太学之外学，赐名辟雍。太学专处上舍内舍生，外学专处外舍生。诸路贡士初至，也皆入外学，经考试合格补入上舍、内舍后，方可进处太学。上舍名额二百人，内舍六百人，外舍三千人。

第三，改革科举制度。崇宁三年（1104），诏罢科举，规定天下的士悉由学校升贡，停止州郡发解和礼部试，每岁考试上舍生如礼部试法。次年赐上舍生35人及第，以后每年并试上舍生，赐及第。

第四，恢复、扩建专科学校。崇宁三年设置书学、画学、算学等专业学校，采用太学"三舍法"考选取士。此后，书、画、算、医、武学置废无常，但大体是置多而废少。

明法科

最早是西汉察举制科目之一，唐代后成为科举制的科目之一。明法科选拔精通法律法令的专门人才，即如《唐六典》卷三十《三府督护州县官》所言："通达律令者，为明法。"明法科考生主要来自国子监律学的生徒，也有部分贡自州县。律学学生在学时的专业学习为律、令，兼习格式，明法考试也基本以此为据。明法考试重在熟练记诵法律条文，并正确理解其意之所指。

鸿词科

科举考试制举科目之一。用来选拔学问渊博、文词卓越者，始于唐，历代沿设。清康熙十八年（1679）、乾隆元年（1736）举行过两次。由内外大臣荐举，不分已仕未仕，均在殿廷考试。录取者授以翰林官。"鸿词"本称"宏词"，至清因避清高宗名讳（弘历）而改。

别头试

唐宋科举考试中为避嫌而采取的措施。唐代进士科考试由礼部侍郎主持，若应试者与侍郎有亲戚故旧关系，由考功员外郎主试，叫作考功别头试。宋代"秋贡（指解试）春试（指省试），皆置别头场，以待举人之避亲者"（《宋史·选举志一》）。宋太祖乾德六年（968）曾诏："食禄之家，有登第者，礼部具姓名以闻，令复试之。"自是，别命儒臣于中书省复试，合格乃赐第、解试。宋别头试始于咸平初，景祐初制度化。

四门博士

学官名。北魏孝文帝太和二十年（496）始置，掌四门学教授之事，检试诸郡学生成绩，兼整理秘书省典籍。北齐沿置，隶国子寺。隋初沿置，文帝开皇十三年（593）罢。唐国子监四门馆掌教文武七品以上及侯、伯、子、男之子为生者、庶人子为俊士生者，后废。宋仁宗庆历三年（1043）复置四门学，设博士，四年又废。

白鹿洞书院学规

亦称"白鹿洞书院揭示""白鹿洞书院教条"，收入《朱文公文集》卷七十四。宋淳熙六年（1179）朱熹知南康军，修复白鹿洞书院时作。以"父子有亲，君臣有义，夫妇有别，长幼有序，朋友有信"为"五教之目"；以"博学之，审问之，慎思之，明辨之，笃行之"为"为学之序"；以"言忠信，行笃敬，惩忿窒欲，迁善改过"为"修身之要"；以"正其谊不谋其利，明其道不计其功"为"处事之要"；以"己所不欲，勿施于人，行有不得反求诸己"为"接物之要"。揭示于书院楣间,希"相与讲明遵守",故名。"学规"以摘取儒家圣贤论学要义形式全面论述书院教学的任务、学者为学方向、修身过程与准则,要求学者"讲明义理以修其身""苟知其理之当然,而责其身以必然"。切戒"务记览为词章,以钓声名取利禄"。绍熙五年(1194),朱熹任湖南安抚使知潭州,复揭之于岳麓书院。淳祐元年(1241),宋理宗视察太学,亲书《揭示》赐国子监学生。此后,又被摹写、抄写、刻印,遍及南宋官学、书院,成为元、明、清教育的指导性规章。

朱子读书法

朱熹读书方法汇编。由其弟子辅广始辑,张洪、齐熙增补而成。归纳朱熹读书法为六条:循序渐进,熟读精思,虚心涵泳,切己体察,着紧用力,居敬持志。元程端礼据以编著《程氏家塾读书分年日程》,最后部分采用朱熹语录,逐条解释此六条。

儒家

孔子创立的学派。《汉书·艺文志》:"儒家者流,盖出于司徒之官,助人君,顺阴阳,明教化者也。游文于六经之中,留意于仁义之际,祖述尧舜,宪章文武,宗师仲尼,以重其言,于道为最高。"

孔子学说以"仁"为核心,以"礼"为准则,谓"仁者爱人""克己复礼为仁",主张"为政以德",重教化,轻刑罚,认为"政者正也"。(《论语·颜渊》)"其身正,不令而行;其身不正,虽令不从"。(《论语·子路》)孔子创设私学,周游列国,以"诗书礼乐"教弟子,从游者达三千人。当时即有"圣人"之称。战国时期,儒、墨两家并称"显学"。儒家分为八派,影响最大者为孟轲、荀况二派。

孟轲倡"性善"说,谓"仁义礼智"为人心所固有。主张"行仁政",尊王道而贱霸道。荀况集先秦诸子之大成,而以儒学为旨归。倡"性恶"说,认为礼义非天性，乃生于人为。

汉武帝"罢黜百家、独尊儒术"后，儒学在封建时代文化教育发展中遂居于主流和正统地位。

宋明时期，学派林立，儒学在与佛、道思想交互影响中，产生了以"二程"（程颢、程颐）、朱熹为代表的"程朱理学"和以陆九渊、王守仁为代表的"陆王心学"。清代有重"义理"的宋学，亦有重"考据"的汉学，在继承中又有所发展。近代魏源、康有为、谭嗣同等结合西学，阐发今文经学，为变法维新改革教育制度制造舆论。随着中西文化交流的发展，又产生当代的新儒学，其代表人物有梁漱溟、熊十力、冯友兰等。

大儒

大儒，也叫鸿儒，多指有学问、品德高尚的知识分子。旧时指学问渊博的著名学者。在我国历史上出现的大儒很多，如孟子、朱熹、顾炎武等。

1. 荀子所推崇的理想人物。荀子认为，重用大儒能达到"天下为一，诸侯为臣"（《荀子·儒效》）。

2. 学识、操行卓越的儒家大师。《后汉书·郑玄传》："游学周秦之都，往来幽、并、兖、豫之域。获觐乎在位通人、处逸大儒"。

儒士

脱胎于"儒"的概念，泛指学习和践行儒家学说的文人。

在孔子之前的中国古代社会，"儒"是一种专门的职业，具体指精通宗教礼乐的术士，负责为贵族主持祭祀、婚丧嫁娶等仪式。至孔子时期，"儒"发生了质的变化，开始脱离单纯的谋生职业，转而更多反映读书人在文化、思想和道德方面的属性。因此在汉代以后，儒士主要指代孔子或儒学的信徒，即读书人或学者，也就是知识分子的代称。随着科举制度的不断发展，儒士成为封建王朝官僚机构所需官僚的主要来源。

儒生

通儒家经书的人。《史记·刘敬叔孙通列传》:"叔孙通之降汉,从儒生弟子百余人。"汉王充《论衡·超奇篇》:"故夫能说一经者为儒生,博览古今者为通人。"《列子·周穆王》:"鲁有儒生,自媒能治之。"唐元结《寄源休》诗:"天下未偃兵,儒生预戎事。"

儒吏

受过儒家思想教育的官吏。《汉书·朱博传》:"文学儒吏时有奏记称说云云,博见谓曰:'如太守汉吏,奉三尺律令以从事耳,亡奈生所言圣人道何也。'"后为文吏的通称。《酉阳杂俎》:"旧言虫食谷者,部吏所致,侵渔百姓,则虫食谷。虫身黑头赤,武官也;头黑身赤,儒吏也。"

儒宗

儒者的宗师。汉以后亦泛指为读书人所崇仰的学者。与之相关联的词语有"一代儒宗"和"当世儒宗"。所谓"一代儒宗",是指一个时代儒家所崇仰的人。《周子全书·附录·诸贤怀仰纪述等作》:"百王道统新吾宋,一代儒宗首此贤。"这句评价是对宋代周敦颐的赞语。此外,欧阳修、顾炎武、孔子、叔孙通、顾炎武、朱熹等人也被称为"儒宗"。

儒门

1.犹儒家。汉王充《论衡·自纪》:"况未尝履墨涂,出儒门,吐论数千万言,宜为妖变。"《后汉书·郑范陈贾等传赞》:"中世儒门,贾、郑名学。"南朝梁刘勰《文心雕龙·体性》:"典雅者,镕式经诰,方轨儒门者也。"

2.泛指读书人家。清李渔《闲情偶寄·器玩·制度》："柴可为扉也，取柴之入画者为之，使疏密中窾，则同一扉也，而有农户儒门之别矣。"太平天国洪仁玕《军次实录》："本军师生长儒门，原非素习征战。"

儒将

唐五代时期是"儒将"概念产生的时期。在唐及五代时期，"儒将"的含义主要是指出身儒生而掌军者，这里的"儒生"泛指接受儒家教育、具有较高文化素养之士，并非仅指狭义的信奉和穷研儒家经典的人。值得注意的是，就目前所见文献而言，"儒将"一词的具体所指，在唐代前期与后期有微妙的不同：唐代前期"儒将"更多地与"出将入相"联系在一起，唐后期"儒将"则更多指涉以文官身份出任地方节度使的"掌军儒生"。

北宋初期的"儒将"含义较为宽泛，既包括出身儒生的文士统兵者，也包含"恂恂若儒生"的武将。自北宋中期开始，在崇文抑武的语境下，"儒将"一词渐成为文臣士大夫的"专有名词"，仅指文资出身的士大夫统军者，即所谓"儒而能将"者，"儒将"之"儒"所强调的是其科举出身与文资身份；尽管到南宋时"儒将"标准有些许放宽，但"儒将"所指涉的对象仍以文臣统军者为主。而到了明清时期，通过对正史、诏书、奏议等官方文献的考察，可以发现"儒将"一词所指涉的对象既包括"儒而能将"即出身文臣而领兵者，也包括"武而能文"即武将出身而文武兼备者。

儒林外史

书名。长篇讽刺小说。清吴敬梓著。原著五十回（或谓五十五回），着重揭露封建旧礼教和科举制的弊端，嘲讽士大夫阶层思想迂腐和道德堕落。周进和范进这一对典型形象，分别表现了儒生在科举制下功名失意时的绝望心理或得意时的变态心理。其还描写了形形色色的"名士"：或为贵家公子，或为江湖骗子，或为市井光棍。作者以辛辣的笔触，刻画其故作风雅的丑态。

在轻视科举功名的正面形象中，有兼具德行文章的"真儒"，有稍呈叛逆精神的书生，也有自食其力的市井细民。作者借书中人物之口，抨击八股取士的科举制度，认为它虽是读书人的"荣身之路"，但忽略了真正的"文行出处"。旧时通行本为五十六回（后人续"幽榜"一回于末）；光绪间又有六十回本，末四回亦为他人所补。

州学

地方官学。设于州。隋唐开始，州为直接管辖县的地方行政单位，根据所处的地区和户口的多寡，分为不同的等级。唐代规定四万户以上为上州，二万户以上为中州，二万户以下为下州。上州设经学博士一人，助教二人，学生六十人；医学博士一人，助教一人，学生十五人。中州设经学博士一人，助教一人，学生五十人；医学博士一人，助教一人，学生十二人。下州设经学博士一人，助教一人，学生四十人；医学博士一人，学生十一人。德宗即位，改经学博士为文学。宋代自庆历兴学始，州县皆立学。州置教授，授儒学及医学。胡瑗执教苏、湖州学，朝廷取其教授弟子之法以为太学法，著为令。崇宁时又规定诸州行三舍法：县学生经考选升入州学，州学生经考选升入太学。元、明、清皆置州学，设学正，教授儒学。

县学

地方官学。设于县治。教授儒学。东汉少数县开始在治内设学。唐代形成制度。根据户口数及政治、经济条件，将县划分为京、畿、上、中、中下、下六等。凡县皆设经学博士、助教各一人；京县学生五十人，畿县和上县学生四十人，中及中下县各二十五人，下县二十人。宋代州县皆立学。崇宁时规定县设小学，增加县学弟子员：大县五十人，中县四十人，小县三十人。元、明、清皆设县学，学官称教谕。

书学

中国古代专习书法的学校。晋武帝时，荀勖领秘书监，于监中立书博士，设弟子员，教习书法，以钟繇、胡昭为标准。隋开皇初，于国子寺设书学，有书博士二人，助教二人，书学生四十人。唐贞观二年（628）于国子监设书学，有博士二人，助教一人，典学二人，书学生三十人。其课程为：《石经三体》，学习期三年；《说文》，学习期二年；《字林》，学习期一年。并兼习其他字书。学习总限不得超过九年。科举设有明书科，是毕业生入仕的主要途径。宋代书学设于崇宁三年（1104）、大观四年（1110）隶翰林院书艺局。其课程为习篆、隶、草三体，读《说文》《字说》《尔雅》《博雅》《方言》，愿习经者，兼修《论语》《孟子》。规定篆体以古文、大小篆为法，隶体以王羲之、王献之、虞世南、欧阳询、颜真卿、柳公权之真、行为法，草体以章草、张芝九体为法。考试列为三等：方圆肥瘦适中，锋藏画劲，气清韵古，老而不俗为上；方而有圆笔，圆而有方意，瘦而不枯，肥而不浊，各得体者为中；方而不能圆，肥而不能瘦，模仿古人笔画不得其意，而均齐可观者为下。实行三舍法，依次升补。毕业后可参加科举考试。

律赋

唐宋"进士科"考试文体之一。古赋亦用排偶，然不甚严格。六朝后渐强调对偶工整、音韵和谐，始有"律赋"之称。应进士试的诗赋均为律诗、律赋，讲究声韵格律。诗大都为五言（或七言）六韵（或八韵）的排律，以古人诗句（或成语）为题，冠以"赋得"二字，并限韵脚。赋须对偶工整，对音律、押韵有严格规定，有的于题目之外，另出数字（通常为八字）为韵脚。宋洪迈《容斋随笔·黄文江赋》："晚唐士人作律赋，多以古事为题，寓悲伤之旨。"

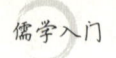

弘文馆

亦作"宏文馆"。唐武德四年（621）于门下省置修文馆。九年（626）三月，改为弘文馆。唐太宗即位，重视文教，于弘文殿聚书二十余万卷，置弘文馆于殿侧。设馆主一人掌馆务。精选在京官员虞世南等贤良文学之士兼学士，于听朝之暇讲论文义，商议政事。贞观元年（627）敕：京官文武职事五品以上子弟，性爱习书者，听其于馆内习书。当年招得学生二十四名。出禁中法书为范本，由虞世南、欧阳询教示。又准黄门侍郎王珪之请，使学生习书之暇，兼肄他业。由太学助教侯孝遵教授儒经，著作郎许敬宗教授《史记》《汉书》。二年（628），又置讲经博士，考试经业，学生准予参加贡举。遂从藏书、议政机关转化为政教结合的特殊教育机构。神龙元年（705）避太子李弘讳，改称昭文馆，次年称修文馆。景龙二年（708）置大学士四人、学士八人、直学士十二人，以象四季、八节、十二时辰。景云元年（710）裁减馆员。次年复称昭文馆。开元七年（719）复称弘文馆，招收皇族贵戚及在京高级官僚子弟入馆学习，依国子监生例参加贡举，惟考试标准略低。明代初年亦设弘文馆，不久废。

广文馆

唐国子监所属七馆之一。位于长安务本坊西北隅，创设于天宝九年（750）。任务为培训落选的乡贡士人，为下一年再参加进士科考试做准备。设博士一人、助教一人，品秩同太学。首任博士为郑虔，且呼郑虔为"郑广文"。天宝十三年（754），馆舍受灾，广文博士与广文生移寄国子馆。后任博士，有张陟、杨冲、綦毋潜、张籍、李彬等。广文生享受廪膳待遇，参加国子监重要活动。历年应试进士，及第者不乏其人。五代及北宋沿置，存废无常。

崇玄学

唐代教授玄学的学校。唐开元二十九年（741）诏两京及诸州各置崇玄学于玄元皇帝（老子）庙。设崇玄博士一员，学习《道德经》《庄子》《文子》《列子》。业成后每年随贡举例送至尚书省，准以明经例考试。天宝元年（742），两京崇玄学置博士、助教各一员，学生百人。翌年，改两京崇玄学为崇玄馆，博士为学士，助教为直学士，置大学士一员，以宰相为之。诸州崇玄学，改为通道学，博士为学士。

崇文馆

中国古代大学性质的国家贵胄学校。唐贞观十三年（639）始置崇贤馆，上元二年（675）因避太子讳而改称崇文馆，设学士、直学士等掌经籍图书，教授生徒，无定员。乾元初（758）以宰相为学士，总馆事。贞元八年（792），隶左春坊，又置校书郎、馆生、典书等。学生为皇亲国戚及公卿百官子弟，有一套考试制度与管理制度，以规范学生行为。

明体达用

北宋胡瑗提出的教育主张。《宋元学案·安定学案》载刘彝对宋神宗曰："国家屡朝取士，不以体用为本，而尚声律浮华之词，是以风俗偷薄，臣师（指胡瑗）当宝元、明道之间，尤病其失，遂以明体达用之学授诸生。"并解释说："君臣父子，仁义礼乐，历世不可变者，其体也；诗书、史传、子集，垂法后世者，其文也；举而措之天下，能润泽斯民，归于皇极者，其用也。"胡瑗在苏州和湖州讲学，特立经义与治事二斋。经义斋讲明儒家经义，治事斋则讲习"治兵、治民、水利算数之类"。庆历中尝取其法为太学令。

小经

1.唐宋国子监教学和科举考试科目之一。唐代以《易》《公羊传》《穀梁传》为小经。

2. 宋徽宗崇玄，学道者并以《庄子》《列子》及《孟子》为小经。

童子科

又称为童子举，唐、宋选官取士的特设科目之一，始于唐太宗、高宗年间（627—683）。至代宗广德二年（764），礼部侍郎杨绾发现童子科有使儿童凭其小聪明而获官的可能，"恐长侥幸之路"，于是奏请罢废童子科岁贡。代宗大历三年（768）童子科重新开设，每年考选10岁以下且通一经兼《论语》《孝经》者，申送礼部，同举人一同考试。文宗开成二年（837）下诏，童子科取士"不得更有闻荐，俾由正路，冀绝幸门"，禁止滥行举荐童子。但是，"虽是有令，而以童子为荐者，比比有之"。可见，当时荐神童应科举已成为风气，虽天子有令也难禁绝。宣宗大中十年（856）对荐送童子又做出详尽规定。为确保童子科质量，申饬诸道："荐送童子，并须实年十一、十二以下，仍须精熟一经，问皆全通，兼自能书写者。"如果选送的人年龄已超，并且才学平平，那么"本道长吏亦议惩法"。由是可知，唐代的童子科经历了从设置到诏禁再到复置的发展过程。至宋代，又规定凡15岁以下且能通经及作诗赋者均可应试，考试合格者可给予出身及相应官职。

策问

科举考试中的基本项目，是汉代策问贤良方法的延续。策问面向社会观察思考问题，并设想解决问题的办法。策问为设题指事，由被试者做文章。唐初明经、进士、秀才、开元礼、三传等科皆试策问。策问内容，随科目不同而不同，但都提出现实问题，要求回答解决问题的办法。

贡举制度

唐代继承隋代旧制，而后根据统治集团的需要渐次革新，形成自己的系统制度。贡举士人的重要来源是学校生徒。地方诸州县皆设学,京都则有国子监、弘文馆、崇文馆等,都是为了培养统治人才,以供选拔。每年冬季第二月开始,国子监、弘文馆、崇文馆及州学、县学,都对已完成学业的生徒举行隆重的考试,从中选拔贡士。还有一些不经州县学又不经馆监培养的人,而是家学、自学成才的人,要想参加贡举,就需要带着申请书到州县报名登记,先经本县考试,而后再由州长官复试,两次选拔考试、筛选的结果,部分被录取的人,称为乡贡。法令规定每州贡士虽有人数之限,而实际执行并无固定的人数。所在州的长官,举行乡饮酒礼,隆重欢送本州所选的贡士。各州的贡士都汇集到京都的尚书省报到,由户部集中查验有关证明文书,然后移送吏部考功,由考功主持举行科举考试。每年一度贡举,设科选士,岁以为常,称为常科。武德年间的制度,由吏部考功郎中监试贡举。贞观年间,则改由考功员外郎专掌贡举考试。至开元二十四年(736),以考功员外郎官位低而责任重,专管贡举实在不合适,诏令改由礼部侍郎专管贡举考试,当年又置礼部贡举印,以便办理贡举事务,以后即成定制。

医举科

其考生主要来源于国家办的医学。医学始设于唐代,归太医署直接管理,分科培养医师、针师、按摩师、咒禁师、药师等医务人才。医学科选人,各试医经方术策10道、本草2道、脉经2道、素问10道、张仲景《伤寒论》2道、诸杂经方义2道,通七成以上为及第,以下不第。

明算科

简称算科,《唐六典》卷二《尚书吏部》:"凡诸州每岁贡人,其类有六:一曰秀才,二曰明经,三曰进士,四曰明法,五曰书,六曰算。"明算也为唐代取人的骨干科目,主要选拔通晓算学的实用人才。明算科考生也来自国子监算学学生和地方州县的岁贡。

算学为隋代始设。唐贞观二年复置，后废。高宗显庆二年（657）又置，遂废。龙朔二年（662）改制，复置于国子监中，为国子监六学之一。

旬试、月试

唐代国子监为学业管理而实行的平时考试，也是继承隋代的制度，并略做变更。唐形成每旬给假一日，以供官员休沐或办理私事，国子监作为政府部门之一实行这一制度，并与旬试联系起来，每旬放假前一日，考试这一旬内所学习的课业，由博士考试。旬试以十天为周期，是经常性的考试，它能较为及时地反映教学的实际情况，起着督促学生复习巩固、帮助教师检查教学效果的作用。旬试过于频繁，给学生和博士反复制造压力，成为不小的精神负担，后为减轻压力，放弃旬试转而采用月试。月试是唐后期较为固定的一种考试，在国子监中实行。

格物致知

是古代认识论命题。源于《礼记·大学》："古之欲明明德于天下者，先治其国；欲治其国者，先齐其家；欲齐其家者，先修其身；欲修其身者，先正其心；欲正其心者，先诚其意；欲诚其意者，先致其知；致知在格物。"之后，学者对其解释各有不同。北宋理学家程颐说："致知在格物，非由外铄我也，我固有之也，因物而迁，迷而不悟，则天理灭矣，故圣人欲格之"（《二程遗书》卷二五），"格犹穷也，物犹理也，犹曰穷其理而已矣"（同上，卷十八）。朱熹说："所谓致知在格物者，言欲致吾之知，在即物而穷其理也。盖人心之灵莫不有知，而天下之物莫不有理，惟于理有未穷，故其知有不尽也。是以《大学》始教，必使学者即凡天下之物，莫不因其已知之理而益穷之，以求至乎其极。至于用力之久，而一旦豁然贯通焉，则众物之表里精粗无不到，而吾心之全体大用无不明矣。此谓物格，此谓知之至也。"（《大学章句》）心学家陆九渊从"尊德性"和"发明本心"出发，认为"圣人之言明白，且如弟子入则孝，出则悌，是分明说与你入便孝，出便悌，何须传注，学者疲精神于此，是以担子越重，到某这里，只是与他减担，只此便是物"（《陆九渊集·语录》下）。事功学派陈亮认为，"格物"是要考尽天下事物，"故格物致知之学，圣人所以惓惓于天下后世，言之而无隐也。夫道之在天下，何物非道，千涂万辙，因事作则"（《陈亮集·与应仲实》）。明心学家王守仁本"心即理"，认为"格者正也，正其不正以归于正之也"（《大学问》）。"天下之物本无可格者，其格物之功只在身心上做。"（《传习录》下）明清之际王夫之从唯物论角度解释，认为"大抵格物之功，心官与耳目均用，学问为主，而思辨辅之；所思所辨者，皆其所学问之事。致知之功，则唯在心官，思辨为主，而学问辅之；所学问者，乃以决其思辨之疑。致知在格物，以耳目资心之用，而使有所循也，非耳目全操心之权，而心可废也"（《读四书大全说》卷一）。清颜元将"格物"说成身体力行，亲手实做其事，"手格其物而后知至"，"如讲究礼乐，虽十分透彻，若不身为周旋，手为吹击，终是不知，故曰：致知在格物"（《四书正误》）。

致良知

明代王守仁提出的教育学说。"致"本于（大学）"致知"，有恢复、推极之意。"良知"出于《孟子·尽心上》："人有不学而能者，其良能也；所不虑而知者，其良知也。"指天赋的道德意识。王守仁加以发挥，认为"良知"即是天理，是宇宙的本体，既是天赋的道德准则，又是认识的对象。"致良知"即是把先天固有的"心之本体"扩充、发挥、表现，除去私欲蒙蔽，使人们的一切意念合乎封建伦理，也就达到了对真理的认识。进而推及自己的"良知"于事事物物，"致吾心良知之天理于事事物物，则事事物物皆得其理矣"（《答顾东桥书》）。从思想到行动都自觉地纳入封建道德规范。他说："吾教人致良知，在格物上用功，却是有根本的学问，日长进一日，愈久愈觉精明。世儒教人事事物物上去寻讨，却是无根本的学问"（《传习录》下）。

学规

太学学规共分五等：1.生徒犯规，轻则关暇几月，不许出入。2.重则前廊关暇。3.再重则迁斋，若其人果不肖，则所迁之斋可以不受；既迁以后，又必本斋同舍力告公堂，方许放还。4.再重则下自讼斋，自宿自处，同舍亦不敢过问。5.又重则夏楚，屏斥终身不齿。其他：外舍生若入学五年不预校定及不曾请列国学解送，或不曾公试入等第者，到岁终检校，酌即除籍。按两宋学令屡有变更，详细规定者有两次：一在仁宗元丰二年，一在高宗绍兴十三年。

太学

太学是中国古代的最高学府，早在西周就有太学之名。《大戴礼记·保傅篇》已有帝"入太学，承师而问道"之说。西周的太学，亦称大学。天子和诸侯均设之。"大学在郊，天子曰辟雍，诸侯曰泮宫。"汉武帝元朔五年（前124），设五经博士，弟子员50人，兴办太学，其目的是养天下之士。西汉太学在长安西北里，"有市有狱"。王莽做宰衡时，"为学者筑舍万区，作市、常满仓，制度甚盛"（《汉书·王莽传上》）。东汉太学发展很快规模较大。顺帝时，"乃更修黉宇，凡所造构二百四十房，千八百五十室"（《后汉书·列传》）。质帝时，"游学增盛，至三万余生"（《后汉书·列传》）。魏晋南北朝时，政局混乱，太学时兴时废。及至唐初，太学规模宏大，盛极一时。唐太宗贞观六年，"尽召天下惇师老德以为学官""广学舍千二百区，三学益生员""鼓筒踵堂者凡八千余人"（《新唐书·列传》）。唐、宋两代太学与国子学并存，元、明、清时期则不设太学，只设国子学或国子监。

太学的老师，主要是博士。战国、秦朝已有博士之官，用来管书籍、备顾问。从西汉开始，博士才是以传道授业为主要职责。作为教官的博士，除了讲学授徒外，还要奉使议政，试贤举能。各朝对博士的要求很高。汉代规定须熟习经史，通古知今，明辨是非，经世用世的一代鸿儒巨贤，方能充当博士。这些博士，一般是通过征召、荐举、选试、以诸科进、他官迁调等途径选取的。北朝北齐、唐、宋等朝代的太学，还设有助教协助博士施教。北齐孝昭帝皇建元年（560），诏置太学博士二人，助教二十人，太学生二百人。至于博士助教的数量，历代不一，有多有少。博士待遇丰厚，汉初博士定为400石，宣帝时增至600石。东汉还为博士建筑宿舍，"光武初兴，愍其荒废，起太学博士舍"。政府对博士常有酒肉束帛劳赐。《东观汉记》和《前汉书·王式传》分别有"每腊诏，赐博士羊人一头""共持酒肉劳式"的记载。有些朝代还为博士制作一定的衣冠。

太学的学生，历代称谓各有不同，或称"博士弟子"，或唤"太学生""诸生"等。太学生入学的身份资格，历代不尽相同，唐比宋要求高些、严些。唐代规定太学生限文武官员五品以上子孙、职事官五品的期亲，或三品的曾孙，以及勋官三品以上有封之子。宋代太学生须文武八品以下的子弟及庶民之俊异者。至于录取太学生的具体条件和办法手续，各朝亦有所不同。汉代太学生选补法有两种：一是直接由太常挑选18岁以上的仪状端正者；二是由郡国县官选送"好文学，敬长上，肃政教，顺乡里，出入不悖所闻者"（《史记·儒林列传序》）。北宋徽宗崇宁时，由各州州学每3年选送一次。南宋孝宗时，又实行混补（每3年科举完后，所有落第举人允许应试，取其程度合格者补入太学，谓之混补）和待补（以后因应试者过多，乃加限制，凡诸路解试终场人，挑选百分之六送往太学补试，谓之待补）二法，择优录取。唐代规定太学生初入学时还有一个重要的仪式，太学生要进行"束脩之礼"："置束帛一篚、酒一壶、脩一案，为束脩之礼"；"其束脩三分入博士，二分助教"。唐宋时期太学生都可在学居住，由朝廷发给膏火，汉代还为太学生统一学服，"俱曳长裾，游息帝学"。

太学的主要教材是经史，授"孔子之术，六艺之文"。以儒家五经作为基本教材。为了避免因抄写经籍错漏而引起的争论，东汉熹平四年（175），下诏诸儒校正五经文字，刻石于太学门外。这个"熹平石经"，成为当时官定的太学标准教材。唐代太学生要修"大经"（《礼记》《春秋左氏传》）、"中经"（《诗》《周礼》《仪礼》）和"小经"（《易》《尚书》《春秋公羊传》《春秋穀梁传》），兼习《论语》《孝经》及时务策。宋初教习五经，熙宁后令习《三经新义》，南宋又复以"五经"和"四书"为教材。教授方法则多取自修、讲授、讨论、解惑等。太学学习期限没有统一规定，各朝学制都不相同，但各都有一套考试制度、放假制度和管理制度。西汉每年一试，"设科射策"，试而优则仕，不及格者令其退学；东汉则以通经多寡来决定取舍任职。有些弟子屡试屡败，"结童入学，白首空归"。唐代有"岁考""毕业考"，以成绩优劣分别给予升降。宋代王安石改革太学制度，实行三舍试法，择优授官。各朝太学放假制度不一，唐代太学放假分短期和长期两种。短期的称"旬假"，每十日放假一天；长期假每年放两次，五月放"田假"、九月放"授衣假"。各以一个月为限，允许学生回乡探亲。离家太远或家有婚丧大事者，可酌情延长假期。延长后仍过期不归者，即令其退学。历代统治者都很注意在政治上、组织上、思想上和行动上加强对太学的管理和统制。有些朝代的天子还定期省视太学，如汉光武帝、明帝、安帝、灵帝、献帝及唐太宗等，都"数临幸观释菜"，参加太学行礼，"临观其仪"，诏令博士宣讲经义，赏赐束帛。汉代还在中央政府设置"太常"作为兼管教育的长官，职司礼仪、选试博士、宗庙等事务。唐、宋两朝设教育行政机关国子监，总辖太学诸学。唐代规定："凡学六，皆隶于国子监。"（《新唐书·选举制上》）宋代亦"凡学，皆隶国子监"（《宋史》）。为了统治和限制学生的思想行为，历代太学都制施各种规章制度。宋代太学颁行"学规"，订出博士助教、正录、学谕的职责，严禁各种"离经叛道"的思想行为。

中国太学生在历史上曾多次发生过反对宦官专权、反对投降卖国的事件。西汉哀帝时鲍宣为谏大夫、司隶，为人耿直，敢于揭露外戚和宦官的丑恶面目，获罪下狱。太学生王咸率领千余同舍生去营救他，方得免其一死。东汉以郭泰、贾彪为首的太学生，结合当时为人耿直的大官陈蕃、李膺等讽议朝政，抨击宦官，因而受到宦官的疯狂镇压，发生了党锢之祸，太学生被捕千余人。宋代以爱国之士陈东为首的太学生，在1126年金兵包围汴京，爱国将领李纲等被罢职，朝廷准备屈辱求和的关键时刻，挺身而出，集合太学生及军民，在皇宫门外请愿，上书痛斥卖国求荣的李邦彦、张邦昌等人为"社稷之贼"，请斩贼类，"复纲旧职"；诸军民从者数万，"喧呼震地"，在军民的强大压力下，宋钦宗赵桓被迫恢复了爱国将领李纲等的职务，随后击败了金人的入侵。

中国太学设置专门博士，实行大班上课和"高足弟子传授"的教学组织形式，注重自修，通过考试选士，对培养各种杰出人才、繁荣学术文化等方面，作出很大贡献。

国子监

国子监是中国封建社会的教育管理机构和最高学府，亦称"国学""国子学"。"言学以国子名，所谓国之贵游子弟学焉。"西晋武帝咸宁四年（278），因为晋初太学生出身庞杂，为了区分学生的贵贱，所以于太学之外另设国子学。北齐改为国子寺，隋炀帝始改为国子监。唐宋时，国子监作为国家教育管理机构，总辖国子学、太学、四门学等。元代设国子学、蒙古国子学、回回国子学，亦称国子监。明清国子监兼具国家教育管理机构和最高学府两重性质。明朝国子监规模宏大，分南北两监，一在南京，一在北京。南监建于洪武十五年（1382），规模宏大，"延袤十里，灯火相辉。规制之备，人文之盛，自有成均，未之尝闻也"（《南雍志》）。清朝国子监沿袭明制，设六堂为讲肄之所，"六堂讲师，极一时之选"，师徒济济，"皆奋自镞砺，研求实学"（《旧唐书·高宗本纪》）。后逐步衰败，成了科举的附庸，形同虚设。清光绪三十一年（1905）设学部，国子监遂废。

在监读书的学生称监生、太学生或国子生。历代对学生入学的资格、来源和名额都有不同的规定。唐代"国子学生三百人，以文武三品以上子孙、若从二品以上曾孙及勋官二品县公、京官四品带三品勋封之子为之"（同上）。宋代"国子生以京朝七品以上子孙为之"。明朝规定："凡国学生员，一品至九品文武官员子孙弟侄，年一十岁以上者充补，以一百名为额。民间俊秀年一十五岁以上，能通四书大义，愿入国学者中书省闻奏入学，以五十名额。"（《大明礼令》）学生来源则有举监、贡监、荫监和例监。清代监生身份品级与明朝差不多，但成分更为复杂，"生徒有贡有监。贡生凡六，曰岁贡、恩贡、拔贡、优贡、副贡、例贡。监生凡四，曰恩监、荫监、优监、例监，通谓之国子监生"（《清史稿》）。从"例监""例贡"看来，明清两代可以用钱买得国子监生的资格身份。监生入学一般要有一定的仪式。有些朝代规定生徒入监时要行束脩之礼。如唐代规定监生入学时要举行敬献束脩之礼的隆重仪式，由生徒自动敬赠绢三匹，其三分送博士，二分与助教。监生可以在监内寄宿，发给膏火，供给膳食，享有免役权利。明朝监生的生活待遇较为优厚。除了政府供给衣食住之外，明太祖还亲自钦定监生统一服装——"襴衫"，逢节令赐以"节钱"；有家眷的特许带家眷入学，每月支粮六斗。

总管监务的头领称国子祭酒或判监事。教官名称和编制数量历代不同。唐代设"国子监博士五人"，"助教五人，掌佐博士分经教授。直讲四人，掌佐博士助教以经术讲授"。宋初设直讲八人，专任教授。元丰以后，改变章程，设祭酒一人，总管监务，下设司业、参承、主簿各一人。明朝国子监设祭酒一人，从四品；司业一人，正六品；监丞一人，正八品；博士五人，助教十五人，典簿一人，俱从八品；学正十人，正九品；学录七人，典籍一人，俱从九品。国子祭酒、司业、博士要由"当代学行卓异之名儒"充当。如唐代的韩愈、孔颖达，宋代的程颐、胡瑗，明朝的宋讷、李时勉、陈敬业，清代的孔尚任等，皆是在国子监、国子学执教任职的一代名儒。历代统治者对他们都给予优厚的待遇。如洪武四年（1371）中书省户部定文武官禄为：国子祭酒270石，司业180石，博士80石，典簿70石，助教65石，学正60石，学录50石。另还有其他赏赐。

为了培养封建社会的"文武之材"，俾能出入将相，安定社稷，历代统治者规定"五经"或"四书"为国子监的主要教材。唐代生徒修"大经"（《礼记·春秋左氏传》）、"中经"（《诗》《周礼》《仪礼》）和"小经"（《易》《尚书》《春秋公羊传》《春秋穀梁传》），兼习时务策、《论语》和《孝经》。宋代习"四书""五经"。明太祖圣谕定"以孔子所定经书诲诸生"，下令删除《孟子》书中有关民贵君轻等思想的论述85条，规定所删条文"课试不以命题，科举不以取士"。另钦定170多条的孟子节文刻板颁行国子监等学校。

清朝监生每日功课仍是四书、五经、性理、习字。乾隆二年（1737），曾命"仿宋儒胡瑗经义斋、治事斋法，严课诸生"。

历代统治者对国子监的管理都很严格，颁行各种管理制度，包括考试升降制度和放假制度。唐朝对博士、助教的职责都有明确的规定；国子生的考试制度和放假办法与太学生的相似（见太学）。明朝依文化程度高低，把国子监分为正义、崇志、广业、修道、诚心、率性六斋，以率性程度最高。每季试3次，一年内积满8分为合格；一年半后分别升斋；肄业期满即分派到各衙门实习。据《明会典》所载，令国子监分拨在京各衙门，历练事务3个月，考核引奏；勤谨的送吏部附选，仍令历事，遇有缺官，依次取用；平常的再令历练；才力不及的，送还国子监读书；奸懒的发充下吏。监生坐堂期间，管理极严。明朝政府订颁了56条监规，严禁各种越轨言行，违者"定将犯人杖一百，发云南地面充军"。清政府于顺治初颁布了监规18条，严禁监生"立盟结社，把持官府，武断乡曲"，违者听提调官治罪。

总的看，国子监在加强学校管理、培养文武官吏、造就各种高级专门人才、繁荣中国古代学术文化、纳育各国留学生、促进中外友好文化交流等方面，都起到了积极作用。

四门学

四门学是中国古代国家高等学校。北魏太和十九年（495）始置四门小学，北齐时改为四门学，隶国子寺。隋、唐、宋均置四门学，隶国子监。一般位在国子学、太学之下，但性质相同，均专修儒家经典，所招收的学生为官府子弟及庶人俊异者，并设博士、助教等教官，有一整套考试制度与管理制度。宋庆历年间（1041—1048）废除。

贡院

贡院是科举考试的场所。始置于唐玄宗开元二十四年（736）。宪宗时，立贡院"棘围截遮"法，即在考场的围墙上遍置荆棘，故贡院也被称作棘围或棘院。明、清之际，贡院建制严格、规整，用于乡试、会试。通常院大门正中悬"贡院"匾，大门内有龙门，再进纵深处为至公堂。至公堂后进有门，挂帘相隔，入门为内帘，至公堂的东西两侧为外帘。内、外帘处供考官及负责考场诸务官员工作、居住，故有内、外帘官之分。院内两旁建号舍，供考生答卷、居住，京城及大省贡院有号舍万余间，小省有数千间。号舍以几十或上百间为一列，形如长巷，每巷用《千字文》编列，在巷口门楣墙上书"某字号"。考生入内即封号栅，待交卷时方开。贡院内有严格的条规，其内各官员须回避亲族，内帘与外帘官之间不得往来；为防考生作弊设有各种搜检之法，并派有兵士巡查。

先圣先师

对周公、孔子等人的尊称。《礼记·文王世子》："凡始立学者，必释奠于先圣先师。"郑玄注："先圣，周公若孔子。"汉武帝"独尊儒术"以后，历代庙祀孔子。魏正始到隋大业年间，尊孔子为先圣、颜回为先师。唐高祖时，以周公为先圣、孔子为先师，太宗时恢复隋大业间旧制。高宗永徽时，又以周公为先圣，孔子为先师。显庆年间，又升孔子为先圣。

（第一部分执笔：赵伟）

第二部分

圣人及其弟子

周公

西周政治家、军事家和思想家。姓姬，名旦。因采邑在周（今陕西凤翔），故称周公或周公旦。他在周武王灭商及周成王治国中发挥了重要的辅佐作用，曾先后镇压武庚、管叔、蔡叔、霍叔及东方各国的反叛。其后"制礼作乐"，以建章立制方式制定和完善宗法、分封等项制度。周公高度重视对奴隶主贵族及其子弟进行政治教育和道德教化，尤其强调要以商朝灭亡及其他武装反叛活动为鉴，颂扬"有孝有德""明德配天""明德慎刑""力农无逸"等思想。此外，周公还提出了以治绩考察、选任官吏的原则，要求重视和重用"贤能之士"。其言论主要散见于《尚书》中的《大诰》《多士》《无逸》《立政》等篇。

孔子

春秋末期思想家、教育家。儒家学派创始人。名丘，字仲尼。鲁国陬邑（今山东曲阜东南）人。其先祖为没落的宋国贵族。少时"贫且贱"。十五岁立志求学，"学无常师"，据传曾问礼于老聃，学乐于苌弘，通过私人传授，博习诗书礼乐。早年在鲁国执政大夫季氏门下任管牛羊、仓库的小吏。约三十岁，于曲阜城北设学舍，开始私人讲学。颜路、曾点、子路等是最早的弟子。五十岁任鲁国中都宰，继升司寇。不久去职，率子历游宋、卫、陈、蔡等国，共十四年。志欲良时政，复兴周礼，自谓"如有图我者，吾其为东周乎"（《论语·阳货》），然终不见用。六十八岁重返鲁国。

政治上的不得志促使孔子将主要精力投向讲学和著述，整理《诗》《书》等古代文献，直到逝世。孔子一生践行"学而不厌，诲人不倦"，弟子达三千人，身通六艺者七十余人，为我国第一个创办大规模私学的教育家。孔子以"仁"作为其学说的核心及最高道德标准。"仁"字在《论语》中出现一百零九次之多，其基本含义不外"克己"而"爱人"。"克己"即以礼约身，"非礼勿视，非礼勿听，非礼勿言，非礼勿动"（《论语·颜渊》）。要求遵守周礼规定的等级，克制非分的欲望。"爱人"即设身处地为人着想，"己所不欲，勿施于人"（《论语·卫灵公》），"己欲立而立人，己欲达而达人"（《论语·雍也》），但强调以孝悌为本，爱有差等。

在政治上，孔子主张"为政以德"（《论语·为政》）。谓"政者正也"（《论语·颜渊》），"其身正，不令而行；其身不正，虽令不从"（《论语·子路》）。提倡举贤才，"学而优则仕"，以"修己以安百姓"为政治理想。认为"道之以政，齐之以刑，民免而无耻；道之以德，齐之以礼，有耻且格"（《论语·为政》）。

在教育上，孔子最先对人性及教育作用等问题进行了深入探讨，提出"性相近也，习相远也"（《论语·阳货》），认为人的天赋相近，只因后天习染才导致了个性差异，因此只要获得良好的教育条件，都有可能养成"仁"的品质。以此主张"有教无类"，除奴隶以外，不分贫富、贵贱、贤愚、种族和地区，凡致"束脩"之礼者，都可以收弟子。《史记·仲尼弟子列传》载，孔子弟子七十二人，来自鲁、齐、卫、晋、宋、陈、秦、楚等国，大都出身贫贱，足见孔子的教育对象已推广到平民，学校由此冲破宫廷的藩篱，促进文化下移，为诸子蜂起、百家争鸣开辟了道路。

颜回

字子渊，又称颜渊。春秋鲁国人，小孔子三十岁。位列孔门德行科之首。与父亲颜路同为孔子弟子。孔子称许颜回既贤德又好学："贤哉，回也！一箪食，一瓢饮，在陋巷，人不堪其忧，回也不改其乐。贤哉，回也！"清苦的生活也不能改变向道、求道的乐趣。"不迁怒，不贰过"，"不迁怒"是既不升迁怒气也不迁移怒气，能把控情绪。"不贰过"是有过能知，知而能改，不会再犯。知过必改才是真正的好学。

在《论语》中，孔子对颜回的称赞最多，如"惜乎！吾见其进也，未见其止也""语之而不惰者，其回也与"，是称赞颜回精进，永不怠惰；"回也，其心三月不违仁""用之则行，舍之则藏""回也其庶乎，屡空"，是称赞颜回不违背仁德，几近圣道。颜回不但向道、好学、精进，而且虚怀若谷，有善不自夸，不施劳于人，学友对颜回的评价是：闻一知十，可望而不可即。颜回对老师孔子也相知最深，在诸弟子中最了解老师，赞叹老师"仰之弥高，钻之弥坚"，接受老师"博我以文，约我以礼"的引导。颜回四十一岁却英年早逝，孔子悲叹：天要灭我啊！可见师生感情深如父子。

颜子于汉永平年间配祀圣庙，唐开元追封为"兖国公"。

闵损

字子骞，又称闵子骞。春秋鲁国人，小孔子十五岁，位列孔门德行科，以孝行著称。闵损幼年丧母，虽受继母虐待，不改孝心。寒冬时节，继母以轻便保暖的丝绵为两个亲生儿子御寒，却只用芦苇絮衬里给子骞做棉衣。闵父发现后欲将继母逐出家门，子骞跪地乞求："母在一子寒，母去三子单。"不仅父亲闻言感动不已，继母和两个弟弟也羞愧不已，深受感动。此后家庭重新变得温馨和睦。孔子由此赞曰："孝哉，闵子骞！人不间于其父母昆弟之言。"

闵子骞不但做人端正恭敬，而且讲话切中要害。《论语·先进》载："鲁人为长府。闵子骞曰：'仍旧贯，如之何？何必改作？'子曰：'夫人不言，言必有中。'"意思是闵子骞劝鲁人，对"为长府"之事的利弊后果不清楚时，先维持现状，何必重新修改？孔子评价他平时很少说话，一说话就很中肯。闵子骞做事有原则，守志节。《论语·雍也》载，季氏使闵子骞为费宰。闵子骞曰："善为我辞焉！如有复我者，则吾必在汶上矣。"季氏是不听君命、僭越礼制的权臣，派人请闵子骞帮他治理费邑封地，闵子骞向使者表示：请善巧地为我推辞，若再来召我，则我必去汶水的北边。意指避开鲁国去齐国，表示道不同不相为谋的决心。后来，汶上建有闵子骞祠，有一副对联：一湾汶水先生志，两岸芦花孝子心。

闵子于汉永平年间荐祀圣庙。唐开元年间追赠为"费侯"。

冉耕

冉氏，名耕，字伯牛，春秋鲁国人。名列孔门十哲德行科，小孔子七岁，官至中都宰。以德惠民，以仁施政，政绩显著，所治中都成了其他诸侯国学习的榜样，并受到孔子的高度赞赏。

他受孔子教育，向往圣道绝学，身体力行，为人端正，善于待人接物，素受同辈所景仰。《史记》载："孔子曰：'受业身通者七十有七人'，皆异能之士也。德行：颜渊，闵子骞，冉伯牛，仲弓。"孔子周游列国时，冉耕陪侍在旁。在陈、蔡绝粮之际，冉耕亦能弹琴咏诗，泰然处之。冉耕感染恶疾后孔子曾亲往探望。因恐恶疾传染，冉耕只肯在墙壁侧面的小窗伸手致意。夫子紧握其手，心中痛惜至极："斯人也而有斯疾也！斯人也而有斯疾也！"（《论语·雍也》）

冉耕于汉永平年间入祀圣庙。唐开元年间追赠"郓侯"。

冉雍

字仲弓，春秋末期鲁国人。孔子弟子。家贫，以牧为生，有"犁牛氏"之称。与同族冉耕、冉求皆位列孔门十哲，世称"一门三贤"。

冉雍重德立善，德才兼备，曾做过季氏私邑的长官，他为政"居敬行简"，主张"以德化民，以政导民"。他处事为人，邦家无怨，仁而不佞，胸怀宽广。孔子对冉雍有"雍也可使南面"之誉，临终时在弟子们面前亦赞其曰："贤哉雍也，过人远也。"

唐开元年间，冉雍被追封为"薛侯"。

宰予

字子我，又名宰我，春秋末期鲁国人，孔子弟子，位列孔门十哲言语科。小孔子二十九岁。宰予思想活跃、口才出众，有杰出的政治才能。

《论语·阳货》载，宰予提出："三年之丧，期已久矣。君子三年不为礼，礼必坏；三年不为乐，乐必崩"，因此认为可改为"一年之丧"，被孔子批评为"不仁"。《论语·雍也》载，宰予向孔子提出了"井有仁焉"的问题，被孔子认为是在愚弄人，指出："何为其然也？君子可逝也，不可陷也；可欺也，不可罔也。"《论语·公冶长》载宰予因昼寝被孔子骂作"朽木"和"粪土之墙"。宰予后跟从孔子周游列国，游历期间常受派遣，使于齐国楚国。另据《史记·仲尼弟子列传》记载，宰予做过临淄大夫。

唐开元年间，宰予被追封为"齐侯"。

端木赐

字子贡，春秋时期卫国人。小孔子三十一岁。位列孔门言语科。子贡悟性高、有才干，长于外交和经商。《史记》中记载了子贡曾出使齐、吴、晋、越各国以救鲁国之危，以及子贡利用可与各国国君分庭抗礼的财富弘扬孔子之道，可见子贡在外交及经商方面才干卓越。

子贡与颜回、子路同为孔子最亲近的弟子。孔子曾将子贡比作高居庙堂的祭祀重器——瑚琏，以示赞许。庙堂代表的是国家、朝廷，可见老师给子贡的评价之高。子贡多次与孔子有精彩的对话，在问政、问怎样堪称为士时，都能层层追问，直探问题的核心。子贡不仅聪慧善辩，更有自知之明和宽广的胸襟。孔子曾问子贡：你与颜回比较，谁更优秀？子贡谦称自己闻一知二，颜回闻一知十，不能相比。孔子也曾指正子贡喜欢评论人的习惯，期勉他专心于进德修业，由此可见两人亲密的师徒关系。在孔子逝世后，其他弟子皆服丧三年，唯独子贡服丧六年才能平复心中哀痛之情。

子贡于汉永平年间荐祀孔庙，唐开元年间追赠"黎侯"。

冉求

冉求，字子有，春秋时期鲁国人。名列孔门十哲政事科。长期担任鲁大夫季氏家宰，谋事聪明精干，而且颇有谦德。在《论语·先进》中自叙自己的能力时，冉有便谦虚道：六七十里见方，或五六十里见方的国家，让我治理三年可以令百姓富足。如果要以礼，乐教化，则非三年之功，那就等待后来的君子了。

冉有的治国才华尤其体现在财政管理方面，颇得孔子的欣赏，但也因该方面存有的过失而受到孔子的责备。据《论语·先进》载，冉有担任鲁国季氏家宰时，曾帮助季氏进行田赋改革，聚敛财富，因而遭到孔子的严厉批评："非吾徒也，小子鸣鼓而攻之可也。"由是可见孔子对冉有所作所为的不满，声明弟子们都可以声讨他。当然，这里反映出孔夫子的春秋笔法，只责冉有不责季氏，意味季氏不值一责。同时也体现出孔子以道为重、不论亲疏的原则性，以此教导冉有治国理政的正确方法。

冉有于汉永平年间荐祀孔庙，唐开元年间被追赠"徐侯"。

季路

仲由，仲氏，名由，字子路，因曾为季孙氏家臣，又称季路，春秋时期鲁国人。孔门十哲之政事科，小孔子九岁。因有为亲负米的孝行而被写入《二十四孝》。曾任卫蒲邑大夫、季氏家宰，是陪侍孔子最久的弟子，孔子对其评价最多。

未入孔门时，孔子见子路的行为虽然鲁莽，但性格爽直刚强，不失为可造之才，于是以礼义引导他，使他改穿儒服并拜孔子为师。子路个性直爽豪放，慷慨勇敢，有"虽千万人吾往矣"及"车马衣轻裘与朋友共"之气度，孔子对子路有"由也兼人""好勇过我""片言可以折狱者，其由也与"等评价。

孔子曾多次赞赏子路长于"政事"，并认为可以任命他治理千乘之国的军事后勤工作。孔子在鲁国做"中都宰""大司寇"时，子路亦开始步入仕途。最初服务于季孙氏，后逐步升为"季氏宰""费宰"。子路在蒲邑治理三年，政绩卓著，获得了孔子的赞扬。孔子对子路忠信的品性深有了解，曾断言："如果我的主张行不通，我就乘上木筏子到海外去。能跟从我的大概只有仲由吧！"由此可知子路做事果断，信守诺言。

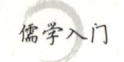

卫国发生内乱时，子路临危不惧，以身犯险冲进国都救援孔悝，但在混战中被蒯聩击杀。子路见义勇为、杀身成仁、言诺行信的美德为后世所称道。

子路于汉永平年间入祀孔庙，唐玄宗时被追赠"卫侯"。

言偃

言氏，名偃，字子游，春秋时期吴国人。在孔门中以言语科著称，学识渊博，深通礼乐，擅文学，为孔门十哲之一，与子夏并列文学科。言偃小孔子四十五岁，是孔门七十二贤中唯一南方弟子。曾任鲁国武城宰，宣扬孔子学说，用礼乐教育百姓，为孔子所称赞。孔子曾云：吾门有偃，吾道其南。被誉为"南方夫子"。《论语·阳货》记载，子游任武城宰相时，遵照师训，以礼乐教化人民，做出了成绩。孔子与诸弟子来到武城，听到处处有弦歌之声，于是微笑说："割鸡焉用牛刀！"言偃恭敬地回答说：从前言偃闻之于父子说，在位者学道，能体恤爱护人民，人民学道，则懂得安分自律。孔子欣慰之余，对随同弟子说："言偃所说的极是，我刚才所说戏言而已。"这说明言偃精通礼乐教化，且有识人之明。孔子问他在武城有没有得到人才时，他回答"有澹台灭明者，行不由径，非公事，未尝至于偃之室也"。《史记·仲尼弟子列传》中说，澹台灭明原来只是孔门普通弟子，跟从他求学弟子有三百人，望重诸侯，证实子游知人善任。

子游于汉永平年入祀圣庙。唐开元年间被追封为"吴侯"。

卜商

姒姓，卜氏，字子夏，春秋时期晋国人，孔子弟子，位列孔门十哲文学科。小孔子四十四岁。子夏才思敏捷、坚毅勇敢，以文学著称，曾为莒父宰。

子夏出身于贫寒，但才气过人，且性格坚强勇毅。拜孔子为师后，子夏曾随孔子周游列国，得以历练，逐渐形成了富有特色的思想。《论语》对其所言多有记录，如"博学而笃志，切问而近思，仁在其中矣""日知其所亡，月无忘其所能,可谓好学也已矣""虽小道,必有可观者焉""仕而优则学,学而优则仕",等等。

孔子去世后,子夏便离开鲁国至魏国西河(济水、黄河间)讲学,受众甚广。田子方、段干木、吴起、禽滑厘之属,皆曾受业于子夏(《史记·儒林列传》)。子夏还担任过崇尚儒学的魏文侯的老师。在孔子去世后的六七十年间,子夏的办学成就与影响最大,对儒学传播产生深远影响。

唐开元年间,子夏被追封为"魏侯"。

有若

有若自幼勤奋好学、和易笃行、强记好古、明习礼乐、倡和睦、重礼教,对孔子思想不仅理解深刻,而且体现出创造性贡献。据《论语·学而》载,有若提出了关于"仁"的著名论断:"其为人也孝弟,而好犯上者,鲜矣;不好犯上,而好作乱者,未之有也。君子务本,本立而道生。孝弟也者,其为仁之本与!"此外,有若还提出过减轻税收、富足民众的思想。据《论语·颜渊》载,哀公问于有若曰:"年饥,用不足,如之何?"有若对曰:"盍彻乎?"曰:"二,吾犹不足,如之何其彻也?"对曰:"百姓足,君孰与不足?百姓不足,君孰与足?"这就深刻指出国家富足与百姓富足之间存在的密切关系,充分体现出儒家以民为本的政治思想。

有若作为孔子的忠实追随者,对于孔子的历史功绩给予了高度赞扬:"业乎其类,拔乎其萃,自生民以来未有盛于孔子也。"(《孟子·公孙丑上》)加之有若的学问和人品皆为同门认同,且其言行相貌与孔子颇类,所以极为思念老师的孔门弟子便共同推举有若担任老师,继续带领孔门开展活动。据《史记·有若传》载:"孔子即殁,弟子思慕。有若状如孔子,弟子相与并立为师,师之如夫子时也。"后因曾子认为不妥而作罢。

有若去世后,葬于肥城,鲁哀公曾向他吊唁志悼。汉永平年间有若得享配祀孔庙,唐开元年间追赠"卞伯"。

曾参

姒姓，曾氏，名参，世称曾子。春秋时期鲁国人。与父亲曾点同拜于孔子门下，小孔子四十六岁。因其在儒学发展史上的重要地位，又被尊为"宗圣"。

曾参是孔子晚年的高足之一，出身于没落贵族家庭，为人淳朴忠厚，行事谨慎谦恭，平时注重个人修养，尤为强调"吾日三省吾身""君子慎独"。虽被孔子评价为资质鲁钝，但曾参始终能做到以勤补拙，凭借"人一能之己百之"的刻苦学习精神，依靠三省吾身、临深履薄的修学功夫，以弘毅行仁、死而后已的坚定信念，终于领悟孔子的忠恕之道，进而传《孝经》、作《大学》，提出了"修齐治平"的观点。孔子之孙孔伋（字子思）师从曾参，后将其思想再传孟子。由此可见，曾参作为孔子学说的主要继承和传播者，在儒家学说的发展过程中发挥出上承孔子、下启思孟的重要作用。

曾参还以孝行著称于世，关于其践行孝道的故事很多。如据《孔子家语》记载：曾参在瓜地锄草而误伤秧苗，父怒而将其打昏。曾参苏醒后，立即向父亲问安并弹琴唱歌，意在让父亲放心，自己身体并无大碍。孔子听说此事后非常生气，教导曾参在父亲发怒时要遵循"小杖则受，大杖则走"的原则，这样才能避免父亲犯下杀子之过，才是真正的孝道，而不是仅仅一味顺从父母才是孝。

曾子于汉永平年间配祀孔庙，唐玄宗时期追赠"郕伯"。

颜路

颜氏，名无繇，字路或季路，世称颜路。春秋时期鲁国人，小孔子六岁，孔子早期的弟子之一，与其子颜回（颜渊）先后拜在孔子门下求学。

据《孔子家语·七十二弟子解》载："颜由，颜回父，字季路，孔子始教学于阙里，而受学。少孔子六岁。"另据《论语·先进》载：颜回不幸早逝，颜路因家穷无力置办外椁，于是乞请孔子把车乘卖掉以提供费用上的帮助。孔子认为此事不妥，指出："颜回和孔鲤（孔子之子，也过世了）虽有才与不才之分，但对我们而言都是自己的儿子。孔鲤去世时，也仅有内棺而无外椁。我不能徒步走路而把车乘卖掉替颜回买椁，因为我曾经位居大夫的行列，如果步行是不合乎礼的。"

颜路于汉永平年间入祀孔庙，唐开元年追赠为"杞伯"。元文宗天历三年（1330），被封为杞国公，谥号"文裕"。

公冶长

公冶氏，名长，字子长，春秋时期齐国人。孔门七十二贤之一。

据《史记》记载，公冶长为齐人，孔安国则认为其为鲁人。公冶长出身贫寒，自幼聪颖好学、德才兼备，专意于继承孔子思想，终身治学而拒绝仕禄，因而深得孔子赏识。

相传公冶长善听鸟音、鸟鸣，精通鸟语鸟意，并曾由此无辜获罪。而孔子深信公冶长是无辜的，因此仍然将自己的女儿嫁给他。据《论语·公冶长》载："公冶长虽在缧绁之中，非其罪也。以其子妻之。"

公冶长于汉永平年间入祀孔庙，唐开元年间追封"莒伯"。宋高宗赞曰："子长宏度，高出伦辈。虽在缧绁，知非其罪。纯德备行，夫子所采。以子妻之，尤知英概。"

曾点

曾点，字皙，又有曾晳、曾晰、曾蒧之称，春秋时期鲁国人，先祖为夏朝时少康子曲烈。孔门七十二贤之一，为孔子三十多岁第一批授徒时所收弟子，与其子"宗圣"曾参同师孔子。

曾点虽家境贫寒，但思想超脱、颇有志趣，曾自言其志并深得孔子的赞赏。据《论语·先进》载，曾点和子路、冉有、公西华坐侍于孔子旁谈论各自的志趣。子路、冉有和公西华发言完毕后，曾点"铿"的一声停止弹瑟，站起来道："莫春者，春服既成，冠者五六人，童子六七人，浴乎沂，风乎舞雩，咏而归。"孔子叹曰:"吾与点也。"由此可见,孔子明确表示赞同曾点对祥和安乐的社会环境的向往。

曾点对孔子关于礼义教化的学问也深表赞同并进行了深入研究。据《孔子家语·七十二弟子解》载,曾点"疾时礼教不行,欲修之,孔子善焉"。

曾点的性格之中亦有狂放张扬的成分。据《孟子·尽心下》载,孟子曰:"如琴张、曾晳、牧皮者,孔子之所谓狂矣。"

曾点在家庭教育方面极为严格,对其子曾参要求极高。据《孔子家语·六本》载:"曾子耘瓜,误斩其根,曾晳怒,建大杖以击其背,曾子仆地而不知人久之。"而曾参对曾点则非常孝顺。据《孟子》载:"曾晳嗜羊枣,而曾子不忍食羊枣","曾子养曾晳必有酒肉"。上述史实被后世总结为"棍棒之下出孝子"之说,并产生深远的历史影响。

曾点去世后,以孝著称的曾参为其举行了简单的丧礼,被历代奉为厚养薄葬的典范。唐玄宗开元年间,曾晳被封为"宿伯",后改封"莱芜侯"。

南宫适

姓南宫,名适(kuò),字子容,通称南容。春秋时期鲁国人。孔子弟子,孔门七十二贤之一。

南宫适不仅富有智慧、言语谨慎、崇尚道德,而且专注于学业,常有独到见解,被孔子认为有君子之德,还将自己兄长之女嫁给他。《论语》对其言行有三处记录。据《论语·公冶长》载:子谓南容:"邦有道,不废;邦无道,免于刑戮。"以其兄之子妻之。《论语·先进》载:南容三复白圭,孔子以其兄之子妻之。《论语·宪问》载:南宫适问于孔子曰:"羿善射,奡荡舟,俱不得其死然。禹、稷躬稼而有天下。"夫子不答。南宫适出,子曰:"君子哉若人!尚德哉若人!"

唐开元年间南宫适被追封为"郯伯",宋朝大中祥符二年加封"龚丘侯",明嘉靖九年改称"先贤南宫子"。

原宪

原宪，字子思，又称原思。春秋时期鲁国人，此外亦有宋国人之说。小孔子三十六岁。原宪出身贫寒，但为人清净而有操守，安贫乐道，主张通过不行"克、伐、怨、欲"而厉行修身，后世常将其与颜回相提并论。

据《论语·宪问》载，原宪曾向孔子请教何谓耻辱，孔子答曰："邦有道，谷；邦无道，谷，耻也。"意即教导原宪要有入仕的原则，不能在国家政治黑暗时仍以做官谋取财富。原宪始终严格遵循孔子教诲，终身不仕。即便在担任孔子家宰时，原宪也有过拒绝俸禄的行为，以示其清廉不贪，对身外之物非常淡泊。

孔子逝世后，原宪隐居于卫国的草泽之间，过着清贫的生活。即便如此，原宪依然以夫子之道为依归，不改其志。子贡在卫国做官时，曾穿华服乘高车专程造访原宪，原宪则以衣衫褴褛之态出门迎接。子贡曰："嘻！先生何病？"原宪回应道："宪闻之，无财谓之贫，学而不能行谓之病，今宪贫也，非病也。"子贡听后，惭愧而走。

原宪于汉永平年间入祀孔庙，唐玄宗时期追赠"原伯"。宋高宗赞曰："轼彼穷阎，达士所宾。邦无道谷，进退孰伦。敝衣非病，无财乃贫。赐虽不怿，清节照人。"

高柴

姓高，名柴，字子羔，又称子皋、子高、季皋。春秋时期卫国人，另有齐国人之说。小孔子三十岁。

据《史记·仲尼弟子列传》载，高柴身高较矮，"长不盈五尺"，相貌很丑。在《论语》中，孔子对其的评价为"柴也愚"，意为愚直而缺乏变通。

子路曾经举荐高柴担任费邑长官，但孔子以年纪尚幼、学识未精为由不许高柴入仕。据《论语·先进》载：子路使子羔为费宰，子曰："贼夫人之子。"

高柴心地善良、人品绝佳，对待父母竭尽孝道。据《孔子家语·弟子行》

载："高柴自见孔子，出入于户，未尝越礼。往来过之，足不履影。启蛰不杀，方长不折。执亲之丧，未尝见齿。是高柴之行也。"足见高柴恭敬、慈悲、孝亲之心，为母丧守三年，面无悦色，且常致泣血锥心之痛。

高柴曾先后在鲁、卫两国四次为官，历任鲁国费宰、成宰、武城宰以及卫国的刑狱之官，在孔门弟子中从政时间最长、经验最为丰富。他为官清廉公正、行政有方、仁爱亲民，因此深受孔子赞赏。据《说苑·至公》载，担任卫国刑狱之官时，曾依法砍掉一名罪犯的脚并罚其看守城门。卫国发生蒯聩之变时，高柴得该名罪犯相助逃走。其后高柴询问罪犯帮助他的原因，罪犯答道：我是因罪受罚，理所应当，而你在判罚时始终表现出仁爱之心。所以，我心无怨恨，自然应该帮你。孔子听说这件事后，颇为感慨："善为吏者树德，不善为吏者树怨。公行之也，其子羔之谓欤？"

高柴于汉明帝时入祀孔庙，唐开元年间追封为"共伯"，宋真宗大中祥符二年加封"共城侯"。宋高宗赞曰："婉彼子羔，受业先圣。宗庙之问，一出乎正。克笃于孝，非愚乃令。师知其生，有辉贤行。"

巫马施

姓巫马，名施，字子期，《史记》作子旗，亦称巫马期。春秋末年鲁国人，一说陈国人。孔子弟子，小孔子三十岁。

巫马施为人勤奋谨慎而有节操。据《韩诗外传》载，巫马施与宓不齐都曾担任过单父（今山东菏泽单县）宰，并且都取得了良好的治理效果，只不过二人的行事风格大相径庭："宓子贱治单父，弹鸣琴，身不下堂，而单父治。巫马期以星出，以星入，日夜不居，以身亲之，而单父亦治。"宓不齐是弹瑟鸣琴、一派悠闲，巫马施是亲力亲为、披星戴月。于是，巫马施通过向宓不齐请教而得知差别在于"任人"抑或"任力"。由此可见，即便巫马施的特点在于事必躬亲、勤奋谨慎，较之于宓不齐亦不失君子治世之美德。

在道德方面，巫马施一直奉行孔子重义轻利的教导，既不唯利是图，也不因利益而丧失斗志。据《韩诗外传》载：子路与巫马施一起外出砍柴，见到陈国的富人"脂车百乘,觞于韫丘之上"。子路便问巫马施:"得此富,终身无复见夫子,子为之乎?"巫子期扔下镰刀叹息道:"吾尝闻之夫子,勇士不忘丧其元,志士仁人不忘在沟壑。子不知予与?试予与?意者、其志与?"可见巫马期风骨节操之高尚。

巫马期于汉永平年间入祀于孔庙,唐玄宗时期追赠为"鄫伯"。宋高宗赞曰:"天清日明,蜜雨曷有。师命持盖,子亦善扣。惟夫子博,三才允究。学者之乐,所得遂茂。"

公西赤

姓公西,名赤,字子华,通称公西华。春秋时期鲁国人,小孔子四十二岁。

公西赤家世富裕,孝顺父母,仪表端庄,精通礼制典章,尤其擅长祭祀与国际会盟的外交礼仪。据《论语·先进》载,公西赤与子路、曾点、冉有等人侍孔子坐时,曾言其志:"宗庙之事,如会同,端章甫,愿为小相焉。"孔子对公西赤善于礼仪应对的优点亦曾给予称赞:"宗庙会同,非诸侯而何?赤也为之小,孰能为之大?"又据《论语·公冶长》载,孟武伯曾经向孔子问起公西赤的情况,孔子答曰:"赤也,束带立于朝,可与宾客言也。不知其仁也。"另据《左传》载,鲁国大夫孟僖子随鲁昭公赴楚,由于不能行礼仪所以引以为疚,故在临终之际嘱咐其子向孔子学礼。孔子周游列国以诗礼望重诸侯,尝勉以诗礼传家,足见礼之重要。公西华在孔门以礼著称,可谓学而有成。孔子之丧,公西华为志,引备夏殷周三代之礼,以显夫子之尊荣,以识夫子之圣道。

公西赤于汉永平年间入祀孔庙,唐玄宗时期追赠"郜伯"。宋高宗赞曰:"学者行道,敝缊亦称。"

司马耕

本姓向,或名犁,字子牛。宋国人,为宋桓公之后,又称桓氏。由于历代为司马，通称司马氏。父亲向罗，育有五子，司马子牛排行最小，拜孔子为师，向罗次子桓魋不肖，时孔子经宋国，与诸弟子习礼仪于大树之下，司马桓魋欲杀孔子，拔其树。孔子便离去，弟子曰："可以速矣。"孔子曰："天生德于予，桓魋其如予何？"桓魋后欲连同四兄弟谋杀宋景公，司马子牛苦劝不成，因忧虑诸兄犯下灭族重罪，故牛忧心说："人皆有兄弟，独我没有。"子夏安慰他说："我闻死生有命，富贵在天。君子敬而无失，与人恭而有礼。四海之内皆兄弟也。君子何患乎无兄弟也？"

据《论语·颜渊》载，司马牛曾两次向孔子请教儒学问题。关于"仁"，孔子答曰："仁者其言也讱。"司马牛不解，又问："其言也讱，斯谓之仁已乎？"孔子继续解释道："为之难，言之得无讱乎？"关于"君子"，孔子曰："君子不忧不惧。"司马牛追问道："不忧不惧，斯谓之君子已乎？"孔子对曰："内省不疚，夫何忧何惧。"

司马子牛于汉永平年入祀圣庙，唐开元年间追赠"马向伯"。宋高宗赞曰："手足甚亲，志异出处。魋将为乱，子乃脱去。在污能洁，危而有虑。内省若斯，何忧何惧。"

宓不齐

姓宓（mì），名不齐，字子贱，春秋末年鲁国人。孔子弟子，孔门七十二贤之一。小孔子三十岁，以才智、仁爱闻名，颇有君子之德。

宓不齐十分注重道德修养，因此获得孔子的赞赏。据《论语·公冶长》篇载："子谓子贱，君子哉若人。鲁无君子者，斯焉取斯。"

宓不齐在鲁哀公时曾任单父宰，为政三年期间不仅赋役较轻，而且在灾年能发仓粟、赈困穷、补不足。他知人善任，能举能、招贤、退不肖，以礼乐治世民，留下"鸣琴而治"的善政佳话，取得了卓越的治理功绩。据《韩诗外传》载："子贱治单父，弹鸣琴，身不下堂，而单父治。"孔子对宓不齐入仕后取得的成绩也大为赞扬。据《史记·仲尼弟子列传》载：孔子曰："惜哉！不齐所治者小，所治者大则庶几矣。"意指宓不齐如果能治理更大的地方，将会有更客观的成就。

唐开元年间,宓不齐被追封为"单伯"。宋大中祥符二年(1009),加封"单父侯"。

公伯寮

姓公伯,名寮(或作僚、缭),字子周,春秋末年鲁国人,孔子弟子。

孔子于鲁定公十三年出任大司寇,负责主持削弱私门势力的"堕三都"计划。此时,公伯寮与子路同为季氏家臣,但公伯寮曾在季孙氏面前有毁谤子路之言。季孙氏听信公伯寮的谗言后,便对孔子和子路起了疑心。据《论语·宪问》载:公伯寮愬子路于季孙。子服景伯以告,曰:"夫子固有惑志于公伯寮,吾力犹能肆诸市朝。"子曰:"道之将行也与,命也;道之将废也与,命也。公伯寮其如命何?"子服景伯想除掉公伯寮,并使季孙氏明白真相,但孔子不同意采取过激行为,认为大道无论行或者不行都是天意,公伯寮的做法不能违背天命。

林放

字子丘,鲁国清河人。孔门七十二贤之一。比干二十七世孙,崇礼知本,在"礼"的研究方面颇有造诣。

《论语·八佾》中曾两次提及林放。一次是林放问礼之本,孔子答曰:"大哉问!礼,与其奢也,宁俭;丧,与其易也,宁戚。"意为礼之本意在于,与其奢华铺张,宁可俭约朴素。对丧葬之礼,与其仪文周到,宁可由衷悲哀。另一次是季氏要去祭祀泰山,孔子对冉有说:"你不能阻止他吗?"冉有说:"不能。"孔子说:"难道说泰山之神还不如林放(懂礼)吗?"这也是间接称赞林放知礼懂礼。

林放于唐开元二十七年(739)被追封为"清河伯"。宋高宗赞曰:"礼之有本,子能启问。大哉斯言,当照明训。德辉泰山,诬祭莫奋。崇兹祀典,盖永令闻。"

澹台灭明

澹台氏，名灭明，字子羽，春秋时期鲁国人。孔门七十二贤之一，小孔子三十九岁。澹台灭明为人勤奋好学、公正无私，颇有君子之风。

据《史记·仲尼弟子列传》载："澹台灭明，武城人，字子羽。少孔子三十九岁。状貌甚恶。欲事孔子，孔子以为材薄。"由于其相貌丑陋、沉默寡语，导致拜师时孔子曾以貌取人、忽略其才。言偃担任武城宰时知人善任，发掘出澹台灭明的才能。孔子得知后不禁感叹："吾以言取人，失之宰予；以貌取人，失之子羽。"澹台灭明拜入孔子门下后，谨遵教诲、努力学习，以其品德高尚、学风端正而声名远播于诸侯之间。尤其是他尊孔子道风，有教无类，造育人才。开释春秋大意，以及修身、齐家、治国、平天下之道。兼修三坟、五典、八索、九丘等古籍。至吴国讲学时，门徒达三百之众，成为享誉大江南北的一代名师。

澹台灭明于汉永平年间入祀孔庙，唐开元年间追封"江伯"。宋高宗赞曰："惟子有道，天与异容。状虽云恶，德则其丰。南止江沱，学者云从。取士自兹，貌或非公。"

漆雕开

漆雕氏，名启，字子开，又字子若，又作子修，春秋时期鲁国人。孔门七十二贤之一，小孔子十一岁。为人谦和自重，在孔门弟子中素以德行著称。

据《孔子家语·弟子解》载，漆雕开"习《尚书》，不乐仕"。另据《论语·公冶长》载："子使漆雕开仕。对曰：'吾斯之未能信。'"可见，漆雕开乐于追随孔子学习《尚书》，对做官却无兴趣。即便孔子让其入仕，漆雕开仍然强调自己尚无取信于民的把握。这种乐学且务实的态度也赢得了孔子的赞赏。

漆雕开虽因受刑而致身残，但为人谦和而有自尊，刚正不阿，主张色不屈于人，目不避其敌，具有"勇者不惧"的美德。

漆雕开著有《漆雕子》十三篇。他继承和发展了孔子关于"性相近，习相远"的学说，在人性善恶问题上提出了自己的独到见解，主张人性善恶不仅有区分，而且是善是恶主要取决于后天的修养。正是因为漆雕开在学业上颇有造诣，因此他及其门人弟子逐渐形成了被称为"漆雕氏之儒"的学派，《韩非子·显学》将其列为儒家八派之一。

漆雕开于汉永平年间入祀孔庙，唐开元年间追封"滕伯"。

陈亢

妫氏，字子亢，一字子禽，春秋时期陈国人。孔门七十二贤之一，小孔子四十岁。陈亢为陈胡公妫满的二十世孙，因躲避陈国战乱而至卫国的河阳避难，由此便以陈为姓。游历鲁国时，陈亢拜于孔子门下，成为入室弟子。陈亢聪敏过人，能举一反三。担任单父宰时，陈亢施德政于民，颇受世人好评。

《论语》中有三处对陈亢言行的记录。《论语·学而》载，陈亢问子贡："孔老夫子每到一个国家，一定要参与探讨国政，这是他主动求得这个地位的呢，还是所到国家之君给予他这个地位的呢？"子贡说："夫子是靠温和、良善、恭敬、节俭、礼让等道德修养以赢得参知政事的地位。夫子即使有所求，也与他人求此地位之途径不同。"《论语·季氏》载，陈亢问孔子的儿子孔鲤（伯鱼）："您从夫子那里得到过特殊的教诲吗？"孔鲤回答，父亲教诲说："不学诗，无以言""不学礼，无以立"。陈亢回去之后高兴地说："问一件事，知道三件。知道要学诗、学礼，还知道君子对自己的儿子并不偏爱。"《论语·子张》载，陈亢对子贡说："您太谦恭了吧？老师哪里比您贤明呢？"子贡说："君子一句话可以看出智慧，一句话可以表现愚蠢。讲话不可以不谨慎。老师是赶不上的，犹如天是不可用梯子攀上去的。老师如得到一个诸侯国、一个大夫家，他就能去立人达民，他就能去导民从善，使'近者悦，远者来'，调动百姓和谐统一。他生在天地间，万众感到光荣，他的死万众悲哀。怎么能赶得上老师呢？"

陈亢于汉明帝时入祀孔庙，唐玄宗时期追赠为"颍伯"。

颛孙师

姓颛孙，名师，字子张，春秋时期陈国人。孔门十二哲之一，小孔子四十八岁，陈国人。

颛孙师才貌过人，交友广泛，性格狂放。他精于思考，乐于与孔子探讨学术问题。《论语》中关于颛孙师的记载多达二十条，既包括他向孔子请教关于"仁""政事""德行"等方面的问题，也包括颛孙师对于政治见解、品德修养等问题的看法。譬如《论语·为政》载："子张学干禄，子曰：'多闻阙疑，慎言其余，则寡尤。多见阙殆，慎行其余，则寡悔。言寡尤，行寡悔，禄在其中矣。'"《论语·子张》载：子张曰："士见危致命，见得思义，祭思敬，丧思哀，其可已也。""执德不弘，信道不笃，焉能为有？焉能为亡？"这些都表达了颛孙师在政治抱负、德行修养上的主要见解。

由于颛孙师在思想和行为上的独树一帜，所以孔子对他的评语是"辟"，即性情偏激。《论语·子张》也记载了言偃对他的评价："吾友张也，为难能也，然而未仁。"

唐开元年间颛孙师被追封为"陈伯"，明嘉靖九年（1530）改称"先贤颛孙子"。

商瞿

商氏，名瞿，字子木，春秋时期鲁国人。孔门七十二贤之一，小孔子二十九岁。

商瞿为孔门易学传人，成就不凡，博闻强记，是孔门传道者之一。据《史记·仲尼弟子列传》记载，商子木喜好周易之学，孔子因材施教，传《易》给他。商瞿又传给楚国人馯臂子弘，弘再传给江东人矫子庸疵，疵又传给燕国人周子家竖，竖传给淳于人光子乘羽，羽传给齐国人田子庄何，何传给东武人王子中同，同传给淄川人杨何。秦始皇焚书，认为周易只是卜筮之书，《易》幸免于难，传承不绝。汉武帝"罢黜百家、独尊儒术"，易学传人中大夫杨向以易入仕，启两汉经学之风，影响后世深远。

商瞿于汉明帝时荐祀圣庙。唐玄宗开元年间追封为"蒙伯"。

蘧伯玉

蘧瑗（qú yuàn），字伯玉，谥号为成，春秋时期卫国人。孔子弟子，卫献公初年已入仕，是卫国著名的贤大夫，主张以德治国、体恤民生。蘧伯玉与孔子情谊笃厚，孔子周游列国时曾居住于蘧伯玉府宅。

蘧伯玉是一位严以律己，且深具反省精神的政治家，为人勤于改过，知进退取舍。据《淮南子·原道训》载："蘧伯玉年五十，而有四十九年非。"据《庄子·则阳》载："蘧伯玉行年六十而六十化，未尝不始于是之，而卒诎之以非也。未知今之所谓是之，非五十九年非也。"孔子对于蘧伯玉也是多有赞誉。据《论语·卫灵公》载：孔子赞美蘧伯玉有道则仕，无道就把自己的知识才能收卷心中，是为君子。又据《论语·宪问》载：蘧伯玉派人来看望孔子。孔子陪使者坐，而问候蘧伯玉，说："先生在做什么？"使者回答说："先生努力修养，想少犯错误，还没有达到。"使者出去后，孔子感叹道："使者啊！使者啊！"以示对蘧伯玉的赞赏。

蘧伯玉以孔子朋友的身份被奉祀于孔庙东庑第一位，并受后世追封为"内黄侯"。

公祖句兹

姓公祖，名句兹。《孔子家语》称为公祖兹，字子之。春秋末年齐国人，孔门七十二贤之一，从孔子学礼见著者，其具体言行事迹不详。

公祖句兹于汉永平年间入祀孔庙，唐玄宗年间追赠"期思伯"，宋真宗年间加封"即墨侯",明嘉靖年间改称为"先贤公祖子"。

颜祖

姓颜,名祖,字襄,或字子商,《孔子家语》称颜相,字子襄。春秋时期鲁国人,孔门七十二贤人之一。师事孔子,兢兢业业,好学不倦。其具体言行事迹不详。

颜祖于汉永平年间从祀孔庙,唐开元年间追封为"临邑伯",北宋大观年间加封"富阳侯",明嘉靖年间改称为"先贤颜子"。

申党

申氏,名党,字周。《孔子家语》作申绩,字子周。春秋时期鲁国人,孔门七十二贤人之一。

古人以《论语》《史记·仲尼弟子列传》《史记·索引》和《孔子家语·七十二弟子解》为据,认为其中记载的申党、申枨、申绩为同一人。据《论语·公冶长》载,子曰:"吾未能见刚者。"或对曰:"申枨。"子曰:"枨也欲,焉得刚?"由是可见,同门认为申枨为人木讷寡言、用功向道、意志坚定,可谓刚毅。但孔子认为申枨还须克制欲望,才有成就刚德的可能。

申党于汉明帝时入祀孔庙,唐玄宗年间追封为"鲁伯",宋真宗年间加封"文登侯"。

荣旗

姓荣,名旗,字子祈。《孔子家语》称荣祈,字子祺。春秋末年鲁国人,小孔子九岁。孔门七十二贤之一。

荣旗于孔门之中属后起之秀,崇尚德行,精通六艺,曾帮助孔子删定经典文献,是位有修为的学者。据《先贤荣子子祺先生碑记》载:"从游孔子,亲炙洙泗，删诗赞易序书定礼，共维斯道于不坠，名列七十二子之中。"性情敦厚，言行谨逊，深受同学敬重。与人论学，荣旗总是态度中肯，从不急躁。合乎仁义则从之；不合则存保留态度。

荣旗于汉明帝时从祀孔庙，唐玄宗年间追封为"雩娄伯"，宋真宗年间加封"厌次侯"，明嘉靖年间追称"先贤荣子"。

颜哙

姓颜，名哙，字子声。春秋末年鲁国人，孔门七十二贤之一。其具体言行事迹不详。

颜哙于汉永平年间入祀孔庙，唐玄宗年间追封为"朱虚伯"，宋真宗年间加封"济阴侯"。

施之常

姓施，名之常，字子恒。《孔子家语》称字子常。春秋末年鲁国巨野氏，后居于濮县。孔门七十二贤之一。

施之常素有德行，聪慧过人，精通六艺。以诗、书、礼、乐注说于濮上，意在正风易俗。同时深入浅出阐述三纲五常之道，敦厚民风，令名永播，民德归厚，影响深远。

施之常于汉永平年间入祀孔庙，唐玄宗年间追封为"乘氏伯"，宋真宗年间加封"临濮侯"，明嘉靖年间改称"先贤施子"。

狄黑

姓狄，名黑，字皙。《孔子家语》称字皙之，春秋末年卫国人。孔门七十二贤之一。

狄黑道德敦厚，志向高远。他认为大道始于伦理，孝慈出于天性，故和颜温润以事亲，恭敬竭诚以事君，处世待人力求忠恕。一生涵泳于夫子之德风化育，从不厌倦。

孔子逝后，狄黑于青州设塾讲学，赓续夫子之志，匡时济世，入室弟子弦歌不辍，蔚起礼乐之风，承续道统，厥功丰伟。

狄黑之于汉永平年间入祀孔庙，唐开元年间追封为"临济伯"，宋真宗年间加封"林虑侯"，明嘉靖年间改称"先贤狄子"。

琴牢

姓琴，名牢，字子开，又字张。春秋末年卫国人，孔子弟子。

琴牢少时家境贫寒，好学敏于事，以持家计，自成孤高性格。《孟子·尽心下》称琴牢是"其志嘐嘐然"的狂放之士。又据《左传·昭公二十年》记载，琴牢与宗鲁为好友，宗鲁死于卫乱后，琴牢曾欲前往凭吊，但为孔子以"非义也"而阻止。《论语·子罕》对琴牢的言行也有记录：大宰问于子贡曰："夫子圣者与，何其多能也。"子贡曰："固天纵之将圣，又多能也。"子闻之曰："大宰知我乎，吾少也贱，故多能鄙事。君子多乎哉，不多也。"牢曰："子云，吾不试，故艺。"可见，琴牢对孔子的思想较为了解，能给予准确诠释。

琴牢于汉明帝时入祀孔庙，唐玄宗年间追封为"南陵伯"，宋真宗年间加封"顿丘侯"，明嘉靖年间改称"先贤琴子"。

樊须

姓樊，名须，字子迟，亦称樊迟，春秋末年鲁国人。孔子七十二贤之一，小孔子三十六岁。未拜师孔子前，已就仕于季氏。

樊须好学善问，兴趣广泛，有强烈的求知欲，《论语》内容中有多处提及其言行。樊须曾四次向孔子请教关于"仁"的学说，另外还咨询过如"孝""知""崇德、修业、辨惑"等问题。最为典型者则是《论语·子路》所载樊须向孔子求教从事农业种植的问题。孔子通过樊须所提问题认定，他更适合做劳动者而非官员。

樊须还颇具谋略和勇武精神。鲁哀公十一年（前484），齐国攻伐鲁国，率"左师"御敌的冉求认为樊须能服从命令，于是以其为车右。因鲁军不敢过沟迎战，樊须建议冉求带头冲锋并获首肯，结果鲁军大获全胜。

樊须于汉明帝时入祀孔庙，唐开元年间追封"樊伯"，宋真宗年间加封"益都侯"。

句井疆

姓句井，名疆，字子疆，一作子界，春秋末年卫国人。孔门七十二贤之一。其具体言行事迹不详。

句井疆于汉永平年间入祀孔庙，唐玄宗开元年间追封为"淇阳伯"，宋真宗年间加封"滏阳侯"，明嘉靖年间改称"先贤句子"，清代又改称"先贤句井子"。

左人郢

姓左人，名郢（yǐng），字子行，亦作字行，春秋时期鲁国人。孔门七十二贤之一。在孔门中以德行见著。

左人郢于汉永平年间入祀孔庙，唐开元年间追封为"临淄伯"，宋真宗年间加封"南华侯"，明嘉靖年间改称"先贤左子"，清代又改称"先贤左人子"。

孔忠

姓孔，名忠，字子蔑，《孔子家语》又作"孔弗"。春秋时期鲁国人，孔子兄孟皮之子。孔门七十二贤之一。

孔蔑宅心仁厚，诗礼传家，承蒙庭训，坚持家风，以忠诚孝悌而受到同门的称颂。据《孔子家语·子路初见》载：孔篾问行己之道。子曰："知而弗为，莫如勿知；亲而弗信，莫如勿亲。乐之方至，乐而勿骄；患之将至，思而勿忧。"孔篾曰："行己乎？"子曰："攻其所不能，补其所不备。毋以其所不能疑人，毋以其所能骄人。终日言，无遗己之忧，终日行，不遗己患，唯智者有之。"

孔忠于唐开元年间被追封为"汶阳伯"，宋真宗年间加封"郓城侯"，明嘉靖年间改称"先贤孔子"，清代又改称"先贤子蔑"。

冉孺

姓冉，名孺，字子鲁，春秋末年鲁国人。孔门七十二贤之一。儒家先贤冉求次子，小孔子五十岁。

冉孺敏于学、勤于问，勤奋自勉，专心于儒学，言谈举止皆能正音执礼，是位文质彬彬、受人敬重的君子。

冉孺于唐开元年间被追封为"郜伯"，宋真宗年间加封"临沂侯"。

公孙龙

姓公孙，名龙，字子石，楚国人。孔门七十二贤之一。小孔子五十三岁。

公孙龙行事中庸，信守忠义。据《史记·仲尼弟子列传》载，田常要在齐国叛乱，因忌惮高昭子、国惠子、鲍牧和晏圉等四大家族的势力，于是打算调遣他们的军队攻打鲁国。孔子忧心祖国蒙难，于是询问哪位弟子愿意出使为鲁国解危，公孙龙与子路、子张等人均愿前往，但孔子未允，最终同意子贡请行。

公孙龙于汉永平年间入祀孔庙。宋高宗赞曰："黄伯著祀，公孙是云。弥缝中道，协辅斯文。藏修方异，渐渍甚勤。史词不忘，播为清芬。"

后处

姓后，名处，字子里，《孔子家语》又作"字里之"，春秋时期齐国人。孔门七十二贤之一。为人谦敬诚恳，谨言慎行，笃学励行，不尚高谈阔论。

后处于汉永平年间入祀孔庙，唐开元年间追封为"营丘伯"，宋真宗年间加封"胶东侯"，明嘉靖年间改称"先贤后子"。宋高宗赞曰："温温子里，入闻至圣。揽道之华，秉德之柄。深造阃域，不乖言行。全齐之封，竹素为盛。"

商泽

姓商，名泽，字子季，又作子秀。春秋末年鲁国人。孔门七十二贤之一。

商泽乐学知命、斯文正直，以涉览六籍为乐，对于诗、书、易、礼、乐、春秋之要旨则通达晓畅。孔子逝世后，商泽曾开设私塾教授生徒，深受后世崇敬。

商泽于汉永平年间入祀孔庙，唐开元年间追封"睢阳伯"，宋真宗年间加封"邹平侯"，明嘉靖年间改称"先贤商子"。宋高宗赞曰："邈矣子季，睢阳是伯。屏息受业，延教登席。未践四科，困涉六籍。祀典载之，好是正直。"

公肩定

姓公，名肩定；一说姓公肩，名定。《史记》作"公坚定"。字子中，鲁国人，一说晋国人。孔门七十二贤之一。其具体言行事迹不详。

公肩定于汉永平年间入祀孔庙，唐开元年间追封"新田伯"，宋真宗年间加封"梁父侯"，明嘉靖年间改称"先贤公子"。宋高宗赞曰："公氏子忠，圣门之俊。修行文学，恒存忠信。道究一中，墙依数仞。梁父受封，荣名益振。"

郑国

姓郑,名国。原名邦,因避汉高祖讳而改。《孔子家语》作"薛邦"。字子徒,春秋末年鲁国人。孔门七十二贤之一。

郑国好学不懈,谦恭好礼。孔子逝世后,郑国曾在荥阳、朐山一带讲学。

郑国于汉永平年间入祀孔庙,唐开元年间追封"荥阳伯",宋真宗年间加封"朐山侯",明嘉靖年间改称"先贤郑子"。

叔仲会

姓叔仲,名会,字子期,春秋末年鲁国人。孔门七十二贤之一,小孔子五十岁。

叔仲会自幼即侍奉于孔子之侧,与同样年轻的孔璇负责为孔子执笔记事。据《孔子家语》载:孟武伯见孔子而问曰:"此二孺子之幼也,于学岂能识于壮哉?"孔子曰:"然,少成则若性也,习惯若自然也。"由此可见,孔子对于年轻人的培养首先着眼于小时候良好习惯的养成。

叔仲会于汉永平年间入祀孔庙,唐开元年间追封"瑕丘伯",宋真宗年间加封"博平侯"。

颜高

姓颜,名高,字子骄,又名颜刻或颜剋,春秋时期鲁国人。孔门七十二贤之一。据《孔子家语》载,颜高小孔子五十岁,疑有误。

颜高为人朴实,言辞得体,常侍奉夫子左右。孔子在匡被围及在卫国时,颜高都跟随在旁。据《史记·孔子世家》载:"将适陈,过匡,颜刻为仆。"

颜高于唐开元年间追封"琅琊伯",宋真宗年间加封"雷泽侯",明嘉靖年间改称"先贤颜子"。宋高宗赞曰:"琅琊之伯,其惟子骄。微言既彰,德音孔昭。已观雩舞,同听齐韶。历千百祀,跂想高标。"

原亢

姓原，名亢籍，字子籍。春秋时期人。孔门七十二贤之一。其具体言行事迹不详。

原亢籍于唐开元年间追封"莱芜伯"，宋真宗年间加封"乐平侯"，明嘉靖年间改称"先贤原子"。

伯虔

姓伯，名虔，字子析或子皙，春秋末年鲁国人。孔门七十二贤之一，小孔子五十三岁。在孔门弟子中，以儒行著称。

伯虔于汉永平年间入祀孔庙，唐开元年间追封"聊伯"，宋真宗年间加封"沐阳侯"。

漆雕哆

姓漆雕，名哆，字子敛，春秋末年鲁国人。孔门七十二贤之一。其具体言行事迹不详。

漆雕哆于汉永平年间入祀孔庙，唐开元年间追封"武城伯"，宋真宗年间加封"濮阳侯"。

公良孺

妫姓，公良氏，名孺，字子正，春秋时期陈国人。孔门七十二贤之一。

据《史记·孔子世家》载，公良孺"为人长贤，有勇力"。孔子周游列国经过蒲地时，遇公叔氏反叛卫国，遭到蒲人围困。带领五辆车跟随孔子的公良孺感叹道："吾昔从夫子遇难于匡，今又遇难于此，命也已。吾与夫子再罹难，宁斗而死。"于是拔剑召集众人与蒲人激烈争斗。蒲人深感恐惧，于是对孔子说："苟毋适卫，吾出子。"孔子与他们订立了盟约，蒲人将孔子一行放出东门。

公良孺于汉永平年间入祀孔庙，唐开元年间追封"东牟伯"，宋真宗年间加封"牟平侯"。

壤驷赤

姓壤驷，名赤，字子徒，春秋时期秦国人。孔门七十二贤之一。《孔子家语》作"穰驷赤，字子从"。

在孔门弟子中，壤驷赤与秦祖、石作蜀均来自遥远的秦国，号称"陇上三儒"。壤驷赤敏学好问，长于读书，尤擅长《诗经》《尚书》研究。

壤驷赤于汉永平年间入祀孔庙，唐开元年间追封"北征伯"，宋真宗年间加封"上邽侯"。

奚容蒧

姓奚容，名蒧，字子晳，春秋时期卫国人。孔门七十二贤之一。其具体言行事迹不详。

奚容蒧于汉永平年间从祀孔庙，唐开元年间追封"下邳伯"，宋真宗年间加封"济阳侯"，明嘉靖年间改称"先贤奚子"。

县成

姓县（xuán），名成，字子祺，亦作子横，春秋末年鲁国人。孔门七十二贤之一。其具体言行事迹不详。

县成于汉永平年间入祀孔庙，唐开元年间追封"钜野伯"，宋真宗年间加封"武城侯"，明嘉靖年间改称"先贤县子"。

颜之仆

姓颜，名之仆，字叔，春秋末年鲁国人。孔门七十二贤之一。其具体言行事迹不详。

颜之仆于汉永平年间入祀孔庙，唐开元年间追封"东武伯"，宋真宗年间加封"宛句侯"。

步叔乘

姓步叔，名乘，字子车。一说姓步，名叔乘。春秋末年齐国人，孔门七十二贤之一。其具体言行事迹不详。

步叔乘于汉永平年间入祀孔庙，唐开元年间追封"淳于伯"，宋真宗年间加封"博昌侯"，明嘉靖年间改称"先贤步叔子"。

廉絜

姓廉，名絜（一作洁），字庸（一作子庸），春秋末年卫国人。孔子后期弟子，孔门七十二贤之一。其具体言行事迹不详。

廉絜于汉永平年间入祀孔庙，唐开元年间追封"莒父伯"，宋真宗年间加封"胙城侯"，明嘉靖年间改称"先贤廉子"。

邽巽

邽（guī）氏，名巽（xùn），字子敛，春秋末年鲁国人。孔门七十二贤之一。其具体言行事迹不详。

邽巽于汉永平年间入祀孔庙，唐开元年间追封"平陆伯"，宋真宗年间加封"高堂侯"，明嘉靖年间改称"先贤邽子"。宋高宗赞曰："彼美邽子，先圣是承。墙仞已及，堂陛将升。良玉斯琢，寒水必冰。锡壤平陆，茂实骞腾。"

曹恤

姓曹,名恤,字子循,春秋时期蔡国人。孔门七十二贤之一。小孔子五十岁。曹恤为周文王第六子曹叔振铎十八代孙,因先祖受封于曹,故以曹为姓。

曹恤出身名门,为人谦谨严正、仁慈有加,积极于礼乐之道,乐善好施,被黎民百姓尊为"曹伯"。

曹恤于汉永平年间入祀孔庙,唐开元年间追封"曹伯",宋真宗年间加封"上蔡侯"。

公西舆如

姓公西,名舆如,字子车(一作子上),又称公西舆,春秋末年鲁国人(一说齐国人)。孔门七十二贤之一。其具体言行事迹不详。

公西舆如于汉永平年间入祀孔庙,唐开元年间追封"重邱伯",宋真宗年间加封"临朐侯",明嘉靖年间改称"先贤公西子"。

公西蒧

姓公西,名蒧(diǎn),字子尚,春秋末年鲁国人。孔门七十二贤之一。其具体言行事迹不详。

公西蒧于汉永平年间入祀孔庙,唐开元年间追封"祝阿伯",宋真宗年间加封"徐城侯"。

乐欬

姓乐,名欬(kǎi),字子声,《孔子家语》称"乐欣"。春秋末年齐国人,孔门七十二贤之一。其具体言行事迹不详。

乐欬于汉永平年间入祀孔庙，唐开元年间追封"昌平伯"，宋真宗年间加封"建成侯"，明嘉靖年间改称"先贤乐子"。

任不齐

姓任，名不齐，字选，《孔子家语》称子选。春秋末年楚国人，孔门七十二贤之一，小孔子六岁。

任不齐一生力学不懈，擅诗执礼，尤其精通乐。主要著述包括《诗传》《礼纬考》及《逸语》。弟子中出众者有东门子高、劓伯仪等。

任不齐于汉永平年间入祀孔庙，唐开元年间追封"任城伯"，宋真宗年间加封"当阳侯"。

秦祖

姓秦，名祖，字子南，春秋末年秦国人。孔门七十二贤之一。其具体言行事迹不详。

秦祖于汉永平年间入祀孔庙，唐开元年间追封"少梁伯"，宋真宗年间加封"鄄城侯"。

漆雕徒父

姓漆雕，名徒父，名从，字子文，或作子友，子期。春秋末年鲁国人。孔门七十二贤之一。其具体言行事迹不详。孔弟子中姓漆雕者有三位，分别为漆雕开、漆雕哆及漆雕徒父，素称三贤堂。

漆雕徒父于汉永平年间入祀孔庙，唐开元年间追封"须句伯"，宋真宗年间加封"高苑侯"。

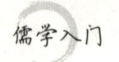

秦商

姓秦，名商，字丕兹，或称子丕，春秋时期鲁国人。孔门七十二贤之一，小孔子四岁。

秦商的父亲秦堇父为鲁国大夫孟献子的家臣，与孔子之父叔梁纥同样以勇武有力而著称。据《左传·襄公十年》载："孟献子以秦堇父为右，生秦丕兹，事仲尼。"另据《圣门志》载，秦商谦和庄重、治学严谨，学问修养方面皆有儒门长者之风范。

秦商于汉永平年间入祀孔庙，唐开元年间追封"上洛伯"，宋真宗年间加封"冯翊侯"。宋高宗赞曰："孔父秦父，相尚以力。俱生贤嗣，相与以德。是父是子，致诘畴克。会弁儒林，令名无极。"

冉季

姓冉，名季，字子产，春秋末年鲁国人。孔门七十二贤之一，小孔子五十三岁（一作六十三岁）。其具体言行事迹不详。

冉季于汉永平年间入祀孔庙，唐开元年间追封"东平伯"，宋真宗年间加封"诸城侯"。宋高宗赞曰："东平子产，性著盛时。奉师于塾，讲道之微。答问其敏，婉妙以思。升降陛廉，尚想英姿。"

石作蜀

姓石作，名蜀。一说姓石，名作蜀。字子明，春秋末年秦国人。孔子后期弟子，孔门七十二贤之一。

石作蜀自幼胸怀大志，聪颖好学。拜入孔门后，勤学精思，身通六艺。学成返乡后，石作蜀大力弘扬儒家学说，为三陇地区的文教发展作出了巨大贡献，被尊称为"石夫子"。

石作蜀于汉永平年间入祀孔庙，唐开元年间追封"郈邑伯"，宋真宗年间加封"成纪侯"。

颜幸

姓颜，名幸，字子柳，春秋末年鲁国人。孔门七十二贤之一，小孔子四十八岁。其具体言行事迹不详。

颜幸于汉永平年间入祀孔庙，唐开元年间追封"萧伯"，宋真宗年间加封"阳谷侯"。

燕伋

姓燕，名伋（jí），字思，又称燕级，字子思，春秋末年秦国人。孔门七十二贤之一，小孔子十一岁。

燕伋于二十二岁奉父命拜于孔子门下，广泛涉猎德行、言语、政事、文学等门学问，并随孔子周游列国。四十岁时，燕伋学成归里，在家乡渔阳从事教育事业。曾因想念恩师而时常垫土登高以望鲁，日积月累便形成了高约十米的凸台，世称"望鲁台"。孔子逝世后，燕伋为其守灵三年。

燕伋于汉永平年间入祀孔庙，唐开元年间追封"渔阳伯"，宋真宗年间加封"千源侯"，明嘉靖年间改称"先贤燕子"。宋高宗赞曰："师席高振，大成是集。至道克传，贤达斯执。善道云袠，儒风可立。渔阳之士，得跂而及。"

孟子

名轲，字子舆，战国时期邹（今山东省邹县）人。其生卒年月无可详考，约生于周烈王四年（前372），卒于周赧王二十六年（前289）。鲁桓公子仲庆父之后。父早逝，少受母"三迁之教"。曾受业于子思之门人。

孟子发展了孔子的"礼治"和"德政"思想，提倡"王道"，主张"仁政"，并以此到齐、梁、鲁、邹、宋、滕等国游说诸侯，想推行他的主张。但当时是诸侯纷争,"以攻伐为贤,而孟轲乃述唐、虞、三代之德,是以所如者不合。退而与万章之徒,序《诗》《书》,述仲尼之意,作《孟子》七篇"(《史记·孟子荀卿列传》)。他晚年回到故乡,专心从事教育活动。他的著名弟子有万章、公孙丑、乐正子、公都子等。

孟子所说的"王道",是"以德行仁"。孟子认为,"行仁政而王,莫之能御也。"(《孟子·公孙丑上》)就是说,以"仁政"统一天下,是谁也阻止不了的。他认为实行"仁政",首先要争取"民心",统治者应以"仁爱之心"去对待民众。他还提出要重视民众,他说"民为贵,社稷次之,君为轻"(《孟子·尽心下》),但同时又十分强调统治者与被统治者的地位之不可改变,他说:"劳心者治人,劳力者治于人;治于人者食人,治人者食于人,天下之通义也。"

孟子的性善论是他"仁政"学说的基础,也是他教育理论的依据,他认为人性是与生俱来的,人生来就具有"善端",也就是有为善的倾向,他说"恻隐之心,仁之端也。羞恶之心,义之端也;辞让之心,礼之端也;是非之心,智之端也。人之有是四端也,犹其有四体也",这些"善端"是天赋的,为心中固有的,"仁,义、礼、智非由外铄我也,我固有之也"。

孟子在教育方面,最强调的是内心的道德修养,但他同时也不否认后天环境对人性的影响。他认为后天的环境可以改变先天的心性,后天的恶习可以使人丧失善性。孟轲认为教育的作用强于政治的作用。他说:"善政不如善教之得民也。善政民畏之,善教民爱之,善政得民财,善教得民心。"(《孟子·尽心上》)为了争取民心,他提出要注意培养"明人伦"的君子或大丈夫。他说:"教以人伦,父子有亲,君臣有义,夫妇有别,长幼有序,朋友有信。"(《孟子·滕文公上》)

孟子在道德教育方面,提出了很多重要的原则,注意道德理想的培养和道德意志的锻炼,但他夸大了人的主观能动性,构建了主观唯心主义的道德教育方法。他的道德教育思想对两千年来中国封建社会时期的道德教育的理论和实践产生了深远的影响。孟子的道德教育,首先重视树立道德的理想,这从他的作品中就能体现出来,其次要注意保持先验的道德意识,即"存其心,养其性"(《孟子·尽心上》)的自觉性。在存养的基础上,他认为把先天以培养道德的"善端"扩充使其为道德。他曾说:"人皆有所不忍,达之于其所忍,仁也;人皆有所不为,达之于其所为,义也;人能充无欲害人之心,而仁不可胜用也;人能充无穿逾之心,而义不可胜用也。"(《孟子·尽心下》)

孟子提出的道德教育原则和方法,可概括为以下各点:

1. 孟子主张节制私欲。他说:"养心莫善于寡欲。其为人也寡欲,虽有不存焉者,寡矣。其为人也多欲,虽有存焉者,寡矣。"(《孟子·尽心下》)"我善养吾浩然之气。"(《孟子·公孙丑上》)所谓浩然之气是由道义积累而产生的,它是一种具有道德属性的精神力量,有了它就能理直气壮,敢于坚持自己的信仰,甚至具有为之献身的精神。

2. 孟子主张自我检查,自我反省。孟子很重视这种修养手段。他还把反求诸己说成"求放心",他说:"仁,人心也;义,人路也。舍其路而弗由,放其心而不知求,哀哉!……学问之道无他,求其放心而已矣。"(《孟子·告子上》)

3. 孟子认为人有过错就应改正,这样,才能获得人们的尊敬。他反对那种为自己的过错进行辩解的人。孟子认为只是知改过还不够,还应该"好善""为善"和"与人为善"。"好善"就是赞扬、吸取别人的善言、善行。"为善"即自己去行善事。"与人为善"则是与别人共同为善,这是最好的德行。

4. 孟子认为有了坚强的意志,才能养成浩然正气,才可以去恶从善。他的作品极能体现这一点。

古代人对于教育、教学方法,并没有严格的区分,有时是同时并举或互相混同、互相包容。孟子也如此,其主张大致如下:

1. 深造自得。孟子认为学习的最高标准,是使知识达到"自得"的境界。他认为每个人的知识只有达到"自得"境界,在解决问题时才能运用自如。孟子还认为,深造"自得"的途径,不仅要有广博的知识,而且还要注意"由博反约"。他说:"博学而详说之,将以反说约也。"(《孟子·离娄下》)

2. 专心有恒。孟子反对那种草率和不严谨的学习态度。他认为,是否专心,直接影响学习的好坏。不仅要专心,还要坚持不懈,不能一曝十寒。他曾举

掘井之例作譬喻:"有为者辟若掘井,掘井九轫而不及泉,犹为弃井也。"(《孟子·尽心上》)

3.循序渐进。孟子说"其进锐者其退速"(《孟子·尽心上》),即不能冒失进行。他在《孟子·公孙丑上》中写了"拔苗助长"的寓言,反对"揠苗助长"。这则寓言生动的譬喻,说明了循序渐进的必要性。

4.重思存疑。重思是孟子教学思想的特点,他轻视闻见之知。孟子把耳目之官与心之官割裂开来,认为感官只能扰乱人们的认识,唯有依靠心之官的思维才能认识事物。他说:"耳目之官不思,而蔽于物。物交物,则引之而已矣。心之官则思,思则得之,不思则不得也。"(《孟子·告子上》)由于重视"思",也基于他的读书实践,孟子提出了"读书存疑"的主张,他说:"尽信书,则不如无书。"(《孟子·尽心上》)

5.因材施教。孟子曾说:"得天下英才而教育之,三乐也。"(《孟子·尽心上》)他认为,除了不愿学的人以外,对有心向学的人都可量材施教。他说:"君子之所以教者五:有如时雨化之者,有成德者,有达财者,有答问者,有私淑艾者。此五者,君子之所以教也。"(《孟子·尽心上》)

乐正克

战国时期鲁国人,乐正子春之子,孟子弟子。"乐正"本为古代学官之名,因职业而得姓。

乐正克曾任鲁国大臣,是孟子诸弟子中唯一的官员。孟子称赞其"善人也,信人也"。据郭沫若考证,系统总结论述先秦时代教育理论的《礼记·学记》即为乐正克所作,其中"教学相长""学然后知不足,教然后知困"等理论至今被教育界奉为圭臬。在孔子之后,战国时期儒分八派,其中一派便是"乐正氏之儒",可见其在当时影响力之大。

乐正克于宋徽宗年间被追封为"利国侯",配享孟子于孟庙,此为孟子有配享之始。清乾隆年间改称"先贤乐正子"。

公孙丑

公孙丑参与了《孟子》一书的修订工作，因此书中有以"公孙丑"命名的章句，共计上下两篇。据《孟子集注》载："公孙丑，孟子（轲）弟子，齐人也。孟子未尝得政，丑设辞以问之。"在本章中，二者的问答深刻反映出孟子思想的主要观点，如"天时不如地利，地利不如人和""得道者多助，失道者寡助"等。孟子还论述了"性善论"的观点，强调仁义礼智人皆有之，要求推行仁政。此外，孟子还教育公孙丑要"养浩然之气"。

公孙丑于宋徽宗年间被追封为"寿光伯"。

万章

战国时期齐国人，孟子弟子。

万章博学好问、热心研究、喜好历史，是孟子最为喜爱的弟子，一生追随孟子。万章也是《孟子》一书的主要编纂者。据《纲鉴易知录》载："孟子去齐，绝粮于邹薛，退与万章之徒，序诗书，述仲尼之意，作孟子七篇。"

《孟子》七篇之中《万章》的篇幅最短，但最引人入胜。万章与孟子之间围绕"尧以天下与舜""伊尹以割烹要汤""敢问友""敢问交际"等问题展开探讨，问答犀利又充满禅机。

万章于宋徽宗年间被追封为"博兴伯"，从祀于孟庙，一直位设西庑之首。

公都子

战国时期人，孟子弟子。其具体事迹不详。

在《孟子》中，公都子与孟子讨论了"孟子好辩""夫子不责善""大人"与"小人"之别等问题。

公都子于宋徽宗年间被追封为"平阴伯"。

彭更

战国时期人，孟子弟子。其具体事迹不详。

在《孟子》中，彭更与孟子探讨了周游诸侯国接受盛待是否为"奢泰"等问题。通过彭更与孟子的问答，充分表现了孟子以"大义"治国的思想和主张。

彭更于宋徽宗年间被追封为"雷泽伯"。

陈代

战国时期人，孟子弟子。其具体事迹不详。

在《孟子》中，陈代与孟子探讨了入仕做官的问题。陈代认为老师只是居家讲学而不主动朝见诸侯，未免过于清高，太看重自己的志向和操守。孟子回答，我有治理国家的能力，但须有人请才能出山做官。而邀请的标准是：迎之以礼，待之以敬；听我话，行吾言。陈代认为老师欠缺灵活性，而孟子则认为不能屈从小利丧失人格。

陈代于宋徽宗年间被追封为"沂水伯"。

屋庐连

战国时期任国人，孟子弟子。以所住的屋庐为氏。其具体事迹不详。

屋庐连对礼颇有研究，曾与任国之人探讨"礼与食，色与礼，何者为重"的问题，后得孟子以本末轻重教之，以礼为重。屋庐连曾有著作，"笔自为书，其中似凿"，但未见传世。

屋庐连于宋徽宗年间被追封为"奉符伯"，从祀于孟庙，位设东庑。清乾隆年间改称"先儒屋庐氏"。

桃应

战国时期邹国人，孟子弟子。其具体事迹不详。

在《孟子》中，桃应与孟子探讨了"有皋陶为士，瞽瞍（gǔ sǒu）杀人之问"，以舜为例，向孟子请教孝与法的关系。孟子先从法律角度提出，如果舜的父亲瞽瞍杀人，则法官皋陶应该将其抓起来。在桃应的追问下，孟子又从伦理角度提出，舜应抛弃王位带着父亲逃走。

桃应于宋徽宗年间被追封为"胶水伯"，从祀于孟庙，位设西庑。清乾隆年间改称"先儒桃氏"。

陈臻

战国时期齐国人，孟子弟子。其具体事迹不详。

在《孟子》中，陈臻与孟子探讨了关于"辞受、去就、收予之礼"等问题。孟子第三次离开齐国回邹时，齐王开出"我欲中国而授孟子室，养弟子以万钟"的优惠条件，并由陈臻转告孟子，但仍未能挽留住孟子。孟子对陈臻提出的"于齐，王馈兼金一百而不受；于宋，馈七十镒而受；于薛，馈五十镒而受"作出了答复，提出"君子不可货取"的著名论断，强调"君子爱财，取之有道"的道德观念。

陈臻于宋徽宗年间被追封为"蓬莱伯"，从祀于孟庙，位设东庑。清乾隆年间改称"先儒陈氏"。

咸丘蒙

战国时期齐国人，祖上为鲁国人。咸丘本是地名（原在鲁国），鲁大夫食邑咸丘，因以为氏。孟子弟子。其具体事迹不详。

在《孟子》中，咸丘蒙与孟子的对话主要见于《孟子·万章上》。咸丘蒙向孟子请教如何看待舜和父亲之间的君臣、父子关系。孟子认为，解释诗的人不能拘泥于文字而妨害诗的本意，不能因诗句而妨害写诗的根本目的。只有认真去反复体会，才能真正理解诗的意义。由此，孟子提出了不能"断章取义""尽信书不如无书"的治学观点。

咸丘蒙于宋徽宗年间被追封为"须城伯"，从祀于孟庙，位设西庑。清乾隆年间改称"先儒咸丘氏"。

充虞

战国时期人，孟子弟子。周代有以"充人"为官名者，其后人便以官职为姓。其具体事迹不详。

在《孟子》中有两处提及充虞，主要与孟子探讨父母丧礼之花费及入仕的时机等问题，并得孟子以"君子不以天下俭赔""彼一时，此一时也"等名言警句教诲。

充虞于宋徽宗年间被追封为"昌乐伯"。

孟仲子

战国时期邹国人，孟子弟子。

东汉学者赵岐在《孟子注》中认为孟仲子为孟子之从昆弟，子思之弟子，曾与孟子同事子思，后从学于孟子。《孟子世家谱》则记载孟仲子为孟子之子，名睪。另据《毛诗疏》载，孟仲子为《诗》的传人之一。

孟仲子为人灵活、反应敏捷、处事周到，随孟子游齐时负责接待和处理日常事务。有一次，孟子因齐宣王不够礼遇而称病不朝，次日却到东郭大夫家吊丧。恰巧齐王派人携医生前来探视。孟仲子告知孟子已上朝去，同时派人告诉孟子不要回家先去朝廷。

孟仲子于宋徽宗年间被追封为"新泰伯"，从祀于孟庙，位设西庑。

盆成括

复姓盆成，名括。战国时期齐国人，孟子弟子。

盆成括"尝欲学于孟子"，但"闻道未达而去"。因急于入仕，盆成括未学成而离开孟子，在齐国做了个小官。孟子听说后，悲愤道："死矣盆成括。"

盆成括后来果然被害。门人向孟子请教："夫子何以知其将见杀？"孟子指出：盆成括虽"为人也小有才"，但"未闻君子之大道"，没有真正理解为人处世的道理，所以在身居高位后会遭到杀身之祸。

盆成括于宋徽宗年间被追封为"莱阳伯"。

徐辟

字新章，战国时期邹国人。孟子的著名弟子。其姓氏源自于国名。据《广韵》载："徐氏，颛顼之后，伯益之子，受封于徐。至徐偃王，为楚所灭。以国为氏。"

徐辟师从孟子后，饱读经史、尊师孝友、乐善好施。曾随孟子游说宋、魏、齐、滕诸国。四十一岁时，徐辟仕齐为客卿，为政清廉，治国有方。在《孟子》中，徐辟与孟子探讨了孔子为何赞美水的问题，孟子以"有源泉水充沛、无源雨水容易干涸"的例子阐述了"声闻过情，君子耻之"的观点。

徐辟于宋徽宗年间被追封为"仙源伯"，从祀于孟庙，位设西庑。

（第二部分执笔：赵伟）

第三部分

儒学传承代表人物

荀子

约公元前313—公元前238年。战国末期思想家、政治家、文学家、教育家，赵国人。名况，字卿，亦称荀卿，汉代以后为避汉宣帝刘询讳，改称孙卿。

荀子早年曾赴齐国稷下学宫游历，因学问精深而"三为祭酒，最为老师"，出任学宫领袖。后应秦昭王之聘西游入秦。再至赵国，被赵孝成王奉为上宾，并曾于临武军辩议兵法。晚年赴楚国，由春申君委任为兰陵（今山东枣庄东南）令。春申君去世后，荀子官职被废，后定居兰陵从事著述与儒家六艺的教学，主要弟子有韩非、李斯、张苍等。

荀子博学静思、博采众长，以儒家为主同时综合百家，兼采道、法、名、墨等学派之长，由此形成了其富有特色的思想体系。在天道观方面，荀子汲取了道家思想，将"天""天命""天道"视为自然，并且"天行有常"，有其客观的运行规律。由此，荀子主张应该发挥人的主观能动性把握自然规律，"制天命而用之"。在认识论方面，荀子依据自然主义思想，提出"凡以知，人之性也；可以知，物之理也"（《荀子·解蔽》），强调世界的可知性。而要正确认识世界，则需要"解蔽"，也就是避免思想和方法的片面性。"解蔽"的基本方法则是依靠"心"的"虚壹而静"，即心意专一、排除干扰，从而达到"大清明"的境界。在人性论方面，荀子提出了与孟子"性善论"相反的"性恶论"。他认为"人之性恶"，生而有"好利心""疾（嫉）恶心"和"耳目之欲"，而人所表现出来的"善"，则是后天环境影响和礼义教育所致。由此，荀子提出性为人的先天素质，伪是后天的礼义道德，只有通过"圣王之教""化性起伪"才能实现教育和感化人民的目的。在教育论方面，荀子高度重视教育与学习的作用，强调教和学对于人的后天成长所具有的重要性。因此，荀子提出"吾尝终日而思矣，不如须臾之所学也"（《荀子·劝学》）。同时，荀子还明确指出日积月累的学习功夫对于提升知识与德性修养的作用，因而倡导"积土成山，风雨兴焉；积水成渊，蛟龙生焉；积善成德，而神明自得，圣心备焉"（《荀子·劝学》）。在"礼"的认识方面，荀子将"礼"视为治国理政的根本以及世间万事万物存在的最高准则，由此提出"天地以合，日月以明，四时以序，星辰以行，江河以流，万物以昌，好恶以节，喜怒以当，以为下则顺，以为上则明，万物变而不乱，贰之则丧也。礼岂不至矣哉"（《荀子·礼论》）。

荀子作为战国时期儒学的代表人物，对先秦哲学进行了系统总结，其思想精髓主要体现在由西汉时期文学家刘向校订的《荀子》32篇之中，对韩非、李斯等嫡传弟子乃至后世的张衡、王充、柳宗元、王夫之、戴震等具有深远影响。

辕固生

生卒年不详。亦名辕固，西汉经师、学官，今文诗学中"齐诗学"流派的开创者。齐（今山东临淄）人。

汉景帝时辕固生为博士，并曾在景帝面前与道家黄生辩论"汤武革命"是"受命"还是"篡弑"。另据《汉书·儒林外传第五十八》载，其时窦太后好《老子》书，曾召问辕固生，对曰："此家人言耳。"由此险些被杀。辕固生还曾出任清河王刘乘太傅，后因病免官。武帝初年，复以贤良征用，因遭到其他儒生的嫉毁，而以年老罢官遣归。当时以研究《齐诗》而显贵者，皆为辕固生的弟子。清马国翰辑有《齐诗传》二卷，收入《玉函山房辑佚书》。

贾谊

公元前200—公元前168年。洛阳（今河南洛阳东）人。西汉早期著名政治家、文学家，世称贾生。又因曾任长沙王太傅，故亦有贾太傅、贾长沙之称。

贾谊自幼聪慧过人，少年时即颇具才名，以能诵诗书、善文笔闻名于郡中。汉文帝时期，贾谊被召为博士，后升任太中大夫。贾谊曾多次上疏提出建言，提出改革时弊、轻徭薄赋、巩固皇权等主张，如"民者，万世之本也，不可欺"（《新书·大政上》），"教者，政之本也"（《新书·大政下》）等。因而颇得汉文帝器重，但也因此招致朝中元老重臣嫉恨，遭谗言排挤，被外放为长沙王太傅，继而转任梁怀王太傅。后因梁怀王刘揖不慎坠马身死，贾谊深感自责，一年后便忧郁而亡。

贾谊才识卓著、思维敏锐、心怀天下、体察政事，其政论代表作有《过秦论》《治安策》《论积贮疏》等，皆气势非凡、逻辑严密、鞭辟入里。而《吊屈原赋》《鵩鸟赋》《惜誓》《旱云赋》等汉赋作品，亦为汉代文学的代表作。西汉文学家刘向将贾谊的文著整理编辑为《新书》，共计10卷58篇。

公孙弘

公元前200年—公元前121年。西汉名臣。字季，又字次卿，菑川（今山东寿光南）人。

公孙弘少时家贫，曾为狱吏，亦曾放牧为生。四十多岁时，公孙弘开始学习《春秋公羊传》。汉武帝初年，已年逾六旬的公孙弘以贤良之名被征为博士，但因出使匈奴未能称职而免归。汉武帝元光五年（前130）复征贤良文学儒士，公孙弘又被荐对策，并再被拜为博士。在此后的十年间，公孙弘先后出任左内史、御史大夫、丞相等职，获封平津侯，后于相位逝世，谥献侯。公孙弘入仕期间"习文法吏事，缘饰以儒术"，深中帝意。此外，公孙弘还积极推广儒学，曾与太常孔臧等共同奏议为"五经博士"设弟子员，以及为官员制定以儒家经学、礼义为标准的升官、补官办法。据《汉书·儒林传》载："为博士官置弟子员五十人，复其身；太常择民年十八以上仪状端正者，补博士弟子；郡国县官有好文学、敬长上、肃政教、顺乡里，出入不悖所闻，令相长丞上属所二千石，二千石谨察可者，常与计偕，诣太常，得受业如弟子。"武帝元朔五年（前124），该办法得朝廷下诏实行，是为太学之始。

公孙弘曾著有《公孙弘》十篇，现已失佚。

董仲舒

公元前179—公元前104年。广川（今河北省景县）人。西汉时期著名哲学家、政治家、教育家。

汉景帝时董仲舒为博士，设坛讲学。武帝即位后举贤良文学之士，董仲舒应召参加策问，系统地提出了被称为"天人三策"的主张，建议加强中央集权制，并提出了"罢黜百家，独尊儒术"的建议。董仲舒被派遣担任江都易王刘非的国相。十年后，转任胶西王刘端的国相。后因怕久职获罪，病退归乡，居家著书讲学，但仍得到汉武帝的信任，每有朝廷大议皆派使者、廷尉前往咨询意见。汉武帝太初元年（前104），董仲舒于家中病逝。《汉书·艺文志》著录了有关董仲舒的著作，共123篇，其中大部分已亡佚。现存文献主要包括由后人辑录的《春秋繁露》82篇，《汉书·董仲舒传》所载《对贤良文学策》，以及散见于《史记·儒林传》《汉书》中的《五行志》《艺文志》《食货志》《匈奴传》等。

董仲舒作为西汉时期的儒学代表人物，取得了极高的思想成就。他以《春秋公羊传》为依据，将战国以来各家学说以及儒家各派，进行融汇综摄，由此建立起"天人感应"的唯心主义思想体系和"大一统"学说，作为维护封建统治的理论依据与官方哲学。董仲舒提出的"天人感应"论，主要是将儒家学说与阴阳五行之学相结合，以此解释社会政治衰败的症结。他认为，君主施政应该"法天"而行"德政"，做到"宜于民"，否则就会遭到天谴而失去天下。因此，董仲舒既承认帝王"受命于天"，又借助天威谏劝帝王治国理民要"承天意以从事"。而为巩固中央集权，防止割据分裂，董仲舒还根据《春秋公羊传》提出了"大一统"论，认为帝王"受命于天"，所以权力只能独揽而不可分割，因此封建大一统是天地不变的原则，正所谓"天不变，道亦不变"。而由于儒家学说最重视正名定分，完全符合封建中央集权政体的需要，所以董仲舒主张以儒家思想作为统一思想学术的标准，提出了"罢黜百家，独尊儒术"的建议，并被汉武帝采纳。由此，董仲舒开创了儒学成为封建社会"正统"理论的先河。在教育方面，董仲舒提出了察举和兴办太学两项建议：通过举荐贤士以供朝廷考察录用；通过兴办太学，以系统的儒家经典教育培养贤能之士。由此，董仲舒将春秋战国以来所形成的私家养士之风，发展为国家统一推行的养士制度，太学从此就成为中国封建社会的最高学府之一。正如班固所言："推明孔氏，抑黜百家，立学校之官，州郡举茂才、孝廉，皆自仲舒发之。"（《汉书·董仲舒传》）

文翁

公元前 156—公元前 101 年。西汉景帝末年担任蜀郡太守，亦为汉代郡县学的发轫者。姓文，名党，字翁仲（一说仲翁），庐江舒（今安徽庐江，一说今安徽舒城）人。

据《汉书》载，文翁"少好学，通《春秋》，以郡县吏察举"。至景帝时期，经察举为蜀郡太守。蜀郡地处偏僻，文化落后。为改善民风，促进社会进步，文翁倡导教化，教民读书，学习法令。一方面，文翁选拔郡县小吏张叔等十余人，遣送至京都受业于博士，研习儒经；另一方面，文翁又在成都设立学校，选官吏子弟就学。

数年后，张叔等人学成归蜀，文翁委以官职并充任郡学师资，同时继续修筑学舍，扩大生名额，招收郡属各县子弟入学，并规定入学者可免除徭役。文翁注重培养学生的实践能力，经常委派郡学学生到官署实习政事。学生学成后，或派任郡县属吏，或外荐任用。这些举措引起了蜀郡官吏和百姓的倾慕，以进入郡学就读为荣，甚至有富家子弟愿意出资谋求入学。通过兴办教育，文翁不仅培养了一批吏才，而且推动了邻近属县的兴学。蜀地民风得到极大教化，在京都学习的蜀郡学子在人数上已然可与齐、鲁等地媲美。由此，蜀地相继产生司马相如、扬雄等知名才学之士。汉景帝对文翁兴学予以褒奖，"令天下郡国皆立文学"。武帝登基后，又下令"天下郡国皆立学校官"。文翁兴学，可谓中国历史上地方政府设立学校之始。

扬雄

公元前 53—公元 18 年。西汉时期思想家、教育家、辞赋家，与司马相如并称"扬马"。字子云，蜀郡郫县（今四川省成都市郫都区）人。

扬雄自幼好学不倦，博览群书，但因口吃而不善言谈，故沉默而精思。《汉书》赞其"不汲汲于富贵，不戚戚于贫贱"。年四十余，扬雄赴京师，并以文才成为大司马王音门下史。成帝时，扬雄担任黄门给事郎，至王莽时期校书天禄阁，官至大夫。

扬雄在吸收《周易》《老子》以及阴阳家的五行学说基础之上，形成了自己的思想体系。其学将"玄"视为世间万物的本源和变化动力，可谓魏晋玄学的先驱。在社会伦理道德方面，扬雄批判老庄"绝仁弃义"的"无为"思想，大力推崇儒家以礼乐教化治世的主张。在人性论方面，扬雄提出人性"善恶混"的观点："人之性也善恶混，修其善则为善人，修其恶则为恶人。气也者，所以适善恶之马也与？"（《法言·修身》）由此，扬雄高度重视教育的作用，认为通过教育可以"铸造人"，通过学习和修身可以成圣，进而充分肯定教师的作用，强调"务学不如务求师，师者，人之模范也"（《法言·学行》）。指出教师不仅须博学，尤其在德行上应成为人的表率。教育或学习的目的，在"求为君子"。提倡多闻多见，"多闻则守之以约，多见则守之以卓"（《法言·吾子》）。在学习态度与方法上，扬雄主张"学以治之，思以精之，朋友以磨之，名誉以崇之，不倦以终之"（《法言·学行》），强调"强学而力行"的观点："天下有三门：由于情欲，入自禽门；由于礼义，入自人门；由于独智，入自圣门。"（《法言·修身》）

扬雄的主要著作有《太玄》《法言》《训纂》《方言》和《扬子云集》等，另有诗赋《反离骚》《甘泉赋》《河东赋》等。扬雄亦曾精研数学、天文。并续《苍颉篇》编成《训纂篇》，成为中国早期蒙学教材之一。此外，明代学者辑有《扬子云集》，清代学者严可均《全上古三代秦国六朝文》收其赋箴等四卷。

孟喜

约公元前90—公元前40年左右出生，卒年不详。西汉时期经学家、学官。今文易学"孟氏学"的开创者。字长卿，东海兰陵（今山东苍山兰陵）人。

其父孟卿以研究《礼记》《春秋》而著称于世，亦因二者内容庞杂，于是令孟喜师从经学大师田何的再传弟子田王孙学习《易经》，并与施雠、梁丘贺成为同学，并在汉宣帝时期成为博士之后，与两位同学并称为"汉初三大家"。孟喜自称得到老师的真传,但被同门否认。其易学理论乃是以六十四卦分配气候,以卦气言《易》,占验吉凶。但这种理论因为离经叛道而并不为汉宣帝看重,因此仕途长期不顺,仅先后担任郎官、曲台署长及丞相助手。孟喜还曾参加汉宣帝组织的石渠阁会议,"与五经诸儒杂论同异"。

孟喜开创的孟氏易学,后由其弟子白光、翟牧继承和发扬。主要著作有《孟氏章句》,清马国翰《玉函山房辑佚书》有辑录。

费直

生卒年不详。西汉经师,古文易学"费氏学"的创始人。字长翁,东莱(今山东莱州)人,官至单父(今山东单县境内)令。

费直精研古文易,长于卦筮,无章句,专以《彖》《象》《系辞》《文言》解说上下经。其学问未列学官,仅在民间流传。至东汉时期,郑众、马融、郑玄等人皆习其学。三国时期,王弼作《易注》,主要引用费直的学说,费氏易学由此兴盛。直至西晋永嘉之乱时期失传。费直著有《费氏周易传》《易林》《周易筮占林》《易内神筮》等,均已散佚。清马国翰辑《玉函山房辑佚书》收录有《费氏易》《费氏易林》《周易分野》。

申公

生卒年不详。西汉初年经学家,今文诗学"鲁诗学"的开创者。名培,亦称申培公,"公"乃尊称,鲁国(今山东曲阜)人。

申公于年少时游学长安,与后来成为楚元王的刘交以及鲁穆生、白生等同拜师于荀子的弟子浮丘伯。吕后时期,申公又与刘交之子刘郢客在长安随浮丘伯学《诗》。时传《诗》为三家:"于鲁则申培公,于齐则辕固生,于燕则韩太傅"(《史记·儒林传》),分别称《鲁诗》《齐诗》《韩诗》。汉文帝时期,申公被立为博士,后担任刘郢客之子刘戊的太傅。刘戊继楚王后,恨其劝学,罚作苦役。回归故乡后,申公居家教授弟子,远方慕名来学者达千余人之众。汉武帝时期，被任命为太中大夫。其弟子为博士者十余人，为大夫、郎、掌故者数以百计。清马国翰辑《玉函山房辑佚书》收录《鲁诗故》三卷。

孔安国

生卒年不详。西汉经学家、学官，孔子十二世孙。字子国，鲁国（今山东曲阜）人。汉武帝时期为博士，历官谏大夫、临淮太守。

据传，鲁恭王刘余扩建宫室时拆除孔子故宅，于墙壁中得古文《尚书》，孔安国用当时通行的隶书将其改写并作传，并传《古文尚书》于都尉朝、司马迁、兑宽，由此开创"尚书古文学"学派。据《汉书·艺文志》记载："《古文尚书》者，出孔子壁中。武帝末，鲁恭王坏孔子宅，欲以广其宫，而得《古文尚书》及《礼记》《论语》《孝经》凡数十篇，皆古字也……孔安国者，孔子后也，悉得其书，以考二十九篇，得多十六篇。安国献之。遭巫蛊事，未列学官。"其后，另传孔安国著有《尚书孔氏传》，但《古文尚书》及《尚书孔氏传》后均亡佚。东晋时期梅赜曾献出今存本《古文尚书》及《尚书孔氏传》，但为宋儒所怀疑，后经清儒考定为后人伪作。

马融

79—166年。字季长，东汉时期经学家，扶风茂陵（今陕西兴平东北）人，名将马援的后代。

马融少有俊才，师从名儒挚恂学习经学。汉安帝时，马融官拜校书郎中，于东观典校秘藏图书。因开罪于外戚邓氏，马融十年未得升调。延光三年（124），亲政的汉安帝出巡，马融上《东巡》得安帝欣赏，于是召拜郎中。桓帝时马融为南郡太守，又任议郎。后因得罪大将军梁冀，被诬告融在郡贪污，由此免官流放至朔方郡。马融自杀未遂，得以免罪召还。继而再任议郎，并在东观著述，还参与续写《汉记》，最终以病去官。

马融学识广博，尤精古文经学。所收弟子数以千计，如著名经学家卢植、郑玄等皆为其门徒。马融放诞任性，不拘儒者之节。传授经学时，"常坐高堂，施绛纱帐，前授生徒，后列女乐，弟子以次相传鲜有入其室者"（《后汉书·马融传》）。

马融在东观整理古籍和著述十数年，贡献极大。所著《三传异同说》，对《春秋》左氏、公羊氏和穀梁氏三传进行综合研究，融会贯通各家门派和今古经学。曾遍注《诗》《书》《易》《礼》《孝经》《论语》及《列女传》《老子》《淮南子》《离骚》等儒家典籍，另有赋、颂、碑、诔、书、记、表奏七言、琴歌、对策、遗令二十一篇。马融的著作现今多已散佚，明人辑有《马季长集》，清代学者所编《玉函山房丛书》《汉学堂丛书》亦有辑录。

郑玄

127—200年。东汉经学大师、教育家，集两汉经学大成。字康成，北海高密（今属山东）人。

郑玄少时勤奋好学，二十岁便已博览群书，尤精于历法、算学和图谶。后由太守杜密遣入太学，随博士第五元先学习《京氏易》《春秋公羊》《三统历》《九章算术》，再从名儒张恭祖受业《古文尚书》《周礼》《左氏春秋》《韩诗》。最后拜于马融门下研读古文经学。在外游学近二十年后，郑玄始返乡开坛讲学，学徒达数千人，由此培养出一批经学和算术人才。建宁初年，郑玄受党锢牵连不得为官，于是潜心于著述修业。

郑玄博通今古文各家经学，有"经神"之称。其学说以古文经学为基础，同时吸收今文经学，不拘门户之见，能采各家精粹遍注各经，由此成为汉代经学集大成者，世称"郑学"。

郑玄所撰《毛诗郑笺》《三礼》注，收入今通行本《十三经注疏》中，其他著作则均散佚。清代学者袁钧另编有《郑氏佚书》辑本。

嵇康

223—262年。三国时期曹魏哲学家、文学家、音乐家。字叔夜，原姓奚，祖籍会稽（今浙江绍兴），后迁至谯国铚（今安徽宿州西南）并改姓嵇。

嵇康幼时家贫，早年丧父。自幼容貌出众、聪颖好学，博览群书，精通多种技艺。曾自云"托好老庄，财物贵身，志在守朴，养素全身"（《嵇康集·幽愤诗》）。后与曹魏宗室通婚，娶曹操曾孙女长乐亭主为妻，官至中散大夫，世称"嵇中散"。

司马氏掌权后，嵇康拒绝出仕，而与阮籍等七人居河内之山阳，共倡玄学新风，世称"竹林七贤"。景元二年（261），同为"竹林七贤"之一的山涛为选曹郎，欲举嵇康自代。嵇康作《与山巨源绝交书》，坚拒入仕做官。由于其不合作态度为司马昭所不容，终被钟会构陷而遭杀害。临刑时嵇康神色不变，索琴奏《广陵散》曲，从容就戮。

在哲学上，嵇康崇尚老庄之学，讲求养生服食之道。认为人的自然本性是"好安而恶危，好逸而恶劳。故不扰则其愿得，不逼则其志从"（《嵇康集·难自然好学论》）。而《六经》以压抑为主，违反人的愿望，所以主张"越名教而任自然"的生活方式。在政治上，嵇康倡导"简易之教""御无为之治"。在教育上，嵇康重视乐教和自我陶冶，提出教育的目的在于养德和养生，要求抛弃虚伪的礼法，摆脱名利的羁绊。然在《家诫》中，又教诫儿子要谨言慎行。嵇康著有《养生论》，现有《嵇康集》传世。

王弼

226—249年。三国时期曹魏学者，魏晋玄学主要代表人物。字辅嗣，山阳（今河南焦作东）人。

王弼自幼聪慧过人，负有盛名，《三国志·魏书·钟会传》称其"幼而察慧，年十余，好老氏，通辩能言"。后为吏部尚书何晏赏识，出任黄门台郎。正始十年（249）秋，因疾而卒，年仅二十四岁。

王弼与何晏、夏侯玄等同开玄学风气，竞事清谈。他以老庄思想为核心，建立起较为完备的抽象思辨式玄学哲学。在本体论方面，王弼认为世界的本体是"道"或"无"，即为本；而具体的事物为有，是末。所以"有生于无"，"体用无二"。王弼以此解释性与情、圣人与人、名教与自然、动与静以及意与象、言之间的关系。在易学方面，王弼以老子思想解《易》，并阐发自己的哲学观点，由此开创了"正始玄风"。尤其是王弼基于儒家立场将《易》学玄学化，以言简意赅的论证代替繁琐注释，以抽象思维和义理分析取代象数之学与谶纬迷信，因而尽扫前代易学研究的迂腐学风。

王弼的作品主要有《周易注》《周易略例》《老子注》《论语释疑》《难何晏圣人无喜怒哀乐论》等。

颜之推

531—591年。南北朝时期的思想家、教育家。字介，祖籍琅琊临沂（今山东临沂），世居建康（今南京）。

颜之推出身于魏晋南北朝时期的高门士族——琅琊颜氏。自幼不喜空谈之风而钻研《仪礼》《左传》。后因博览群书且为文辞情并茂，而获得南朝梁湘东王萧绎的赏识。由此，颜之推于十九岁起先后任梁朝左常侍、散骑侍郎；齐朝中书舍人、黄门侍郎、平原太守；北周御史上士。隋开皇年间，颜之推被召为学士，后因疾而卒。

在学术上，颜之推一生著述颇丰，其中又尤以《颜氏家训》最为著名。该书共计20篇，集中反映了他的教育思想，对后世影响很大。

颜之推的教育思想以儒学为核心，强调"古之学者为人，行道以利世也；今之学者为己，修身以求进也"（《勉学》）。颜之推尤为重视家庭伦理的培养，将夫妇、父子、兄弟三亲视为人伦之重，把父慈子孝、兄友弟恭、夫义妇顺作为治家的基本法则。在士大夫教育上，颜之推强调经世致用。因此提出从"德"和"艺"两方面着手，即"德艺周厚"。具体而言，士大夫必须学习儒家的基本理论，以此达到"体道合德"的"上士"境界。士大夫还要有真才实学，拥有一技之长。为此，必须勤奋读书、学以致用。以及向下层人民学习，重视劳动生产。

另外，颜之推在家庭教育方面也提出了具有代表性的思想。他认为家庭教育应及早进行，在儿童刚能分辨外界事物时就要加以诱导。而环境对家庭教育也有影响，周围环境和长辈的风范都会直接影响到晚辈。这些观念与现代教育理论颇为吻合。

颜之推的教育思想是我国古代家庭教育思想史的一个重要里程碑，对后世具有深远影响。除《颜氏家训》外，颜之推的著作尚存《还冤志》，以及《急就章注》《证俗音字》和《集灵记》的辑本。

孔颖达

574—648年。唐代初年著名经学家、教育家。字冲远（一作仲达），冀州衡水（今河北衡水）人，孔子第三十一世孙。

孔颖达勤奋好学，聪颖过人，长于儒家经学，师从名儒刘焯。隋炀帝大业初年，孔颖达"举明经高第"，授河内郡博士，候补太学助教。唐朝建立后，孔颖达历任国子博士、国子司业、国子祭酒等职，对当时官学教育的发展具有重要贡献。唐太宗时，孔颖达受命与颜师古、司马才章、王恭、王琰等撰《五经正义》一百八十卷，包括《周易正义》《尚书正义》《毛诗正义》《春秋正义》《礼记正义》，成为科举考试标准答案，为经学统一和唐代正规教育的发展以及科举制度的健全奠定了基础。孔颖达对经典的注释是建立在融汇各学派观点的基础之上，采用"疏"的贯通经义，做到"疏不破注"。此外，在《五经正义》各部分序言及部分章节的注疏中，孔颖达还阐发其教育主张，强调教育对国家发展的作用，以及儒家经典著作的知识性和化民成俗的意义。孔颖达对前人内容的有意识吸收，以及对经学教育普及化和实用性的重视，都对后世儒学教育有直接影响。

颜师古

581—645年。隋唐时期经学家、文字学家、历史学家。名籀（zhòu），字师古，京兆万年（今陕西西安）人。祖籍琅琊临沂（今山东临沂），为名儒颜之推之孙。

颜师古少传家业，博览群书，尤善于训诂、声韵、校勘之学。颜师古于隋文帝时任安养县尉，唐代初年为中书舍人，贞观时期为中书侍郎，后因故免职。唐太宗以"经籍去圣久远，文字讹谬"为由，诏令颜师古于秘书省考定《五经》文字。书成后，由房玄龄集诸儒详议。诸儒同声非难颜师古，于是他援引晋、宋旧文，详加解答，令众人叹服。《五经》定本就此颁行于天下，"令学者习焉"。此后，颜师古编撰《五礼》。颜师古的代表作有《汉书注》和《急就章注》，另有《颜师古集》。

王通

584—617年。隋末经学家、教育家。字仲淹，又有"文中子"之称，绛州龙门（今山西河津）人。

王通家庭累世业儒，自幼便在家学熏陶下精研五经。十五岁时王通已小有成就，二十岁时谒见隋文帝，并上《太平十二策》陈说治道，主张"尊王道，推霸略，稽古验今，运天下于指掌"。文帝虽极力称赞，但不实行。此后虽曾担任蜀郡司户书佐、蜀王侍读，但不久便辞官归乡，专门著书讲学。

王通一生以明王道为己任，致力于振兴孔子之学。在宇宙观上，王通抨击了天人感应学说，提出以气、形、识分别作为天、地、人的特点，具有一定唯物主义因素。在哲学观上，王通提出"三教可一"的主张，要求吸收佛道思想及方法之长，为儒学的改造和发展提供有益借鉴。在教育观上，王通继承了儒家传统观念，强调因材施教，积极改进教材教法，重视伦理道德修养，与孔子思想颇为类似。

王通的主要代表作是《续六经》，为模仿六经所作，包括《续诗》《续书》

《礼论》《乐经》《易赞》《元经》等，共计80卷，唐代已亡佚。另有模仿《论语》而作的《中说》（又名《文中子》），为其门人记录整理而成，记载了王通的观点及与学生之间的对话问答。

韩愈

768—824年。唐代哲学家、文学家、教育家。字退之，河南河阳（今河南孟州）人。自称"郡望昌黎"，世称"韩昌黎""昌黎先生"。因谥号为文，后人又称韩吏部或韩文公。韩愈与当时另外一位古文运动的倡导者柳宗元合称为"韩柳"。

韩愈幼年时父母双亡。由兄嫂抚养成人。贞元八年（792），韩愈高中进士，曾任县令、州刺史、监察御史、刑部侍郎、吏部侍郎、京兆尹兼御史大夫、兵部侍郎；任学官历四门博士、国子博士、国子祭酒。

韩愈一生维护中央集权制度，反对藩镇分裂割据；主张复兴儒学，排斥佛老。在文化上，韩愈领导唐中期的古文运动，提倡"文道合一，载道为主"，主张恢复三代两汉自然质朴的文体代替六朝以来的骈体文，从而为宣扬孔孟之道服务。在教育上，韩愈任潮州刺史时恢复州学促进地方教育发展。任国子祭酒时整顿国子监，严格审查生徒入学资格，选用学有专长者为博士，扭转不良学风。要求发展学校教育，强调教育目的是培养德艺具备的君子。所作《进学解》《师说》皆为是其教育教学经验与主张的总结，提出"业精于勤，荒于嬉；行成于思，毁于随"，认为师之任务在"传道、授业、解惑"。

韩愈始终以继承孔孟，传授儒家仁义之道为己任，从其学者皆称"韩门弟子"，代表人物有李翱、皇甫湜、李汉等。韩愈的著作汇编为《韩昌黎集》传世。

李翱

772—841年。唐代政治家、思想家、教育家。字习之，祖籍陇西成纪（今甘肃秦安）。谥号文，世称"李文公"。

李翱自幼"勤于儒学，博雅好古"，二十五岁以后追随韩愈积极倡导古文运动。唐德宗贞元十四年（798），李翱高中进士，初任授书郎，后历任国子博士、史馆修撰、谏议大夫、山东南道节度使等职。

李翱在思想上崇儒，受韩愈儒家道统思想启发提出了新的道统理论，强调"格物""致知"的重要地位。李翱认为性无不善，情则有善有不善。凡人之性与圣人之性的区别在于：圣人得天性而不惑，百姓则溺于情而不能知其本，犹如"水之浑也，其流不清；火之烟也，其光不明"（《复性书上》）。李翱认为教育的作用在于使人恢复原本的善性，复性的方法则是"视听言行，循礼而动"，做到"忘嗜欲而归性命之道"。因此，李翱撰写《复性书》以试图重建儒家的心性理论，强调"复性"教育就是要培养有仁义道德的君子。

李翱的复性论在唐代思想界、教育界有重大影响，亦是宋明理学及其教育思想产生的重要源泉。其代表作有《佛斋论》《来南录》等，后被收入《李文公集》。

柳宗元

773—819年。唐代思想家、文学家、教育家。字子厚，河东解县（今山西运城西南）人。世称"柳河东""河东先生"，因官终柳州刺史而称"柳柳州"。

柳宗元祖上累世为官，自幼受家学渊源熏陶。贞元九年（793），柳宗元高中进士，后历任蓝田尉、监察御史里行、礼部员外郎。唐顺宗即位后，柳宗元积极参与王叔文等发动的"永贞革新"政治运动，反对宦官专权和藩镇割据。运动失败后，柳宗元贬为永州司马，后改任柳州刺史。任职地区期间，柳宗元兴利除弊，如制定释放奴婢措施、改善饮水、宣传医药、重建府学、修复孔庙等。因病去世后，得柳人为其修衣冠墓、立庙，并辟柳江书院以资纪念

柳宗元毕生刻苦钻研学术，与韩愈同为古文运动的倡导者，为"唐宋八大家"之一。在哲学上，柳宗元的思想体现出明显的唯物主义无神论倾向。

他认为万物皆生于"元气",否定"元气"之上有更高主宰。明确提出"受命不于天于其人"(《柳河东集·贞符》),批判神学迷信。在教育上,柳宗元认为人的培养应和种树一样,"顺木之天,以致其性"(《种树郭橐驼传》),不宜加以过多人为的干涉。

柳宗元一生著述颇丰,包括诗词歌赋、寓言、传记、游记、杂文等。其遗著由友人刘禹锡编定,经后人增补为《柳河东集》。

皮日休

834—883年。唐代末年文学家、思想家和教育家。字袭美,一字逸少,自号鹿门子,又号闲气布衣、醉吟先生,复州竟陵(今湖北天门)人。

皮日休于唐懿宗咸通八年(867)进士及第,曾任著作郎、太常博士等职,又为毗陵副使、翰林学士等。黄巢称帝后,皮日休在其政权任翰林学士达三年之久,其后踪迹说法不一。

皮日休一生崇尚儒学,注重教育,对孔子、孟子、王通及韩愈推崇有加。他明确提出"文贵穷理、理责原情"的教育思想,在突出教育的政治性和道德性的同时,也强调了情与理存在的合理性与相关性,从而为理学理论及教育的发展提供了理论依据。皮日休勤于写作,著作等身。其作品体现出鲜明的人文主义色彩,抨击时弊、揭示暴政、同情人民。包括自选文十卷的《皮子文薮》及诗集一卷,有《胥台集》七卷及《皮氏鹿门家钞》九十卷等,并传于世。生前与陆龟蒙友善,并在文学上并驾齐驱,有与陆龟蒙的唱和集《松陵和集》十卷,因此世称"皮陆"。

范仲淹

989—1052年。北宋中期政治家、文学家、军事家。字希文,苏州吴县(今江苏苏州)人。谥号"文正",世称"范文正公"。

范仲淹幼年丧父,家道中落,但少有志操苦学不息。北宋大中祥符八年

（1015）高中进士，授广德军司理参军，后历任兴化县令、秘阁校理、陈州通判、苏州知州等职。康定元年（1040），任陕西经略安抚招讨副使，巩固西北边防。庆历三年（1043），任枢密副使、参知政事，发起"庆历新政"推行改革。新政受挫后，范仲淹自请出京任地方官，改知颖州的途中逝世。

范仲淹不仅在政治和军事上有卓著业绩，且在思想、文学、教育等方面有突出成就。在思想上，范仲淹倡导"先天下之忧而忧，后天下之乐而乐"，充分体现出为政清廉、体恤民情、刚直不阿的志气情操。在文学上，范仲淹的散文、诗词皆以反映现实生活为特征，通过文学创作言志感怀、关注民生、寄情山水，无论题材还是表现手法皆有多样优美的特点。在教育上，范仲淹继承和发展了儒家正统的教育思想，力求通过"兴学"实现培养人才、济世救民的目的。为此，范仲淹倡导以儒家思想培养"忠臣烈士"，提倡朴实无华的行文风格，反对帖经、墨义等无用的考试方法，倡导学校教育应注重"五经"。尤其是在主持"庆历新政"时期，范仲淹再次"复古兴学校，取士本行实"，大力改进科举考试制度，建立和完善地方官学体系，增加策论等考试方法，扩建太学并建立四门学、武学，"庆历兴学"就此形成。

范仲淹的作品主要包括《文集》二十卷、《别集》四卷、《尺牍》二卷、《奏议》十五卷、《丹阳编》八卷。北宋时期有《范文正公集》刻本二十卷。

欧阳修

1007—1072年。北宋时期政治家、文学家、史学家，宋代诗文革新运动的领导者，"唐宋八大家"之一。字永叔，谪滁州时号"醉翁"，晚号"六一居士"，庐陵吉水（今属江西）人。谥号文忠，世称"欧阳文忠公"。

欧阳修幼年丧父且家贫，但敏悟过人，读书成诵。天圣八年（1030）欧阳修高中进士，自此历仕仁宗、英宗、神宗三朝，曾官至翰林学士、枢密副使、参知政事。庆历年间，因积极参与范仲淹推行的"庆历兴学"而被诬陷为"朋党"。后因与王安石政见不同辞官还乡。

欧阳修在经史、文学等方面均有突出成就。在经史方面，欧阳修曾参与合修《新唐书》，并独撰《新五代史》与编纂《集古录》。在文学方面，欧阳修主张改革唐末以来崇尚内容空洞、风格浮艳艰涩的文风，力主倡导古文。并借助嘉祐二年（1057）主持科举之机，通过录取苏轼、苏辙等人，扭转文坛风气，对后世文学教育产生深远影响。

欧阳修一生著述繁富，代表作有《毛诗本义》《新五代史》《集古录》，与宋祁等人合修《新唐书》。后人集有《欧阳文忠集》。

邵雍

1011—1077年。北宋时期理学家、文学家、教育家。字尧夫，谥康节，自号安乐先生、伊川翁等。先世为河北范阳（今河北涿州）人，少时随其父邵古迁徙共城（今河南辉县），后又移居洛阳。因曾隐居苏门山百源之上，后世亦有"百源先生"之称。

邵雍自少年时代便才智出众，刻苦自学，意志坚强。虽曾屡次授官，皆坚辞不受。毕生潜心钻研学术，以研究《周易》为己任。晚年则在洛阳城中过着隐逸生活，与司马光、吕公著等交游甚密，并开坛讲学，教授弟子。

邵雍的易学思想以"先天之学"为核心，由此创造出系统的唯心主义象数体系。在本体论方面，将太极视为宇宙万物的本源，而天地间的一切变化皆以"先天象数"的图式展开。因此，邵雍的主要代表作《皇极经世书》体系庞杂，宇宙起源、自然观、历史观及教育理论，政治理论等无所不包。正如邵雍之子邵伯温对"皇极经世"的解释："至大之谓皇，至中之谓极，至正之谓经，至变之谓世。"在邵雍创绘的皇极经世图中，用八卦和六十四卦的次序变化与生成解释宇宙和人类的变化规律。由此，邵雍根据《易传》创造的象数体系来计算和推测人类历史的发展时期，并提出了历史退化论。该学说经后世不断传播发展，逐渐演变为算命学一系，在民间具有较大影响。

邵雍建立的象数系统对于试图探究和回答天地万物关系的问题无疑具有一定意义。但由于邵雍所用的"象数"并非客观存在，只是主观随意安排，因而自然无法实现科学地探求事物发展的目的。

邵雍的主要著作有《皇极经世书》《伊川击壤集》《观物篇》《渔樵问答》等。

周敦颐

1017—1073 年。北宋时期理学家、文学家、教育家。原名敦实，又名元皓，因避英宗讳改字茂叔，号濂溪，世称"濂溪先生"，谥号元公，道州营道（今湖南道县）人。

周敦颐出身于名门望族汝南周氏，自幼聪颖好学、博采众长，能将所学融会贯通。康定元年（1040），周敦颐得舅舅龙图阁学士郑向的推荐，出任洪州分宁县主簿，此后历任南安军司理参军、虔州通判知郴州、知南康军等职。周敦颐从政期间颇能以教育为重，收大理寺丞程珦之子程颢、程颐为弟子。因爱庐山之景，遂筑书堂于溪旁，称濂溪书堂，周敦颐晚年便于此讲学著书。

周敦颐的思想体系极为丰厚，开创宋明理学之先河。在治学过程中，周敦颐逐渐形成了太极、理、气、性、命、诚等一系列理学范畴体系。提出了"无极而太极，太极动而生阳，静而生阴，静极复动，一动一静，互为其根"，"二气交感，化生万物"的宇宙生成图式（《周敦颐·太府极图说》）。周敦颐更将"诚"作为其哲学思想的核心，强调由"太极"落实到"人极"，即是纯粹至善的"诚"。由此，周敦颐力图从宇宙论的高度来统摄现实人性，将"诚"视作"五常之本，百行之源"。而要实现"诚"的目的，则需要受教育者当通过主静、窒欲、迁善改过等修炼功夫，自觉遵守"中""正""仁""义"的道德准则，从而最终达到"诚"的道德境界。

周敦颐的主要代表作有《太极图说》《通书》等，今存《周敦颐集》。

司马光

1019—1086 年。北宋时期政治家、史学家、文学家。字君实，号迂叟，世称涑水先生，谥号文正，陕州夏县（今山西涑水乡）人。

宋宝元元年（1038），司马光初中进士甲科，从此历仕仁宗、英宗、神宗、哲宗四朝，累任国子直讲、直秘阁开封府推官、知谏院、天章阁待制兼侍讲、龙图阁直学士等。神宗时又擢为翰林学士。熙宁三年（1070），司马光因反对王安石变法而辞官隐居洛阳，专门从事《资治通鉴》的编纂工作。宋哲宗即位后，司马光任尚书左仆射兼门下侍郎，新法由此废止。

司马光在学术上颇具成就。在史学上，其贡献首推主持编写《资治通鉴》。隐居洛阳期间，他因历代史繁而人主不能遍读，于是编纂《通志》八卷献于英宗。英宗对此赞赏有加，并命置局续其书，神宗赐名为《资治通鉴》。全书共二百九十四卷，上起战国初年、下至五代末期，共计一千三百六十二年，凡重大历史事件的前因后果及与各方关联皆交代清楚，被宋神宗评为"鉴于往事，有资于治道"。在经学上，司马光大力弘扬儒学，针对儒家经义进行了大量具有创见的阐释。如提出为学关键即是固守名分，恪守礼义"礼者，履也，循礼则事无不行。义者，宜也，守义则事无不得。圣人执礼义以待事，不为善而善至矣"（《宋元学案》）。此外，司马光还非常重视家庭教育，曾将历代嘉言善行和儒学教育要则编成《家范》，作为家教课本。

司马光的主要作品有《司马文正公集》《资治通鉴》《稽古录》《温公家范》《涑水记闻》等。

张载

1020—1077年。北宋时期哲学家、教育家。字子厚，世称横渠先生。祖上为大梁（今河南开封）人，后徙居凤翔郿县（今陕西眉县）横渠镇。张载是理学创始人之一，因长期讲学关中，故其学派被称为"关学"。

青少年时期的张载喜好谈论兵法，后在范仲淹影响下转而学习儒经。曾在京师设坛讲《易》，听者甚众，后被聘为长安学宫教授。嘉祐二年（1057）进士及第，曾历任祁州司法参军、云岩县令、崇文院校等职。因与王安石政见不合，曾托疾辞官，返横渠镇著书讲学。又因吕大防推荐而同知太常礼院，称疾辞职西归，病死临潼。

张载在学术上成就卓著。在本体论方面，张载提出了"太虚即阴气"的学说，肯定"气"是充塞宇宙的实体，是万物之起源。而由于"气"的聚散变化，便形成各种事物、现象。由此批判了佛、道两家的"空""无"观点。并提出凡统一的事物中必含有对立的两个方面的看法，即"天地变化，二端而已"（《正蒙·太和》）。在认识论方面，张载强调感官的作用，认为"人谓己有知，由耳目有受也。人之有受，由内外之合也"（《正蒙·大心》）。在人性论方面，则提出了"天地之性"和"气质之性"的命题。张载视前者为本然之性，属善；后者为人后天之性，有善与不善、刚与柔、才与不才的区别。教育的作用就在于"变化气质"，而变化气质的主要手段便是"知礼""守礼"。此外，张载还提倡博学精思、知疑求新的治学功夫，主张熟读成诵、勤作札记和身体力行、矫恶为善。

张载的代表作有《正蒙》《经学理窟》《横渠易说》《张子语录》等，后人编有《张子全书》。

王安石

1021—1086年。北宋时期政治家、文学家、思想家、改革家，"唐宋八大家"之一。字介甫，号半山，抚州临川（今属江西）人。因获封荆国公，世称"王荆公"。

王安石自幼喜好读书，文笔非凡。庆历二年（1042）进士及第，历任扬州签判、鄞县知县、舒州通判等职，政绩显著。嘉祐三年（1058），担任朝廷三司度支判官。嘉祐五年（1060），王安石向仁宗上《言事书》，提出变法和改革教育的主张。熙宁二年（1069），王安石担任参政知事，次年拜同中书门下平章事，开始锐意变法。但由于改革遭遇重重阻力，熙宁七年（1074）罢相，八年复相，九年再罢，最后退居江宁以终。

在文学上，王安石于诗文方面颇有成就。所作文章多为阐述政治见解主张的论说文，条理清晰、说理透彻、行文简练、结构演进。其诗歌创作亦有特色，被称为"王荆公体"。在哲学思想上，王安石认为人之"性"无善恶，由"性"动而产生的"情"才有善恶之分。而"情"之善恶又决定于"习"即包括教育、环境影响和个人的学习与品德修养。在认识论上，王安石既强调感性认识，更强调理性认识。在教育思想上，王安石充分肯定教育在人才成长中的重要作用，提出学校的考核制度要严明，国家录用人才的选拔要慎重。选拔人才的最佳途径，是由下而上的推举与由上而下的考察相结合。熙宁年间，王安石逐步实施其教育思想，在教育与科举方面进行系列改革。如罢明经诸科，提倡进士科；取消诗赋、帖经、墨义等考试内容与方法，改试经义和策论；增设明法科，改革武举考试。设置律学、医学、武学，培养专门人才。整顿、改革地方官学与太学。在太学创"三舍升贡法"，实行"五等罚"等。

存世的王安石代表作有《临川集》《临川集拾遗》《临川先生歌曲》《临川先生文集》等。

程颢

1032—1085年。北宋时期理学家、教育家。字伯淳，号明道，世称"明道先生"，河南府洛阳（今属河南）人。与其弟程颐学于周敦颐，同为北宋理学的奠基者，世称"二程"，其学派被称为"洛学"，后为朱熹发展为"程朱学派"。

嘉祐二年（1057），程颢进士及第，先后任鄠县、上元县主簿，后迁晋城县令。熙宁初年（1068），升为太子中允，进而出任监察御史、镇宁军节度使判官等职，神宗年间担任御史。因反对王安石变法而被贬为京西路提点刑狱。晚年退居洛阳，与程颐共同开创"洛学"，专事讲学、授徒达十余年。

程颢因与程颐早年均师从于周敦颐，而在洛阳期间也与邵雍、张载有论学经历，所以程颢在学术上的见解颇具特色。在哲学观方面，程颢对孟子至周敦颐的心性命理之学进行了阐发，提出了"万物皆只是一个天理"的核心命题，并将阴阳、五行视为"天理"创生万物的基本材料，以此为基础构建起以"天理"为核心的理学体系。程颢强调"天者，理也"，并体现在人伦上，也就是人类社会的等级制度及与之相适应的社会道德规范。正所谓"为君尽君道，为臣尽臣道，过此则无理"（《遗书》卷五）。程颢还继承了张载提出的二重人性论，即"天命之性"和"气质之性"。他认为现实中的人性，都是气质之性，要通过后天的为学修养功夫，以变化气质之性，恢复本源之善性。而人的善性是"天理"的本质特征，不合节度的"人欲"或"私欲"则为恶。因此，"天理"与"人欲"是相对立的概念，从而引出"存天理，灭人欲"的命题。此外，程颢还倡导"天人一本说"，认为天地、阴阳之道与人心不可分离，方"先圣后圣若合符节，非传圣人之道，传圣人之心也；非传圣人之心，传己之心也。己之心，无异圣人之心，广大无垠，万善皆备。欲传圣人之道，扩充此心焉耳"（《宋元学案·明道学案》）。这便为陆王心学的形成提供了理论基础。

程颢的代表作有《识仁篇》《定性书》等，由后人汇编为《二程全书》。今有中华书局标点本《二程集》传世。

程颐

1033—1107年。北宋时期理学家、教育家。字正叔，因长居伊川而世称"伊川先生"。洛阳（今属河南）人。"明道先生"程颢之弟，与其兄学于周敦颐，并为北宋理学的奠基人，世称"二程"。

嘉祐元年（1056），程颐在京师太学读书时，因所作《颜子所好何学论》而得胡瑗赏识，被授以"处士"学职。曾上书宋仁宗，要求实行"王道"，强调治民当"以教为本"，通过教育"育人材""一道德""正人心""美风俗"，但未被采纳。嘉祐四年（1059），程颐举进士不第，从此绝意仕途，专以讲学传道。元祐元年（1086），程颐受命担任崇政殿说书，负责教授皇帝读书。后因"元祐党案"，两次被差出管西京国子监，又两次被贬流放，遂隐居龙门。大观元年（1107），程颐病逝于洛阳伊川。

程颐与其兄程颢作为理学的创始人，其基本观点并无二致，皆以"理"或"道"作为全部学说的基础。程颐提出"理"（"道"）是宇宙万物的根本，

"万物皆是一理"。认为无形之理或道存于有形之物中，"道外无物，物外无道，是天地间无适而非道也。即父子而父子在所亲，即君臣而君臣在所严，以至为夫妇、为长幼、为朋友，无所为而非道，此道不可须臾离也"（《遗书》卷四）。这种不可须臾离之"道"或"理"又与"命""性""心"相通，"性即理也，所谓理，性是也"（《遗书》卷二十二）。"性即理"说肯定了人性本源之善，而把人之不善归之于"才"，"性无不善，其所以不善者，才也"（《程氏外书》卷七）。而"才"又与生来禀受之"气"相关，"气清则才善，气浊则才恶。禀得至清之气生者为圣人，禀得至浊之气生者为恶人"（《遗书》卷二十二）。所以，教育的任务在于"变化气质"，"存天理，灭人欲"，最终目的则在"学为圣人"。由此，程颐提出了"涵养须用敬，进学则在致知"的修养方法，并极力维护纲常名教，宣扬封建伦理道德，提倡在家庭内部形成类似君臣之间的关系。如反对寡妇再嫁，提出所谓"饿死事极小，失节事极大"（《遗书》卷二十二）。

程颐的代表作有《周易程氏传》《遗书》《易传》《经说》等，并被后人相继辑录为《程颐文集》《二程全书》。

朱熹

1130—1200年。南宋时期理学家、教育家，宋代理学集大成者。字元晦，一字仲晦，号晦庵，晚称晦翁。祖籍徽州婺源（今江西婺源），生于南剑州尤溪（今福建省尤溪县），卒于建阳。谥号"文"，世称朱文公。因朱熹在福建讲学，弟子多为本土人士，故其学派被称为"闽学"。

绍兴十八年（1148），十九岁的朱熹进士及第，此后历任泉州同安主簿、知江西南康军、知漳州、知湖南潭州等职。朱熹关怀民间疾苦，大力兴修水利、救济贫民，提倡整顿吏治。

朱熹毕生致力于学术研究和讲学活动。曾先后主讲于白鹿洞书院、岳麓书院和紫阳书院。并曾整顿同安县学，重整白鹿洞书院和岳麓书院。所订《白鹿洞书院揭示》，成为南宋以后官学和书院共同遵循的学规。回福建后，朱熹又在考亭建立竹林精舍，后易名沧州精舍，继续从事私人讲学。朱熹的思想体系因其涉猎广泛、博览群书而内蕴深厚、包罗广阔，尤精于哲学、教育、史学及文学。

朱熹作为"二程"的再传弟子，对宋代理学思想进行了系统总结，创立了一元论客观唯心主义的理学体系，朱熹以"二程"的"理本论"为基础，同时吸收周敦颐的"太极说"、张载的"气本论"以及佛、道的部分思想，形成了具有特色的哲学体系。在本体论方面，朱熹将"理"视为宇宙的本源，"气"是构成天地万物的质料，天地万物均由"理""气"结合而成。"理"在"气"先，"气"由"理"派生。朱熹亦将"理"的总体称为"太极""天理"，是绝对的精神本体，并与"气"密不可分，二者相依而不相杂。在动静观上，朱熹将"气"展开为一分为二、动静不息的生物运动，阳为动、阴为静，二者对立统一、往复循环。在认识论上，朱熹继承了"二程"关于"格物致知"的观点，并进一步强调只有"物格知至"才能达到圣人的境界。由此，朱熹又主张"知先行后"，即道德实践要以伦理道德为指引。不仅如此，朱熹对于宇宙本源的探究也为三纲五常提供了哲学和人性的依据。他认为，人性亦由"理""气"所构成，由此形成"天命之性"和"气质之性"，即人性二元论。"理"是先天的善性所在，人所共有；"气"是人出世时所禀，因其精粗、厚薄、清浊、久暂的不同，就产生了善恶、贤愚、贫富、寿夭的区别及性格差异。因此，朱熹提出人需要经过教育和自我修养逐步达到"革尽人欲，复尽天理"的目的。而在具体学习修养的方法上，朱熹提倡自学和勤作札记，认为教师只须作"解惑"式讲学。读书方法则"莫贵于循序而致精，而致精之本，则又在于居敬而持志"（《辛卯行宫便殿奏札》）。在修身过程中，朱熹提倡"慎独""节情"和"忍"的修养功夫。

朱熹一生著述甚丰，涉及哲学、经史、文学、乐律乃至自然科学领域。主要代表作有《四书章句集注》《太极图说解》《通书解说》《周易读本》《楚辞集注》等，《四书章句集注》是官方钦定的教科书和科举考试的标准。后人另辑有《朱子大全》《朱子集语象》等。

吕祖谦

1137—1181年。南宋时期理学家、史学家、教育家。字伯恭,世称"东莱先生"。婺州(今浙江金华)人。与朱熹、张栻并称"东南三贤"。

吕祖谦出身于名门望族"东莱吕氏",隆兴元年(1163)进士及第。历任南外宗学教授、太学博士、秘书郎、国史院编修官、实录院检讨官等职,曾参与重修《徽宗实录》,奉命编纂刊行《皇朝文鉴》。吕祖谦曾与其弟吕祖俭创办丽泽书院,开坛讲学。据《宋元学案·东莱学案》载,其"文学术业,本于天资,习于家庭,稽诸中原文献之所传,博诸四方师友之所讲,融洽无所偏滞"。

吕祖谦在理学发展史上具有重要地位,其思想体系反对空谈心性,倡导学以致用、明理躬行,并赞同陆九渊的"心学"理论,认为"心之于道,岂有彼此可待乎"。其所创办的金华学派(婺学),与永嘉学派同为浙东学派的两大分支。吕祖谦还曾于淳熙二年(1175),邀请朱熹、陆九龄、陆九渊、刘子澄等会于鹅湖开展学术争辩,史称"鹅湖之会"。

吕祖谦一生著述颇丰,代表作有《东莱集》《古周易》《书说》《吕氏家塾读书记》《东莱左传博议》等。

陆九渊

1139—1193年。南宋时期哲学家、政治家、教育家,"陆王心学"的代表人物。字子静,号存斋,抚州金溪(今江西金溪)人。因曾结庐讲学于象山(今江西贵溪西南),世称"象山先生""陆象山"。

陆九渊于乾道八年(1172)中进士,后历任靖安县主簿、国子正、知荆门军等职。此外,陆九渊亦长期从事教育事业。曾在家乡金溪辟槐堂书屋,开始讲学。至四十九岁时,陆九渊在象山立精舍讲学,是为其讲学最盛期。

陆九渊毕生从事学术研究。其学问首先源于八世祖、唐昭宗宰相陆希声的家传之学,也深受程颐思想的影响。虽与朱熹同为当时学术大家,但观点截然有别，并曾会朱熹于信州鹅湖寺（今江西铅山），辩论修养和治学方法，史称"鹅湖之会"。因此，陆九渊另行开创了理学思想体系中的心学流派。在本体论方面，其学说远取孟子"四端""良心""良能""求放心""存心""养心"诸说，近摄程颢"心是理、理是心"的观点，将"心"视为宇宙本源，主张"宇宙便是吾心，吾心即是宇宙"（《象山先生全集·杂说》），并提出了"心"即"理"、即"道"的命题。陆九渊与朱熹的观点差别在于，陆氏既肯定"理"外的"吾心"存在，又认定"吾心"与"理"汇融于一。由此，陆九渊提出道德实践应落在主观内在的心灵，通过不断剔除"心"中不合理之处而获得符合天理的道德。即，涤除外在蔽障，复还本心的光明。此外，陆九渊对易学亦颇有研究，认为《周易》乃是存心明理之书，源自圣人之本心。其易学观点后由弟子杨简发展为心学流派易学体系。

陆九渊一生收徒甚众，著名弟子有杨简、袁燮、舒璘、沈焕，被称为"甬上四先生"。其思想后为明代王守仁继承发展，史称"陆王心学"。著作由后人编成《象山先生全集》，今有中华书局出版的《陆九渊集》传世。

陈亮

1143—1194年。南宋时期思想家、文学家、教育家，永嘉学派创始人。字同甫，号龙川，世称"龙川先生"，婺州永康（今浙江永康）人。

陈亮出生于婺州一个没落的士人家庭。少时勤奋好学，喜谈兵法。成年后性格狂放，曾因抨击时政而遭权贵嫉恨，多次遭受牢狱之灾。绍熙四年（1193），时年五十一岁的陈亮在礼部的进士考试中获御批第一，得中状元，被授为江甫东路建康府（今江苏南京）判官。但因长期"忧患困折，精泽内耗，形体外离"，陈亮未及到任便已病故。

在哲学思想上，陈亮承继王安石、张载等学者的唯物主义思想，反对朱熹的理学和陆九渊的心学。在哲学方面，陈亮承认"道"的存在，但强调"道"并非脱离具体事物独立存在，而是与天、地、人密不可分。陈亮还坚决反对朱熹颂王贬霸、贵义贱利的观点，主张"义利双行，王霸并用"。在教育方面，陈亮主张造就"非常之人",举行事业功利有补国计民生的"事功之学"。在治学方法上,陈亮主张为学必须勤奋专一,要以有所不知和不能而加强学习。此外,陈亮还提出要注意教育对象的年龄发展阶段,从实际出发依据年龄特点进行教育。在文学创作上,陈亮亦颇具特点,其政论、诗词文风豪迈、气势激昂、鞭辟入里。

陈亮的代表作有《龙川文集》《龙川词》。

叶适

1150—1223年。南宋时期哲学家、文学家、政治家。字正则,号水心居士,温州永嘉(今浙江永嘉)人,为永嘉事功学派集大成者。又因居于永嘉水心村,世称"水心先生"。

淳熙五年(1178),叶适进士及第,得中榜眼,历仕孝宗、光宗、宁宗三朝,曾任太常博士、权兵部侍郎、工部侍郎、知建康府兼沿江制置使等职。在政治上,叶适力主抵抗金的侵略,反对"屈意损威,以就和好"。在哲学上,叶适注重实际事功,反对空谈性命,厌恶"专以心性为宗主"的唯心主义理学,对朱熹学说多有批评。陈亮反对老子"道在物先"和朱熹"理在事先"的观点,认为所谓"道"或"理"都不能离开事物而存在。在教育思想上,叶适主张"兴起天下之人才"以造就"豪杰特起之士"。

叶适的著作有《水心先生文集》《水心别集》《习学记言》等。

许衡

1209—1281年。金末元初时期理学家、教育家。字仲平,号鲁斋,元怀庆路河内(今河南泌阳)人,谥号"文正"。

许衡生于金朝,自幼天资聪颖、勤奋好学,好质难问师。蒙古灭金后,许衡应"戊戌试"(1238)中举,上籍为儒户,遂以教学为业。后师从大儒姚枢及窦默,学习"程朱理学"。宪宗四年(1254),应秦王忽必烈征召,许衡担任京兆提学。中统元年（1260），元世祖即位后拜许衡为太子太保，但其坚辞不就，于是改命国子祭酒。至元八年（1271），许衡担任集贤大学士兼国子祭酒，"亲为择蒙古弟子俾教之"。许衡除传授诗书外，还教授各种礼仪。许衡还曾与郭守敬等人合作研制仪象圭表、日测晷景和编定《授时历》。此外，元初国子学规制亦多由许衡编制。在学术上，许衡大力推崇程朱理学，以纲常为治学大本。同时，许衡强调"小学"，即一般儒学知识的重要性，并以《小学》、"四书"传授蒙古贵族子弟。许衡对于孟子的"性善论"亦多有继承与发展，提出了人心固有良知的观点。许衡的学说在当时具有重要影响，被视为程朱理学的继承者与普及者。

许衡的代表作主要有《鲁斋遗书》《鲁斋心法》《读易私言》等。

吴澄

1249—1333年。元代理学家、经学家、教育家。字幼清，晚字伯清，号草庐，世称"草庐先生"。抚州崇仁（今江西临川）人。吴澄与许衡齐名，并称"北许南吴"。

吴澄自幼聪慧勤奋，熟读儒家经典与诸子百家之书，曾受教于朱熹再传弟子饶鲁的学生程若庸。南宋咸淳六年（1270），吴澄乡试中举，但次年落第于礼部试。此后，吴澄隐居乡里，建草庐数间以居并教徒授学，专心研究学问。元世祖至元二十三年（1286），吴澄经推荐被任命为国子监监丞、国史院编修、集贤直学士等职。元皇庆元年（1312）升为国司业，继为翰林学士、太中大夫，并曾受命编修《英宗实录》。

吴澄熟谙经学，尤擅于理学、易学，既承继朱熹的理学思想，又兼汇融陆九渊的心学思想，主张折中朱陆二氏之学。此外，吴澄毕生致力于官方及民间讲学活动，曾定出教法四条，拟在经学、治世、行实文艺等方面推进教学，并强调育人首先要"明本心"，其次才是读书穷理。

吴澄著述颇丰，代表作有《学基》《学统》《五经纂言》等。清人将其所著汇编为《草庐吴文正公全集》。

马端临

1254—1340年。宋元之际史学家、教育家。字贵与，一字贵舆，号竹洲，世称"竹洲先生"，饶州乐平（今属江西）人。

马端临为宋右相马廷鸾之子，自幼接受家学熏陶，并拜于身为朱熹后学的名师曹泾门下，研习程朱理学。因此，《宋元学案》将马端临列为入"曹氏门人"。南宋咸淳九年（1273），马端临应漕试而获第一，得荫补承事郎。南宋灭亡后，马端临隐居不仕。马廷鸾去世后，马端临先后担任为乐平慈湖书院山长、衢州柯山书院山长及浙江台州路儒学教授，前后从事教育工作三十年。同时，马端临积四十余年之精力撰成典章制度史巨著《文献通考》，以此考察历代统治者的治乱兴衰原因，并为当政者提供经验教训。除《文献通考》外，马端临尚著有《多识录》《大学集注》等，但均失传。

程端礼

1271—1345年。元代学者、教育家。字敬叔，号畏斋，世称"畏斋咸亨"。庆元路鄞县（今浙江宁波）人。

程端礼自幼熟读《六经》，明晓大义，尤其精于朱熹之学。元仁宗皇庆、延祐年间，程端礼担任建平、建德两县的教谕。至治、泰定年间，程端礼历铅山稼轩、集庆江东两书院山长，著有《集庆路江东书院讲义》，并将朱熹读书法系统总结为六条：循序渐进，熟读精思，虚心涵泳，切己体察，着紧用力，居敬持志。后迁铅山州学教授，以台州路教授致仕。程端礼的学问受之于史蒙卿，崇尚程朱理学，重视文章和书法的基本功训练，主张"学问之道具在圣经贤传，真知实践则存乎人"。其所订《程氏家塾读书分年日程》，鲜明体现出朱熹的教育思想，对元、明、清三代官学及书院教学均有重要指导作用。

宋濂

1310—1381年。元末明初政治家、文学家、史学家。字景濂，号潜溪，又号玄真子，别号龙门子，谥号文宪，金华浦江（今浙江浦江）人。世称"太史公""宋龙门"。

宋濂自幼体弱多病且家境贫寒，但聪敏好学、博闻强记，早年就学于闻人梦吉，通五经。后再受业于元末学者、古文家吴莱、柳贯、黄溍。元至正九年（1349），宋濂被元顺帝征召为翰林院编修。宋濂以奉养父母为由，辞不应召，隐居龙门山从事著述十余年。朱元璋攻取婺州（今浙江金华）后开郡学，宋濂被聘为五经师。洪武元年（1368），宋濂奉命编修《元史》。洪武四年（1371），调任国子司业，后因故谪安远知县。复召为礼部主事，继而迁赞善大夫，侍讲学士、知制诰等职。洪武十年（1377），宋濂以年老辞官还乡。后因长孙宋慎涉胡惟庸案，全家被流放茂州，中途病死于夔州。

宋濂一生勤奋好学、博闻广记、博览群书，道德文章皆师表当世。明初诰制朝仪，多出其手笔。宋濂的文学功底深厚，文风淳厚飘逸，强调明道致用与义理、事功、文辞三者相统一。其主要作品有《孝经新说》《周礼集说》《龙门子》《潜溪集》《萝山集》《翰苑集》等，诗文合刻为《宋学士全集》。

方孝孺

1357—1402年。明代政治家、思想家、文学家、教育家。字希直，又字希古，号逊志，谥号文正，世称"缑城先生""正学先生"。台州宁海（今属浙江）人。

方孝孺自幼机警敏捷、聪明好学，年轻时即在家乡前童石镜精舍讲学。及至年长，师从大儒宋濂，备受同学推崇。洪武年间，方孝孺任汉中府教授。建文帝时被召为翰林院侍讲，旋迁侍讲学士。方孝孺曾主持纂修《太祖实录》《类要》诸书。燕王朱棣篡位时，因方孝孺拒绝为其草拟即位诏书，被磔于市，并株连十族。

方孝孺学识渊博、志高气锐，毕生以明王道、致太平为己任，反对佛老。为学强调公私义利之辨，提倡虚心问学。文学造诣深厚，长于政论、史论、散文、诗歌，善于运用借喻、对比等技巧，文风纵横豪放。主要代表作为《逊志斋集》。

薛瑄

1389—1464年。明代思想家、文学家、教育家。字德温，号敬轩，河津（今山西郓城）人。河东学派创始人，世称"薛河东"。

薛瑄出生于书香门第，祖父、父亲皆从事教育事业。薛瑄自幼聪敏勤学，熟读《诗》《书》。永乐十九年（1421），薛瑄得中进士，官至监察御史、大理寺正卿，景泰二年（1451）起为南京大理寺卿。英宗复辟后，薛瑄为礼部左侍郎兼翰林院学士。亦曾任山东提学佥事，主管地方教育，行白鹿洞学规，重因材施教。还曾先后两次回乡讲学，达十四年之久。

薛瑄毕生推崇程朱理学，既有继承又有创新。基于"理无穷，故圣人立言亦无穷"的指导思想，薛瑄提出了很多具有唯物主义倾向的新观点，由此开创"河东之学"。薛瑄赞同"性即理"之说，认为"性"主要形成于后天，因而强调修己教人皆以"复性"为主。薛瑄还对朱熹"理在气先"之说予以修正，认为"理只在气中，决不分先后"，并指出"天下无无理之物，无无理之气"。此外，薛瑄还积极倡导实学，终生勇于实践。

薛瑄及其创立的河东学派，培养了大批优秀学子，对于传播程朱理学和弘扬薛瑄思想具有巨大作用。薛瑄著述颇丰，主要代表作有《读书录》《读书续录》《薛文清公文集》等。

吴与弼

1391—1469年。明代理学家、教育家、文学家。初名梦祥、长弼，字子傅（一作子传），号康斋，崇仁县莲塘小陂（今江西抚州）人。明代理学开山鼻祖，崇仁学派创始人。

吴与弼出生于书香门第，自幼勤奋好学，对文学、天文、律历、医卜均有涉猎，少年时即已崭露头角。永乐七年（1409），十九岁的吴与弼赴京侍奉时任国子监司业的父亲，借此时机拜冼马杨溥为师。期间，吴与弼获读朱熹所编《伊洛渊源录》，由此独处两年专心于攻读"四书""五经"与洛学、闽学典籍，并最终决定放弃仕途，以传播程朱理学为终生目标，长年在乡居家讲学。

吴与弼所治理学，学宗程朱，以道德修养为核心。强调"存天理、去人欲"，注重将"静时涵养，动时省察"作为修养的基本功。认为要成为"明德"之"新民"，必须向"圣人"学习，加强自我修养，去除私欲杂念，由此便可上达天理。吴与弼还非常重视读书穷理等"集义"功夫在涵养"德性本原"上的重要作用，并强调修养并非一蹴而就，而是需要长期坚持的苦行之路。

吴与弼的学术思想在当时具有深远影响，崇仁学派由此形成，胡居仁、陈献章、娄谅、王阳明、湛若水等均为其再传弟子。其代表作有《康斋文集》十二卷。

娄谅

1422—1491年。明代理学家。字克贞，别号一斋，世称一斋先生。江西广信上饶人。

娄谅于少年时期便胸怀大志，有志于成圣之学。后拜入著名学者吴与弼门下。景泰四年（1453），娄谅经乡试中举。天顺八年（1464），娄谅被委任为成都府学训导。后谢病南归，回乡以读书讲学为业。

娄谅治学思想承继于朱熹，学问核心为"居敬"，以"收心、放心"为居敬的入门工夫，以"何思何虑，勿助勿忘"为居敬要指。王阳明曾求教于娄谅。黄宗羲认为，"姚江之学，先生(娄谅)为发端也"（《明儒学案》），意即阳明心学发端于娄谅。其一生著述颇丰，主要代表作有《日录》《三礼订讹》等。

陈献章

1428—1500 年。明代思想家学者、教育家、文学家。字公甫，号石斋，别号碧玉老人、玉太居士、江门渔父等，广东新会白沙村（今广东江门）人。世称"白沙先生"，又称"陈白沙"。明代心学奠基者之一，开创理学"岭南学派"。

陈献章自幼聪明伶俐，好学上进。正统十三年（1448），陈献章考中副榜进士，入国子监读书。景泰二年（1451），陈献章于会试落第后，赴江西师从名儒吴与弼。半年后归家，闭门读书，又筑阳春台静坐其中，十年间足不出户，最终悟道，由此提出"静坐见悟"的修养方法。成化二年（1466），陈献章重游太学，以《和杨龟山此日不再得韵》诗名震京师，以为"真儒复出""龟山不如"。成化五年（1469），陈献章在此参加会试，但仍落第。由此绝意仕途，专心教学。回到白沙后，陈献章因授徒讲学而名气日增。成化十八年（1482），明宪宗下诏入京就试吏部，但陈献章以疾病为由推辞，并上疏乞终养母。宪宗便授以翰林院检讨头衔而允许其继续在家乡任教。

陈献章的白沙心学，主张"天地我立，万化我出，宇宙在我"的心学世界观和"静坐中养出端倪"的心学方法，一改程朱理学的沉闷僵化，开创明代心学之先河。其学继承陆九渊"心即理"说，认为"此理干涉至大，无内外，无终始，无一处不到，无一息不运。会此则天地我立，万化我出，而宇宙在我矣"（《与林缉熙书》）。陈献章尤重心性之学，主张学以虚为基本，以静为门户，认为"观书博识，不如静坐"（《与林君》）。陈献章还提出了"贵疑论"，主张读书应敢于提出问题，不应迷信古人之说，沉迷于寻章摘句。其诗文被后人辑为《白沙子全集》，今有《陈献章集》传世。

湛若水

1466—1560 年。明代思想家、政治家、教育家。字元明，号甘泉，世称甘泉先生。广东增城甘泉都（今广州增城）人。

弘治五年（1492）湛若水于乡试中举，次年会试进士落第后遂往江门师从陈献章，并因悟出"随处体认天理"而深得陈氏嘉许。弘治十八年（1505），湛若水进士及第，被授为翰林院庶吉士、编修。在京师与王守仁"一见定交共以倡明圣学为事"。四十九至五十五岁期间，在家服母丧和养病，家居讲学，五十七岁时复入仕。嘉靖三年（1524），湛若水升任南京国子监祭酒，后历任南京吏部右侍郎转礼部右侍郎、南京礼部尚书转吏部尚书、兵部尚书。七十五岁致仕后，致力于讲学著述。湛若水曾与王守仁同时倡导书院讲学，各立宗旨，形成王、湛两大学派。

湛若水的学术思想既承继于陈献章，又有所修正与创新。他提出了"心无所不包"的观点，认为"心也者，包乎天地万物之外，而贯夫天地万物之中者也，中外非二也"（《心性图说》）。强调与王守仁"心学"之别在于："吾之所谓心者，体万物而不遗者也，故无内外；阳明之所谓心者，指腔子里而为言者也，故以吾之说为外。"（《甘泉文集·答杨少默》）湛若水对王守仁"致良知"之说也持反对态度，以"随处体认天理"作为讲学宗旨。"随处"是对陈白沙"静坐"观的修正，同时解决了陈白沙主"静"忽"动"与陆九渊主"心"忽"事"的弊病。此外，湛若水还批评王守仁将"格物"陷入空虚，提出"体认天理"须随时随处，"体认兼知行"的理论。总体而言，湛若水的心学理论试图调和程朱理学与陆九渊、陈献章心学，强调心与物、理与气、心与理、心与性等概念的合一性。

湛若水毕生致力于复兴书院教育运动，足迹所至之处必建书院授徒讲学，弟子达四千余人。学生中的代表者有吕怀、何迁、洪垣、唐枢等。现有《甘泉先生文集》传世。

王阳明

1472—1529年。明代哲学家、教育家。名守仁，字伯安，号阳明，浙江余姚人。因筑室会稽阳明洞，自号阳明子，世称阳明先生，谥号文成。心学集大成者，阳明学派创始人。

弘治十二年（1499），王阳明高中进士，在京师任刑部云南清吏司主事、兵部武选清吏司主事并主考山东乡试。后因弹劾宦官刘瑾，谪为贵州龙场驿丞。不久赦归后，改任江西庐陵知县。此后，又历任南京刑部、吏部清吏司主事，以及南京太仆寺少卿、鸿胪寺卿，都察院左佥都御史等职。又巡抚南赣、汀、漳等处。五十岁时升至南京兵部尚书。期间，王阳明接连平定南赣、两广盗乱及朱宸濠之乱，并获封新建伯。晚年又总督两广军务，病死归途。

王阳明自三十多岁起开坛讲学，前后长达二十五年之久。在任职期间，王阳明修建书院，倡办社学。龙冈书院、贵阳书院、濂溪书院，以及思田学校、南宁学校和敷文书院等，皆因此受益。退职回乡期间，又先后创办稽山书院和阳明书院，并讲学于余姚龙泉山寺。

在学术思想上，王阳明继承和发扬了陆九渊"宇宙便是吾心，吾心便是宇宙"的心学思想，将"心"视为宇宙本原，思想核心就是"心"即"理"。"心"亦称"良知"，又称"天理"，故其学说被称为"心学"。王阳明认为，认识的源泉不在客观世界，而是"吾心"。教育的根本问题是"致良知"，其具体内容就是"明人伦"。王阳明强调，"良知"是先天具有、人人皆备的。道德修养的关键在于"去人欲，存天理"。王阳明对朱熹"知先行后"的说法也表示反对，提出"知行合一"之说，强调"一念发动处便即是行"，要求人们重视对意念的克制功夫。此外，王阳明对"格物致知"也提出了新的理解，主张做学问不必求知于外界事物，只须"明白自家本体"而"不假外求"。认为学习不必别人"点化"，只须自己"解化"。他明确反对朱熹"为学之道在穷理，穷理之要在读书"的观点，认为"六经之实"都在"吾心"之中，读书只是寻求工具寻求方法而已，"心学"才是根本。因此，王阳明反对盲从典籍，重视独立思考。

王阳明的心学思想作为中国古代思想文化领域的最重要学说之一，不仅对中国社会产生深远影响，而且远播至日本及东亚地区。其弟子门徒众多，世称"姚江学派"。现有《王文成公全书》传世。

李贽

1527—1602 年。明代政治家、思想家、文学家、教育家。原姓林,名载贽,后改姓李。字宏甫,号卓吾,又号温陵居士、百泉居士等,泉州府晋江(今福建泉州市)人,泰州学派的主要代表人物。

李贽出身于商人家庭,自幼性格倔强,独立思考能力强,在父亲教导下学习《周易》《尚书》《礼记》等儒家经典。嘉靖三十一年(1552),李贽考中举人,但因经济拮据而未能参加会试。嘉靖三十五年(1556),李贽担任河南共城教谕,从此开启仕途生涯,其后历任国子监博士、礼部司务、南京刑部员外郎、姚安知府等职。万历八年(1580),李贽告老辞官,后在湖北黄安、麻城讲学著述,大胆批判传统儒学和理学。晚年被诬以"敢倡乱道,惑世诬民"等罪名,遭逮捕入狱而死。

李贽具有顽强的叛逆精神,公开以"异端"自居,激烈抨击程朱理学。认为《六经》《论语》《孟子》等经书只是"史官过为褒崇之词","懵懂弟子记忆师说",并非"万世之至论"(《焚书·童心说》)。反对"咸以孔子之是非为是非"(《藏书·世纪列传总目前论》),主张以己心的是非为是非。痛斥道学家"阳为道学,阴为富贵,被服儒雅,行若狗彘"(《续焚书·三教归儒说》)。哲学上反对以"一""理""太极"为万物本源,指出"天下万物皆生于两,不生于一"(《焚书·夫妇论》)。伦理上,反对"存天理、灭人欲"的理学道德说教,认为"穿衣吃饭即是人伦物理"(《答邓石阳书》)。主张冲决理学教育的"条教禁约",恢复"真心",做个"真人"。教育上,李贽主张以"百姓日用之道"教人,倡导女子应与男子一样受教育,提倡因材施教,强调读书应当独立思考,反对盲从。李贽的代表作有《藏书》《续藏书》《焚书》《续焚书》《初潭集》《李氏文集》《四书评》等。

刘宗周

1578—1645 年。明代思想家、政治家、教育家。初名宪章,字起东,号念台，世称念台先生。又因曾讲学于山阴蕺山，故亦称蕺山先生。浙江山阴（今浙江绍兴市）人，蕺山学派主要代表人物。

刘宗周因父亲早逝，自幼随母依养于外祖父章颖家，并得到良好教育。万历二十九年（1601），刘宗周考中进士，历官礼部主事尚宝司少卿、顺天府尹、工部左侍郎、左都御史等职。居官清正，仗义执言。天启时，得罪魏忠贤，削籍；崇祯时，指责思宗过失，两次被斥为民。南明弘光元年（1645），清兵南下攻陷杭州，刘宗周遂绝食而亡。

刘宗周早年受业于许孚远，并曾在东林、首善等书院与高攀龙、邹元标等讲习。罢官居家后主要从事讲学活动，先后修蕺山书院，筑证人书院，组织证人会。黄宗羲、陈确、张履祥、陈洪绶、祁彪佳等著名学者皆出其门下。

在学术上，刘宗周于"五经"及诸子百家学说皆有精研论述。其学说集程朱理学与阳明心学于一体。在本体论方面，反对宋儒"理在气先"之说，认为"理是气之理，断然不在气先，不在气外"（《明儒学案·蕺山学案》），提出"人以天地万物为一体"，强调"性只是气质之性，而义理者气质之本然，乃所以为性也；性则是人心，而道者人之所当然，乃所以为心也。人心道心只是一心。气质义理，只是一性。说得心一性一，则工夫亦一"，"工夫与本体亦一"（《刘子全书·诸说》）。在道德修养方面，刘宗周创立慎独之说，提出证人、证心主要途径是"慎独"，认为"独"即"天命之性，而率性之道所从出也"，"慎"是"无事，此慎独即是存养之要；有事，此慎独即是省察之功"。要求通过"克己""择善"达到"诚敬"，"为学之要，一诚尽之矣，而主敬其功也。敬则诚，诚则天"（《易箦语》）。刘宗周还主张采用朱熹半日静坐、半日读书的大学读书法，"学者诚于静坐得力时，徐取古人书读之，便觉古人真在目前，一切引翼、提撕、匡救之法，皆能一一得之于我，而其为读书之益，有不待言者矣。"（《读书说》）其代表作主要有《刘子全书》《刘子全书遗编》《刘子节要》《刘子粹言》等。

朱之瑜

1600—1682 年。明末清初思想家、文学家、教育家。字楚屿，又作鲁屿，号舜水。浙江余姚人。

朱之瑜自幼聪颖早慧，勤奋好学，但无意于功名利禄。明末和南明时期，他曾三次被皇帝征召，但均未就职。明朝灭亡后，贡生出身的朱之瑜痛心国难，曾辗转参加海上的义师，反抗民族压迫。失败后被迫亡命海外，并从六十一岁起至逝世为止定居日本。朱之瑜在日本授徒讲学，传播儒家思想，深受日本水户藩主德川光国及朝野人士的推崇。

朱之瑜的思想体系博采众长，既服膺孔孟儒家，又受程朱理学影响，但始终能自抒己见。朱之瑜强调学问以实用为标准，主张为学当有实功、有实用，格物致知要与事功统一起来，不应专在研究理学方面下功夫。朱之瑜对八股取士制度深恶痛绝，鄙视只会注经释传、无补时艰的腐儒，贬斥溺于科举制义、奔竞利禄的文人，而重视能够"经邦弘化、康济艰难"，堪作表率的"巨儒鸿士"，因而，他十分重视学问为政治和社会服务的功能，斥责宋儒脱离社会实践的弊端。朱之瑜还提出人性善恶并非由先天禀受气质清浊决定，而是取决于后天的教育及社会环境影响。此外，朱之瑜十分重视教育的作用，视中外为一体，以得天下英才而教育之为乐，并倡导史学的研究与学习。侨居日本期间，朱之瑜提倡的忠君爱国思想，对于日本后来"尊王一统"的事业有一定的影响。

作为中日文化交流的代表人物，朱之瑜的著作，由弟子辑录并由德川光国夫子刊印为《舜水遗书》传世。

黄宗羲

1610—1695 年。明末清初思想家、史学家和教育家。字太冲，一字德冰，号南雷，别号梨洲老人、梨洲山人、蓝水渔人、鱼澄洞主等，世称"梨洲先生"。浙江省余姚县黄竹浦人，与顾炎武、王夫之并称明末清初的三大启蒙思想家。

黄宗羲出生于士大夫家庭，其父黄尊素为天启年间御史、东林党人，因上书弹劾阉党魁首魏忠贤而死于狱中。崇祯元年（1628），天启朝冤案获得平反，黄宗羲积极参加反阉斗争，加入张溥等人组织的复社。明亡后，黄宗羲参加了八年之久的抗清武装斗争，但最终失败。其后，他开始长期从事教育工作和著述，"大江南北从者骈集"。康熙年间，朝廷曾多次下诏征召其赴京就职，始终力辞，拒绝为清廷服务。

黄宗羲一生虽未考取功名，却以半生的学术研究而成为明末清初时期的泰斗级人物，在文史哲、政治、天文历法、数学等领域均颇有建树。在哲学上，黄宗羲反对宋儒"理在气先"之说，认为"理"为"气"之运行规律，而非客观存在的实体，体现出了唯物主义的特色。同时，黄宗羲对阳明心学亦有精研，提出"致良知"的"致"即为"行"，两者性质别无二致。此外，他还提出了"一本万殊"与"会众合一"辩证统一的认识方法论。在政治上，黄宗羲提出以民为本、限制皇权的思想，要求反对君主专制、主张"民主"和"民权"、制定"天下之法"、积极发展工商业等。在教育上，黄宗羲强烈反对八股取士的科举制度，认为其阻碍社会进步，使学术日衰，而"庸妄之辈充塞天下"，要求使用多种渠道录取人才，扩大录取对象。黄宗羲还根据限制君权施行民主政治制度的理想设计了一套学制体系，提出保存太学并实行民主管理，全国郡县均设立学宫、置学官，太学祭酒和郡县学官的任免要由"诸生议"而定，学官下设五经师及兵法、历算、医、射各专科教师等。

黄宗羲还提倡"实学"，倡导"学贵履践，经世致用"，要求在学校中开设自然科学的课目，反对空论性理、高谈仁义。

黄宗羲一生著述颇丰，计有百余种近千卷，后人编有《梨洲遗著汇刊》。其所著《明儒学案》，为中国历史上第一部学术思想史。成于1663年的《明夷待访录》一书，是比法国启蒙思想家卢梭《民约论》（1762）发表早100年的一部著名的民主主义思想专著，也是黄宗羲教育思想的代表作，对近代反对君主专制、提倡民权的思想有很大的影响。维新变法时期，梁启超、谭嗣同等曾将此书节抄，印数万册并秘密散布。

王夫之

1619—1692年。明末清初哲学家、教育家。字而农，号姜斋，又号夕堂，湖南衡阳人。晚年隐居湘西石船山（今衡阳县曲兰），故后人称船山先生。

王夫之自幼受家学熏陶，随父兄学习儒家经典，后就读于岳麓书院。青年时期的王夫之曾与友人组织"行社""匡社"，立志匡时救国。崇祯十五年（1642），王夫之中湖广乡试第五名。明亡后，他举义兵于衡山，抗击清兵南下，战败退肇庆，后任南明桂王政府行人司行人。因反对东阁大学士王化澄结党营私，屡遭不测。再至桂林，助瞿式耜谋策抗清。桂林失陷后，王夫之心怀忧愤，最后遁迹衡阳不再复出，于石船山从事学术刻苦研究、著书立说与授徒讲学达四十年之久。

王夫之的学术思想涉及经史、文学、天文历法、数学、地理等多个领域，并取得突出成就，时人或称之为"杂家之流"，又尤以借《周易》言"天人之理"而著称。在哲学观方面，王夫之总结和发展了"气一元论"，提出"尽天地之间，无不是气，即无不是理的观点"。他将"气"视为具体的物质条件，而"理"则是客观存在的基本规律，并强调"无其器而无其道""天下惟器而已矣"的观点，以此抨击程朱理学。王夫之还以"阴阳"阐释万事万物的变化，对"一分为二"和"合而为一"等儒家经典哲学命题进行深入探讨。此外，王夫之还提出了"知行不相离"的认识论观点，强调"行"是检验"知"的标准。在教育思想方面，王夫之阐发关于"学"与"思""知"与"行"相结合的教育原理。

根据变化日新的理论，认定"习成而性与成"。王夫之强调，教育对人的作用在于发展和增强"天性"，养成和变革"习性"。

在儿童教育方面，王夫之亦有独到见解，要求教育必须适应儿童特点，教育者必须"正其始"，"养其习于童蒙"。

王夫之的主要代表作有《周易外传》《尚书引义》《读四书大全说》《四书训义》《张子正蒙注》《思问录内外篇》《黄书》《噩梦》《读通鉴论》等。后人编有《船山遗书》传世。

顾炎武

1631—1682 年。明清之际思想家、经学家。本名绛，字忠清，又名继绅，亦称圭年。明亡后更名炎武，字宁人，亦自署蒋山佣。世称"亭林先生""涂中先生"，直隶昆山（今江苏昆山）人，与黄宗羲、王夫之并称"明末清初三大儒"。

顾炎武出身于书香门第，祖上累世为官。少年时受家学熏陶，博涉经史、宋人性理诸书，还曾参加复社运动，反对宦官擅权。崇祯十六年（1643），顾炎武以捐纳成为国子监监生。明亡后，积极参加抗清斗争但屡经失败。后弃家北游，往来河北、河南、山东、山西、陕西等地，历览天下形势，广交志同道合的学友，致力于学术研究。晚年定居陕西华阴，聚徒讲学，多次拒绝清廷征召。

顾炎武学问精深、见识广博，在经史、音韵、训诂、金石、方志、诗文等方面均有极高造诣，开清代朴学风气，被誉为清学"开山始祖"。在哲学方面，顾炎武反对空疏玄虚的宋明理学，继承张载的"气本论"，认为"盈天地间气也"，世间万事万物的生成变化皆源自于"气"之聚散。指出"道"寓于"气"，求"道"必先求"器"。反对"复性说"，反对向内做功夫。在教育方面，顾炎武主张教育应经世致用，须学习经书、百王之典和当世之务，尤以经书为重，同时还要广泛地进行实地考察，将所学与社会实际进行联系与比较。顾炎武还大力抨击科举制度败坏人才，甚于秦始皇之"焚书坑儒"。主张停科举，废生员改革考试制度。

在道德教化方面，顾炎武主张以礼为教，正人心、救风俗，而成治道。以"博学于文""行己有耻"，作为个人为学和做人的原则。

顾炎武的主要代表作有《日知录》《天下郡国利病书》《肇域志》《音学五书》《金石文字记》等。后人编有《顾亭林诗文集》传世。

颜元

1635—1704 年。明末清初思想家、实学家、教育家。字浑然，又字易直，号习斋，世称习斋先生。直隶博野（今河北保定）人。

颜元自幼家境贫寒，饱经忧患。为维持生计，他亲自耕田灌园，行医赡家。八岁时从学于吴洞云，熟习骑射、剑戟、兵法及医学、术数。少年时的颜元又受业于贾端惠，为考取科举功名努力。顺治十五年（1658），二十四岁的颜元开始设坛教学、教授生徒，自后其思想发生几次转变。早期攻研宋明理学，先喜陆王心学，后崇程朱理学，将书斋、学舍定名为"思古斋"。三十四岁时因为祖母治丧，开始反思宋明理学不近人情、空疏无用、伤身害性之弊端，于是立志"矫枉救失"。由此，颜元的学术思想与理学彻底决裂，直接以孔孟之学为法，崇尚"习行"，并乃改"思古斋"为"习斋"。晚年应郝文灿之请，主持漳南书院，倡导"实学""实习"，但因半年后书院被洪水冲毁而终止。学生中的代表人物有李塨等，史称"颜李学派"。

颜元与其弟子李塨在学术上倡导注重实学、反对僵化读书的学风，由此形成了富有特色的思想观点。在本体论上，颜元主张元气论，将"气"视为物质性的客观存在，"理"则为第二性。在人性论上，颜元反对宋儒关于"天命之性""气质之性"的二分法，以及"气质之性"偏于恶的观点，认为"非气质无以为性，非气质无以见性"（《存学编》卷一）。人的恶行，乃是"引蔽习染"的结果，"非才之罪也"。在认识论上，颜元强调"行"是"知"的先导和基础，训"格物致知"的"格"为"手格猛兽"之意，疾呼用实学、实物、习行、习动，代替空谈心性、静坐，培养有"经纬天地之略""礼乐兵农之才"的"豪迈英爽之俊杰"，造就"为天地造实绩之圣贤"，而非"修身养性之圣人"。在教育思想上，颜元重视教育在治国理民中的作用，强调"学校，人才之本也"。认为学校要发挥其"本原"作用，关键在于培养人才之学术思想是否正确，并对传统理学、教育与科举制度进行猛烈抨击。其道德教育内容则仍沿袭传统的封建道德观念和行为规范。

颜元的主要代表作有《四存编》《四书正误》《习斋纪余》《朱子语类评》等。其弟子辑录有《颜习斋先生言行录》。

李塨

1659—1733年。清代初年哲学家、易学家。字刚主，号恕谷，直隶蠡县（今河北）人。

李塨自幼勤奋好学、兴趣广泛，于书法、兵法、骑射、数学、琴艺等均有涉猎。二十一岁时师从颜元，共同开创"颜李学派"。康熙二十九年（1690）高中举人后，李塨开始遍游大江南北，结交学友研讨学术，传播颜李之学。后在家乡设坛教学，并事著述。

李塨作为颜元嫡传弟子，是其思想最得力的继承者、传播者与发扬者，尤其是有关实习、实行、实体、实用的思想深得颜元思想之精髓，同时有所充实发展，补其中不足。在本体论上，李塨批判程朱理学的理气观，并提出了"理在事中"的命题。在认识论上，李塨提出"知先于行"的观点。在教育思想上，李塨承继颜元思想，严厉批判了理学倡导的习静教育和书本教育，强调教育要培养明德亲民、经邦济世的人才，因此必须做到"仕与学合""学用合一"。在《小学稽业》一书中，李塨更详细列述儿童自八岁至十四岁时应学习的课程内容。

李塨的主要代表作有《小学稽业》《大学辨业》《圣经学规纂》《论学》《学礼录》《学乐录》《学射录》等。另著有《凝园读易管见》《凝园读诗管见》《凝园读书管见》《凝园读春秋管见》《九江考》《罗鸿胪集》等。

戴震

1723—1777年。清代哲学家、思想家、教育家。字东原，又字慎修，号杲溪，休宁隆阜（今安徽黄山）人。

戴震出生于一个小商家庭，自幼聪敏好学、过目成诵，熟习《大学章句》等儒家典籍，"读书好深湛之思"。青年时期，戴震受教于音韵学家江永中年时期，戴震因文字狱案而受豪强陷害，被迫历经十余年的流离避难生活。为贫困所迫，曾在纪昀、王安国家任塾师。四十岁中举后，戴震曾六次参加会试,却均落第。晚年前往浙东金华书院讲学及从事著述。乾隆三十八年(1773),因修《四库全书》而被召为纂修官,在四库馆所校订《仪礼集释》《大戴礼记》及《周髀算经》《九章算术》《海岛算经》《孙子算经》《五曹算经》《夏侯阳算经》《五经算术》等书,对中国古算的恢复和发展以及天算教育均很有很大影响。

戴震对经史、天文地理、数学、机械、水利等皆有研究,造诣颇深,尤精于名物训诂,是乾隆考据学派皖派的重要代表人物。

晚年所著《孟子字义疏证》是其思想的结晶。在该书中,戴震从考据训诂的角度对"理""性""天道"等哲学概念进行了寻根探源式的梳理与考证,由此批驳了程朱理学的"存天理,灭人欲"主张,指出宋儒因轻言天理、公义而压抑人性,扭曲道德、文章,可谓"以理杀人"。在本体论上,戴震提出"气在理先""理在气中",坚持"气一元论"。在天道观上,戴震秉承张载的气本论思想,提出"道,犹行也,气化流行,生生不息,是故谓之道"的观点。在治学观上,戴震主张治学贵精不贵博,反对学习博而不化。在教育思想上,戴震认为教育的作用在于"去私去蔽"。戴震认为人性先天善恶之分,认为智愚的差异乃是后天学习和教育的结果。若"因才而进之以学",则"虽愚必明"。论及经学教育时,他反对空论心性,主张"以'六经'、孔、孟之旨,还之'六经、孔、孟'"。

戴震弟子众多,能传其学者,小学训诂有段玉裁、王念孙,典章制度有任大椿,测算有孔广森,皆为皖派主要人物。主要代表作有《原善》《孟子字义疏证》《声韵考》《方言疏证》《经考》《原象》《大学补注》《水经注》《勾股割圜记》等。后人将其著作统编为《戴东原先生全集》《戴氏遗书》。

钱大昕

1728—1804年。清代史学家、文学家、教育家。字晓徵,一字及之,号辛楣、竹汀,晚年自署竹汀居士。江苏嘉定(今属上海市)人,乾嘉学派代表人物。

钱大昕出身书香门第,祖父、父亲皆以教书为业。自幼便于祖、父所在塾馆就学，熟习诗、史。乾隆七年（1742），时年十五岁的钱大昕至嘉定县城师从著名学者曹桂发，并于当年考中秀才。其后，钱大昕于坞城顾氏任教时通览其家藏史籍，并有所著述。乾隆十四年（1749），钱大昕破格进入苏州紫阳书院学习。乾隆十六年（1751），钱大昕于乾隆南巡时赋诗成名被召试举人，以内阁中书补用。乾隆十九年（1754），他又高中进士，复擢升翰林院侍讲学士。曾奉敕编修《热河志》《续文献通考》《续通志》《大清一统志》《天毬图》等。又出任山东、湖南、浙江、河南等地乡试主考官，二度充会试同考官，广东学政。以丁忧归家，后屡诏不仕。归乡后，钱大昕主讲钟山、娄东、紫阳等书院，门人达二千余人。主紫阳书院十六年之久，传授经史及考据之学。

钱大昕博综群籍、学贯中西，通经史、历算、地理、金石学，尤精于考据、音韵。其学以"实事求是"为宗旨，主张从训诂以求义理，将史学与经学置于同等重要地位，以治经方法治史，尤其是运用实证方法系统研究历代史籍，进行考证、辨异、校勘和补遗。

钱大昕的代表作有《二十二史考异》《十驾斋养新录》《潜研堂文集》等。

段玉裁

1735—1815年。清代语言学家、训诂学家、经学家。字若膺，又字乔林、淳甫，号懋堂，晚年又号砚北居士、长塘湖居士、侨吴老人。江苏金坛人，乾嘉学派代表人物。

段玉裁自幼家境清贫，但勤奋好学。乾隆二十五年（1760），段玉裁高中举人，任国子监教习，但会试未中。于是在京师边从教边进行学术研究，前后历时十年之久。其间拜戴震为师，并与钱大昕、邵晋涵、姚鼐等学者结交。乾隆三十五年（1770），吏部授贵州玉屏知县，改发四川候补，历署富顺、南溪知县，补授巫山知县。同时仍醉心学术，编纂文章、笔耕不辍。四十六岁以奉养父母、自身有疾为由辞官归乡，潜心著书立说，从事《说文》注释。

段玉裁身为戴震嫡传弟子，依循其师治学风格，并有独创之处。在哲学上，段玉裁反对宋儒的理学观点，坚持"阴阳气化即道""必于物上求理"，反对"执意见以为理"。在治学上，贯彻追求真知的精神，治经多从字义入手，以此作为通晓群经的基础。段玉裁还在"求是"的问题上发展了戴震的学说，强调后世对前代研究的深入。其所著《说文解字注》，是研究文字训诂学的重要参考书。

段玉裁的主要代表作有《说文解字注》《说文解字读》《诗经韵谱》《礼经汉读考》《毛诗古训传》《古文尚书撰异》《春秋左氏古经》《毛诗小学》《汲古说文订》《经韵楼集》等。

章学诚

1738—1801年。清代史学家、思想家、教育家。原名文镳、文酕，字实斋，号少岩。浙江会稽（今浙江绍兴）人，方志学的奠基人。

章学诚自幼喜好史学、博览群书，遍交名流学者，但屡试不第。乾隆四十三年（1778），时年四十一岁的章学诚得中进士，后官至国子监典籍。章学诚毕生从事著述与讲学，先后主讲定武、清漳、敬胜、莲池、文正等书院，并曾入达官幕府为客卿，还为南北方志馆主修《和州志》《永清县志》《亳州志》《湖北通志》等地方志书。

章学诚的学术思想主要体现在其撰写的《文史通义》《校雠通义》《史籍考》等论著之中。在理论方面，他大胆提出"《六经》皆史"的观点，反对《六经》载道说，并主张一切学术均应"经世致用"，既反对"汉学"之泥古，"舍今而求古"。同时，章学诚也反对宋儒之空谈，主张"学为实事，而非为空言"。在哲学方面，章学诚主张"道器合一"，并提出了"即器求道"的认识论，要求学术必须经世致用，不能陷入空谈义理。在教育方面，章学诚偏重于对学习与儿童教育的论述。认为学习内容及其深度应根据各人天资决定，求学不应唯古人、名家是从，学习贵博而能约、博为知类、约求专精。还提出学习是知识积累的过程，应学思结合。

章学诚的主要代表作有《文史通义》《校雠通义》《乙卯札记》《丙辰札记》

等。后人合编为《章氏遗书》传世。

焦循

1763—1820年。清代哲学家、数学家、教育家、戏曲理论家。字里堂，又字理堂，晚号里堂老人。江苏甘泉（今江苏扬州）人。

焦循出身于世代研《易》的经学家庭，对数学也颇有兴趣。自青年起，焦循即训蒙授徒。曾跟随好友阮元游学山东、浙江等地，参与阅卷和诂经精舍的创建。嘉庆六年（1801），焦循考中举人，但翌年应礼部试不第，于是归居家乡，建"雕菰楼"以专意著述，十余年足不出户。

焦循的学术研究涉及经史、数学、训诂、音韵等多个领域，尤精于《周易》《论语》《孟子》，其中尤以《周易》着力最多。焦循运用数学及音韵、训诂之学整理《周易》，并自称从其中发明了"旁通""相错""时行"三义。由此，为《周易》研究开创了一条新的思路，并为研究其他典籍提供了新方法，其哲学体系亦建立于此。焦循将世间万事万物变化视为"理之"或"数之约"，而"理"与"数"皆为宇宙本原。此外，焦循还通过考察、记录使一些几乎失传的戏曲得以继续传承。

焦循一生著述颇丰，主要代表作有《雕菰集》《里堂家训》《里堂学算记》《六经补疏》《论语通释》等，多收入《焦氏丛书》。

阮元

1764—1849年。清代政治家、经学家、教育家。字伯元，号芸台，自署雷塘庵主、揅经老人、怡性老人。江苏扬州仪征人。

阮元出身于江苏扬州府一个文武兼修的世家，自幼熟读《资治通鉴》，于兵法、武艺亦有修习。乾隆五十四年（1789），阮元高中进士。此后历任编修和山东、浙江学政，浙江、江西巡抚，以及两广、云贵总督等职。晚年官拜体仁阁大学士，致仕后加官至太傅，后引疾归里。

阮元毕生除治理政务外皆用以治学，其学识渊博，于经史、小学、天算、舆地、金石、校雠、文学等皆有造诣，尤擅于训诂、考据、文献、历史、地理。阮元的学术思想师承戴震，以实事求是作为治学宗旨，力求通过文字训诂、考证辨伪探求经书义理、恢复经典文献的原貌，并倡导"实学""实行""实务"，体现出徽派朴学后期发展的特征。在治学方法上，阮元由训诂入手，长于比对归纳，认为考据、义理、辞章三者密不可分。

阮元反对士子勤于科名，讳言食色，空谈性命。并在杭州创立诂经精舍、在广州创立学海堂，专课经史实学，舍弃帖括之学以推动清代书院改革。阮元的主要代表作有《揅经室集》《考工记车制图解》《积古斋钟鼎彝器款识》等。

刘宝楠

1791—1855年。清代经学家、教育家。字楚帧，号念楼，江苏宝应人。明代东林党刘永澄之后，扬州学派的代表人物。

刘宝楠自幼丧父，由母亲抚养成人，受业于叔父刘台拱。嘉庆十一年（1806），刘宝楠得中秀才，道光二十年（1840）进士及第，后历任直隶文安、宝坻、固安、元氏、三河等县知县。据《清史稿》载，刘宝楠为官期间衣冠朴素、勤于听讼、兴修水利、爱民如子，以循良著称于世。

刘宝楠的经学研究始于治《毛氏诗》和郑玄《礼》，后专治《论语》。在思想上推崇朱熹，不反对宋儒之学，不持门户之见。刘宝楠主张治经应以文字训诂为基础，强调欲治圣经，先通小学。由此收集汉儒旧说及近世诸家之义，仿照焦循《孟子正义》的体例，著《论语正义》，但未完即卒，由其子恭冕接续完成。

刘宝楠的代表作除《论语正义》外，还包括《释谷》《汉石例》《念楼集》《宝应图经》《胜朝殉扬录》《文安堤工录》《愈愚录》等。

俞樾

1821—1907 年。清代末年文学家、经学家、古文字学家。字荫甫,自号曲园居士,浙江德清城关乡南埭村人。

俞樾出身于德清的名门望族,富有家学渊源,自幼学习"四书"等儒家典籍,后受业于表亲戴贻仲。自二十一岁起,俞樾一面以教读为生,一面参加科举考试。道光三十年(1850),俞樾殿试中第十九名进士,授翰林院庶吉士,后历任翰林编修、国史馆协修、河南学政。咸丰五年(1855)二月,因御史曹泽以"试题割裂经义"为由弹劾而被革职回乡。后移居苏州以教书著述为生,终生不仕。先后在苏州紫阳、上海求志、德清清溪、归安龙湖等书院教学,并在杭州诂精舍主讲三十余年,门下弟子众多,学业卓著者甚众。

俞樾的学术思想以经学为主体,兼涉史学、子学、训诂学乃至戏曲、文学艺术等,其学既博且深,包罗广泛。俞樾治学以"通经致用"为宗旨,以孔孟荀的思想为依归,强调传统道德的教化和实事求是的精神,尤其提倡"以疑存疑"、大胆置疑的风格。

俞樾一生著作等身,被尊为朴学大师,其代表作为《春在堂全书》。

吴汝纶

1840—1903 年。清代末年文学家、教育家。字挚甫,一字挚父,安徽桐城人。

吴汝纶自幼家境贫寒,但能勤学苦读,博览群书,尤其喜好文学,长于文章。咸丰十年(1860),吴汝纶于乡试中举,同治四年(1865)再中进士,后授内阁中书职。其文才颇得曾国藩赏识,于是留佐幕府,凡有关中外大政的奏议多由其代笔,与张裕钊、黎庶昌、薛福成同称"曾门四弟子"。同治九年(1870)李鸿章任直隶总督兼北洋通商事务大臣时,吴汝纶为其幕僚。后放外任,相继为深州、天津及冀州知州。任内实施"教育为先"的治理方略,推行新教育。吴汝纶不惧权贵,没收深州各地豪强侵夺的学田一千四百余亩划归书院以充办学经费。吴汝纶还曾召集所辖各学的高材生亲授课业，从而使"民忘其吏，推为大师"。光绪十五年（1889）起，吴汝纶主讲保定莲池书院，其间多与日本教育界人士交往切磋，由此促进了吴汝纶对西学的了解，并萌生创办新式学堂的想法。

光绪二十七年（1901）重行新政后，吴汝纶被奏荐为京师大学堂总教习，加五品卿衔。乃请赴日本先行考察学制后再回国就职，获准。1902年7—10月间，吴汝纶赴日本考察教育，"既至其国，上自君相及教育名家、妇孺学子，皆备礼接款"。在日期间，拜访教育官员和专家，参观知名学校，在文部省聆听有关教育的系统讲座，围绕中国新学制的制订颁行问题进行了诸多思考。回国后，请假回归故里省墓，旋即在家乡桐城筹办新式学堂。在《开办桐城学堂呈稿》中，明确提出兴学堂、开民智为刻不容缓的大事，并亲手拟订该校章程十七条。晚年的吴汝纶着力于语音统一和文字简化工作，从而为普及教育创造条件，并推许严修所试行的"省笔字书"和字母拼读法。

吴汝纶的思想主要体现在教育、文学等方面，尤其是倡导废科举、兴西学、办学堂、育人才等，对于近代中国开展教育改革具有十分重要的影响。其著作颇丰，主要代表作有《易说》2卷、《写定尚书》1卷、《尚书故》3卷、《夏小正私笺》1卷、《文集》4卷、《诗集》1卷、《深州风土记》22卷，另有点勘经史子集等典籍多部。著作合辑为《桐城吴先生全书》。

康有为

1858—1927年。清代末年政治家、思想家、教育家。原名祖诒，字广厦，号长素，又号更甡，世称康南海。广东南海人，晚清时期资产阶级改良主义的代表人物。

康有为出身于广东南海一个官僚地主家庭，自幼随业师研习宋明理学，熟读诗词与儒家经典。其所处时代正值清朝内外交困的时期，西方列强入侵和清政府的腐败激起其爱国热忱。1889至1898年间，康有为曾先后七次上书光绪皇帝，要求变法。并先后组织强学会、圣学会、保国会及办报纸，以多种途径宣传改良主义理论。光绪二十四年（1898），在光绪帝的支持下发动"维新变法运动"，史称"百日维新"，在当时历史条件下具有进步意义，但其后遭受慈禧太后的镇压而失败。康有为被迫逃亡海外，转而组织保皇会，反对孙中山领导的资产阶级民主革命。1912年，他再度组织孔教会，鼓吹尊孔复古。1917年又参加张勋复辟，政治上愈趋堕落。

在治学方面，康有为早年先习程朱理学后转崇陆王心学，自光绪五年（1879）起又开始接触西方文化。因此，其思想具有新旧并陈、中西杂糅的特点。康有为主张"渐进"、反对"骤变"，提倡"托古改制"，这也是其从主张"变法"到转为"保皇"，继而反对民主革命的思想根源。

康有为还是"教育救国论"的大力宣传者，将教育视为"救亡图存"的重要手段。因此，他多次要求清政府兴办新式教育，引进西方学校制度和科学技术。"变科举""兴学校"是康有为教育思想的核心内容，也是近代资产阶级改良派在文化教育领域实行"变法"的基本政策。

康有为在指责科举制度是愚民政策的基础上，建议开办小学、中学和大学，倡导国家要对儿童实施普遍的义务初等教育。还主张中学在初等教育基础上加深文化知识的传授，并增加外国语和实用学科。此外，在筹集教育经费，"派游学""译西书"等方面，康有为也提出很多积极建议，并在"百日维新"期间得到部分实现。

康有为毕生著作等身，主要代表作有《新学伪经考》《孔子改制考》《人类公理》《广艺舟双楫》《康子篇》，编著有《万木草堂丛书》。

（第三部分执笔：赵伟）

第四部分 儒家代表学派

思孟学派

思孟学派,是战国时期儒家的一个学派,以子思(孔子之孙孔伋)及其再传弟子孟轲为代表。孟轲曾受业于子思之门人。荀子评先秦诸子有"子思倡之,孟轲和之"之说。思孟学派进一步阐发了孔子的学说,尤为注意内心省察的修养方法。如《礼记·中庸》作为子思遗著,阐发了孔子的中庸之道,称:"中庸之为德也,其至矣乎!""喜怒哀乐之未发,谓之中;发而皆中节,谓之和。中也者,天下之大本也;和也者,天下之达道也。"思孟学派倡导天赋人性之论,主张教育应循天性之自然。"天命之谓性,率性之谓道,修道之谓教"。并提出了"博学之,审问之,慎思之,明辨之,笃行之"的学习步骤,认为依步骤坚持不懈,任何人都可以修养"成功"。孟轲明确提出"性善"说,谓"仁义礼智"乃人心所固有,教育的作用即在存心养性,使处于萌芽状态的仁义礼智"四端"得到充分发展,则"人皆可以为尧舜"。宋代朱熹取《大学》《中庸》《论语》《孟子》编著《四书集注》,为从元代开始科举考试之主要根据。明代更尊子思为"述圣",孟子为"亚圣"。思孟学派由是被奉为儒学正宗,影响深远。

魏晋玄学

魏晋玄学,是魏晋时期出现的一种哲学思潮,以崇尚老庄、"授道入儒"为特征,位居该时期的思想主流,是中国哲学体系的重要组成部分。

所谓"玄",语出自《老子》第一章,原句为"玄而又玄,众妙之门"。三国时期曹魏经学家、哲学家王弼,在著作《老子注》《老子指略》中提出"玄,物之极也""玄者,冥也""玄,谓之深也"等观点,以表达"玄"具有的深奥莫测、虚无幽远之意。因此,玄学即是研究玄妙幽虚问题的学问,主要用老庄思想解释儒家经典,用以代替其时已然衰败的两汉经学。该派别的学者将儒家的《周易》和道家的《老子》《庄子》奉为经典,三者合称为"三玄"。这些学者由此被称为玄学家,其中的代表人物包括何晏、王弼、阮籍、嵇康、郭象、向秀等。

程朱学派

程朱学派，北宋二程（颢、颐）和南宋朱熹理学派别的合称，又称"程朱理学"，是宋代儒学的主要派别之一，在哲学思想上与心学（陆王学派）相对立。二程以"理"作为哲学的最高范畴，将仁义礼智及君臣、父子、夫妇等伦理纲常概括为"理"。并强调"天下只有一个理。"朱熹集濂学、关学、洛学之大成，建立起系统化的理学体系。朱熹断言"理"先天地而生，是宇宙万物的本源，并赋予伦理的属性，将封建"三纲五常"抬到"天理"的高度。朱熹还继承和发展了张载、二程的人性观点，认为人性是"天地之性"与"气质之性"，人心是"道心"与"人心"的双重构成，所以教育作用即是"复性"和"尽心"，使"道心常为一身之主，而人心每听命焉"，从而明确提出以"存天理，遏人欲"为旨归的教育纲领，追求封建人品之完善，严厉抨击俗儒热衷科举、刻意求名和忘本逐利的倾向，认为个体对封建纲常伦理的自觉恪守，是应举干禄的首要条件。朱熹尤其重视"就日用间致其下学之功"。提倡读书，推崇《论语》《孟子》《大学》《中庸》四书。对读书方法，朱熹曾做过系统的总结，后人称为"朱子读书法"。自南宋末起，程朱学派被御定为学术正统。

伊川学派

伊川学派，由宋代理学奠基人程颐所创立，是理学最主要的学派之一。学派名称中的"伊川"二字，来源于奠基人程颐。因程颐曾居伊水岸边讲学，所以被当时的学者称为"伊川先生"。据《宋史·道学一·程颐》载："（程颐）平生诲人不倦，故学者出其门最多，渊源所渐，皆为名士。涪人祠颐于北岩，世称为伊川先生。"伊川学派因此而得名。以程颐为核心的伊川学派继承和发展了周敦颐的哲学思想。

总体而论，伊川学派作为北宋理学的正宗，为宋明理学的发展奠定了重要基础，该学派的主要思想也为后来的南宋学者朱熹继承与发展，形成了"理气心"一体的程朱理学体系。伊川学派的主要代表人物包括程颐的学生谢良佐、游酢、杨时、吕大临、尹焞等。

洛学

洛学，又称"伊洛之学"，是北宋时期以程颢、程颐兄弟为首的学派，是理学的重要派别之一。因程颢、程颐为河南洛阳人并长期在此讲学，所以其创立的学派以"洛学"命名。北宋元祐年间，洛学曾与以苏轼为首的蜀学（亦称苏氏蜀学、苏学）因学术思想的严重分歧而导致了一场著名的政治斗争，即洛蜀党争。

在洛学体系的建构过程中，程颢的《识仁篇》《答横渠先生定性书》以及程颐的《伊川易传》，为洛学的形成奠定了坚实的理论基础。这种以"理"为本的哲学体系，也成为宋明时期新儒学的奠基者，促进了儒学的新发展。

关学

关学，是北宋时期主要儒学派别之一，正式创始人为著名学者、北宋五子之一的张载。因张载及其门人弟子多为关中（古代称函谷关以西、大散关以东为关中）人士，故名"关学"。又因张载年幼时曾经侨居陕西凤翔郿县横渠镇，世称"横渠先生"，所以关学亦有"横渠学派"之称。较之于洛学，张载及其创立的关学富有自身特色，在理学的形成过程中占有独特地位，因而后世学者在《宋元学案·横渠学案》中有言道："其门户虽微有殊于伊洛，而大本则一也。"

就思想体系而言，关学的本质属于宋明理学中"气本论"的一个哲学学派。张载特别重视《周易》，以易学作为关学的理论基础。如在代表作《西铭》的开篇，张载便写道："乾称父，坤称母。予兹藐焉，乃浑然中处。故天地之塞，吾其体；天地之帅，吾其性。民吾同胞，物吾与也。大君者，吾父母宗子；其大臣，宗子之家相也。尊高年，所以长其长；慈孤弱，所以幼其幼。圣其合德，贤其秀也。"进而，张载提出了以"气"为本的宇宙论和本体论哲学思想，将"气"视为宇宙万物的本体，认为"太虚无形，气之本体，其聚其散，变化之客形尔"，"天惟运动一气，鼓万物而生，无心以恤物"，"天地之道，唯有日月，寒暑之往来、屈伸、动静两端而已"。张载还将"凡有皆象，凡象皆气"与"动必有机，动非自外"紧密结合起来，得出了"知太虚即气，则无无。故圣人语性与天道之极，尽于参伍之神变易而已。诸子浅妄，有有无之分，非穷理之学也"的论点。这种"气本论"的唯物论之本体论，是中国古代朴素唯物论哲学发展的一个里程碑。

关学作为儒学发展历程中一个起到承前启后作用的重点学派，其影响深远、人才辈出，如张戬、吕大忠、吕大钧、吕大临、范育、侯仲良等。明代学者王阳明曾评价道："关中自古多豪杰，其忠信沉毅之质，明达英伟之器，四方之士，吾见亦多矣，未有如关中之盛者也。"至明清时期，王廷相、王夫之、戴震等学者又对关学进行了继承与发展。

泰山学派

泰山学派，是北宋时期理学的重要流派之一，创始人为孙复及其弟子石介。孙复为晋州平阳（今山西临汾）人，曾长期客居泰山讲学，世称"泰山先生"，学派由此得名。孙复作为北宋前期与胡瑗齐名的教育家和经学家，所创立的泰山学派对北宋理学的兴起具有很大作用，清代学者全祖望评价道："有宋真、仁之际，儒林之草昧也。当时，濂、洛之徒方萌芽而未出，而睢阳戚氏（同文）在宋，泰山孙氏（复）在齐，安定胡氏（瑗）在吴，相与讲明正学，自拔于尘俗之中。"

泰山学派以治经为主，认为"尽孔子之说者是《大易》，尽孔之用者是《春秋》"，因此特别注重研究《周易》和《春秋》，尤其重视阐发《春秋》的微言大义。泰山学派的学者在研究《春秋》之时，"不惑传注，不为曲说以乱经"，

"推言治道，终得圣人意思"。泰山学派站在"尊王"立场上，标榜王权，强调封建等级制不可侵犯。反对佛教、道教"去君臣之礼"和"死生祸福、虚无报应"的思想。并认为隋唐以来专以词赋取士，造成了"天下之士皆致力于声病对偶之间，探索圣贤之阃奥者百无一二"的浮夸之风，主张"以仁义礼乐为学"，文章必须为儒学的道统服务。此学派特别强调遵守封建的伦理道德，极力宣扬儒家道统论，以继承儒家道统自居，自称"吾学尧、舜、禹、汤、文、武、孔子、孟轲、荀卿、杨雄、王通、韩愈之道"，以接续其道统。

泰山学派的主要代表人物有石介、文彦博、姜潜、刘牧、祖无择、刘挚、郑史、梁焘、晁说之、胡国安、李昶、莫说、范纯仁、朱光庭、莫表深等。主要代表著作包括：孙复《春秋尊王发微》、石介《徂徕集》、刘牧《封德通论》、祖无择《龙学文集》、李昶《春秋左氏遗意》《孟子权衡遗说》等。

《宋元学案·泰山学案》对其评价道："故本朝理学虽至伊洛（二程之学）而精，实自三先生而始。胡晦庵（朱熹）有伊川（程颐）不敢忘三先生之语"，肯定了泰山学派在宋代理学产生中的地位和作用。

此派在发展过程中，其弟子吕希哲另创"荥阳学派"，晁说之创"景迂学派"，胡安国创"武夷学派"。

龟山学派

龟山学派，是由北宋末期南宋初年的著名学者杨时创立的儒家学派，因杨时号龟山，学派故而得名。又因杨时师从程颢后学成南归时，程颢有"吾道南矣"的赠语，所以学派亦有"道南学派"之称。

以杨时为代表的龟山学派，以发扬光大"洛学"为己任，注重弘扬六经等儒家经典，尤其推崇《大学》和《中庸》，将《大学》视为学者入门之书，《中庸》则为圣学之渊源，入德之大方。为传播洛学，杨时还花费大量精力将二程的语录整理为《二程粹言》，并校定了《伊川易传》，使程颢、程颐的思想得以完整保留并流传于世。杨时亦通过著书立说、收徒讲学，进一步促进二程学说的传播与发扬。在杨时之后，龟山学派的代表人物还包括杨迪、杨安止、潘良贵、王苹、陈渊、廖刚、罗从彦等。由此，杨时的哲学思想对罗从彦、李侗、朱熹等人产生了深刻的影响，正如《宋元学案·龟山学案》所言："晦翁、南轩、东莱皆其所自出。" 黄百家则进一步指出："程得孟子不传之秘于遗经，以倡天下，而升堂睹奥，号称高第者，游、杨、尹、谢、吕其最也。顾诸子各有所传，而独龟山之后，三传而有朱子，使此道大光，衣被天下，则大程'道南目送'之语，不可谓非前谶也。"

闽学

闽学，是以南宋时期学者朱熹为代表的理学学派。因朱熹一生之中的大部分时间均在福建讲学授徒，故其学派以"闽"命名。又因朱熹晚年自号"晦翁"，所以闽学又有"晦翁学派"之称。此外，闽学还有"考亭学派""紫阳学派"的别称。"考亭学派"，源自于朱熹之父朱松生前选定的居住地建阳考亭，朱熹秉承父志，自南宋绍熙三年（1192）至庆元六年（1200）定居于此并建考亭书院讲学，故有"考亭学派"之名。"紫阳学派"，得自于朱熹的自号"紫阳"，后世学者亦称朱熹为"紫阳夫子"，所以有此称呼。

闽学作为朱熹创立的学派，其理论体系上承洛学，尤其是继承了伊川学派的道统，同时吸取了周敦颐的"太极说"、张载的"气本论"以及佛、道的思想而形成。《宋史·道学三·朱熹》载："其为学，大抵穷理以致其知，反躬以践其实，而以居敬为主。尝谓圣贤道统之传散在方册，圣经之旨不明，而道统之传始晦。于是竭其精力，以研穷圣贤之经训。"总体而言，以朱熹为核心的闽学构建起一个以"天理"为核心的儒学体系，具体包括天理论、性论、格物致知论、居敬穷理说。

朱熹不仅为闽学构建起理论体系，还留下了大量的著作供门人弟子传习。据《宋史·道学三·朱熹》载："所著书有：《易》本义、启蒙，《蓍卦考误》《诗集传》，《大学中庸》章句、或问，《论语》《孟子》集注，《太极图》《通书》《西铭解》，《楚辞》集注、辨证，《韩文考异》；所编次有：《论孟集议》《孟子指要》《中庸辑略》《孝经刊误》《小学书》《通鉴纲目》《宋名臣言行录》

《家礼》《近思录》《河南程氏遗书》《伊洛渊源录》，皆行于世。"此外，朱熹亦为闽学树立了重义理、轻训诂的标志性学风，不墨守汉儒学说之成规，而是借注释经典之机引申、发挥其理学思想。闽学门下因此精英辈出，《宋元学案》中记载知名闽学弟子达二百余名，有著书立说者，有入仕从政者。其中，又以蔡元定、蔡沉、黄榦、陈淳等人对闽学传播的贡献更大，使其成为理学史上最具实力的学派。

永嘉学派

永嘉学派，南宋儒学重要派别之一，是南宋浙东学派中的一个先导学派。因其形成地域在浙东永嘉（今温州）地区，主要代表人物均为永嘉人，故而得名。又因该学派提倡"事功之学"，以事功经世为重，所以亦称"事功学派""功利学派"。

永嘉学派最早提出了"事功"思想，强调功利，注重事功。明末清初学者黄宗羲认为："永嘉之学，教人就事上理会，步步着实，言之必使可行，足以开物成务。盖亦鉴一种闭眉合眼，蒙瞳精神，自附道学者，于古今事物之变，不知为何等也。"清代学者全祖望亦指出："其学主礼乐制度，以求见之事功。"

总体而言，永嘉学派继承并发展了传统儒学理论中有关"外王"与"经世"的观念，使儒学在两宋时期的演变进程中不至沦为仅讲求个人心性修养的思想体系，而是仍然具有经世济民、讲求事功的特色。

陆王学派

陆王学派，是南宋陆九渊初创、明中叶王守仁继承和发展的"心学"学派，也是象山学派和阳明学派的合称，在理论上与程朱学派的"理学"相对立。陆王学派学说的基本理论范畴是"本心"，以"心"为构成宇宙万物的本源。陆九渊反对朱熹的"理在先""理生气"之说，提出了"心即理"的命题，认为"人皆有是心，心皆具是理，心即理也"（《象山全集·与李宰之二》）。

天下"惟心","宇宙便是吾心,吾心即是宇宙"(《象山全集·杂说》)。王守仁进一步发挥了"心即理"之说,断言"心外无理""心外无物""心外无事",创立了"致良知"和"知行合一"的学说。他认为"良知"是人先天具有,"亘万古,塞宇宙,而无不同"(《答欧阳崇一》)。"致吾心之良知之天理于事事物物,则事事物物皆得其理矣"(《答顾东桥书》)。并且提出"知行合一"是致良知的途径,批评朱熹的"格物"是"析心与理为二",主张"格物之功,只在身心上做,决然以圣人为人人可到,便自有担当了"(《传习录》下)。强调欲求圣人之道,惟在心中"自得"。

浙东学派

浙东学派,亦称浙东学术,因其代表人物主要为籍贯浙江或活动于浙江东部一带的学者而得名。浙东学派的活跃时段分为南宋与明清之际,其倡导"经世致用"的学术之风,不拘于门户成见,博采众家之长,提倡学术研究要为社会发展服务,因此不仅一度成为显学,而且对近现代以来中国乃至东亚、东南亚的儒学发展具有重要影响。

南宋时期的浙东学派,包括以吕祖谦为代表的金华学派、陈亮为代表的永康学派和以叶适为代表的永嘉学派,讲求事功之学,以史学研究为主,反对于"人事"之外讲求其他"义理",凡言"性命之理"则必究于史。清代学者章学诚在《文史通义·浙东学术》中便指出:"三代学术,知有史而不知有经,切人事也;后人重经术,以其即三代之史耳。近儒谈经,似于人事之外别有所谓义理矣。浙东之学,言性命者必究于史,此其所以卓也。"

基于学术研究,浙东学派从实际出发还提出了一系列有关社会发展的观点。如在政治上,浙东学派认为所谓"公天下"应使普通民众能够"各得自私,各得自利",获得应有的利益;在经济上,浙东学派反对传统的"重农抑商""重本抑末"的经济观念,主张"工商皆本""保民养民",要求发展商业经济,实现使民致富的目标;在义利观上,浙东学派与儒家传统的"重义轻利"有明显差异,主张义与利的统一。

草庐学派

草庐学派，是由元代著名学者吴澄创立的儒家学术派别，以折中融合朱熹、陆九渊的学说为主要特点。因吴澄隐居家乡讲学著述，并筑草庐数间，世称"草庐先生"，学派因而得名。

就理论体系而言，以吴澄为代表的草庐学派折中调和了朱熹、陆九渊的思想学说，具备自身独有的特点。如在心性观方面，融合了朱熹"格物致知"的笃实功夫与陆九渊"持之于本心"的学说，认为"朱陆二师之为教一也"，但更偏重于陆九渊的思想，更强调自识本心的路径和方法。

在吴澄之后，弟子元明善、虞集、贡师泰、鲍恂、蓝光、夏友菊、袁明善、黄极、李本、李栋等对其学说进行了继承与发扬，其中的很多学者对于教学活动特别积极，通过授徒讲学使草庐学派的人数和规模更为壮大，对于这一历史时期文化教育的发展起到了突出作用。

阳明学派

（1）以明代王守仁为代表的学派。因守仁世称阳明先生，故名。又因王守仁为浙江余姚人，余姚境内有姚江，故亦称"姚江学派"。其思想与宋陆九渊一脉相承，又与象山学派合称陆王学派。阳明学派的理论与朱熹之学背驰，以"心即理""知行合一""致良知"为学说主旨。把"心"看作宇宙万物的本源，认为"圣人之学，心学也，尧舜禹之相接受"（《象山全集叙》）。为学注重"思惟省察"，亦强调"着实躬行"，尤重独立思考。讲学授徒二十余年，弟子遍布各地，在明中叶以后影响很大。阳明后学又分许多派别，据黄宗羲《明儒学案》所列，有浙中派，即浙中王门，指浙江中部的王门弟子后学，以王氏嫡传自命。代表人物有徐爱、钱德洪、王畿、黄绾、董澐、徐用检等，以王守仁"无善无恶是心之体，有善有恶是意之动，知善知恶是良知，为善去恶是格物"为宗旨。而钱德洪、王畿在传述上又互有侧重。江右派，即江右王门，指江西一带的王门后学，"能推阳明未尽意"。代表人物有邹守益、欧阳德、聂豹、罗洪先、魏良弼、王时槐、胡直、邓元锡等，流传较广。南中派，即南中王门，指苏皖一带的王门后学，代表人物有黄省曾、朱得之、唐顺之、唐鹤徵、徐阶等。楚中派，即楚中王门，指湖北一带的王门后学，代表人物有蒋信、冀元亨等。此派又受湛若水之学和泰州学派耿定向影响，与王学互相出入。北方派，即北方王门，指山东、河南一带的王门后学，代表人物有穆孔晖、张后觉、尤时熙、孟化鲤、杨东明、南大吉等，其思想互有差异。穆认为心与事物，"空体勿得"，流于禅学；杨认为元气产生万物，气中有理，理气浑是一物。粤闽派，即粤闽王门，指广东、福建一带的王门后学，代表人物有薛侃、周坦等。粤闽从学于王守仁者甚众，但多不著名，亦无甚撰述传世。晚明时，浙东蕺山学派亦深受王学影响。明末清初，阳明学流传到日本。

（2）日本江户时代信奉王阳明学说的儒学者集团。创始人中江藤树，继承者主要有熊泽蕃山、贝原益轩、大盐平八郎、吉田松阴等人。他们开始大多是朱子学家，但在研究朱子学过程中产生怀疑以至批判，转而钻研王阳明学说，并成为阳明学说的崇拜者和宣传者。中江藤树批判朱子学的强制性道德修养，认为"知"与"心"（"知"，指规范的知识；"心"，指经过内省的修养实践）是统一的。熊泽蕃山、大盐平八郎等人更把"知行合一"思想贯彻于政治行动中。阳明学者大多是民间学者，致力于平民教育和社会教化，建立"乡学"。

泰州学派

泰州学派，是阳明后学中的一个流派，由王阳明的弟子、明代学者王艮创立。该学派以发扬与创新王阳明的心学思想为特点，引领了明朝后期的思想解放潮流。因创始人王艮为南直隶泰州（今属江苏）人，故名泰州学派。

泰州学派的思想源自于阳明心学，具有鲜明的反对人性束缚的特征。同时，又由于其创始人王艮对王阳明学说给予新的解释，所以泰州学派与阳明心学在立论上亦存有诸多不同。黄宗羲在《明儒学案·泰州学案》中提出："阳明先生之学，有泰州、龙溪而风行天下，亦因泰州、龙溪而渐失其传。泰州、龙溪时时不满其师说，益启瞿昙之秘而归之师，盖跻阳明而为禅矣。"即是说，泰州学派与阳明心学的学术传统相背离，更偏向于禅宗化。由此，黄宗羲更进一步指出："泰州之后，其人多能以赤手搏龙蛇，传至颜山农、何心隐一派，遂复非名教之所能羁络矣。"这就明确指出，泰州学派与阳明心学相比，已然非宗法伦理所能够控制的了，隐喻其离经叛道。

泰州学派的思想在晚明时期得到了广泛传播，代表者包括王艮之子王襞、族弟王栋与林春、徐樾，以及王襞弟子韩贞、李贽，徐樾弟子赵贞吉、颜钧，颜钧的弟子何心隐、罗汝芳，等等。这些泰州学派的传人也提出了很多颇具特色的观点。如徐樾认为："往古来今，上天下地，统名曰道，是道在人，统名曰心。"罗汝芳主张："以赤子良心不学不虑为的。"何心隐则提出人只能"寡欲"，不能"无欲"。总体而言，泰州学派在明代中后期产生了一定的社会影响，体现出较为鲜明的特点。

甘泉学派

甘泉学派，是由明代著名儒家学者湛若水创建的思想流派，因湛若水世居增城甘泉郡，有"甘泉先生"之称，学派故而得名，亦被称为"湛学"。甘泉学派产生于明代中叶，与王阳明创立的阳明心学同时讲学，且同属于"心学"一派，但在为学宗旨上存有显著差异。

就思想理论而言，如果说阳明心学的宗旨在于"致良知"，那么以湛若水为代表的甘泉学派的立学宗旨则在于"随处体认天理"。其明确提出："'天理'二字，千圣千贤大头脑处。若能随处体认，真见得，则日用参前倚衡，无非此体，在人涵养以有之于己耳。"强调"天理"与心是相一致的，即"所谓'天理'者，体认于心，即心学也，有事无事，原是此心，无事时万物一体，有事时物各付物，皆是天理充塞流行"。在心性观上，甘泉学派与阳明心学也有所区别。湛若水认为"心"乃是宇宙的本源，"心无所不包"，"包乎天地万物之外，而贯夫天地万物之中"。因此，湛若水指出，其思想理论与阳明心学的差异在于："吾之所谓心者，体万物而不遗者也，故无内外。阳明之所谓心者，指腔子里而为言者也，故以吾之说为外。"

湛若水创立的甘泉学派在明代中期以后具有较大的影响，门下弟子人数众多，"相从士三千九百余"，后学包括吕怀、何迁、洪垣、唐枢、蔡汝楠、许孚远、冯从吾、唐伯元、杨时乔、王道等。其中又分化出不同派别，并逐渐与阳明心学合流。

河东学派

河东学派，是由明代学者薛瑄创立的儒学流派，因薛瑄为山西河津人，古称山西为河东，故而得名。河东学派恪守周敦颐和二程之学，尤其推崇朱熹的思想，与阳明心学相对峙，是明代重要的儒家学派之一。据《明史·儒林一》载："河东薛瑄以醇儒预机政，虽弗究于用，其清修笃学，海内宗焉。"

以薛瑄为代表的河东学派基于"理无穷，故圣人立言亦无穷"的指导思想，在程朱理学的基础之上提出了很多具有唯物主义思想倾向的认识，对明代中期以后理学唯物主义思潮的兴起具有比较重要的引导作用。

以薛瑄为代表的河东学派在明代产生了广泛影响。薛瑄之后，河东学派的后学一部分分流到关中之学，一部分则流入心学。其中，具有代表性的人物包括嫡传弟子阎禹锡、张鼎、张杰，以及再传弟子段坚、王鸿儒、周蕙、薛敬之、李锦、吕柟、张节等，对河东学派思想的传承与传播均有突出贡献。

蕺山学派

蕺山学派，是明代末期著名学者刘宗周创建的儒家思想流派。因刘宗周长期在家乡浙江山阴（今绍兴）城北的蕺山讲学，学者称其为"蕺山先生"，学派因此而得名。除刘宗周外，蕺山学派的代表人物还包括其弟子门人黄宗羲、陈确、王毓蓍、张履祥、叶庭秀、恽日初、陆世仪、陈洪绶、祁彪佳等。

就学术思想而论，以刘宗周为代表的蕺山学派在继承阳明心学的基础上，又对其进行了修正，进而形成了自身独有的理论体系。其学说以"慎独"为基本宗旨，提出了"君子之学，慎独而已矣""学问吃紧工夫，全在慎独，人能慎独，便为天地间完人""圣要之要，只在慎独"等观点。刘宗周的学生陈确则将"独"进一步解释为："本心之谓，良知是也。"除"慎独"论之外，刘宗周还提倡"诚意"的理念。他将"意"解释为"意者，心之所以为心也。止言心，则心只是径寸虚体耳，著个意字，方见下了定盘针，有子午可指"，并认为"意无所为善恶，但好善恶恶而已"。至于"诚意"，内涵为"意根最微，诚体本天。本天者，至善者也。以其至善还之至微，乃见真止；定静安虑，次第俱到"。刘宗周更将"慎独"与"诚意"紧密结合在一起，指出："《大学》之道，诚意而已矣。诚意之功，慎独而已矣。意也者，至善归宿之地，其为物不二，故曰独。其为物不二，而生物不测，所谓物有本末也。格物致知，总为诚意而设，亦总为慎独而设也。非诚意之先，又有所谓致知之功也。故诚意者《大学》之专义也，前此不必在格物，后此不必在正心也。亦《大学》之了义也，后此无正心之功，并无修治平之功也。"

除"慎独"论与"诚意"观以外，以刘宗周为代表的蕺山学派在其他哲学观点上与阳明心学既有相同亦有差异之处。如在本体论方面，刘宗周反对宋儒的"理在气先"之说，认为"理是气之理"，不在气先不在气外，并强调"天地之间，一气而已，非有理而后有气，乃气立而理因之寓也"。黄宗羲进一步发挥了刘宗周的本体论哲学思想，同样反对宋儒的"理在气先"之说，提出"通天地，亘古今，无非一气而已"。在认识论方面，刘宗周提出了"良知不离闻见""求道之要，莫先于求心"等观点。在人性论方面，刘宗周认为人性是由自然气质形成的，人的欲望是生理的自然要求，强调"形气为本""性即气，气即性，人性上不可添一的""人心、道心，只是一心"等观点。不仅如此，蕺山学派还深刻批评了明代末期的空疏学风，大力倡导"学贵讲，尤贵行"的理念，提倡"学道"与"事功"的统一。

总体而言，处于明末清初时期的蕺山学派对于该时段进步思潮的产生具有重要的推动作用，直接影响到清代初年经世致用之学及注重经史研究的汉学流派的发展。在刘宗周之后，蕺山学派的承继分成了不同的流向：以黄宗羲为代表的浙东学者继承与创新了刘宗周的思想，并创立出新的理论体系；以陈确为代表的非浙东地区学者亦继承与发展了刘宗周的思想；以张履祥为代表的弟子背离了刘宗周的思想，转向程朱理学。蕺山学派的代表著作包括刘宗周的《论语学案》《中庸首章说》，黄宗羲的《孟子师说》，陈确的《大学辨》，等等。

乾嘉学派

乾嘉学派，又称"乾嘉之学"，是清代出现的以考据为主要治学方式的学术流派。因其在清乾隆、嘉庆两朝达到鼎盛，故名"乾嘉"。又因该学派的学术研究采用了汉儒古文经学专重于文字训诂的方法，与讲求抽象的义理治学的宋明理学相对，所以也有"汉学"之称。此外，还因乾嘉学派继承了汉代经学朴实的学风，故而亦有"朴学"之称。该名源自于《汉学·儒林传》，其中记载："吾始以《尚书》为朴学。"

乾嘉学派最初源于明清之际的著名学者顾炎武。顾炎武大力提倡治学的目的是经世致用，应用朴实归纳的考据方法，反对空谈，注意广求政局，强调"六经之旨与当世之务"相结合，学问应该是"国家治乱之源，生民根本之计"，并提出"君子为学，以明道也，以救世也。徒以诗文而已，所谓雕虫篆刻，亦何益哉"，这就终结了晚明空洞虚浮的学风，开启了朴实学风的先河，并对其后的清代学者产生了有益影响。

至乾隆、嘉庆时期，学者们继承了顾炎武、黄宗羲、方以智、阎若璩等人重视研究儒家经典的传统，推崇汉代儒家学者许慎、郑玄等人的治学作风，崇尚朴实，以儒家经典为中心并采用古文经学的训诂方法开展研究。其研究内容包括小学（即文字、音韵和训诂）、金石、地理、天文、历法、数学、典章、目录、版本、校勘、辑佚、辨伪等诸多方面，注重通过古字古音以明古训，明古训然后明经。因此，乾嘉学派在经书的校订疏解辨伪与古籍资料的搜集整理上取得了较大成就。与此同时，由于乾嘉学派沉迷于考据之中，因而脱离实际，这就失却了"朴学"经世致用的本意。

乾嘉学派通过考证、辨析、校勘、注疏，推动了文字学、史学、校勘、目录以及天算、地理等学科的发展，并创造出了新的研究方法与路径，对于整理保存古典经典文献，研究与传承古代思想文化起到重要作用。与此同时，由于所处社会环境的制约，乾嘉学派也存在了严重脱离实际的缺点，其研究往往存古薄今、舍本求末，只注意在细枝末节上下功夫，以细碎烦琐的考订得出结论，由此造成了不通世务、不切实用的结果。因而在嘉庆朝以后，乾嘉学派开始由兴盛逐渐走向衰落。

颜李学派

颜李学派，是清代初年著名学者颜元创立并由其弟子李塨继承与发展的儒家学派，因此而得名。颜李学派的出现，代表了17世纪经世致用学风的新发展，在这一时期的学术思想领域产生了重要影响。

"颜李之学"的名称与概念，早在颜元与李塨所处的时代便已然逐步成型。据《清史列传·儒林传》记载："塨之学出于元，时称颜李。然塨广交游，有名于时。其学务以实用为主，惟自命太高，于程朱讲习，陆王证悟，皆谓之空谈。"

总体而论，颜李学派思想体系的特征是力求"实学"，主张研究实际问题，倡导经世致用的学风，重视"习行""习动"，讲求实用。因此，在批判程朱理学、陆王心学的基础上，颜李学派建构起本学派的理论。

在颜元与李塨之后，颜李学派的代表人物还包括王源、恽皋闻、程廷祚等。而至清代乾嘉时期，随着考据学成为思想界的主流，颜李学派的学说逐渐少有人提及。直至清同治年间，浙江学者戴望汇辑《颜氏学记》，颜李学派及其思想才再次受到学界的瞩目。陈虬、宋恕、梁启超等改良派思想家，对颜李之学进行了大力推崇，使其对近代中国社会亦产生了重要影响。

（第四部分执笔：赵伟　刘振宇）

第五部分

儒学经书

"五经"

"五经",是五部儒家典籍《诗经》《尚书》《礼记》《周易》与《春秋》的合称,是我国古代儒家的主要经典著作,也是迄今保存的最古老文献之一。

"五经"初始原为"六经",即在前述五部典籍之外再加《乐》书。这六部自三代流传下来至春秋时期先后成书的典籍,最初并无"经"之名,而是合称"六艺"。孔子率先对"六艺"进行了整理,在保存了丰富的上古史料的同时,还将之用于教学活动。据《史记·滑稽列传第六十六》载:"孔子曰:'六艺于治一也。礼以节人,乐以发和,书以道事,诗以达意,易以神化,春秋以义。'"由是,经由孔子系统地整理、编订、阐释与使用后,"六艺"始有"六经"之名,成为了儒家师承的学术体系。据《庄子·天运》载:"丘治《诗》《书》《礼》《乐》《易》《春秋》六经"。此为最早有关"六经"称谓的记载。清代学者皮锡瑞著《经学历史》也提出:"经学开辟时代,断自孔子删定六经为始。孔子以前不得有经;犹之李耳既出,始著五千之言;释迦未生,不传七佛之论也。"

"六经"作为承载儒家思想的最重要经典之一,对于中华民族传统文化的发展起到了无可替代的关键作用。正如《礼记·经解》所载:"入其国,其教可知也。其为人也温柔敦厚,诗教也;疏通知远,书教也;广博易良,乐教也;絜静精微,易教也;恭俭庄敬,礼教也;属辞比事,春秋教也。故诗之失愚,书之失诬,乐之失奢,易之失贼,礼之失烦,春秋之失乱。其为人也温柔敦厚而不愚,则深于诗者也;疏通知远而不诬,则深于书者也;广博易良而不奢,则深于乐者也;絜静精微而不贼,则深于易者也;恭俭庄敬而不烦,则深于礼者也;属辞比事而不乱,则深于春秋者也。"现代著名学者钱穆在所著《国学概论》中也提出:"然于中国学术具最大权威者凡二:一曰孔子,一曰六经。孔子者,中国学术史上人格最高之标准,而六经则中国学术史上著述最高之标准也。"

至秦始皇统治时期,儒学遭受沉重打击,以"六经"为代表的儒学典籍也遭到严重破坏。《周礼注疏》云:"秦自孝公已下,用商君之法,其政酷烈，与《周官》相反。故始皇禁挟书，特疾恶，欲绝灭之，搜求焚烧之独悉，是以隐藏百年。"在此过程中，"六经"中的《乐》不幸亡佚，其余五部留存。汉朝建立后，初期崇尚黄老之学，讲求与民生息。武帝主政时期，为进一步巩固政权，采纳了著名学者董仲舒的建议，施行"罢黜百家、独尊儒术"的文教政策，从而确立了儒学的正统地位。建元五年（前136），汉武帝始设五经博士，作为专门传授儒家经学的学官，"五经"的儒家经典地位就此得以继续巩固。唐太宗年间，经学家孔颖达等人奉旨编纂《五经正义》，集魏晋南北朝以来经学之大成，其中包括《毛诗正义》《尚书正义》《周易正义》《礼记正义》和《春秋左传正义》。《五经正义》于唐太宗贞观十六年（642）编成。后经马嘉运校定，长孙无忌、于志宁等增损，于唐高宗永徽四年（653）颁行。《五经正义》的诞生，不仅结束了儒学内部宗派的学术纷争，而且为其时的科举考试提供了作为考核标准的教科书。需要指出的是，《五经正义》与汉代"五经"在内容上已有所区别。如"礼"由《仪礼》变为《礼记》，"春秋"由《春秋经》变为《左传》。至宋代，随着社会文化与儒学理论体系的不断发展，"五经"的地位也发生了明显变化。以程颢、程颐、朱熹等为代表的理学家，更为推崇《论语》《孟子》及《礼记》中的《大学》《中庸》。朱熹将此二书二文合称为"四书"（又称"四子书"），并耗费几乎毕生精力完成了《四书章句集注》。由此，"四书"逐渐取代"五经"的原有地位，以官方指定教科书和科举考试必读书的身份，成为儒家经典中最权威、最核心的部分，并对宋元以后中国社会的发展产生深远影响。

"七经"

"七经"，是七部儒家经典的合称，一般是指原称"五经"的《诗经》《尚书》《礼记》《周易》《春秋》，以及后添加的《论语》与《孝经》。

"七经"之称谓，通常认为最早出自东汉时期。《后汉书·张纯传》曰："纯以圣王之建辟雍，所以崇尊礼义，既富而教者也。乃案七经谶、明堂图、河间《古辟雍记》、孝武太山明堂制度，及平帝时议，欲具奏之。未及上，会博士桓荣上言宜立辟雍、明堂，章下三公、太常，而纯议同荣，帝乃许之。"章怀太子注："七经谓《诗》《书》《礼》《乐》《易》《春秋》及《论语》也。"《后汉书·赵典传》中引用《谢承书》的记载："（赵）典学孔子七经、河图、洛书，内外艺术，靡不贯综，受业者百有余人。"但"七经"包括哪些经典著作，未有具体所指。《三国志·蜀书·秦宓传》载《与王商书》，内称："文翁遣相如东受七经，还教吏民，于是蜀学比于齐、鲁。"同样未言明"七经"的内容。北宋时期的学者刘敞著《公是先生七经小传》，所收录的"七经"是《尚书》《毛诗》《周礼》《仪礼》《礼记》《公羊传》和《论语》。清代学者全祖望在其著作《经史问答》中将"七经"解释为："七经者，益六经之外，加《论语》。东汉则加《孝经》而去《乐》。"清代学者柴绍炳在著作《考古类编》中认为："有称七经者，五经之外兼《周礼》《仪礼》也。"另据清代学者段玉裁在《戴东原先生年谱》中记载："《七经小记》者，先生朝夕言之，欲为此以治经也。所谓《七经》者，先生云：《诗》《书》《易》《礼》《春秋》《论语》《孟子》是也。"而康熙年间制订的《御纂七经》则将《诗》《书》《易》《礼》《春秋》《周礼》《礼记》作为七经。

由上述内容可见，关于"七经"的组成有如下几种不同的见解：一是《诗》《书》《礼》《乐》《易》《春秋》与《论语》；二是《尚书》《毛诗》《周礼》《仪礼》《礼记》《公羊传》和《论语》；三是《诗》《书》《易》《礼》《春秋》《论语》和《孟子》；四是《诗》《书》《易》《礼》《春秋》《周礼》和《礼记》；五是《诗》《书》《礼》《易》《春秋》《论语》和《孝经》。其中，又以第五种说法较为常用。

七经的诞生，源自封建社会的发展对统治阶级在加强思想控制方面所提出的新要求，因此需要增加经的数量，扩大经的范围，从而进一步宣扬以血缘关系为纽带的封建宗法制思想，以稳定天下，巩固王朝统治。自汉武帝实施"罢黜百家、独尊儒术"的文教政策后，孔子的圣人、素王的身份与地位得以确立。《论语》作为记载孔子言行的著作，是圣人思想、教诲的直接反映，自然就成为世人应该尊崇与学习的经典。又由于汉朝极为推崇"以孝治天下"，要求天下黎民百姓不仅要孝顺父母，还要绝对顺从统治者的意志，服从王朝的权威，所以统治阶级为培养顺民与奴才，将《孝经》也定为人民必须学习的经典。由是，东汉时期除设立五经博士之外，还将《论语》和《孝经》作为学子的必读书目。久而久之，二者的地位不断攀升，最终也成为经书体系的重要组成部分。

"九经"

"九经"，是九部儒家经典的合称，一般指《易》《书》《诗》以及统称为"三礼"的《周礼》《仪礼》《礼记》，与统称为"《春秋》三传"的《公羊传》《穀梁传》《左传》。

"九经"诞生于唐代。这一时期，受唐朝文教政策的影响，儒、佛、道思想并行，发挥各自不同的作用。其中，儒家思想主要应用于礼教政刑等社会生活领域。因此，为促进儒学的发展，借鉴儒家典籍中的理论与经验完善制度体系，从而巩固政权，唐初时期统治阶级在《五经正义》的基础上，对经书进行了进一步的扩充。

"九经"之名最早见于《旧唐书·儒学传上·谷那律传》，其中记载："谷那律，魏州昌乐人也。贞观中，累补国子博士。黄门侍郎褚遂良称为'九经库'。寻迁谏议大夫，兼弘文馆学士。"而关于九经的具体构成，历代文献所指并不完全相同，大致包括如下几种记录：

（1）唐代科举取士中"明经"一科的内容中含有"九经"，包括《周易》《尚书》《毛诗》，以及《周礼》《仪礼》《礼记》与《公羊传》《穀梁传》《左传》。

（2）宋代刻巾箱本《九经白文》载，《周易》《尚书》《毛诗》《左传》《礼记》《周礼》《孝经》《论语》《孟子》为"九经"。

（3）明代学者郝敬著《九经解》，将《周易》《尚书》《毛诗》《春秋》《礼记》《仪礼》《礼记》《论语》《孟子》列为"九经"。

（4）明末清初学者柴绍炳著《考古类编》曰："有称九经者，七经之外，兼《论语》《孝经》也。"即指《周易》《尚书》《毛诗》《仪礼》《周礼》

《礼记》《春秋》《论语》《孝经》。

（5）清代学者纳兰成德著《通志堂经解》，以《周易》《尚书》《毛诗》《春秋》《三礼》《孝经》《论语》《孟子》《四书》为"九经"。

（6）清代学者惠栋著《九经古义》，以《周易》《尚书》《毛诗》《礼记》《仪礼》《周礼》《公羊传》《穀梁传》《论语》为"九经"。

在以上诸类说法中，以第一种最为常用。至于在汉代已被立为经书的《论语》与《孝经》，因这一时期统治阶级对儒学的认识及政治局势的变化，而被排除在"九经"之外。

"十二经"

"十二经"，是十二部儒家经典的合称，一般指《易》《诗》《书》《周礼》《仪礼》《礼记》《公羊传》《穀梁传》《左传》《论语》《孝经》《尔雅》。

历史上有关"十二经"的构成可谓众说纷纭。《庄子·天道篇》中便有"孔子翻十二经，以说老聃"之记载。唐代学者陆德明在《经典释文》中认为："十二经者，六经加六纬；一云《易》上、下经并《十翼》为十二；又一云：《春秋》十二公，经也。"即，所谓"十二经"有三种说法：一是《诗》《书》《礼》《乐》《易》《春秋》，再加六纬；二是以《易》上下经并加孔子"十翼"（包括《彖》上下、《象》上下、《系辞》上下、《文言》《序卦》《说卦》《杂卦》）；三是记载鲁国十二公史事的《春秋》，也称为"十二经"。宋代学者王应麟在《困学纪闻·经说》中亦提出："或以六经六纬为十二经。"

至于最为常见也最受公认的"十二经"，则是由唐文宗开成二年（837）颁布的"开成石经"而确定的。自唐玄宗李隆基执政后，孔子再度受到尊崇，《论语》《孝经》与《尔雅》也在统治者的重视之下获得了与其他经书同等的地位。至开成二年，长安国子监门前始立雕刻完成的"开成石经"，内容包括了儒家最为重要的十二部典籍，分别是《易》《诗》《书》《周礼》《仪礼》《礼记》《公羊传》《穀梁传》《左传》《论语》《孝经》《尔雅》，以此作为士人传习与应考的官方标准文本，保证儒家经典在传承过程中的准确性与权威性，避免对经书的传授与解释出现较大差异，确保教学和考试的内容符合统治阶级的要求，进一步保障科举考试的公正严肃。

"十三经"

"十三经"，是十三部儒家经典的合称，一般指《易》《诗》《书》《周礼》《仪礼》《礼记》《公羊传》《穀梁传》《左传》《论语》《孟子》《孝经》《尔雅》。

"十三经"的概念，是随着儒学的发展变迁而不断增补、逐渐形成的。就是在唐代"十二经"产生的过程中，以韩愈及其弟子为代表的儒家知识分子，为捍卫儒家思想的正统地位，于是大力推崇孟子的学说，将其视为孔子的嫡系传人。孟子思想中的"王道"观、天命论、人性论及心性之学，为宋明时期理学家构建心、性、命、理的哲学观念提供了必要的思想基础。孟子提出的"富贵不能淫，贫贱不能移，威武不能屈""舍生取义"等道德观念，也得到了宋代儒家知识分子的尊崇、继承和发扬。因此，孟子的地位获得了巨大提升，成为孔子之后的儒家第二位代表人物。记录其思想内容的《孟子》也随之成为一般士子必须学习掌握的儒家经典著作，因而被列入经书的行列，与之前形成的"十二经"合并成"十三经"。清代学者皮锡瑞著《经学历史》有云："唐分三礼、三传，合《易》《书》《诗》为九。宋又增《论语》《孝经》《孟子》《尔雅》为十三经。"

至于"十三经"名称的确立，据明末清初著名学者顾炎武在其著作《日知录》中所言："（十三经注疏）自汉以来，儒者相传，但言'五经'"。而唐时立之学官，则云'九经'者，《三礼》《三传》分而习之，故为九也。其刻石国子学，则云'九经'，并《孝经》《论语》《尔雅》。宋时程、朱诸大儒出，始取《礼记》中之《大学》《中庸》，及进《孟子》以配《论语》，谓之'四书'。本朝因之，而'十三经'之名始立。"而清代学者李遇孙著《日知录续补正》中则引乾隆时期藏书家盛百二之言，认为"十三经"之名"固立于宋时也"。

在"十三经"的发展与传播过程中，南宋时期儒家知识分子的杰出代表、理学大师朱熹，曾从"十三经"中选取了《论语》《孟子》及《礼记》中的《大学》《中庸》，合称为"四书"，以作为"十三经"的简易通行版本，供普罗大众诵读学习，并曾长期刊行。至明代，乃再度选择宋代版本的"十三经"刊行，并流传至今。

"四书"

"四书"，又称为"四子书""四子"，是四部儒家经典《论语》《孟子》《大学》《中庸》的合称。其中，《论语》与《孟子》分别是记录至圣先师孔子、亚圣孟子及其弟子门人乃至再传弟子的言论集，《大学》与《中庸》则是儒家经典《礼记》中的两篇。

"四书"之名虽比"五经"乃至"十三经"在产生时间上更晚，但组成"四书"的四部经典，却是早已为世人所熟知，不仅被列入儒家典籍之中，还是科举考试的重要内容。至于"四书"的诞生，则与儒学在宋代以后的发展密切相关。

作为程朱理学的开创者之一，北宋儒家学者程颐主张"性即理"的道德心性学说，认为儒学的圣人之道重在道德心性义理。由是，程颐从道德心性义理的儒学视角出发，重新审视和诠释了"四书"与"六经"，并大力推崇"四书"与《周易》，将此二者作为其理学理论的思想源泉。而为进一步探究经书之中关于"理"的内容，则首先需要理解"圣人本意"。对此，程颐提出："读书者，当观圣人所以作经之意，与圣人所用之心，与圣人所以至圣人，而吾之所以未至者，所以未得者。"因此，程颐极为重视作为探寻"圣人本意"最主要、最直接材料的《论语》《孟子》《大学》《中庸》在理论研究与传授弟子中的作用。尤其是教育弟子，程颐必用《论语》《孟子》《大学》《中庸》，而后再用"六经"。这便为"四书"登上历史舞台奠定了必要的历史基础。

总体而言，"四书"保存了儒家先贤的智慧结晶，蕴含了儒家思想的核心精华，集中体现了儒学早期发展的历史轨迹，是儒学的认识论、方法论等基本理论体系的集中反映，对于中华优秀传统文化的发展起到了极其重要的推动作用,堪称源远流长、博大精深的华夏文化精华,对中国封建社会后期思想意识的变化与文化教育的演进产生了重大影响。

《易经》

《易经》,又称为《易》,是中国最古老的一种文献,是儒家古代经典著作之一,是历代经书的主要组成部分,并被儒家尊为"群经之首,大道之源",甚至被誉为中国文化的源头。《易经》的内容融合了中国古代哲学、自然科学与社会科学,主要通过一套以符号构成的标识系统描述事物状态的变易,从而阐释世间万事万物的发展变化,其中蕴含着博大精深、奥妙无穷的辩证法哲学思想,因而自古以来对中国的哲学、史学、文学、医学、社会、宗教、艺术、军事、自然科学等领域均有着重大深远的影响。自17世纪始,《易经》通过传教士的译介而被推广至西方,并对欧洲文化产生显著影响。

《易经》名称中的"易",其指代的语义十分复杂。《周易·系辞上》有云:"生生之谓易。"郑玄在《易赞》中认为:"易一名而含三义,所谓易也,易简也,变易二也,不易三也。"具体而言,"易"包括了"简易""变易"和"不易"三种含义。所谓"简易",是指"易"虽然无所不包、内涵丰富,但总体而言可以使用一个简化的公式或理论体系,来解释说明世间一切事物、现象与问题。所谓"变易",是指"易"体现着一切事物运动变化的普遍规律,掌握"易"便能寻求、理解反映变化规律的理论与方法。所谓"不易",是指"易"在讲求变化的同时也承认规律的永恒性,即变化的规律是不变的,是必须遵循的普遍法则,而掌握"易"就可以做到"以不变应万变"。

关于《易经》的起源与演变,历史上众说纷纭、异议纷呈。原初形态的《易经》,实际上包含了《连山》《归藏》与《周易》,即所谓的"三易"。东汉学者郑玄在《易赞》中提出:"《连山》者,象山之出云,连连不绝。《归藏》者,万物莫不归藏于其中。《周易》者,言易道周普,无所不备。"唐代学者贾公彦疏云:"《连山易》,其卦以纯艮为首,艮为山,山上山下是名连山,云气出内(纳)于山,故名易为《连山》。《归藏易》以纯坤为首,坤为地,故万物莫不归而藏于中,故名为《归藏》也。"由此可见,在郑玄、贾公彦看来,《连山》之名取象于由大山之中缥缈而出的流云,因此以象征群山连接在一起的艮卦为第一卦;《归藏》取象于藏纳万物的无垠大地,因此以象征大地的坤卦为第一卦。至于《周易》,则是表达易的包罗万象、无所不备之意,以乾卦为第一卦。而其中的"周",代表成书年代,相传系周文王姬昌所作。另据《周礼·春官宗伯·太卜》记载:"(太卜)掌三《易》之法,一曰《连山》,二曰《归藏》,三曰《周易》。其经卦皆八,其别皆六十有四。"这就明确提出了《连山》《归藏》与《周易》曾经在周代并存,保存完好,传承未中断,并且这三种《易》都是经卦八,重卦六十四。东汉时期的学者桓谭在《新论》卷中《正经》亦有云:"《易》:一曰《连山》,二曰《归藏》,三曰《周易》。《连山》八万言,《归藏》四千三百言。《连山》藏于兰台,《归藏》藏于太卜。"这说明三《易》至汉代仍得以留存。但至魏晋时期,由于战乱纷繁、政权更迭,大量的华夏古代文献不幸散佚,三《易》中的《连山》和《归藏》就此消失无踪,仅有《周易》得以保存并流传于后世,成为三《易》中唯一传承下来的典籍。由是,现代语境下所谈之《易经》,一般均指《周易》。

就内容而言,《周易》的内涵十分复杂,篇章众多。据《汉书·艺文志》记载:"《易经》十二篇。"唐代学者颜师古有注云:"上下经及《十翼》故十二篇。"具体而论,《易经》的十二篇包括《经》和《传》两部分。《经》本是占筮书,包括卦、爻两种符号,以及《卦辞》《爻辞》两种说明文字。其中,以"—"为标识的阳爻和以"– –"为标识的阴爻是基本符号,把三个爻重叠起来,便构成了由乾、坤、震、艮、离、坎、兑、巽组成的八卦。八卦再重叠,则构成六十四卦,总计三百八十四爻。每一卦均含有卦的形象、名称,《卦辞》是用来解释全卦性质、含义的文辞,《爻辞》是用来说明爻在本卦中性质、意义的文辞。《经》的上下篇即是由此构成,占卦者通过《卦辞》《爻辞》解释所占之卦与爻,以测所问之事。《传》也被称为《易传》,司马迁称之为《易大传》,相传为孔子所撰,分别是《彖传》(上下)、《象传》(上下)、《系辞》(上下)、《文言》《说卦》《序卦》《杂卦》。因共计七种十篇,故也有"十翼"之称。所谓"翼",蕴含着辅助之意,代表《传》

是诠释易经内容的著作。其中，《彖传》是解释六十四卦卦名、卦辞的意义；《象传》分《大象传》《小象传》，《大象传》解释卦象与卦义，《小象传》说明爻象与爻义；《系辞》总论易经的大义，阐释"易"之理及其作用；《文言》专门解释乾卦、坤卦的卦辞与爻辞，分为《乾文言》与《坤文言》；《说卦》以八卦取象之法解释六十四卦；《序卦》解释六十四卦的排列顺序及其意义；《杂卦》用以说明各卦之间存在的错综复杂关系。

正是由于《易经》的内容博大精深，包含了深奥的哲理，所以自战国以来对《易经》的研究也逐渐成为一种专门的学问，形成了多个思想流派，如象数派、义理派等。研究《易经》的著作也有近千种，其中代表者有王弼的《周易注》、孔颖达的《周易正义》、程颐的《程氏易传》、朱熹的《周易本义》、惠栋的《易汉学》、高亨的《周易古经今注》等。

《诗经》

《诗经》，又称为《诗》，是中国历史上最早的一部诗歌总集，是中国古代诗歌的开端，其中搜集选录了公元前11世纪至前6世纪之间大约五百年的诗歌，共计305篇，因此又称"诗三百"。自汉代起，儒家奉其为经典，并获立学官，列入经书之中，从此便有《诗经》之名。而在各经书之中，《诗经》的内容也是最具可信度的。梁启超指出："《诗经》为古籍中最纯粹可信之书，绝不发生真伪问题"，"现存先秦古籍，真赝杂糅，几乎无一书无问题；其真金美玉、字字可信者，《诗经》其首也"。《诗经》的内容十分丰富，对政治、经济、军事、风俗、天文地理等方面均有涉及，真实地反映了商周时期的社会风貌，是了解和研究古代先民社会生活的生动资料。

《诗经》是历经长时段的搜集、整理与编订而成书的。《诗经》的最初汇辑者，相传为周王朝的乐官太师，他们深入民间采集诗篇以供统治者了解风俗民情和考察政治得失。东汉学者班固在《汉书·艺文志》中有云："《书》曰：'诗言志，歌咏言。'故哀乐之心感，而歌咏之声发。诵其言谓之诗，咏其声谓之歌。故古有采诗之官，王者所以观风俗，知得失，自考正也。"

同为东汉学者的何休在《春秋公羊传解诂》中解释得更为具体："从十月尽正月止，男女有所怨恨，相从而歌。饥者歌其食，劳者歌其事。男年六十、女年五十无子者，官衣食之，使之民间求诗。乡移于邑，邑移于国，国以闻于天子。故王者不出牖户，尽知天下所苦，不下堂而知四方。"此外，《诗经》中还包括很多贵族文人的乐章，据考证来源于公卿列士的献诗。由是，通过采诗、献诗等途径，周朝乐官历经五百多年完成了《诗经》的编纂工作。但至于诗歌的具体作者及创作年代，则均不可考。

至春秋末期，孔子对流传下来的《诗经》进行了重新编订，并作为教育学生的材料。据《论语·子罕》记载："子曰：'吾自卫反鲁，然后乐正，雅颂各得其所。'"司马迁在《史记·孔子世家》中进一步解释道："古者《诗》三千余篇，乃至孔子，去其重，取可施于礼义，上采契、后稷，中述殷、周之盛，至幽、厉之缺，始于衽席，故曰：'《关雎》之乱以为《风》始，《鹿鸣》为《小雅》始，《文王》为《大雅》始，《清庙》为《颂》始。'三百五篇。孔子皆弦歌之，以求合《韶》《武》《雅》《颂》之音，礼乐自此可得而述。"但据后世学者考证，司马迁的说法并不足信，孔子所修订的《诗经》已是三百余篇，并有原配音乐。而后，秦始皇焚书坑儒曾令《诗经》一度失传，所幸得儒生口耳相传才得以延续。到西汉之时，传承《诗经》的共有四家。其中，鲁人申培传《鲁诗》，燕人韩婴传《韩诗》，齐人辕固传《齐诗》。这三家诗当时并列于学官，因用汉代通行的隶书写成而被称为"今文诗"。班固在《汉书·艺文志》中记载道："《诗经》二十八卷，齐鲁韩三家。"在三家之后，又有鲁人毛亨、赵人毛苌传《毛诗》，因用先秦古文字写成，被称为"古文诗"。齐鲁韩三家诗在漫长的中国历史长河中先后亡佚，唯有《毛诗》流传于今，重要注本有汉代郑玄的《毛诗笺》、唐代孔颖达的《毛诗正义》、宋代朱熹的《诗集传》等。

《诗经》分为《风》《雅》《颂》三部分，现今留存的共有305篇。《风》，也称为《国风》，包括《周南》《召南》《邶风》《鄘风》《卫风》《王风》《郑风》《齐风》《魏风》《唐风》《秦风》《陈风》《桧风》《曹风》《豳风》，合称十五国风，计160篇；《雅》分为《大雅》《小雅》两个部分，《大雅》31篇、《小雅》74篇，计105篇；《颂》分为《周颂》《鲁颂》《商颂》，合称"三颂"，其中《周颂》31篇、《鲁颂》4篇、《商颂》5篇，计40篇。《风》是各个诸侯国的地方民歌，包括今陕西、山西、河南、河北、山东等地，也是《诗经》的核心内容，名篇有《周南·关雎》《周南·桃夭》《魏风·伐檀》《魏风·硕鼠》《秦风·蒹葭》等。《雅》是周王朝王畿内的诗歌，多为贵族上层社会举行各种典礼或宴会时演唱的乐歌，主要是宴会乐歌、祭祀乐歌和史诗，也包括部分反映人民意愿的讽刺诗和民歌，名篇有《大雅》中的《文王》《卷阿》《民劳》，《小雅》中的《鹿鸣》《采薇》《斯干》等。《颂》主要是周王和诸侯用于宗庙祭祀或其他重大典礼的乐歌，多为宣扬天命或赞颂祖先功德的内容，其中也有部分属于舞曲，名篇有《清庙》《维天之命》《噫嘻》等。

《诗经》成功地运用了被命名为"赋、比、兴"的艺术表现手法，充分体现出《诗经》的艺术价值，也开启了中国古代诗歌创作的基本手法，并与风、雅、颂合称为诗的"六义"。所谓"赋"，就是使用铺陈手法对思想情感及其有关的事物直接叙事抒情；所谓"比"，就是对颂扬的人或事物加以形象的比喻；所谓"兴"，就是以其他事物作为触发情感的开端，从而引发所要歌颂的内容，激发人的联想。赋、比、兴手法的运用，增强了诗的艺术感染力。

《诗经》不仅在文学史上具有崇高的地位，也是记载上古历史的重要典籍，而且在教书育人方面还有突出的功用。孔子便将编订后的《诗经》作为教育弟子的主要教学内容。据《论语·为政》载："子曰：'《诗三百》，一言以蔽之，曰思无邪。'"朱熹在注释中进一步引申道："言三百者，举大数也。蔽犹盖也。'思无邪'，《鲁颂·駉》篇之辞，凡《诗》之言，善者可以感发人之善心，恶者可以惩创人之逸志，其用归于使人得其情性之正而已。然其言微婉，且或各因一事而发，求其直指全体，则未有若此之明且尽者，故夫子言《诗》三百篇，而惟此一言足以尽盖其义，其示人之意亦深切矣。"另据《论语·季氏》载："不学诗，无以言。"由是可见，《诗经》具有重要的教育价值。

《尚书》

《尚书》，原称《书》，汉代始有《尚书》之名，宋代以后又被称为《书经》，被奉为儒家经典著作之一。

所谓"尚"，与"上"通用，有三种常见的解释：一是"上古"之意，因此《尚书》即为"上古之书"；二是"尊崇"之意，因而《尚书》即为"获得人们尊崇之书"；三是"君王"之意，因为《尚书》大多记载臣子对君上的言论。汉代学者王充在《论衡·正说篇》中便提出："尚书者，以为上古帝王之书，或以为上为下所书，故谓之《尚书》。"所谓"书"，是指书写记录下来的历史文献与古代著作，具有档案的性质，并非泛指图书。

就性质而言，《尚书》是中国现存最早的以记言为主的古代皇室历史文献汇编，主要记载其时官府处理国家大事的各级各类政务公文，包括《虞书》《夏书》《商书》《周书》，涉及的文献种类有典、谟、训、诰、誓、命等。其中，"典"是国家重要史实或专题历史的记录；"谟"记录的是君臣谋略；"训"是臣子开导君王的言论；"诰"是勉励的文告；"誓"是君王训诫士众的誓词；"命"是君王的命令。另有部分关于虞、夏及商代的文献乃是据传闻写就，因此缺乏可信性。就体裁而论，《尚书》也被称为中国最早的散文总集，标志着古代散文的开端，是与《诗经》并列的一个文体类别。虽然在《尚书》之前，已有《三坟》《五典》《八索》《九丘》等相关文献，但并未流传下来，先秦散文的源头须以《尚书》为始。其中所载文章，结构、层次完整清晰，尤其注意对内容的立意及结构的谋篇布局，文辞简练，是先秦散文中历史散文类的代表。其后兴起的春秋战国时期的散文，也体现出对《尚书》的继承与发展。而自秦汉以后，历朝历代的官方文书也明显受到《尚书》的影响。南朝学者刘勰在其著作《文心雕龙》中，论及"诏策""檄移""章表""奏启""议对""书记"等文体时，大多追根溯源至《尚书》，并认为内容记录明确："《书》实记言，而训诂茫昧，通乎尔雅，则文意晓然。故子夏叹《书》，'昭昭若日月之明，离离如星辰之行'，言昭灼也"，"览文如诡，而寻理即畅"。

《尚书》的具体作者，就目前现有史料而言，尚未可考。若以其内容进行推测，应为古代王朝的史官。正如《汉书·艺文志》所言："古之王者世有史官，君举必书，所以慎言行，昭法式也。左史记言，右史记事，事为春秋，言为尚书，帝王靡不同之。"而对《尚书》的编订，相传由孔子完成并为之作序。据《史记·孔子世家》记载："孔子之时，周室微而礼乐废，《诗》《书》缺。追迹三代之礼，序《书传》，上纪唐虞之际，下至秦缪，编次其事。"但其中的《尧典》《禹贡》等篇，应为后世儒家学者添增。而汉代的《尚书纬》则称："孔子求书，得黄帝玄孙帝魁之书，迄于秦穆公，凡三千二百四十篇，断远取近，定可以为世法者，百二十篇，以百二篇为《尚书》，十八篇为《中候》，以为去三千一百二十篇以上。"由于纬书的史料可信度较低，因此有关孔子编订《尚书》的事迹目前仍以《史记》的记录为主要依据。孔子也将《尚书》作为教学的重要资料之一，与《诗》《礼》《乐》相提并论。在《论语》中，孔子便经常提及《尚书》的内容，如《论语·述而》有云："子所雅言《诗》《书》，执礼，皆雅言也。"

　　《尚书》的传承，历经了一个漫长复杂的变化过程。在经过孔子编纂之后，《尚书》流传下来的为百篇左右。据《汉书·艺文志》记载："《易》曰：'河出图，洛出书，圣人则之。'故《书》之所起远矣，至孔子纂焉，上断于尧，下讫于秦，凡百篇，而为之序，言其作意。"但由于秦始皇"焚书坑儒"，《尚书》的传本因传播途径不同而分为《今文尚书》与《古文尚书》两支。所谓《今文尚书》，源自于秦博士伏生的传承。由于焚书造成的毁灭性影响，原存于世的《尚书》抄本几乎全部付之一炬。至西汉初年，生活于山东济南的秦博士伏生（名胜，字子贱）将自己为避秦火而藏于墙壁夹层内的《尚书》取出，经整理得到完整的28篇，以此传授学生，由此形成了大、小夏侯及欧阳等三个学派。汉文帝时期，征求能治《尚书》者，伏生被时人举荐，但因其已年逾九旬，故而文帝派太常使掌故晁错前往求教。由伏生口传，晁错笔录。因笔录所使用的文字是西汉通行的隶书，所以伏生所传《尚书》被称为《今文尚书》，其中包括《虞夏书》4篇、《商书》5篇、《周书》19篇。所谓《古文尚书》，则源于先秦文献的保存。相传西汉时期，汉景帝刘启之子、鲁恭王刘余在扩展王府时，从侵占的孔子旧居墙壁中发现了暗藏的《尚书》等书简，因其中使用的是先秦古文，故称之为《古文尚书》，以与伏生所传版本相区别。经孔子后裔孔安国整理，《古文尚书》共有45篇。其后，《今文尚书》与《古文尚书》均在战乱中亡佚。至东晋初年，豫章内史梅赜献《尚书》一部，包括《今文尚书》33篇及已被证伪的《古文尚书》25篇。

《尚书》作为记录古代帝王言行的文本，蕴含着宝贵的历史价值，对后世朝代具有十分重要的影响：一是《尚书》记载了尧舜禹等圣君贤臣的嘉言懿行，成为后世君臣、士人、平民等学习借鉴的典范；二是《尚书》记载了大量的上古政治资料、历史事件、典制规范等古代材料，是后世了解及研究古代政治、历史、文化、风俗等的必读书目；三是《尚书》刊载了丰富的有关"敬天""明德""保民""慎罚"等方面的思想，是对中国上古时期政治理论与实践的总结和升华，对后世影响巨大；四是《尚书》记载了许多包含哲学主张、人生哲理的名言警句，如《尚书·大禹谟》中的"人心惟危，道心惟微，惟精惟一，允执厥中"，不仅为后世耳熟能详，而且对中国哲学思想的发展具有深刻影响。

由于《尚书》的意义重大，因而历朝历代有不少学者对其进行了深入研究，并产生出一批学术著作，如唐代孔颖达的《尚书正义》、南宋蔡沈的《书经集解》、明末清初王夫之的《尚书引义》、清代孙星衍的《尚书今古文疏证》等。

《周礼》

《周礼》，又称《周官》《周官经》或《礼经》，儒家经典著作之一，十三经的重要组成部分，与《仪礼》《礼记》合称"三礼"。《周礼》的作者，自汉代以来便众说纷纭。旧说或为周公旦所著，或为战国时期所编，或为西汉学者刘歆伪造，现经考证认为应定书于两汉时期。《周礼》记载了先秦时期职官体制、各种典章制度及儒家思想等内容，全书共分《天官冢宰》《地官司徒》《春官宗伯》《夏官司马》《秋官司寇》《冬官司空》六篇。其中，《冬官司空》在汉初已亡佚，后以先秦典籍《考工记》补之。

《周礼》起源于中国礼乐文化的形成。早在五帝时期，礼乐之风即已初兴。

《史记·五帝本纪》中便有"修五礼""诗言意，歌长言，声依永，律和声，八音能谐，毋相夺伦，神人以和"的记载。到西周初年，为维护和巩固分封制度，周公旦对社会意识形态进行了更新，大规模整理改造了上古至殷商时期的礼乐，构建了一整套的包括饮食、起居、祭祀、丧葬等在内的礼乐制度，作为社会通行的政治制度与道德行为规范体系。周公旦"制礼作乐"的目的，是使礼乐内容规范化，推行作为宗周丰镐京畿之乐的"雅乐"，从而起到"经国家，定社稷，序民人，利后嗣"的作用。正如《史记·周本纪》中的记载："既绌殷命，袭淮夷，归在丰，作《周官》。兴正礼乐，度制于是改，而民和睦，颂声兴。"这也为《周礼》的形成奠定了必要的历史基础。

作为记载与阐释古代职官制度及政治思想的儒家经典之一，《周礼》之中蕴含着对理想化的社会政治制度的种种设想。具体而言，《周礼》分设《天官冢宰》《地官司徒》《春官宗伯》《夏官司马》《秋官司寇》《冬官司空》等篇，每篇为一官，配以天、地与春、夏、秋、冬四时，由此分别论述周代六种官职的应负职责：天官之长冢宰（又称大宰），为六官之首，主要职掌朝廷政务和宫廷事务，并兼管财政，以辅佐君王的统治，天官系统共有官职63种；地官之长大司徒，主要职掌邦教、土地、赋税等地方管理及民众教养事务，地官系统共有官职78种；春官之长宗伯，主要职掌邦礼，主管宗庙祭祀等宗教文化事务，春官系统共有官职70种；夏官之长大司马，主要职掌军政，负责管理军制及地方诸侯有关事务，夏官系统共有职官69种；秋官之长大司寇，主要职掌邦刑，负责狱讼刑罚等司法政务，兼掌礼宾等事务，秋官系统共有职官66种；至于冬官司空，因其篇章散佚，以《考工记》充抵，所以难以详细记述。《考工记》之中，主要分述工匠职务计30种。由上述内容可知，《周礼》之中关于"礼"的内容，偏重于对政治制度的构想。因此，《周礼》记载了系统完备丰富的礼制体系，包括天文历法、祭祀典礼、财政制度、文教制度、军政制度、礼乐制度、丧葬制度、刑罚制度、巡狩制度、衣冠服饰、车马饮食、工艺制作等各个方面，几乎囊括了社会生活的所有领域，可谓无所不包，堪称上古典章制度之精粹。清代学者孙诒让便将《周礼》赞誉为"周公致太平之书，先王政教所自出，周代法制之总萃"。

由于《周礼》包含的内容及其内涵的博大精深，故而对后世政治制度的发展产生了直接或间接的作用，不仅历朝历代的官制都深受其影响，而且历史上的部分政治变革也与《周礼》密切相关，典型者如西汉末年王莽改制、西魏宇文泰推行的政治军事改革以及北宋时期王安石变法等。

《仪礼》

《仪礼》，简称《礼》，又称《士礼》《逸礼》《礼经》。汉代时亦有《礼古经》之称，据《汉书·艺文志》记载："《礼古经》者，出于鲁淹中及孔氏。"至晋代，改称《仪礼》。《晋书·荀崧传》中便有"宜为郑《易》置博士一人，郑《仪礼》博士一人"之语。

《仪礼》作为儒家经典著作之一，是"三礼"的重要组成部分，也是其中成书较早的一部。《仪礼》是对先秦时期礼制的资料汇编，包括冠礼、婚礼、丧祭礼、乡射礼、朝聘礼等方面的礼仪制度，并为后世王朝制定礼制提供了重要依据。概因其所讲为具体仪节，而非解释"礼"的意义，所以称之为《仪礼》。现存的内容有17个篇章，分别是《士冠礼第一》《士昏礼第二》《士相见礼第三》《乡饮酒礼第四》《乡射礼第五》《燕礼第六》《大射礼第七》《聘礼第八》《公食大夫礼第九》《觐礼第十》《丧服第十一》《士丧礼第十二》《既夕第十三》《士虞礼第十四》《特牲馈食礼第十五》《少牢馈食礼第十六》《有司彻第十七》。其篇章顺序，来源于郑玄采用刘向《别录》所定的次序，也是近世通行的版本。

至于《仪礼》的作者，则存有争议。旧说《仪礼》为周公旦所作，但缺乏可信性。司马迁、班固等则认为，《仪礼》是孔子及其弟子所作。如《史记·孔子世家》有云："孔子之时，周室微而礼乐废，《诗》《书》缺。追述三代之礼，序《书传》，上纪唐虞之际，下至秦缪，编次其事。曰：'夏礼吾能言之，杞不足徵也。殷礼吾能言之，宋不足徵也。足，则吾能徵之矣。'观殷夏所损益，曰：'后虽百世可知也，以一文一质。周监二代，郁郁乎文哉！吾从周。'故《书传》《礼》记自孔氏。"近世学者结合《仪礼》所载制度及考古发现，认定其成书于战国时期，为战国儒家著述，后经汉代儒家学者编订。

《仪礼》的诞生，源自于上古王朝对礼制的重视。自古以来，中国便有"礼仪之邦"的美誉。如何休注《公羊传·隐公七年》有云："中国者，礼义之国也。"早在原始社会晚期，便产生了由宗教仪式、氏族仪式等转化而来的礼仪，并逐渐制度化。至商、周二代，统治者更为重视礼仪，于是制定了名目繁多、程序烦琐的典礼制度。无论是国家大型典礼，抑或士人平时交往，均有详细严密的规定。据《汉书·艺文志》记载："《易》曰：'有夫妇、父子、君臣、上下，礼义有所错。'而帝王质文，世有损益。至周，曲为之防，事为之制。故曰：'礼经三百，威仪三千。'"君王通过设置的各类繁文缛节，用以区别尊卑贵贱，维护社会等级秩序，进而以此巩固统治地位。

具体而言，《仪礼》的主要内容包含以下若干方面：《士冠礼第一》，男子年满20岁时，因成为本族的正式成员而要举行的加冠典礼，以示成年；《士昏礼第二》，士及以上的贵族成婚时须举行的礼仪，包括纳采、问名、纳吉、纳徵、请期、亲迎等事项；《士相见礼第三》，贵族之间首次交往的礼仪；《乡饮酒礼第四》，古代基层行政组织定期举行的以敬老为中心的酒会仪式；《乡射礼第五》，古代基层行政组织定期举行的射箭比赛大会的礼仪；《燕礼第六》，诸侯及其大臣举行的宴会礼仪，其中有歌舞表演；《大射礼第七》，君王主持射箭比赛大会的礼仪，参赛者为各级贵族；《聘礼第八》，君王派遣使节赴其他诸侯国进行友好访问的礼仪；《公食大夫礼第九》，君王举行宴会招待外国使臣的礼仪；《觐礼第十》，诸侯觐见君王的礼仪；《丧服第十一》，人们以亲疏关系为依据，为故去的亲疏在穿着丧服与服丧期方面有所区别的礼仪；《士丧礼第十二》《既夕第十三》，一般贵族去世至丧葬过程的礼仪；《士虞礼第十四》，一般贵族埋葬父母后举行的安魂礼仪；《特牲馈食礼第十五》，一般贵族定期在家庙中祭祀祖祢的礼仪；《少牢馈食礼第十六》《有司彻第十七》，卿大夫定期在家庙中祭祀祖祢的礼仪。由上述内容可知，《仪礼》对于上古礼仪的记载极为详尽、无所不备。所以，宋代学者朱熹认为"礼书如《仪礼》，尚完备于他书"，"《仪礼》，礼之根本"。

《仪礼》为后世了解与研究上古时代的社会风俗、政治经济、宗教文化、伦理道德、礼仪制度等提供了丰富的材料，具有十分重要的文化与史料价值。历朝历代研究《仪礼》的著作为数不菲，代表者如汉郑玄注、唐贾公彦疏的《仪礼注疏》、清代学者胡培翚的《仪礼正义》。

《礼记》

《礼记》，儒家经典著作之一，"三礼"的重要组成部分。《礼记》是儒家思想的资料汇编，记录了战国至秦汉时期儒家学者解释说明《仪礼》的相关文章选集，共计49篇。

发轫于先秦时期的《礼记》，其作者不止一人，写作时间也分先后，相传应为孔子门下的七十二位贤人及其弟子和再传、三传弟子的作品，并兼有其他先秦时期的典籍。孔子在教授弟子之时，极为重视对"礼"的教育，强调"克己复礼"，将"礼"作为规范社会行为的标准。孔子的弟子门人在学习"礼"的过程中，为理解礼义、阐发经义而撰写了大量论文，总称为"记"。汉代初年，这些文章经搜集整理，被结集成册，形成了儒家经典文献。据《隋书·经籍志》记载："汉初，河间献王又得仲尼弟子及后学者所记一百三十一篇献之，时亦无传之者。至刘向考校经籍，检得一百三十篇，向因第而叙之。而又得《明堂阴阳记》三十三篇、《孔子三朝记》七篇、《王史氏记》二十一篇、《乐记》二十三篇，凡五种，合二百十四篇。戴德删其烦重，合而记之，为八十五篇，谓之《大戴记》。而戴圣又删大戴之书，为四十六篇，谓之《小戴记》。汉末马融，遂传小戴之学。融又定《月令》一篇、《明堂位》一篇、《乐记》一篇，合四十九篇；而郑玄受业于融，又为之注。今《周官》六篇、古经十七篇、《小戴记》四十九篇，凡三种。唯《郑注》立于国学，其余并多散亡，又无师说。"由是可知，孔门弟子的文章经过结集之后，又历经了删改的过程，才最终形成《礼记》。其中，又包含两种选辑本。一是汉宣帝时期学者戴德从上述文章中择其要而辑录了一本《礼记》，世称《大戴礼记》。当时共有85篇，现今仅存39篇。《大戴礼记》所选文章主要记述战国至汉代儒家学者关于礼学的言论，含有丰富的上古社会状况、文物制度的内容。二是戴德之侄戴圣亦依据前述先秦礼学文献所编纂的选集，世称《小戴礼记》，计有49篇，也是近世通行的《礼记》版本。《小戴礼记》之中主要阐释关于"礼"的一般理论与具体制度，体现出先秦儒家学者有关哲学、教育、政治、美学、伦理等方面的思想及制度设计。自东汉学者郑玄为《小戴礼记》作注后，其地位日益提升。至唐代时已被尊为"经"，宋代以后则位居"三礼"之首。

《礼记》的篇章包括：《曲礼上第一》《曲礼下第二》《檀弓上第三》《檀弓下第四》《王制第五》《月令第六》《曾子问第七》《文王世子第八》《礼运第九》《礼器第十》《郊特牲第十一》《内则第十二》《玉藻第十三》《明堂位第十四》《丧服小记第十五》《大传第十六》《少仪第十七》《学记第十八》《乐记第十九》《杂记上第二十》《杂记下第二十一》《丧大记第二十二》《祭法第二十三》《祭义第二十四》《祭统第二十五》《经解第二十六》《哀公问第二十七》《仲尼燕居第二十八》《孔子闲居第二十九》《坊记第三十》《中庸第三十一》《表记第三十二》《缁衣第三十三》《奔丧第三十四》《问丧第三十五》《服问第三十六》《间传第三十七》《三年问第三十八》《深衣第三十九》《投壶第四十》《儒行第四十一》《大学第四十二》《冠义第四十三》《昏义第四十四》《乡饮酒义第四十五》《射义第四十六》《燕义第四十七》《聘义第四十八》《丧服四制第四十九》。其中，《曲礼》《檀弓》《杂记》三篇内容过长，所以大多数版本将其分为上下篇。

按照内容划分，《礼记》中的篇章可分为四种类型：一是记录有关礼节的条文，如《曲礼》《丧服小记》《大传》等；二是阐述周礼的意义，如《中庸》《大学》《哀公问》《礼运》等，提出了"为政先礼，礼其政之本""天下为一家"的主张与理想，以及由"明明德""亲民""止至善"与"格致诚正修齐治平"组成的"三纲领八条目"为代表的政治哲学；三是专门解释"仪礼"的篇章，如《冠义》《昏义》《乡饮酒义》《射义》《燕义》《聘义》，强调"上下和亲而不相怨"等观点；四是专门记录某项制度和政令，如《王制》《月令》《文王世子》《明堂位》等，强调以君臣、父子、兄弟、夫妻、长幼、朋友、宾客之道来教化人民及施行惠政。

总体而言，《礼记》记录了以天道观、宇宙观、人生观为代表的哲学思想，以修身养德、教育制度、教学方法、学校管理为代表的教育思想，以大同社会、礼制与刑律、以教化政为代表的政治思想与以物动心感、礼乐中和为代表的美学思想，是研究先秦时期社会发展、制度变革、思想演进的重要资料汇编，不但为后世学者提供了丰富完整的史料，而且对其后中国历史的发展产生深远影响。南宋学者朱熹更将《礼记》中的《大学》《中庸》两篇分立出来，单独成书。除此之外，《礼记》的字里行间还体现出极高的文学造诣与艺术特色。无论谋篇布局、行文条理，抑或修辞手法、遣词造句，均极富特色，可谓文辞隽永、意义深刻。而且，《礼记》之中篇章的文体包括了议论文、说明文、记叙文三种类型，使其兼具说服力、可信度与可读性。

正因《礼记》的意义重大，故而汉代以来相关的研究著作不胜枚举，代表者有东汉学者郑玄的《礼记注》、唐代学者孔颖达的《礼记正义》、清代学者朱彬的《礼记训纂》、清代学者孙希旦的《礼记集解》等。

《春秋》

《春秋》，即《春秋经》，又被称为《麟经》或《麟史》。作为儒家经典著作"六经"之一的《春秋》，是我国现存的年代最早的一部古代编年体史书，开编年体之先河，是后世各部编年体史书之滥觞。《春秋》以鲁国十二公为顺序，记录了周代鲁国的历史。

《春秋》一书，源自于上古王朝对于国家大事的记载。早在西周及以前，便有专司记载史事兼管典籍、历法、祭祀等事的官员——太史——对国家发生的大事进行翔实记录，由是逐渐形成了史书。或是由于中国上古时期春季和秋季是诸侯朝聘王室的时节，或是由于春秋在古代也代表一年四季，而史书记载的均为四季之中的各类重大事件，因此，"春秋"成为了史书的一般统称与代指。如《国语·晋语七》曰"羊舌肸习于《春秋》"，《楚语上》曰"教之《春秋》"，《墨子·明鬼》曰"周之《春秋》""燕之《春秋》""宋之《春秋》""齐之《春秋》"。又由于迄今为止流传下来的仅有鲁国《春秋》，所以《春秋》也专门指代鲁国之史书。

《春秋》作为儒家经典著作之一,其作者相传为至圣先师孔子。司马迁在写给其友人任安的一封回信《报任安书》中便有"文王拘而演《周易》,仲尼厄而作《春秋》"之语。在《史记·太史公自序》中,司马迁又对孔子"作春秋"的原因进行了解释:"余(太史公)闻董生曰:'周道衰废,孔子为鲁司寇,诸侯害之,大夫雍之。孔子知言之不用,道之不行也,是非二百四十二年之中,以为天下仪表,贬天子,退诸侯,讨大夫,以达王事而已矣。'子曰:'我欲载之空言,不如见之于行事之深切著明也。'"即是说,司马迁认为孔子作《春秋》的原因在于,将自己的主张见解寄寓在历史记载之中,以使意图能够深刻明确地表现出来。而在《史记·孔子世家》中,司马迁亦强调孔子的目的在于惩恶劝善,因此"《春秋》之义行,则天下乱臣贼子惧焉"。《孟子·滕文公下》也有类似说法,认为:"世衰道微,邪说暴行有作,臣弑其君者有之,子弑其父者有之。孔子惧,作《春秋》。"东汉学者何休作注、唐代学者徐彦作疏的《春秋公羊传注疏》中,还有"昔孔子受端门之命,制《春秋》之义,使子夏等十四人求周史记,得百二十国宝书,九月经立"的记载。但后世学者对于此说有不同认识。如清代学者袁谷芳在《春秋书法论》中提出:"《春秋》者,鲁史也。鲁史氏书之,孔子录而藏之,以传信于后世者也。"今人杨伯峻先生在《春秋左传注》中经考证多方史料认为,就年龄、经书内容等因素而言,《春秋》并非为孔子所作。至于孔子与《春秋》之间的关联,大概"仅仅因为孔丘用过鲁《春秋》教授过学生"。综上而论,《春秋》一书的原始内容应为鲁国史官所作,后经孔子删改而成。

《春秋》的内容主要是记录从鲁隐公到鲁哀公的十二代君主的史事。具体包括隐公、桓公、庄公、闵公、僖公、文公、宣公、成公、襄公、昭公、定公、哀公,共计244年(《公羊传》和《穀梁传》均载至哀公十四年止,为242年,《左传》多出2年),基本上是鲁国史书的原本记载。其中,主要记载统治阶级的政治活动,如诸侯国之间的征伐、会盟、朝聘等,也记载自然现象和灾异,如日蚀、月蚀、地震、山崩、星变、水灾、虫灾等,还记录社会经济文化生活,如祭祀、婚丧、城筑、宫室、搜狩等。《春秋》对事件的记录以"年时（季节）月日——记事"为体裁，使用短句描述事件的内容。如："（隐公元年）春王正月。三月，公及邾仪父盟于蔑。夏五月，郑伯克段于鄢。秋七月，天王使宰咺来归惠公、仲子之赗。九月，及宋人盟于宿。冬十有二月，祭伯来。公子益师卒。"除记录鲁国史事，《春秋》也兼记各国史事。如："（宣公十八年）春，晋侯、卫世子臧伐齐。公伐杞。夏四月。秋七月，邾人伐鄫子于鄫。"由是，《春秋》之中保存了极为珍贵的上古史料，尽管完备性稍差，但也为后世研究古代史提供了必要的资料来源。据考证，《春秋》记录的各项大事均可与天文记录及其他古代史书、出土文物相互印证，由此足见其史料价值。

与此同时，《春秋》不仅是一部史书，还蕴含着孔子深刻的政治思想，其作用已然超出一般史书的范畴。虽然《春秋》记事文字极为精简，短者只有一字，长者最多不过四十余字，但却有内涵复杂的褒贬之意寓于其中，后世将此种写作手法称为"春秋笔法"。其遣词造句"字字针砭"的独特文风，也成为其后文史学者的学习典范。在《史记·太史公自序》中，司马迁便对《春秋》大加推崇："夫《春秋》，上明三王之道，下辨人事之纪，别嫌疑，明是非，定犹豫，善善恶恶，贤贤贱不肖，存亡国，继绝世，补敝起废，王道之大者也……故春秋者，礼义之大宗也。夫礼禁未然之前，法施已然之后；法之所为用者易见，而礼之所为禁者难知。"

《春秋》问世之后，原文曾有一万八千字左右，但自三国以后至今，所存原文仅为一万六千余字。尽管《春秋》所含文字的字数不菲，但因涉及年代、事件、人物众多，总体而论仍属于应用粗线条的笔墨勾勒历史，言辞过简，所以后人难以理解。为解决此问题，先后有几部诠释之作问世，以对《春秋》中记载的内容进行解释和说明，即所谓的"传"。据《汉书·艺文志》记载，为春秋作传者共有5家，分别是《左传》（30卷）、《公羊传》（11卷）、《穀梁传》（11卷）、《邹氏传》（11卷）、《夹氏传》（11卷）。但由于"邹氏无师""夹氏未有书"，因此现存的只有《左传》《公羊传》和《穀梁传》三种，合称"春秋三传"。三者内容各有侧重，《公羊传》和《穀梁传》侧重阐发《春秋》中的"微言大义"，《左传》则侧重历史细节的补充。

《左传》

《左传》，又称《左氏春秋》《春秋左氏传》《左氏》或《春秋古文》，是一部中国古代编年体的历史著作。《左传》与《公羊传》《穀梁传》合称"春秋三传"，均是对《春秋》一书的解读。其区别在于，《左传》侧重对历史细节的补充，《公羊传》和《穀梁传》则侧重阐发《春秋》中的"微言大义"。《左传》通过记述春秋时期的具体史实以说明《春秋》所载的各年份史事，是儒家重要经典之一，被列入经书的行列。《左传》原本不附《春秋》原文，乃是独立撰写的史书。后续版本则将《春秋》经文按年分别写在《左传》传文之前，并通行至今。

《左传》的作者，在历史上可谓众说纷纭。旧传其作者应为春秋末期的史官左丘明。如班固在《汉书·艺文志》中记载："周室既微，载籍残缺，仲尼思存前圣之业，乃称曰：'夏礼吾能言之，杞不足徵也。殷礼吾能言之，宋不足徵也。文献不足故也。足则吾能徵之矣。'以鲁周公之国，礼文备物，史官有法，故与左丘明观其史记……口授弟子，弟子退而异言。丘明恐弟子各安其意，以失其真，故论本事而作传，明夫子不以空言说经也。"在《汉书·司马迁传》中，班固更赞曰："自古书契之作而有史官，其载籍博矣。至孔氏纂之，上断唐尧，下讫秦缪。唐、虞以前，虽有遗文，其语不经，故言黄帝、颛顼之事未可明也。及孔子因鲁史记而作《春秋》，而左丘明论辑其本事以为之传，又纂异同为《国语》。"唐朝学者刘知幾在《史通·六家》中记载："左传家者，其先出于左丘明。"但这种说法遭到了后世诸多学者的质疑，较为通行的看法是战国初年的学者根据各国史料编著而成。

较之于《春秋》原经及《公羊传》《穀梁传》，《左传》"传'春秋'"的方式更侧重于对历史事实的考证与补充完善。其记录的时间段起自鲁隐公元年（前722），迄于鲁哀公二十七年（前468），其中有11年无传之经。

就书中具体内容而言，《左传》基本以《春秋》所载鲁国十二公为顺序，但其时间范畴超出《春秋》原文的范围。在如此广阔的时代背景下，《左传》比较系统详细地记述了这段历史时期中各国的政治、经济、军事、文化以及社会生活、自然现象等方面的事件。记录的社会群体，上自诸侯、卿大夫，下到商贾、刺客、百工、乐师等黎民百姓、贩夫走卒，刻画的历史人物约有一千四百余人。既描写了诸侯争雄的宏图霸业，也记叙了郑子产改革之类的社会内部变革活动。尤其是其中对战争的描述可谓生动形象。全书记录的战争为四百多次，几乎每场都是特点鲜明、情节曲折，既注重对宏大场面的铺陈，也注意对细节之处的勾勒，而且在重视史实描述的同时也将军事与政治、经济、外交等因素紧密联系在一起。并且，《左传》的记史方法与《春秋》有明显不同，采用有组织的而非流水账式的编纂手法，显著提高了史料价值。

不仅如此，《左传》在作为一部历史著作的同时，也是非常优秀的文学作品，取得了很高的艺术成就。在应用丰富翔实的史料之外，《左传》还注意将历史与文学相结合，以文学手法叙述历史事实。因此，无论刻画人物形象还是描述大事小情，《左传》均能做到言辞优美生动、语言简约意赅、手法灵活多样。因此，其对后世史书及文学作品的创作都产生了深远影响。清代学者朱彝尊在《经义考》中引用两晋时期名臣贺循的观点，赞曰："左氏之传，史之极也。文采若云月，高深若山海。"而在叙述史实之外，《左传》亦表现出鲜明的观点倾向性。《左传》之中不但记录了大量有关孔子生平及思想的资料，其观念也与儒家相近似，以"礼"作为评价人物是非的标准，强调等级秩序和宗法伦理，重视长幼尊卑的社会秩序，注重"民为本"。

自立于学官并附于《春秋》之后，《左传》逐渐成为儒家经典。而自魏晋之后，因郑玄、杜预为其作注，《左传》的地位大为提升，受到学者的重视。比较重要的注本有西晋学者杜预的《春秋经传集解》、明末清初学者顾炎武的《左传杜注补正》、清代学者惠栋的《左传补注》、清代学者洪亮吉的《春秋左传诂》，以及今人杨伯峻先生的《春秋左传注》。

《公羊传》

《公羊传》，亦称《春秋公羊传》或《公羊春秋》，"春秋三传"之一，与《左传》《穀梁传》同为专门解释《春秋》的著作，是儒家今文经学的重要典籍之一。《公羊传》在"春秋三传"之中一般排名第二,这个排序是根据初唐学者陆德明在其著作《经典释文》中的排序而来,并为后世所通用。

《公羊传》的具体成书年代不详。其作者相传为孔子之徒子夏的弟子,战国时期的齐人公羊高。东汉学者班固在《汉书·艺文志》中便提出:"公羊子,齐人","(作)《公羊传》十一卷"。唐代学者徐彦在《春秋公羊传注疏》之《监本附音春秋公羊注疏序》中引用东汉学者戴宏的说法,指出:"子夏传与公羊高,高传与其子平,平传与其子地,地传与其子敢,敢传与其子寿。至汉景帝时,寿乃共弟子胡毋子都著于竹帛。"东汉学者何休在为《公羊传·隐公二年》所作的注中也提出:"言'无闻'者,《春秋》有改周受命之制。孔子畏时远害,又知秦将燔《诗》《书》,其说口授相传;至汉,公羊氏及弟子胡毋生等乃始记于竹帛。"《四库全书总目》亦记载:"传确为寿撰,而胡毋子都助成之;旧本首署高名,盖未审也。"由上述记录可梳理出《公羊传》的传承脉络。即,子夏通过口耳相传的方式将《公羊传》传授给弟子公羊高,其后父子相承,由公羊平、公羊地、公羊敢逐代传递。直至西汉景帝时,传至玄孙公羊寿,由公羊寿与胡毋生(子都)一起将《春秋公羊传》写于竹帛之上,成为定本。由于其时使用的通行文字是汉代隶书,所以被称为"今文"。但也有学者对上述传统的《公羊传》传承说法表示出不同的见解。如近世学者崔适在《春秋复始·公羊传当正其名春秋传》中便从历史年代角度提出了疑问:"子夏少孔子四十四岁,孔子生于襄公二十一年,则子夏生于定公二年,下迄景帝之初,三百四十余年,自子夏至公羊寿,甫及五传,则公羊氏世世相去六十余年,又必父享耄年,子皆夙慧,乃能及之,其可信乎?"

自汉代初年《公羊传》由口耳相授转为定书之后,由此引发出儒家经学中专门研究和传承《春秋公羊传》的一个学派,也是今文经学最为重要的一个分支学派,即公羊学派。汉景帝时期,治《春秋》"公羊学"的主要学者除了公羊寿的弟子胡毋生之外,另外还有董仲舒和公孙弘。《史记·儒林列传》有云:"言《春秋》于齐、鲁自胡毋生,于赵自董仲舒……董仲舒,广川人也。以治春秋,孝景时为博士……公孙弘治《春秋》不如董仲舒……故汉兴至于五世之间，唯董仲舒名为明于《春秋》，其传《公羊氏》也。胡毋生，齐人也，孝景时为博士，以老归教授，齐之言《春秋》者，多受胡毋生，公孙弘亦颇受焉。"汉武帝时期立有五经博士，其中的《春秋》博士便是公羊学派，包括胡毋生和董仲舒两家。

《公羊传》的正文约二万七千字，其中有37年有经无传，可能在传承过程中有所缺失。其所载内容的时段上起于鲁隐公元年（前722），下止于鲁哀公十四年（前481），与《春秋》原经相同。此书与《左传》有所不同，并非侧重于对历史事实的考证与补充完善，其中叙述史实的词句极少，因此史料价值有限。《公羊传》注重的是解释《春秋》的经文，尤其是阐发"微言大义"，并将其视为孔子政治理想的体现，作为指导帝王处事的准则。《公羊传》的撰写体例也较富特色，经与传合并，由经文逐句解读《春秋》经文蕴含的大义，但其解释是否符合《春秋》原文的本意，则见仁见智。东汉学者何休在作《春秋公羊解诂》时，就提出了"多非常异义可怪之论，说者疑惑"的看法。又由于《公羊传》中采用问答的方式进行解经，故而也有学者认为其是孔子讲授《春秋》时由弟子门人所作的记录。

具体而言，《公羊传》的主要内涵是宣扬儒家思想中的拨乱反正、大义灭亲等内容，从而为强化中央专制集权服务。所以，《公羊传》传达的观点有"大一统""夷夏之辨""经权说""三世说""三统说"，而这些观念又构成了一个有机统一的整体。其中重点强调，通过政治等层面的大一统，实现用华夏文明影响乃至统合夷狄文明，进而衍生出"经权说"及用于划分历史阶段的"三世说"、支持朝代更易的"三统说"等思想，以此探讨人类历史发展的规律性，特别是其中的"改制"与"变易"。这些突出体现儒家政治、历史思想的观点，对后世学者产生了深刻影响，历史今文经学家常用《公羊传》作为议论政治的工具及研究战国及秦汉时期儒家思想的主要资料。如董仲舒向汉武帝进对策时便提出："《春秋》大一统者，天地之常经，古今之通谊也。今师异道，人异论，百家殊方，指意不同，是以上亡以持一统；法制数变，下不知所守。臣愚以为：诸不在'六艺'之科、孔子之术者，皆绝其道，勿使并进。邪辟之说息，然后统纪可一，而法度可明，民知所从矣。"

由是，汉武帝采纳了董仲舒的建议，施行"罢黜百家、独尊儒术"的文教政策，并儒家诸经之中"独尊《公羊》"。而在晚清时期，伴随公羊学派的重振，龚自珍、魏源等又将"公羊学"研究与经世、救亡、图存紧密联系起来。康有为、梁启超等更利用"三世""托古改制"等学说，作为维新变法的理论依据。

历代研究注释《公羊传》的文本颇多，其中代表者有东汉学者何休的《春秋公羊解诂》、唐代学者徐彦的《公羊传疏》、清代学者孔广森的《公羊通义》、清代学者刘逢禄的《公羊何氏解诂笺》、清代学者陈立的《公羊义疏》等。

《穀梁传》

《穀梁传》，也作《谷梁传》，亦称为《春秋穀梁传》或《穀梁春秋》。作为"春秋三传"之一，《穀梁传》与《左传》《公羊传》同为专门解释《春秋》的著作，是儒家学派今文经学的一部重要经典，"十三经"的主要组成部分，也是研究儒家思想从战国时期到汉朝演变的重要文献。

《穀梁传》的作者，相传为战国时期的鲁国人穀梁赤。东汉学者班固在《汉书·艺文志》中记载："《穀梁传》十一卷。穀梁子，鲁人。"但"穀梁子"具体之名，《汉书》并未明确指出，后世学者则对此问题进行了考证与注释，认定"穀梁子"的真实名称为穀梁赤（或作喜、嘉、俶、寘）。如，东汉学者桓谭在《新论》中将"穀梁子"解释为"穀梁赤"，东汉学者王充在《论衡·案书》中作"穀梁寘"，南朝齐梁时期学者阮孝绪在《七录》中作"穀梁俶"。初唐大臣陆德明在《经典释文·序》中认为："公羊高受之于子夏，穀梁赤乃后代传闻。"并于"穀梁"下注释"名赤，鲁人。糜信云：'与秦孝公同时。'《七录》云：'名俶，字元始。'《风俗通》云：'子夏门人。'"唐代学者颜师古在《汉书注》中将"穀梁子"注释为"名喜"。

与《公羊传》的传承形式相类似，《穀梁传》也是通过口头传授得以逐代传递下去的，《汉书·艺文志》称之为"末世口说流行"之作。

《穀梁传》所载内容的时间段起于鲁隐公元年（前722），终于鲁哀公十四年（前481），与《春秋》原经及《公羊传》相同。在书写体裁上，《穀梁传》同样与《公羊传》相似，以语录体和对话文体为主，用这种方式来注解《春秋》原经的内容。因此，《穀梁传》以解释经文、阐释"微言大义"为主，对史实的记述较少。

《穀梁传》的内容着重宣扬儒家思想，注重礼义教化、宗法情谊，对于缓和统治集团的内部矛盾与稳定封建统治的长远利益具有一定作用，尤其是适应了西汉后期统治阶级的政治需要，因此曾受到统治阶级的重视。

《穀梁传》在汉代一度流行。据《汉书·儒林传》记载："瑕丘江公受《穀梁春秋》及《诗》于鲁申公，传子至孙，为博士。武帝时，江公与董仲舒并。仲舒通《五经》，能持论，善属文。江公讷于口，上使与仲舒议，不如仲舒。而丞相公孙弘本为《公羊》学，比辑其议，卒用董生。"因此，《穀梁传》也曾在汉代立于学官，与《公羊传》一时瑜亮，尤其是在西汉后期更受重视。历代注释《穀梁传》的重要注本有东晋学者范宁的《春秋穀梁传集解》、唐朝学者杨士勋的《春秋穀梁传疏》、清代学者钟文烝的《穀梁补注》。

《孝经》

《孝经》，是儒家的经典著作，十三经的重要组成部分之一，也是其中篇幅最短的一部经书，字数在一千八百左右，共分为18个章节。《孝经》以"孝"为核心概念，系统阐释了儒家的伦理道德思想，宣扬封建孝道和宗法制度。《汉书·艺文志》将《孝经》解释为："夫孝，天之经，地之义，民之行也。举大言者，故曰《孝经》。"东汉学者桓谭在《新论》中亦指出："孝者，事亲之名；经者，常行之典。"由是可见，《孝经》被视为教人行孝事亲规则的典籍。

关于《孝经》的作者，一说为孔子。如班固在《汉书·艺文志》中提出："孝经者，孔子为曾子陈孝道也。"二是认为《孝经》的作者为孔子的弟子曾子。如《史记·仲尼弟子列传》载："曾参，南武城人，字子舆，少孔子四十六岁。孔子以为能通孝道，故授之业，作《孝经》，死于鲁。"三是认为《孝经》

的作者为曾子的门人。如南宋学者王应麟在《困学纪闻》中引用胡寅之言："《孝经》非曾子所自为也。曾子问孝于仲尼，退而与门弟子言之，门弟子类而成书。"四是认为《孝经》的作者为师从曾子的子思。如王应麟在《困学纪闻》中引用冯椅之言："子思作《中庸》，追述其祖之语，乃称字。是书当成于子思之手。"五是认为《孝经》的作者为七十子之徒。如清代政治家纪昀在《四库全书总目》中指出，该书是孔子"七十子之徒之遗言"。目前较为公认的说法是，《孝经》的作者为战国末年的儒家学者。

《孝经》在传承过程中因"焚书坑儒"而曾失传过一段时间，由此产生了今文、古文两种版本。其中，今文版本的《孝经》乃是河间人颜芝所藏，后于汉代初年由其子颜贞献出，由长孙氏、博士江翁、少府后仓、谏大夫翼奉、安昌侯张禹等家所传，并由郑玄作注，共分为18章；古文版本的《孝经》，乃是由鲁恭王得之于孔子故居墙壁之中，并由孔安国作注，共分为22章，后佚于梁。隋朝时期，学者刘炫曾伪作孔安国注并传世。唐开元七年（719），唐玄宗废郑注本和伪孔注本，召集学者鉴定今古文《孝经》，会集韦昭、王肃、虞翻、刘劭、刘炫、陆澄六家学说为注，并刻石于太学。唐天宝二年（743），又重注《孝经》并颁行。后经邢昺作疏，并列入《十三经注疏》。

《孝经》是儒家诸项经典之中最早一部以"经"命名的典籍，郑玄在为《孝经序》作注时对《孝经》之名进行了详细解释："《孝经》者，三才之经纬，五行之纲纪。孝为百行之首；经者，不易之称。"就内容而言，现在通行版本的《孝经》为18章，具体包括《开宗明义章》第一，论述"孝"的根本意义以及孝行的始终，强调"身体发肤，受之父母，不敢毁伤，孝之始也。立身行道，扬名于后世，以显父母，孝之终也"。《天子章》第二、《诸侯章》第三、《卿大夫章》第四、《士章》第五、《庶人章》第六，分别论述"天子之孝""诸侯之孝""卿大夫之孝""士之孝"以及"庶人之孝"，阐明天子、诸侯、卿大夫、士人和庶人等各社会阶层践行孝道的基本要求。《三才章》第七、《孝治章》第八、《圣治章》第九、《纪孝行章》第十、《五刑章》第十一、《广要道章》第十二、《广至德章》第十三、《广扬名章》第十四、《谏诤章》第十五、《感应章》第十六、《事君章》第十七、《丧亲章》第十八，则从"孝的意义""孝的目的""孝的本质""孝的功用""孝的方式"等方面阐释"孝"的内涵，在肯定"孝"是上天确定的规范的基础上，规定了"孝"的基本要求、方法、等级和内容，主张"孝"应贯穿于人的一切行为之中。此外，《孝经》还将封建伦理道德与法律体系相结合，提出以法律维护封建宗法制和道德规范，并且尤其强调孝亲之道与君臣之间的关系，突出"忠君"思想。

总体而言，《孝经》以"孝"为核心，系统阐述了"孝"在中国传统道德与政治伦理中的地位与作用，体现了"孝"及衍生的"忠君"观点在家庭、社会和国家中的重要作用，特别是认为"孝悌之至"就能够"通于神明，光于四海，无所不通"，这就将"孝"的社会价值推而广之，并促使历代王朝均注重以"孝"治理天下。

正是由于《孝经》一书的特殊性，因而封建王朝统治者往往都对其十分推崇，利用《孝经》为政治服务，以达到专制统治的目的。由是，自汉代起《孝经》便备受重视。据《汉书·艺文志》载："汉文帝时，《论语》《孝经》皆置博士。"而自汉惠帝以降，历代皇帝的谥号前均加"孝"字，以示对"孝"的注重。其后的历代帝王也对《孝经》多有重视，典型者如唐玄宗御注《孝经》。另有学者统计，自魏文侯起有五百余位历代统治者及学者对《孝经》进行了注疏，由此可见《孝经》的历史地位。

《论语》

《论语》，儒家主要经典著作之一，"十三经"与"四书"的重要组成部分。《论语》是孔子弟子及其再传弟子关于孔子及其弟子言行的记录，共计20篇492章，战国初期成书。《论语》的体裁以语录体为主、叙事体为辅，较为全面地反映了孔子及弟子的言语行事，集中展现了孔子的政治思想、伦理思想、道德观念及教育思想等方面内容。

作为记载孔子思想的主要经典著作，《论语》是孔门弟子集体智慧的结晶。编纂者主要是仲弓、子游、子夏、子贡，其后又由少数留在鲁国的弟子及再传弟子完成。

《论语》一书的名称，始见于《礼记·坊记》："论语曰：'三年无改于父之道，可谓孝矣。'"至于为何取"论语"为书名，北宋学者邢昺在《论语注疏·学而》中认为："正义曰，自此至尧曰是鲁论语二十篇之名及第次也。当弟子论撰之时，以论语为此书之大名。"清代学者刘熙载在《释名·释典艺》中认为："论，伦也，有伦理也；语，叙也，叙己之所欲说也。"马培棠在《国故概要》中提出："《论语》之名，虽最早见于《礼记·坊记》，而两汉时代称谓并不一致。或单称《论》，或单称《语》，或别称《传》，或别称《记》，或详称《论语说》，直至汉后，《论语》之称，方告确定。其内容强半皆孔子之言，故曰《论语》。"具体而论，"论语"就是讨论的语言，即讨论做人、处事、治理国家、天下道理的语言集。

与许多先秦儒家典籍的传承相类似，《论语》在成书之后也逐渐演化出不同的版本。秦始皇"焚书坑儒"使儒家经典毁之殆尽，《论语》也未能逃脱浩劫。至西汉景帝、武帝时，朝廷开始注重儒术，收集天下书籍，进行整理校刊。元帝、成帝时，大校书家刘向、刘歆父子整理鲁《论语》20篇。

作为以语录体为主、叙事体为辅的典籍，《论语》的记载内容博大精深、包罗万象。全书共有11705字，多为孔子弟子平素记录孔子的教诲语言与师生之间、弟子之间相互探讨问题的语言，以及当时各类代表人物与孔子师生辩论问题的语言，具体章节包括：《学而第一》《为政第二》《八佾第三》《里仁第四》《公冶长第五》《雍也第六》《述而第七》《泰伯第八》《子罕第九》《乡党第十》《先进第十一》《颜渊第十二》《子路第十三》《宪问第十四》《卫灵公第十五》《季氏第十六》《阳货第十七》《微子第十八》《子张第十九》《尧曰第二十》。其中涉及政治、教育、文学、哲学等多方面内容，集中体现了孔子以"仁、礼、中庸"为核心的道德与政治学说，重义轻利、"见利思义""富民"的经济思想，"有教无类""因材施教""爱生忠诲""学而优则仕"的教育思想，等等。

《论语》一书对中国文化的发展演变产生了深远影响，持续两千多年。尤其是在南宋学者朱熹将《论语》《孟子》《大学》《中庸》合编为"四书"，作为儒家经典的普及本以后，其流传范围更加广泛，甚至于播衍至日本、韩国、俄罗斯、欧洲及南洋群岛等地。南宋以后，中国的科举选士，其题目、内容均出自"四书"。所以南宋、元、明、清四代对《论语》更加重视，遂成为人们社会生活中各种活动的指导思想。而历朝历代对《论语》进行研究、注释的学者也为数不菲。代表者如两汉三国时期的刘向、刘歆父子，夏侯胜、萧望之、韦贤、韦玄成、王卿、庸生、王吉、张禹、包咸、孔安国、马融、郑玄、陈群、王肃、周生烈、孙邕、郑冲、曹羲、荀𫖮、何晏，晋代的卫瓘、谢道韫，南北朝时期的颜延之、皇侃，隋唐时期的韩愈、陆德明、张籍、李翱、贾公彦，宋代的邢昺、程颢、程颐、朱熹、真德秀、张栻，元代的胡炳文、许谦，明代的李贽、陈士元、周宗建，清代的毛奇龄、崔东壁、刘宝楠、康有为，等等。由是可见，历代《论语》研究、注释者及相关著作的数量之多、质量之高，进而可知《论语》所载的丰厚思想财富在中国历史上的地位与作用，及其受重视程度。

《孟子》

《孟子》，儒家主要经典著作之一，"十三经"与"四书"的重要组成部分。《孟子》一书是孟子及其弟子万章、公孙丑等著，记载了孟子的言行以及其与门人弟子或时人互相问答的状况，详细记述了孟子及弟子有关政治、教育、哲学、伦理等方面的思想及政治活动，体现出孟子与其他各家学派或思想的辩论、对弟子的言传身教及游说诸侯等内容。

《孟子》一书，其内容据《史记·孟子荀卿列传》记载为7篇，《汉书·艺文志》则载"孟子十一篇"。

《孟子》一书系孟子与其弟子公孙丑、万章等人所论社会与人生问题的结集。在孟子去世后，弟子们仿《论语》的编辑形式成书。其中的称谓、国君年号等，均为孟子弟子的口吻。其中具体篇章包括《梁惠王》上、下，《公孙丑》上、下，《滕文公》上、下，《离娄》上、下，《万章》上、下，《告子》上、下，《尽心》上、下，共计三万五千余字。其体例与《论语》相类似，以语录体为主，每篇的题目由篇首2至3个字构成，每篇之中又分为若干章，各章之间并无直接逻辑联系。

《孟子》一书较为系统地体现了孟子的思想与主张，其核心观点基本与孔子相同，有些地方亦有进步之处。在政治上，孟子倡导变革政治，实行仁政。在经济上，孟子认为仁政若得以实施则必然会带来惠民利君的经济政策。反之，也只有"保民而王"，实行惠民利君的经济政策，才是真正的仁政。所以，必须变革经济，使民有"恒产"及实施"井田制"，才能保证国泰民安，拱卫仁政的施行。孟子还重视社会分工和商业流通在发展社会经济中的作用。如《孟子·梁惠王上》曰："为巨室，则必使工师求大木。"《孟子·公孙丑上》曰："市，廛而不征，法而不廛，则天下之商，皆悦而愿藏于其市矣；关，讥而不征，则天下之旅，皆悦而愿出于其路矣。"在教育方面，孟子认为办教育必须有一定的经济、政治基础，同时教育要为仁政服务。如《孟子·滕文公上》有云："人之有道也，饱食暖衣、逸居而无教，则近于禽兽。圣人有忧之，使契为司徒，教以人伦：'父子有亲，君臣有义，夫妇有别，长幼有叙，朋友有信。'"因此，教育要培养社会进步的中坚人才。正如《孟子·滕文公下》所言："居天下之广居，立天下之正位，行天下之大道；得志，与民由之；不得志，独行其道。富贵不能淫，贫贱不能移，威武不能屈，此之谓大丈夫。"除此之外，孟子亦强调"中庸、权衡"的政治哲学，倡导以此治国化民。

总体而论，《孟子》一书较为充分地展现了孟子的思想与主张，体现出孟子学说所具有的宝贵价值。宋神宗熙宁四年（1071），《孟子》一书首次被列入科举考试科目之中。自南宋时期，朱熹将《孟子》与《论语》《大学》《中庸》合为"四书"后，其地位已在"五经"之上。南宋、元、明、清四朝以"四书"作为各类学校的教材，且以之为科举考试的题库。从此，《孟子》随着"四书"而广为人知，广受重视。这也使得历代为《孟子》作注疏的学者络绎不绝，其中代表者包括东汉学者赵岐的《孟子章句》、南宋学者朱熹的《四书集注》、明末学者张岱的《四书遇》，以及由清代学者焦循在广泛吸纳明清大家戴震、顾炎武、毛奇龄、李光地、阎若璩、王念孙、段玉裁、阮元、卢文弨等各家有关学说的基础上所作的《孟子正义》。而今人杨伯骏先生著《孟子译注》，是近五十年来，流传、影响最广的研究《孟子》的著作。

《大学》

《大学》，是儒家学者的经典著作，"四书"的组成部分之一，主要阐释儒家有关修身齐家治国平天下的思想，从而体现出先秦儒家的道德思想、教育理论以及政治哲学，对后世做人、处事、治国等均有深刻的启迪与影响。

《大学》原本并非独立成书，而是载于《礼记》，排名其中的第42篇。至南宋时期，朱熹为进一步促使儒家思想更加凝练，更易为普通民众学习理解，于是在继承和发展唐代韩愈、李翱及北宋周敦颐、程颢、程颐等学者的有关思想的基础上，将能够鲜明体现孔子思想的《大学》抽取而出，编注为《大学章句》，并与《中庸》《论语》《孟子》并列合集，合编为"四书"。

《大学》作为《礼记》中的一个篇章，其作者是谁尚无定论，历代学者对此众说纷纭。汉代学者班固认为："七十子后学者所记也。"郑玄在《郑目录》中仅阐释了《大学》的性质，并未提及作者。北宋学者程颢、程颐认为《大学》为"孔氏之遗言"。朱熹在整理《大学》时对其进行了重新编排，分为"经"一章、"传"十章，并提出："经一章盖孔子之言，而曾子述之；其传十章，则曾子之意而门人记之也。"即，"经"是曾子记录的孔子之言，"传"是曾子学生记载的曾子解释"经"之言。清代学者崔述在《洙泗考信录·全录》中考证了《大学》的成书年代，认为"凡文之体，因乎其时……《大学》之文繁而尽，又多排语，计其时当在战国"。综上而论，《大学》的作者应是"曾氏之儒一派"。

关于《大学》的发轫与传承，朱熹在《大学章句序》中做以系统考证："《大学》之书，古之大学所以教人之法也……三代之隆，其法浸备，然后王宫国以及闾巷莫不有学……及周之衰，贤圣之君不作，学校之政不修，教化陵夷，风俗颓败。时则有若孔子之圣而不得君师之位以行其政教，于是独取先王之法诵读而传之，以诏后世。若《曲礼》《少仪》《内则》《弟子职》

诸篇，固小学之支流余裔；而此篇者，则因小学之成功，以著大学之明法，外有以极其规模之大，而内有以尽其节目之详者也。三千之徒，盖莫不闻其说，而曾氏之传独得其宗，于是作为传义以发其意。及孟子没而其传泯焉，则其书虽存，而知者鲜矣……宋德隆盛，治教休明。于是河南程氏两父子出，而有以接乎孟氏之传，实始尊信此篇而表彰之。既又为之次其简编，发其归趣，然后古者大学教人之法，圣经贤传之指，粲然复明于世。"目前留存的《大学》有两个版本：一为按原有顺序排列的古本《大学》；二是经朱熹编排整理，划分为"经""传"两个部分的《大学章句》。

就具体内容而言，《大学》是高度概括儒家"修己治人""修己以安百姓"思想的理论著作，着重阐述了个人修养与社会政治之间的关系，并提出了命名为"三纲领"和"八条目"的理论体系。其中强调：所谓"大学"，乃是大人君子之学。《大学》以由"明明德、亲民、止于至善"组成的"三纲领"为教育宗旨，这也是做人修身的基本原则。《大学》的教育步骤是由"格物、致知、诚意、正心、修身、齐家、治国、平天下"组成的"八条目"，即大人君子修身的步骤与过程。在"八条目"中，前四个步骤是修身的基础办法，后四个步骤是修身的根本目的。在内容上，《大学》的教育一是教人事物的终始本末、"知所先后""诚意""慎独"、自新、亲民、各尽其职责名分；二是君子要有"絜矩之道"，"己所不欲，勿施于人"，表率风范，举贤远过；三是不以利为利，以义为利，不要聚敛财富，而能散财于民。如此培养大人君子，定能有"修己治人"质量的保障。大人君子有"修己治人"的质量，就能做好表率风范，就能管理好人民，就能使人民重义轻利、趋善去恶。总体而论，《大学》是高度概括儒家思想精华的一部书，尤其深刻论述了"修己治人"者须达之高境界与应恪守之治人原则。

《中庸》

《中庸》，是儒家学者的经典著作，"四书"的组成部分之一。《中庸》主要阐释了有关人生修养境界的道德哲学，提出了具有普遍意义的"中庸之道"，肯定了"中庸"是道德行为最高标准的地位，视"至诚"为人生最高境界，并提出了"博学之，审问之，慎思之，明辨之，笃行之"的学习过程和认识方法。

《中庸》原本并非独立成书，而是载于《礼记》，排名其中的第31篇。南宋以后，随着朱熹将《中庸》与《论语》《孟子》《大学》合编为"四书"，《中庸》的地位大为提升，成为后世官方钦定的教科书和科举考试的核心内容，因而对中国古代政治、社会、文化及教育的发展均产生了广泛而深远的历史影响。

《中庸》一书所阐述的"中庸之道"，是中华民族优秀传统文化的重要内涵，是中华文明的独特表征。这一哲学命题早在孔子所处的时代便已提出。《论语·雍也》有云："子曰：'中庸之为德也，其至矣乎！民鲜久矣。'"由是可见，孔子已然注意并重视"中庸"的价值，并以此传授于学生。但在《论语》中，仅有此一处谈到"中庸"，且言简意赅，只以十四字便结束了"中庸"之论。其具体语义是"中庸作为道德来讲，真是达到了尽善尽美的程度，但人们缺乏它很久了"。但究竟何谓"中庸"，孔子并未直接明确地阐述，只是在其他篇章中有所描述。如《论语·先进》曰："子贡问：'师与商也孰贤？'子曰：'师也过，商也不及。'曰：'然则师愈与？'子曰；'过犹不及。'"这被后世学者引以为孔子解释"中庸"的最好例证。

《中庸》作为儒家思想的集萃之一，其作者的身份众说纷纭。宋代以前的学者，大多主张《中庸》的作者为孔子之嫡孙子思。如司马迁在《史记·孔子世家》中便认为："子思作《中庸》。"自宋代起，关于《中庸》作者的主张出现了分歧。有学者主张《中庸》为子思与秦汉之际的儒者杂述而成。如欧阳修在《欧阳修全集·问进士策》中提出："问：礼乐之书散亡，而杂出于诸儒之说，独《中庸》出于子思。子思，圣人之后也，所传宜得其真，而其说异乎圣人者，何也？"目前，学界一般认为《中庸》乃是子思及其门人弟子合著的作品。

《中庸》一书，分为33章，四大部分，共计3565字。其中主要阐释天道、人道的广大而尽精微、最高深又最恒常的道理，涉及为人处世、道德修养、学习方式等多方面内容。正如朱熹所言，《中庸》乃是"孔门"传授心法。

总体而言，《中庸》所蕴含的深刻思想，对于建构中华民族和谐文化做出了辉煌的贡献，其中总结的处世经验、做人规范和治国智慧，对弘扬中华民族文化、提高人民素质具有重要价值。历代主要的《中庸》注本有程颢《中庸义》、程颐《中庸解义》、朱熹《中庸章句》、李塨《中庸传注》、戴震《中庸补注》、康有为《中庸注》、马其昶《中庸谊诂》和胡怀琛《中庸浅说》等。

《尔雅》

《尔雅》，儒家经典著作之一，"十三经"的主要组成部分。《尔雅》是中国古代第一部按义类编排的综合性辞典，是我国最早用于搜集、解释词语词义的专书，是训诂的开山之作，在训诂学、音韵学、词源学、方言学、古文字学方面均具有重要影响，为历代"训诂家"所祖。

在儒家经书之中，《尔雅》是比较特殊的一部。南朝时期学者刘勰在《文心雕龙》中称之为"诗书之襟带"，宋代学者林光朝在《艾轩诗说》中认为是"六籍之户牖，学者之要津"，清代学者宋翔凤在《尔雅郭注义疏序》中誉之为"训诂之渊海，五经之梯航"。由是可见，《尔雅》作为我国第一部按义类编排的综合性辞书，是疏通包括五经在内的上古文献中词语古文的重要工具书，其重要性不言而喻。

《尔雅》之名，含义深刻。据东汉学者刘熙在《释名·释典艺》中所云："《尔雅》，尔，昵也；昵，近也。雅，义也；义，正也。"两晋时期学者郭璞在《尔雅注》中认为"（《尔雅》）所以释古今之异言，通方俗之殊语"。而《大戴礼记·小辨》中亦提出："《尔雅》以观于古，足以辨言矣。"也就是说，《尔雅》的作用既包括沟通各地的方言，也在于解释古今的异语。在此之外，亦有学者提出不同的见解。如清代学者王引之在《经义述闻》中提出："雅读为夏，夏谓中国也，故与楚、越对文。"现代学者黄侃先生在《尔雅略说》中也指出："雅之训正，谊属后起，其实即夏之借字。《荀子·荣辱篇》云：'越人安越，楚人安楚，君子安雅。'《儒效篇》则云：'居楚而楚，居越而越，居夏而夏。'二文大同，独雅、夏错见，明雅即夏之假借也。"即，"雅言"

是华夏的共同语。黄侃先生其后又补充道:"明乎此者,一可知《尔雅》为诸夏之公言,二可知《尔雅》皆经典之常语,三可知《尔雅》为训诂之正义。"

关于《尔雅》的成书年代及其作者,学界历来有不同见解,未有定论,由此产生了多种主张。一说为周公所制、后人所补。一说为孔子门徒所作。一说为秦汉之间的学者所纂。根据现代学者的考证,就其中涉及的文献资料及论述的制度、史实等方面来看,《尔雅》并非一人一时之作,而是在汇集多家的训诂资料基础之上,历经从战国至汉代以后的儒家学者不断增补润色,才得以传承和发展起来的。

在汉代,《尔雅》就被视为儒家经典。汉文帝时已经设置尔雅博士,汉武帝时又出现了犍为文学训注的《尔雅注》。至唐文宗开成年间刻开成石经时,《尔雅》被列入经部。到宋代,《尔雅》被正式列为十三经之一。

作为我国古代第一部分类辞典,《尔雅》之中记载的内容十分丰富。据《汉书·艺文志》载:"《尔雅》三卷二十篇。"现存《尔雅》则为19篇,即《释诂》《释言》《释训》《释亲》《释宫》《释器》《释乐》《释天》《释地》《释丘》《释山》《释水》《释草》《释木》《释虫》《释鱼》《释鸟》《释兽》《释畜》,共收词语四千三百多个,词组2091条。其中,作为前三篇的《释诂》《释言》《释训》与后16篇有显著区别,是古代文献词语训释的汇编。初唐学者陆德明在《经典释文》中指出:"《释诂》以下三篇,皆释古今之语、方俗之言。"若再细化解读,则《释诂》《释言》主要训释单词,《释训》多为训释叠字词或连绵词。如,《释诂》:"初、哉、首、基、肇、祖、元、胎、俶、落、权舆,始也";《释训》:"子子孙孙,引无极也。"其余16篇又分为如下几类:人文关系类:《释亲》,用以解释亲属关系名称,如"母之考为外王父,母之妣为外王母(母党)"。建筑器物类:《释宫》,用以解释宫室及与宫室相连的道路,如"宫之谓室,室之谓宫";《释器》用以解释衣服、食物等各种器物的名称,如"木豆谓之豆,竹豆谓之笾,瓦豆谓之登";《释乐》用以解释音乐及乐器的名称,如"大瑟谓之洒,大琴谓之离"。天文地理类:《释天》用以解释有关天文的名称,又分为四时、祥、灾、岁阳、岁阴、岁名、月阳、月名、风雨、星名、祭名、讲武、旌旗等类,如"何鼓谓之牵牛(星名)";《释地》用以解释有关地理的名称和地理环境的特点，又分为九州、十薮、八陵、九府、五方、野、四极等类，如"九夷、八狄、七戎、六蛮，谓之四海（四极）"；《释丘》用以解释自然形成的高低，分为丘和涯岸，如"绝高为之京；非人为之丘（丘）"；《释山》用以解释山脉的名称，如"石戴土谓之崔嵬，土戴石为砠"；《释水》用以解释河流水系，又分为水泉、水中、河曲、九河，如"水草交为湄（水泉）"。植物动物类：《释草》用以解释草本植物的名称，如"笋，竹萌"；《释木》用以解释木本植物的名称，如"杜，甘棠"；《释虫》用以解释昆虫的名称，如"萤火，即炤"；《释鱼》用以解释鱼类动物的名称，如"鳎，鲉"；《释鸟》用以解释鸟类动物的名称，如"蝙蝠，服翼"；《释兽》用以解释兽类动物的名称，又分为寓属、鼠属、齸属、须属等类，如"豹文，鼮属，（鼠属）"；《释畜》用以解释牲畜的名称，又分为马属、牛属、羊属、狗属、鸡属、六畜等类，如"騊駼，马"。

《尔雅》作为训诂资料的合集，对于研究古代经典文献具有十分重要的作用，因而受到历代学者的重视。东汉学者张揖在《上广雅表》中便赞曰："夫《尔雅》之为书也，文约而义固；其陈道也，精研而无误；真七经之检度，学问之阶路，儒林之楷素也。"也正是由于《尔雅》的巨大价值，后世的训诂学、音韵学、词源学、文字学、方言学等著作大多遵循其体例，出现了为数不菲的被称为"群雅"的仿照之作，如《广雅》《骈雅》《通雅》《别雅》等，并产生了专门研究《尔雅》的"雅学"。

《学记》

《学记》，为古代中国典章制度专著《礼记》49篇文献中的第18篇，是中国古代历史上最早系统论述教育教学问题的专门著作，是对先秦时期儒家学派的教育理论与实践经验的全面高度总结概括。全文共计20段，228句，1229个字。《学记》具体阐述了很多重要的教育理论问题，如教育的目的、作用、任务，教育教学的原则、制度、方法、内容，教师的地位、作用，教育过程中的师生关系及同学关系，等等。其语言精练、喻辞生动、思想深刻、意蕴厚重,被历代奉为教育经典,用以指导教育教学活动的开展,因而对中国古代教育的发展具有十分深远的影响。

关于《学记》的作者,学界历来说法不一。有学者认为《学记》的作者是毛生,亦有学者认为《学记》为孔门弟子所作。此外,还有学者提出《学记》的作者应为汉儒。而据郭沫若先生的详细考证,《学记》为"乐正氏所作",这也是较为公认的观点。"乐正氏"即乐正克,字子春,鲁国人。据《礼记·王制》载:"乐正崇四术,立四教。"可见其以职业为姓,祖先乃是学官。

《学记》主要是从对先秦时期教育经验与实践活动的总结出发,针对其时教育教学中存在的问题提出中肯的批评与合理的建议。其所论教学的具体措施、步骤、方法,既强调统一的教育规范,又非常注重培养学生的个性、一技之长,突出体现了《学记》对教育本质的深刻认识。东汉学者郑玄便指出:"《学记》者,以其记人教学之意。"南宋学者朱熹也认为:"此篇言古者学校教人传道授受之次序,与其得失兴废之所由,盖兼大、小学言之。"

就具体的内容而言:第一,《学记》开宗明义提出了"化民成俗,其必由学""建国君民,教学为先"的观点,论述了关于教育的作用和目的。《学记》强调,古代的君王如果想建立国家、统率和教化人民以及形成良好的社会风俗习惯,必须要从教育入手,即教育要为国家社会服务。"玉不琢,不成器;人不学,不知道。"通过教育使人民能够理解和接受统治阶级的理念,遵守统治阶级规定的社会秩序和道德标准,成为符合国家要求的循规蹈矩、安分守己的和谐民众,这是当时的教育所要达到的最高目标和最终理想,也是总的教育目的。第二,《学记》提出了系列化的教育和教学的基本原则,包括:一是"预、时、孙、摩",即预防性、及时性、顺应性和观摩性原则;二是"道而弗牵、强而弗抑、开而弗达"的启发性原则;三是课内外结合、劳逸结合的原则;四是教学相长原则;五是因材施教、长善救失原则。第三,《学记》归纳总结了几种富有成效的教学方法,包括问答法、讲解法、练习法、比较推理法。第四,《学记》总结概括出了一整套完整系统的学制体系和阶段性的教学与考核制度,根据地方的行政区划相应地设立塾、庠、序、学四级学校,构建了一个完整的具有授业和管理职能的学校体系。第五,《学记》详细论述了教师应具备的资格，主张教师必须明晰教育成功与失败的原则，了解学生在教育活动中易犯的错误，掌握和使用多种教学方法，具备博学多才的素质。第六，《学记》明确提出了尊师重道的必要性，要求应该给予教师以崇高的社会政治地位，从而使其成为封建思想的代言人。

《学记》作为先秦时期教育经验与实践活动的系统总结，其中蕴含了宝贵丰富的教育思想资料，对后世教育的发展极具启示借鉴价值，因而也受到了历代学者的充分肯定。北宋学者程颐认为："《礼记》除《中庸》《大学》，唯《学记》《乐记》最近道。"明末清初学者王夫之在《礼记章句》中也指出："（《学记》）此篇之义，与《大学》相为表里，《大学》以发明其所学之道，推之大，析之密，自宋以来，为学者之所服习，而此篇所论亲师敬业，为入学之事，故或以为末，而未及其本，然玩其旨趣，一皆格物致知之实功，为大学始教之切务，则抑未可为而忽之也。"

《白虎通义》

《白虎通义》，亦称《白虎通德论》，简称《白虎通》，东汉学者班固等编撰，共计6卷。《白虎通义》是一部讨论五经同异、统一今文经义的重要著作，由班固等学者根据汉章帝建初四年（79）经学辩论的结果撰集而成。书名中的"白虎"二字得自于辩论地点白虎观，"通"代表"统一、通行"之意，"义"便是"大义"。所以，《白虎通义》可解释为"白虎观会议所形成的统一的、通行于天下的儒家经学之大义"。

《熹平石经》

《熹平石经》，是中国最早刻于石碑上的官定儒家经典文献经文，始刻于东汉灵帝熹平四年（175），亦称《汉石经》。又因其字体仅为隶书一种字体，故又有《一字石经》或《一体石经》之称。《熹平石经》是中国书法史上的著名碑刻之一，与魏正始年间所刻《正始石经》、唐文宗开成二年所刻《开成石经》并列为中国古代三大石经。

《熹平石经》作为古代最早的儒家太学石刻经典，是东汉时期尊崇儒学、经学发达等诸多社会历史原因所产生的文化瑰宝，在内容与形式上具有十分重要的影响。一是颁布了官方钦定的儒家经典，平息了各家各派在经学上的纷争，从而促进了儒学思想的发展。二是开创了我国历代石经的先河，为后世的石刻经典范文提供了依据。三是石刻的经书文字体现出较高的艺术价值，字体规矩严谨、刚柔相济、端美雄健，集汉隶之大成。梁武帝在《书评》中有云："蔡邕书，骨气洞达，爽爽如有神力。"现代学者范文澜先生在《中国通史简编》中也认为："两汉写字艺术，到蔡邕写石经达到了最高境界……石经是两汉书法的总结。"四是启发了捶拓复制和雕版印刷方法的发明，从而对印刷术的发明产生间接影响。

《熹平石经》刻立之后，随着汉献帝初平元年（190）董卓烧毁洛阳宫庙而开始遭到破坏。南北朝以后，石碑曾几次搬迁。至唐贞观年间，《熹平石经》几乎已损毁殆尽。宋代以后，陆续有石经的残块出土。迄今为止，在太学旧址发掘出土石经残块达数百块之多，共计八千八百多字。现在，这些残石分别收藏于西安碑林、中国社会科学院考古研究所、中国国家图书馆等，还有部分流散至国外。

《开成石经》

《开成石经》，全称为《石刻十二经并五经文字九经字样》，亦称《唐石经》。因其坚立于雍地，故而又有《雍石经》之称。《开成石经》于开成二年（837）完成。其为中国书法史上的著名碑刻之一，与东汉熹平年间所刻《熹平石经》、魏正始年间所刻《正始石经》并列为中国古代三大石经。

（第五部分执笔：刘振宇）

第六部分

儒学代表著作

《十三经注疏》

《十三经注疏》是一套儒家经典著作注解的丛书，共13部计416卷，具体包括《周易注疏》《尚书注疏》《毛诗注疏》《周礼注疏》《仪礼注疏》《礼记注疏》《春秋左传注疏》《春秋公羊传注疏》《春秋穀梁传注疏》《孝经注疏》《论语注疏》《尔雅注疏》《孟子注疏》。《十三经注疏》是对由汉至唐的一千年间经学研究成果的总结，是儒学理论建构过程中的集大成之作，对于儒学的发展具有十分重要的理论意义与价值，并获得了历朝历代官方的充分认可，进而确立为一个整体性的概念。

《十三经注疏》作为一个特定的整体性概念，其产生与发展源自于"十三经"，二者相辅相成、不可分割。自包括《诗》《书》《礼》《乐》《易》《春秋》在内的"六经"诞生开始，在儒家经书逐渐演化丰富的进程中，为了对古代文献进行解读以便于后世学子的学习理解，就产生了相应的注释解读。

伴随"十三经"的形成与"注疏"形式的产生，历代获得公认的注解逐渐被集中在一起，《十三经注疏》就此诞生。具体包括：《周易正义》10卷，魏王弼、晋韩康伯注，唐孔颖达等正义；《尚书正义》20卷，汉孔安国传注，唐孔颖达等正义；《毛诗正义》7卷，汉毛传、郑玄笺，唐孔颖达等正义；《周礼注疏》42卷，汉郑玄注，唐贾公彦疏；《仪礼注疏》50卷，汉郑玄注，唐贾公彦疏；《礼记正义》63卷，汉郑玄注，唐孔颖达等正义；《春秋·左传正义》60卷，晋杜预注，唐孔颖达等正义；《春秋·公羊传注疏》28卷，汉何休注，唐徐彦疏；《春秋·穀梁传注疏》20卷，晋范宁注，唐杨士勋疏；《论语注疏》20卷，魏何晏等注，宋邢昺疏；《孝经注疏》9卷，唐玄宗注，宋邢昺疏；《尔雅注疏》10卷，晋郭璞注，宋邢昺疏；《孟子注疏》14卷，汉赵岐注，宋孙奭疏。其中，孔安国传注的《尚书正义》被认定为伪作，《孟子注疏》也被认为非孙奭所作。尽管如此，《十三经注疏》仍是研究中国传统文化最主要的参考书，对于理解经学流派的宗旨、演化及历代学者的哲学、伦理、道德、政治等思想具有至关重要的作用。

《三经新义》

《三经新义》，又称为《三经义》，乃是由北宋时期思想家、政治家、文学家、改革家王安石主持编撰的经学教材，其中包括《周礼新义》22卷、《毛诗新义》20卷、《尚书新义》13卷，共计55卷。

《三经新义》的产生，与北宋神宗时期王安石发动的社会改革运动密切相关。为发展生产、富国强兵、挽救北宋的政治危机，王安石在宋神宗的支持下，"效法先代，革新现有法度"。由是，自北宋熙宁二年（1069）起，王安石在政治、经济、军事、社会、文化各个方面开始推行全面改革，力求革除积弊，扭转积贫积弱的局面。在颁行青苗法、募役法、保甲法、方田均税法等制度的同时，王安石也极为注重对人才的选拔、培养与使用，尝试通过改革科举制度、整顿太学、惟才用人等方式，以使变法获得舆论的支持与切实的贯彻。在此过程中，编撰《三经新义》便成为依托儒家经典著作宣扬变法革新思想的重要手段。

在《三经新义》之中，《周礼新义》由王安石亲自执笔撰写，《毛诗新义》与《尚书新义》则多为王雱与吕惠卿、吕升卿的手笔。《三经新义》对于儒家经典的释义，并非以先代儒家学者的解读与传注为根本，而是在对原有注解进行扬弃的基础上，以王安石的政治思想与经学思想为主，立足于"圣人之术，在于安危治乱"的观点，通过训解经义、阐释义理以突出变法思想。

《三经新义》颁布之后，产生了广泛而深远的影响。在学术方面，《三经新义》对于先儒传注经学的扬弃，对宋儒义理学风特点的形成以及理学流派的发展具有突出作用。在政治和文化方面，《三经新义》成为了太学与各州县学的统编教材，以及科举考试的法定依据。据《宋史·王安石传》记载："一时学者，无敢不传习，主司纯用以取士，士莫得自名一说，先儒传注，一切废不用。"由此可见，《三经新义》在当时所具有的地位与作用。

《三经新义》的主要内容今已散佚，现存的《周礼新义》乃依据《永乐大典》增补而成，计有16卷。另有《诗义钩沉》一书，对《毛诗新义》的部分佚文进行了搜集整理与编辑。

《十七史蒙求》

《十七史蒙求》，为中国古代一本重要的蒙学读物，作者为北宋时期的学者王令。《十七史蒙求》是王令在担任塾师期间，于熟读十七史的基础上杂采群书而成，主要目的是为传播历史文化知识以启蒙儿童。十七史包括《史记》《汉书》《后汉书》《三国志》《晋书》《宋书》《南齐书》《梁书》《陈书》《魏书》《北齐书》《周书》《隋书》《南史》《北史》《新唐书》和《新五代史》。

《十七史蒙求》作为一部专门的儿童启蒙读物，立足于儿童的特点，通过介绍中国历史知识，如政治典章、思想学说、人物掌故等内容，在使儿童学习掌握必备知识的同时也贯彻道德教化，实现德智并育。

《四书章句集注》

《四书章句集注》，简称《四书集注》，原名《四子》，是宋元以后儒家学派最为重要的一部经典著作，是儒学发展史上的鸿篇巨制，是理学发展的代表作。《四书章句集注》的作者为南宋理学大师朱熹，其内容便是朱熹为《大学》《中庸》《论语》与《孟子》所作的注，具体包括《大学章句》（1卷）、《中庸章句》（1卷）、《论语集注》（10卷）、《孟子集注》（14卷）。

从对"四书"的认识出发，朱熹将大半生的精力耗费于对"四书"的注释工作，在吸收借鉴先贤思想观点的基础上，运用"章句"和"集注"分别对《大学》《中庸》《论语》《孟子》进行注释，从而构建起《四书章句集注》的文本诠释体系，"四书"之名亦由此而来，正式成为一套完整的儒家经典著作。所谓"章句"，是指朱熹为《大学》《中庸》作注释时，以阐释自己的见解为主，极少引用他人观点；所谓"集注"，是指朱熹对《论语》《孟子》的注释引用了大量"二程"与弟子门人及他人的观点。

《四书章句集注》正式刊行之后，产生了广泛而深远的影响，不仅是儒学发展史上的主要学术代表著作，而且在元代以后成为官方钦定的教科书和科举取士的标准，对于宋代以后中国传统文化的演变具有重要作用。朱熹便曾指出："若理会得此《四书》，何书不可读，何理不可究，何事不可处！"

《五经正义》

《五经正义》，原名为《五经义疏》，是唐太宗时期撰成、唐高宗时期颁行的一部官方认证教材。"五经"，指《诗经》《尚书》《礼记》《周易》和《春秋》。《五经正义》便是对五部儒家经典著作进行注解的经学义疏类著作，其中包括《周易正义》14卷、《尚书正义》20卷、《毛诗正义》40卷、《礼记正义》70卷、《春秋左传正义》36卷，合计180卷。另据《四库全书总目》记载，《五经正义》包括《毛诗正义》40卷、《周易正义》10卷、《尚书正义》20卷、《礼记正义》63卷、《春秋左传正义》60卷，合计193卷。

主持撰修《五经正义》的国子祭酒孔颖达（574—648），字冲远，冀州衡水人，唐初十八学士之一，唐代著名经学家，孔子后裔，自幼熟读经传、善于词章，因而年少时便已有名。于贞观十二年（638）拜国子祭酒。正因其才学深厚、年辈在先、名位独重，所以唐太宗钦命孔颖达负责主持《五经正义》的纂修工作。

《五经正义》作为经学义疏的结集，因其目的在于摒弃杂说、整理统一经书的解释，因此从历代注疏择其优者而选之，对于前人作注的晦涩难懂部分亦加以疏通解释，并引用了大量扎实的史料对典章制度、名器物色等内容进行详细诠解，此外还比较注意文字训诂方面的工作。

《五经正义》内容丰富，具有极强的政治性，涉及经济、政治、文化、风俗等多个领域，保存了大量的珍贵史料。同时，《五经正义》汇集了历代诸多学者的研究成果，并对观点学说、文字版本进行了统一，从而体现出较高的权威性。此外，《五经正义》对于"礼"所具有作用的强调，对实用性经学的选择，对"建国君民，教学为先"的传统儒家教育思想的突出，都深刻反映了以孔颖达为代表的唐代经学家对儒学发展做出的贡献。由是，《五经正义》在颁行后便成为官方钦定的统一教材，是参加科举考试的唯一考核标准。由唐代至宋初，明经取士，皆以此为准。

《汉书·艺文志》

《汉书·艺文志》，简称《汉志》，是中国第一部纪传体断代史、"二十四史"之一的《汉书》的一个重要组成部分，属于史志书目，为《汉书》十志之一，也是中国现存最早的一部图书分类目录。

《汉书·艺文志》的作者为东汉时期著名史学家、文学家班固。班固出身于儒学世家，自幼聪慧过人、博览群书，16岁时入太学，其后于儒家经典、历史风物无所不通。班固一生著述颇丰，除《汉书》外，《白虎通义》《两都赋》亦为其代表作。

《汉书·艺文志》包括"六艺""诸子""诗赋""兵书""术数""方技"共六略38种，共计收纳图书596家、13269卷，涉及文史哲以及政治、经济、法律、军事、天文、历法等方面。每一略附有总序，每一种附有小序，以对学术原委、是非得失、类名意义等进行简要评述，从而反映其时的文化发展状况。而在继承《七略》传统的基础上，《汉书·艺文志》不仅对原先著录重复和分类不妥的地方进行修订改正，还增补了刘向、扬雄、杜林三家在西汉末年所完成的著作，使其内容更为丰富完备。

《汉书·艺文志》开创了正史刊载艺文志或经籍志的先河以及典范，对后世以正史反映图书典籍的发展状况具有重要直接的影响。自此以后，在正史之中修编艺文志或经籍志便逐渐成为了一种习以为常的官方惯例。又由于《七略》已佚，所以《汉书·艺文志》便成为中国现存最早的图书目录。

《圣学宗传》

《圣学宗传》，是明代学者周汝登撰辑的儒学著作，共计18卷，记载了自上古伏羲氏至明代中后期著名学者罗汝芳的行状以及学术思想之要旨。

《圣学宗传》的作者周汝登，字继元，别号海门，浙江嵊县人，万历五年（1577）丁丑进士。科举中第后，周汝登先后担任南京工部主事、兵吏二部郎官、两淮盐运判官、南京尚宝司卿等职。后又醉心于佛法，与佛教界人士往来密切。其学说试图将儒、释相会通。除撰辑有《圣学宗传》之外，周汝登还著有《海门先生集》《东越证学录》。

《圣学宗传》作为记录古圣先贤生平与思想的著作，以分卷形式记载了不同时代的圣人、贤人与儒学代表人物。其中卷一、卷二为伏羲至卫武公，卷三为孔子及其门人弟子，卷四为孟子至董仲舒，卷五为扬雄至韩愈，卷六至卷十为宋代人物，卷十一为宋元人物，卷十二至卷十八为明代人物。全书共收录八十余人，包括伏羲、神农、黄帝、尧、舜、泰伯、文王、卫武公、孔子、子思、孟子、荀子、扬雄、韩愈、穆修、游酢、杨时、张九成、朱熹、张栻、吕祖谦、陆九渊、蔡沈、杨简、真德秀、元许衡、吴澄、黄泽、薛瑄、吴与弼、陈献章、胡居仁、王守仁、徐爱、钱德洪、王畿、邹守益、欧阳德、薛侃、王艮、黄弘纲、何廷仁、徐樾、罗洪先、赵贞吉、王栋、罗汝芳等。

《圣学宗传》对于研究儒学理论的发展以及明代时期的思想文化具有比较重要的参考价值。

《理学宗传》

《理学宗传》，是明末清初理学大家孙奇逢的代表作，是一部全面系统阐述儒家人物学术思想的专著，全书共计26卷。《理学宗传》由开始编写至最终成书，前后历经三十余年，撰定于清康熙五年（1666）。

《理学宗传》的作者孙奇逢（1584—1675），字启泰，号钟元，直隶保定府容城人，晚年隐居于河南辉县夏峰村，并于此地讲学，世称夏峰先生。孙奇逢是明末清初时期的理学大师，与李颙、黄宗羲并称为明末清初三大儒。又因明亡后清政府屡召而不仕，故亦有"孙征君"之称。孙奇逢一生著述颇丰，除《理学宗传》外，还包括《圣学录》《北学编》《洛学编》《四书近指》《读易大旨》《书经近指》等。

对于《理学宗传》中的"宗传"二字，孙奇逢的解释是："学之有宗，犹国之有统，家之有系也。系之宗有大有小，国之统有正有闰，而学之宗有天有心。今欲稽国之运数，当必分正统焉；溯家之本原，当先定大宗焉；论学之宗传，而不本诸天者，其非善学者也。"

《理学宗传》的目的在于探索与阐释自北宋周敦颐起至明末东林党代表顾宪成止的理学宗统，以此维系和巩固圣王的统治（即"王路"）与圣人的道统（即"道术"）。为此，孙奇逢选择了周敦颐、程颢、程颐、张载、邵雍、朱熹、陆九渊、薛瑄、王阳明、罗洪先、顾宪成11人为理学大宗，在第一至第十一卷分别阐述。此外，孙奇逢又选择了由汉朝起始的历代诸儒146人，并称之为"辅"。其中包括：汉朝董仲舒等5人，隋朝王通等5人，唐朝韩愈等3人，宋朝杨时等54人，元朝刘因等18人，明朝曹端等61人，并给予简明扼要的评价。还特别标出"程门弟子"若干人、"朱门弟子"若干人、"王门弟子"若干人，以示有别于他家。不仅如此，《理学宗传》亦对中国学术思想发展史进行了概要阐述，认为"尧舜而上，乾之元也；尧舜而下，其亨也；洙泗、邹鲁，其利也；濂、洛、关、闽，其贞也"。这就将整个学术史的发展过程视为"元、亨、利、贞"的大圆圈，其间又包含上古、中古、近古三个小圆圈。

《理学宗传》较为全面地概述了理学发展的历程，并对其中的重要儒家学者的生平、思想及地位进行了论述。这不仅系统总结了儒学演进的宝贵历史经验，对于后世学者继续编写学术思想史也提供了启示借鉴。

《四书正误》

《四书正误》，为明末清初思想家、教育家，颜李学派创始人颜元编注，是阅读朱熹《四书集注》所作的读书笔记，其后由弟子门人辑录成册，成书于康熙三十一年（1692）七月。据《颜习斋先生年谱》记载："七月，录《四书正误偶笔》，皆平日偶辨朱子《集注》之误者，至是，命门人录为卷。"

《四书正误》原应有6卷，即《大学》《中庸》各1卷，《论语》《孟子》各2卷，但现存的为《大学》《中庸》《论语上》《论语下》《孟子下》各1

卷。其中的主要内容除注释外，多为批评程朱理学的内容。并对其中随意发挥、违背史实之处逐条批驳。此外，颜元也明白阐述了自己的教育思想，如承认人有禀赋的差异，应发挥教育的因材施教作用："人之性质各异，当就其性质之所近，心志之所愿，才力之所能以为学。"

《四书正误》对于解除朱熹注解对世人思想的束缚以及推动实学思潮的发展有积极作用。

《孟子字义疏证》

《孟子字义疏证》为清代著名学者戴震所著，是对《孟子》一书的字义进行疏证的哲学著作，共计3卷。

《孟子字义疏证》分上、中、下3卷。卷上：《理》15条；卷中：《天道》4条、《性》9条；卷下：《才》3条、《道》4条、《仁义礼智》2条、《诚》2条、《权》5条；并作序一篇。戴震在《孟子字义疏证》中继承了荀况乃至张载以来的唯物主义传统，突出"性与天道"的问题，批判了程朱理学有关"存天理，灭人欲"的思想，并通过论述《孟子》之中有关"理""天道""性""才""道""仁义礼智""诚""权"等哲学范畴的根本意义，以及通过训诂考据探讨义理，阐释自己的哲学思想。

《孟子字义疏证》所阐释的思想及其对理学的批判，在清代具有重要的进步意义，对后世学术的发展也有深远影响，因而获得了极高的评价。胡适指出："戴震在中国哲学史上虽有革命的大功和建设的成绩，不幸他的哲学只落得及身而绝，不曾有继续发达的机会。"

《四书五经大全》

《四书五经大全》，是明成祖朱棣于永乐十二年（1414）诏令明代文学家、曾官至文渊阁大学士的胡广及杨荣等官员、学者所编修的官定教科书，后于永乐十三年（1415）成书。

《四书五经大全》包含《四书大全》36卷和《五经大全》154卷。《五经大全》之中又具体包括：《周易大全》24卷、《书传大全》10卷、《诗经大全》20卷、《礼记大全》30卷、《春秋大全》70卷。

《四书五经大全》纂成后，由明成祖作序，并颁行天下，成为科举考试的标准。不仅如此，该书还于永乐十七年（1419）传入朝鲜，并产生重要影响。

《性理大全》

《性理大全》，与《四书五经大全》相类，同为明成祖朱棣诏令明代文学家胡广、杨荣等官员、学者编修的官定教科书，与《四书大全》《五经大全》并称为"三大全"，又合称为《五经四书性理大全》。于永乐十三年（1415）成书。

《性理大全》全书共为70卷，以阐释程朱性命理气之学为主要内容，是宋儒性理学说的汇编，所采宋儒之学计有120家。其中，前26卷均是自为卷帙者，包括《太极图说》《通书》《西铭》《正蒙》《皇极经世》《易学启蒙》《家礼》《律吕新书》《洪范皇极内篇》九种。而在第27卷以下，则分门编纂了理气、鬼神、性理、道统、圣贤、诸儒、学、诸子、历代、君道、治道、诗文等十三类内容。有的类下又包括子目，十三类计有一百三十余目。

《性理大全》成书之后，由明成祖朱棣制序于卷首，并颁于两京、六部、国子监及国门府州县学。由此，该书与《五经四书大全》同为官方教材及科举考试的标准，为程朱理学确立官方统治地位奠定了基础。

清康熙五十六年（1717），大学士李光地等奉命对《性理大全》的内容进行了重新编辑，梳理庞杂无绪之处，并"撷其精华"。由是，著成《性理精义》12卷，作为清代学校的重要教材。

《五经纂言》

《五经纂言》，是元代著名理学家、经学家、教育家吴澄的主要经学研究代表著作，其中包括《易纂言》《书纂言》《礼记纂言》《春秋纂言》以及未及集录的《诗纂言》。

《五经纂言》是一部集解体的经学著作，即汇辑各家各派对于同一典籍思想内容的理解注释，并附上编者自身的见解看法。《五经纂言》现存文本中包括《易纂言》10卷、《书纂言》4卷、《礼记纂言》36卷、《春秋纂言》12卷以及《易纂言外翼》8卷等。在编纂《五经纂言》时，吴澄征引了大量丰富的诸家文献材料，因此保存了众多珍贵的历史资料。与此同时，吴澄对内容和义理加以纾解，在探究大义的同时阐发富有个人特色的学术观点。

《九经要义》

《九经要义》，是南宋著名理学家、官员魏了翁编撰的经学著作。《九经要义》对《周易》《尚书》《诗经》《仪礼》《周礼》《礼记》《春秋》《论语》《孟子》这9种儒家经典著作义疏进行了辑录排比，并从中概括阐发经书的义理。

《九经要义》的作者魏了翁，字华父，号鹤山，谥号文靖，邛州蒲江（今四川蒲江县）人。魏了翁除曾任国子正、武学博士、兵部郎中等官职外，也积极从事学术研究和教育事业。其思想兼收并蓄又独具特色，并与所创立的学派及书院一道对其时思想学术的发展做出了重要贡献。

《九经要义》共计263卷。就具体内容而言，魏了翁在《九经要义》中以宋代理学的观点重新审视汉学，同时亦对宋学有所扬弃，提出了"要一字一义不放过"之态度。在编撰体例上，《九经要义》中的每部书均节录注疏之文，删繁举要，据事别类而成，并且每条之前都列有标题。

《九经要义》成书之后，魏了翁之子魏克愚曾经再度刊刻这部著作，但在此后《九经要义》便逐渐散佚。目前，在现存的《九经要义》之中，仅有《周易要义》10卷和《仪礼要义》50卷为全本。其余各部中，《毛诗要义》仅存20卷，《春秋左传要义》仅存31卷，《礼记要义》仅存31卷，《尚书要义》仅存17卷，《周礼要义》30卷未见，《论语要义》和《孟子要义》则卷帙不明。

光绪年间，江苏书局将《周易要义》《尚书要义》《毛诗要义》《仪礼要义》《礼记要义》五种合编为《五经要义》。

《玉函山房辑佚书》

《玉函山房辑佚书》，是中国历史上规模最大的一部私人刻印辑佚性丛书，为清代道光年间学者马国翰编辑，共计100册739卷，辑佚书594种。

《玉函山房辑佚书》的作者马国翰，字词溪，号竹吾，济南历城南劝夫庄人，清代著名辑佚大家。马国翰自幼饱读诗书、才思敏捷，曾以教书为业，后于道光十二年（1832）高中进士，并历任敷城、石泉、云阳等地知县，道光二十四年（1844）升任陕西陇州知州。马国翰毕生最喜读书与藏书，广泛搜集天下图书，"玉函山房"即是其书房之名。

《玉函山房辑佚书》为马国翰积数十年经历而完成的鸿篇巨制。全书共分为经、史、子三编，其中经编16类、史编3类、子编14类。三编内又分为33个小类，其中：经编包括易类、尚书类、诗类、周官礼类、仪礼类、礼记类、通仪类、乐类、春秋类、孝经类、论语类、孟子类、尔雅类、五经总类、纬书类、小学类；史编包括杂史类、杂传类、目录类；子编包括儒家类、农家类、道家类、法家类、名家类、墨家类、纵横家类、杂家类、小说家类、天文类、阴阳类、五行类、杂占类、艺术类。《玉函山房辑佚书》之中所辑佚书包含了丰富的古代思想、学术、科技等方面内容，为后世学者开展学术研究及史料保存提供了大量资料。而且，马国翰还引用了不下四百种的各类书籍，并标明出处，从而使《玉函山房辑佚书》的学术价值大为提升。不仅如此，马国翰另著有《玉函山房自耕贴》31卷，用以考订经义。

《玉函山房辑佚书》成书后，曾由光绪年间学者蒋式理进行校订，作《存目》1卷、《后记》1篇，并摘出《尚书逸篇》等13卷进行补刻，又对其他内容有所增补。民国学者王仁俊则增辑了《玉函山房辑佚书续编》及《玉函山房辑佚书补编》14卷。现存的《玉函山房辑佚书》版本大致包括道光二十九年初刻本、同治间济南补刊本、光绪九年娜嬛馆刻本、光绪十五年蒋式瑆刻本、光绪十五年绣江李氏刊本,等等。

《考信录》

《考信录》是清代学者崔述撰写的学术专著,是一本用于辨别考证古书古史真伪的著作。

《考信录》的作者崔述,字武承,号东壁,直隶大名府魏县人,于乾隆二十八年(1763)高中举人,后曾历任知县等职。崔述是清代著名的辨伪学者,其著作由门人陈履和汇刻为《东壁遗书》,其中收录的《考信录》是崔述的代表作。此外,另有《无闻集》《小草集》等文集。

《考信录》计有36卷,成书于清嘉庆十九年(1814),其中包括《考信录提要》2卷、《补上古考信录》2卷、《唐虞考信录》4卷、《夏考信录》2卷、《商考信录》2卷、《丰镐考信录》8卷、《洙泗考信录》4卷、《丰镐考信别录》3卷、《洙泗考信余录》3卷、《孟子事实录》2卷、《考信附录》2卷、《考古续说》2卷。

在《考信录》中,崔述比较系统地阐释了对辨别考证古书古史真伪的必要性与意义,强调辨别真伪是学术研究的基本,并分卷分类对部分古书古史进行了考证辨别。

由于崔述坚持辨伪存真的学术研究原则,因此《考信录》具有极高的信史价值。但由于崔述在世时其声名不彰,少为人知,所以包括《考信录》在内的学术成果几乎被遗忘湮没。20世纪初,《考信录》曾在日本出版,并产生重大影响。至20世纪20年代"古史辨"运动兴起后,崔述及《考信录》再度受到中国学者的重视,胡适、顾颉刚、刘师培等对其学术思想给予高度评价。由此,崔述及《考信录》得以受世人瞩目。

《十七史商榷》

《十七史商榷》是清代学者王鸣盛编著的历史考证类学术专著,是标志着中国传统史学迈向总结时期的重要著作。

《十七史商榷》的作者王鸣盛，字凤喈，一字礼堂，别字西庄，晚号西江、西沚居士，江苏太仓州嘉定县人。他是清代官员，曾官至侍读学士、内阁学士兼礼部侍郎、光禄寺卿。同时，王鸣盛还是著名的史学家、经学家、考据学家，为"吴派"考据学大师，除著有《十七史商榷》外，另有《耕养斋诗文集》《西沚居士集》等著作。

《十七史商榷》共计100卷，其内容以校勘、考订为主，且兼有历史评论，另详加描述舆地、职官、典章等制度。具体包括《史记》6卷、《汉书》22卷、《后汉书》10卷、《三国志》4卷、《晋书》10卷，《南史》《宋书》《齐书》《梁书》《陈书》共12卷，《北史》《魏书》《齐书》《周书》《隋书》共4卷，《新唐书》与《旧唐书》24卷，《新五代史》与《旧五代史》6卷，另有《缀言》2卷。

该书的问世源自于乾嘉时期的历史学家对中国古代历史典籍的梳理与清理，以求匡谬纠偏。《十七史商榷》重点考证了上起《史记》下讫《五代史》中的纪、传、志、表等内容，相互印证、互作补充，并结合其他历史典籍的记载改正其中存在的讹误之处。此外，《十七史商榷》还注重对历史人物、事件以及史书的评论。

《十七史商榷》为清理和总结中国古代史学做出了突出贡献，在清代与钱大昕的《廿二史考异》、赵翼的《廿二史札记》齐名。

《古文尚书疏证》

《古文尚书疏证》是清代学者阎若璩撰著的疏证类著作，主要对《古文尚书》进行考证，共计8卷。

《古文尚书疏证》的作者阎若璩，字百诗，号潜丘，山西太原人，是清代初年考据学的代表人物。阎若璩平生精通经史与山川地理，擅长考证校对，在经学和史学方面颇有成绩，其代表作除《古文尚书疏证》外还包括《四书释地》《潜丘札记》《重校困学纪闻》《孟子生卒年月考》等。《古文尚书疏证》

便源自于阎若璩研读《尚书》时对《古文尚书》产生的怀疑。由此，他历经三十余年的考证，著成《古文尚书疏证》一书。

《古文尚书》为儒家经典《尚书》在流传过程中产生的一个版本，与《今文尚书》相对。历经"焚书坑儒"之后，《尚书》一方面由西汉学者伏生口述，得以留存28篇，是为《今文尚书》。而西汉鲁恭王在拆除孔子故宅墙壁时发现了另一部《尚书》，是为《古文尚书》。但因西晋永嘉年间战乱，两部《尚书》均散佚。东晋初年，豫章内史梅赜向朝廷献上一部《尚书》，包括《今文尚书》33篇与《古文尚书》25篇。唐代起，即有人怀疑梅赜所献《古文尚书》的真伪，自宋代起陆续有学者进行考辨，阎若璩便是其中之一，其考辨也最为系统。

《古文尚书疏证》初成4卷，并由黄宗羲作序，后又续写4卷。其中包含128条内容，分别从篇数、篇名、字句、文法、典章制度、地理沿革等方面进行详细考证，并引用《孟子》《史记》《说文》等典籍中的资料，"引经据典，一一陈其矛盾之故"。此外，还分析了孔颖达等前代学者对《古文尚书》偏信的问题。最终，《古文尚书疏证》的结论是《古文尚书》确为伪书。

《古文尚书疏证》不但解决了《古文尚书》的真伪问题，而且其在求证过程中体现出的旁征博引、相互印证的考证方法，也对当时及后世学人的学术研究具有十分重要的启迪作用。因此，阎若璩亦被后辈学者推崇为清代考证学的先驱者之一。

《易图明辨》

《易图明辨》是清代学者胡渭编著的一部易学研究著作，是清代初年易学考据学的重要成果之一。

《易图明辨》的作者胡渭，初名渭生，字朏明，号东樵，浙江德清人。他是清代著名的经学家、地理学家，清代初年启蒙运动的代表人物之一，熟悉经义，精于舆地之学，曾于康熙年间参与纂修《大清一统志》。此外，其代表作还包括《禹贡锥指》《洪范正论》《大学翼真》等。

《易图明辨》主要是对北宋时期以来出现的《河图》《洛书》等各种易

图追根溯源，进行考辨，共计10卷，具体包括：卷1辨河图洛书、卷2辨五行九宫、卷3辨《周易参同契》先天太极、卷4辨《龙图》和《易数钩隐图》、卷5辨《启蒙》图书、卷6与卷7辨先天古易、卷8辨后天之学、卷9辨卦变、卷10辨象数流弊。通过系统的考辨，胡渭以翔实的史料论据从七个方面证明《河图》《洛书》与《周易》实无关系，乃是源自道士陈抟，以河洛图式解释八卦是由宋人所杜撰，不可采信。

《易图明辨》作为清代初年以来易图辨伪的集大成之作，不仅考辨了《河图》《洛书》的真伪，也是对宋明理学的一次沉重打击，还为后世学者的相关研究提供了重要的历史线索。

《皇清经解》

《皇清经解》，又名《学海堂经解》或《清经解》，是由清代著名学者、官员阮元主持编修的一部大型经学丛书，是训释儒家经典著作之书的汇刻。

《皇清经解》的编纂，源于清代经学的巨大发展，不仅名家辈出，而且有颇多名著刊行于世，这便为《皇清经解》的诞生奠定了基础。嘉庆二十三年（1818），阮元于两广总督的任上提出重修《广东通志》、建立学海堂及辑刻《皇清经解》的宏大计划。道光五年（1825）八月，《皇清经解》的辑刻工作开始进行，至道光九年（1829）九月全部完成。《皇清经解》是对清代初年至道光年间经学著作的汇总，按照作者先后的顺序汇集了顾炎武、阎若璩等73位学者的经义著作，集中展现了乾嘉学术的成就。

《皇清经解》成书之后又有所增补。至光绪年间，学者、官员王先谦又沿用其体例，增补嘉庆时期以后的学者111人，著作209部，由此刊刻《皇清经解续编》。

《皇清经解续编》

《皇清经解续编》，又名《南菁书院经解》或《续清经解》，是清光绪年间的学者、官员王先谦纂辑的一部经学丛书。

《皇清经解续编》的作者王先谦，字益吾，世称葵园先生，是清末著名的史学家、经学家及实业家，曾任国子监祭酒、江苏学政，又兼湖南岳麓书院、城南书院山长。在学术研究领域，王先谦长于考据、校勘，精于研究历朝典章制度，代表作有《十朝东华录》《续古文辞类纂》《汉书补注》《水经注合笺》《后汉书集解》等。

《皇清经解续编》始刻于光绪十二年（1886），于江阴南菁书院设局汇刊，至光绪十四年（1888）六月刻竣。在内容上，《皇清经解续编》是对《皇清经解》的补充与完善，故而其体例与《皇清经解》相同。

《皇清经解续编》之中收录了《皇清经解》遗漏者及乾嘉以后的学者，计111家209部著作，共1430卷。其中包括顾炎武、毛奇龄、万斯大、阎若璩、胡渭、江永、惠栋、庄存与、翟灏、胡匡衷、任大椿、孔广森、刘台拱、王念孙、张惠言、刘逢禄、陈寿祺、焦循、江藩、洪亮吉、梁履绳、严可均、马瑞辰、严元照、沈钦韩、陈奂、俞正燮、丁晏、龚自珍、刘宝楠、俞樾、刘恭冕等人，以及《九经误字》《周易稗疏》《春秋占筮书》《尚书古文疏证》《易汉学》《尚书余论》等著作。从《皇清经解续编》可见清代初年至乾嘉时期经学的发展演变。

《皇清经解续编》现存版本主要有清光绪十四年（1888）南菁书院刊本，清光绪十五年（1889）上海蜚英馆石印本以及1988年上海书店出版社缩印本。

《说文解字注》

《说文解字注》，简称《说文注》，是清代著名学者段玉裁研究《说文》的笺疏类著作，也是一部字典。

《说文解字注》是清代研究《说文解字》著作中学术水平最高的一部，是段玉裁耗费毕生精力整理、注释的成果。《说文解字注》的写作目的，在于阐发东汉学者许慎的著作《说文解字》中的义例，还其原貌。为此，段玉裁在《说文解字注》中根据《说文解字》的体例及词句，在吸收借鉴其他学者研究成果的基础上，引经据典、正误辨疑、校订错漏，同时还做到了解释古语、考证名物、引申词义以及发展古音之学。《说文解字注》在刊行后受到了后世学者的瞩目，清代学者研究《说文》并订补本书者有几十家之多，如钮树玉的《说文段注订》、王绍兰的《说文段注订补》、冯桂芬的《说文解字段注考正》、徐灏的《说文解字注笺》、王念孙的《说文段注签记》、朱骏声的《说文段注拈误》，等等。

《方言疏证》

《方言疏证》，是清代著名学者戴震为西汉时期学者扬雄的著作《輶轩使者绝代语释别国方言》（简称《方言》）正伪补漏、逐条疏证的第一个校订本，是一部训诂学著作。戴震被梁启超誉为"前清学者第一人"。

《方言疏证》全书共计13卷，是第一部对《輶轩使者绝代语释别国方言》进行全面整理、校订、注释的学术著作。《輶轩使者绝代语释别国方言》是中国历史上第一部对方言词汇进行比较研究的专著，其文字古奥、内蕴深厚，但自宋代以来因多次流传写刻，不免出现各种错漏，导致其中出现讹误脱衍。为解决这些问题，使《輶轩使者绝代语释别国方言》有更好的定本，以使其学问得以继续传播，戴震以《永乐大典》本及古书中所引《方言》与流行的明本《方言》对勘互校，并搜集古书中的有关资料借以参阅，从而对《輶轩使者绝代语释别国方言》中的内容进行逐条疏证、正伪补漏。

《方言疏证》通过校勘和疏证，修订改正了既往流传的《輶轩使者绝代语释别国方言》版本中存在的种种错漏、讹误。此外，《方言疏证》还充分体现出戴震在音韵学、训诂学等方面的极高学术水平，通过正音辨义，使《輶轩使者绝代语释别国方言》中原本存在的义理难解之处得以疏通，这是其他版本所没有或少有的。在《方言疏证》之后，又相继有其他校本问世，如卢文弨的《重校方言》、顾震福的《方言校补》、王念孙的《方言义证》等，促进了清代《方言》研究水平的进一步提升。

《五种遗规》

《五种遗规》，是由清代中期官员、学者陈宏谋纂辑的社会教育、家庭教育与童蒙教育教材，清代末期曾作为中学堂的修身科教材使用。

《五种遗规》的作者陈宏谋，字汝咨，号榕门，曾用名弘谋，因避清高宗讳而改作宏谋，临桂（今属广西）人。他于雍正、乾隆年间为官，历任布政使、巡抚、总督、东阁大学士兼工部尚书等职。任职期间，在繁忙的公务之余陈宏谋仍笔耕不辍，勤于研究，因而著作颇丰，代表作为《培远堂全集》和《陈榕门先生遗书》。

《五种遗规》纂辑于乾隆初年，并在乾隆四年（1739）至乾隆八年（1743）完成。当中搜集整理编辑了历代有关启蒙、养性、修身、治家、居官、教化、教女、处世、读书、交友等方面的言行与著述，包括自汉至清约80位名人学者的有关著作，如班昭的《女诫》、司马光的《居家杂仪》、朱熹的《童蒙须知》、王守仁的《告谕》、顾炎武的《日知录》，等等。《五种遗规》之中则具体包含《养正遗规》《训俗遗规》《教女遗规》《从政遗规》和《在官法戒录》五个部分。其中，《养正遗规》有14篇，内含朱子治家格言、朱子童蒙须知、真西山教子斋规等，主要用以训育知书习礼；《训俗遗规》有35篇，内含司马温公居家杂仪、袁氏世范、王士晋宗规等，用以教化人心；《教女遗规》有10篇，内含曹大家女诫、宋尚官女论语等，用以明确男女有别；《从政遗规》有23篇，内含吕东莱的《官箴》、吕新吾的刑戒等，用以劝诫官员应为官清廉、待民宽厚；《在官法戒录》内含总论、法录、戒录共408条，源自各代法吏之事迹，以资效法或引以为戒。

总体而言，陈宏谋纂辑《五种遗规》的目的，在于阐释和宣扬封建伦理道德规范，使仕宦之家的家教能够"蒙以养正"，避免为追求功名利禄和务虚之风所污染。并且，其中保存了大量丰富的道德教育和道德修养的历史资料。因此，《五种遗规》刊行之后深受清政府的重视。清光绪二十九年（1903），清政府明确规定《五种遗规》作为中学堂修身科的读本。

《五经稽疑》

《五经稽疑》，是明代学者、藏书家朱睦㮮的经学著作，共计6卷。

朱睦㮮是明宗室后裔，镇平王玄孙，明万历五年（1577）举进士。

《五经稽疑》计有6卷，属于五经总义类的学术著作，全书完成于明万历十一年（1583）。就主旨而言，《五经稽疑》主要是对《春秋》《周易》《尚书》《毛诗》《礼记》五经中的内容、讹误以及"春秋笔法"等提出质疑，并进行稽考订正，破除其中的穿凿附会之处。《五经稽疑》当中，又尤以《春秋稽疑》的水平最高，其他四经则内容简约、相对逊色。现存的《五经稽疑》以《四库全书》版本为主。

《经义考》

《经义考》，原名《经义存亡考》，是清代学者朱彝尊考证历代经籍存佚的经学著作。

《经义考》的作者朱彝尊，字锡鬯，号竹垞，又号醧舫，浙江秀水（今浙江嘉兴市）人。他是清代前期著名的词人、学者、藏书家，长于诗词、经史与金石，并大力购藏经典古籍，曾以布衣身份授翰林院检讨，参与修纂《明史》。主要代表作除《经义考》外，尚有《词综》《日下旧闻》《曝书亭诗文集》等。

就体例与内容而言，《经义考》作为经籍汇考性质的著作，是总结历朝历代经学典籍的大规模目录，旨在考核历代阐明儒家经典的著作，故得其名。

共计300卷的《经义考》，其内容丰富、搜罗全面，是研究中国古代经学派别、经籍义理和版本目录最为重要的参考书之一，对于后世学术研究具有重大影响。其后，清代学者翁方纲继续沿用《经义考》的体例，编撰完成《经义考补正》计12卷。现存的《经义考》版本主要有《四库全书》本、《四部备要》本等。

《群书辩疑》

《群书辩疑》，是清代著名学者万斯同所撰的经史类著作，共计12卷。

《群书辩疑》的作者万斯同，字季野，号石园，浙江鄞县（今宁波市鄞州区）人，清初著名史学家，明末清初学术大家黄宗羲的门下弟子。万斯同长于经史，尤其精于明史，曾以布衣身份编修《明史》。主要代表作有《历代史表》《纪元汇考》《儒林宗派》《群书辩疑》《石园诗文集》等。

《群书辩疑》刊刻于清嘉庆十二年（1807），是在万斯同去世后由其乡人汇辑而成，收录了其平日所论辩的内容，为考经证史心得之汇编，涉及考论诸经、丧礼、庙制、字学、书学，以及昆仑河源、宋元明史传记等。

《群书辩疑》比较集中地反映了万斯同治经治史的学术思想，是其重要的代表著作之一。

《群经补义》

《群经补义》，是清代经学家江永撰写的经义考证类著作，共计5卷。

《群经补义》的作者江永，字慎修，又字慎斋，徽州府婺源县人。他是清代著名的经学家、语言学家、数学家、天文学家、乐律学家，徽派学术的开创者，尤其擅长考据之学，主要代表作有《明史历志拟稿》《历学疑问》《古今历法通考》《勿庵历算书目》等。

《群经补义》一书，原与《周礼疑义举要》7卷在内，合并为12卷的《读书随笔》。其后，江永的弟子戴震单取《周礼》独立成为一书，其余的内容则更名为《群经补义》。所谓"群经"，是指《周易》《尚书》《诗经》《春秋》《仪礼》《礼记》《中庸》《论语》《孟子》等典籍。《群经补义》对这些经典的内容进行了详细的考证与诠释。譬如《春秋补义》中引《管子》语证明春秋时期兵农已确然分离，《尚书补义》中引《山海经》语证明"西海"即"青海"，等等。

《群经补义》因"能补注疏所未及"，故而受到学者们的高度重视与赞誉。

江藩在《国朝汉学师承记》中便称赞该书"自汉经师郑康成之后罕俦其匹"。现存的《群经补义》版本包括《四库全书》本、《皇清经解》本等。

《九经古义》

《九经古义》，是清代学者惠栋编撰的文学典籍，主要解释儒家经典著作，共计16卷。

《九经古义》的作者惠栋，字定宇，号松崖，世称"小红豆先生"，江苏元和人。他是清代著名的汉学家，是汉学中吴派的代表人物，长于治经并以汉儒为宗，尤其精于汉代《易》学。主要代表作包括《后汉书补注》《九经古义》《明堂大道录》《松文钞》等。

《九经古义》中的所谓"古义"，意指汉代儒家学者所释经义。其中所解内容，具体包括《周易》《尚书》《毛诗》《周礼》《仪礼》《礼记》《左传》《公羊传》《穀梁传》《论语》十经。因后《左传》6卷更名为《左传补注》另外刊行，留存其余九经，故而得名。《九经古义》旨在考证阐释汉代儒家学者的经义学说，发挥专门训诂之学。

总体而言，《九经古义》全书基于"（经文）多古字古言，非经师不能辨""古训不可改，经师不可废"的原则，搜集旧文并互相参证，识字审音、疏通文句，对历朝历代注经者存在的穿凿附会之处多有驳正，并且保存了大量的汉儒古训。因而，《九经古义》具有极高的学术研究价值与史料价值。《九经古义》被收入《四库全书》《皇清经解》《丛书集成》等大型丛书中。

《四库全书》

《四库全书》，全称为《钦定四库全书》，是清乾隆时期编修的大型集成类丛书，是中国古代史上规模最大、卷帙最多的丛书，亦是一项对中国古典文化进行全面总结的巨大文化工程，系统地梳理了中国古典文化的知识体系。

《四库全书》之所谓"四库",其名称源于魏晋之时。魏晋时期的荀勖、东晋的李充曾先后以甲、乙、丙、丁四部总括群书。这一做法在隋唐时期得以沿用,如据《新唐书·艺文志》记载:"两都各聚书四部,以甲乙丙丁为次,列经史子集四库。"由是可知,"经史子集"四分法是中国古代图书分类的主要方法,基本上囊括了古代所有的图书,故而称之为"全书"。

　　《四库全书》的编纂,首先起源于乾隆初年学者周永年提出将儒家著作集中起来供人借阅的倡议,并获得社会各界的强烈响应。至乾隆三十七年(1772),安徽学政朱筠提出《永乐大典》的辑佚问题并得到乾隆皇帝的认可,于是诏令将所辑佚书与"各省所采及武英殿所有官刻诸书"汇编合一,名曰《四库全书》。经过乾隆三十七年至乾隆四十三年(1778)的图书征集工作,清政府搜集到了包括内府本(武英殿等内廷各处藏书)、赞撰本(清初至乾隆时奉旨编纂的书)、各省采进本(各省督抚征集来的图书)、私人进献本(各省藏书家自动或奉旨进呈的书)、通行本(采自社会上流行的书)以及《永乐大典》本(从《永乐大典》中辑录出来的佚书)在内的庞大书源,图书种类达13501种,编纂《四库全书》的时机已然成熟。

　　清乾隆三十八年(1773),清政府设立了四库全书馆负责《四库全书》的编纂。该项工作由乾隆皇帝的第六子永瑢负责,任命内阁大学士于敏中为总裁,大学士以及六部尚书、侍郎为副总裁,另以纪晓岚、陆锡熊、孙士毅为总纂官,陆费墀为总校官,下设纂修官、分校官及监造官等四百余人,前后征募抄写人员近四千人。至乾隆四十九年(1784),《四库全书》的各个部分陆续完成。全书按经、史、子、集分为四部,共10085部,计有180359卷。其中收录古书3503种,79337卷,基本上囊括了古代所有的图书。具体包括:经部分为易、书、诗、礼、春秋、孝经、五经总义、四书、乐、小学,计2010部,共29319卷;史部分为正史、编年史、纪事本末、别史、杂史、诏令奏议、传记、史钞、载记、时令、地理、职官、政书、目录、史评,计2114部,共37913卷;子部分为儒、兵、法、农、医、天文算法、术数、艺术、谱录、杂类书、类书、小说、释、道,计2960部,共58887卷;集部分为楚辞、别集、总集、诗文评、词曲,计3501部,共54240卷。

《四库全书》成书后，全书共抄录7部，以资保存。清政府为妥善存放《四库全书》，先后建立了被称为"北四阁"的文渊阁、文溯阁、文源阁、文津阁和被称为"南三阁"的文宗阁、文汇阁和文澜阁，分别保存《四库全书》的一部抄本。传世的《四库全书》仅有文渊阁本、文津阁本、文溯阁本和文澜阁本，其他版本已荡然无存。

《四库全书》作为规模空前浩大的文化工程，不仅整理保存了大量的珍贵古籍，几乎囊括了清代中期以前传世的经典文献，并在辑佚、校勘、目录学、汇刻丛书等方面具有十分有益的启示。但是，《四库全书》也销毁和篡改了大批不利于清政府统治的文献，轻视和排斥科技著作及有民主色彩或敢于批评儒家思想的文献。

《四库全书总目提要》

《四库全书总目提要》，全称《钦定四库全书总目提要》，简称《四库全书总目》《四库总目》《四库提要》，是由清代官员、学者纪昀总纂的官修图书目录，也是中国历史上规模最大的传统目录图书。

《四库全书总目提要》的编纂是随《四库全书》而完成的。在编写《四库全书》的过程中，纪昀等人要对誊录入库的三千四百余种图书（称"著录书"）和抄存卷目的六千七百余种图书（称"存目书"）全部写出提要及进行斟酌增删，并统一分类汇总，由此便形成了《四库全书总目提要》。该书于乾隆三十八年（1773）开始编修，乾隆四十六年（1781）编撰完稿，乾隆四十七年（1782）修改定稿。

《四库全书总目提要》以经史子集提纲，部下分类。全书分为经、史、子、集4部，44个大类（经部10类、史部15类，子部14类，集部5类），67个子目。其中，经部包括易类、书类、诗类、礼类、春秋类、孝经类、五经总义类、四书类、乐类、小学类，史部包括正史类、编年类、纪事本末类、杂史类、别史类、诏令奏议类、传记类、史钞类、载记类、时令类、地理类、职官类、政书类、目录类、史评类，子部包括儒家类、兵家类、法家类、农家类、医家类、天文算法类、术数类、艺术类、谱录类、杂家类、类书类、小说家类、释家类、道家类，集部包括楚辞、别集、总集、诗文评、词曲。

《四库全书总目提要》计有200卷，共录收《四库全书》的著作3461种、79307卷，又附录了未收入《四库全书》的著作6793种、93551卷。收录的各书之下均编有内容提要，其体例为"先列作者之爵里，以论世知人，次考本书之得失，权众说之异同，以及文字增删、篇帙分合，皆详为定辨，钜细不遗；而人品学术之醇疵、国纪朝章之法戒，亦未尝不各昭彰瘅，用着惩戒"。提要主要说明各种学术思想的渊源、流派、相互关系及分类理由，另外还有源流得失、文字增删、卷帙分合等相关评价，可作为阅读中国古代典籍的入门教材。

《四库全书总目提要》的版本主要有乾隆五十四年（1789）武英殿本、乾隆六十年浙江翻刻武英殿本，同治七年（1868）广东书局复刻浙江本的刻本。近代学者余嘉锡另著有《四库提要辨证》，对其中讹误进行了校订。

《古经解钩沉》

《古经解钩沉》，是清代学者余萧客编撰的儒家经典古注辑录，共计30卷。

《古经解钩沉》的作者余萧客，字仲林，别字古农，江苏吴县人，自幼博览群书、熟读诗文，为著名汉学家惠栋弟子，擅长训诂、考据、选学，是清代经学家、藏书家。主要代表作有《文选纪闻》《文选杂题》《文选音义》等。

《古经解钩沉》中所谓"钩沉"，语出《易经·系辞》，原意为探索深奥的道理或散失的内容，后引申为搜集发掘资料、义理等。该书主要搜集与编辑唐代以前训释儒家经典著作的注释，并按十三经的顺序排列。

《古经解钩沉》的内容主要包括《叙录》1卷、《周易》1卷、《尚书》3卷、《毛诗》2卷、《周礼》1卷、《仪礼》2卷、《礼记》4卷、《左传》7卷、《公羊传》1卷、《穀梁传》1卷、《孝经》1卷、《论语》1卷、《孟子》2卷、《尔雅》3卷。另据《四库全书总目》记载，"而《叙录》《周易》《左传》均各分一子卷，实三十三卷也。"其特点则在于"自诸家经解所引，旁及史传类书，凡唐以前之旧说，有片语单词可考者，悉著其目。虽有人名而无书名，有书名而无人名者，亦皆登载"，并且注明卷第出处。

《古经解钩沉》的传世版本有《四库全书》版、光绪二十一年（1895）杭州竹简斋石印本、民国二十五年（1936）陶风楼影印本等。

《九经说》

《九经说》，是清代学者、官员姚鼐编著的经学著作，共计17卷。

《九经说》的作者姚鼐，字姬传，一字梦谷，世称惜抱先生，清代著名散文家，与方苞、刘大櫆并称为"桐城派三祖"。姚鼐于乾隆二十八年（1763）高中进士，乾隆三十八年（1773）入《四库全书》馆充纂修官。乾隆三十九年（1774）姚鼐抱病辞官归乡，先后于扬州梅花书院、安庆敬敷书院、歙县紫阳书院、南京钟山书院等讲学授徒。姚鼐长于诗文，为桐城派散文之集大成者，主要代表作有《惜抱轩文集》《文后集》《惜抱轩诗集》《尺牍》《九经说》《三传补注》等。

《九经说》是姚鼐释经的学术著作，取先儒传注中有所疑者考而辨之，择善而从。《九经说》从古代经籍之中撷取内容并列为专题，阐释辨析其义理。该书的体例是：每经先概述该经的源流，包括流传卷分合、诸儒研究概况等方面。每经的内容数条或数十条不等，先举各家传说于前，次参己说于后。

现存的《九经说》版本主要有《惜抱轩全集》本（同治本、光绪本、民国本）。

《国朝汉学师承记》

《国朝汉学师承记》，简称《汉学师承记》，是清代学者江藩撰著的学术史著作，共8卷。

《国朝汉学师承记》的作者江藩，字子屏，号郑堂，晚号节甫，甘泉（今江苏扬州）人。他是清代著名的经学家、目录学家、藏书家，著名汉学家惠栋的再传弟子，长于经史之学，主要代表作有《隶经文》《炳烛室杂文》《江湖载酒词》《汉学师承记》《宋学渊源记》等。

《国朝汉学师承记》成书于嘉庆十六年（1811），是一部列传体的清代学术史，主要阐释清代汉学家的传记、学术思想与经学源流。江藩在《国朝汉学师承记》中选择了阎若璩、胡渭、张尔岐、马骕、惠周惕、沈彤、余古农、江艮庭、褚寅亮、王鸣盛、钱大昕、王兰泉、朱笥河、武亿、洪亮吉、江永、黄宗羲、顾炎武等40位名家，各为一传，并附传17人，叙其生平、师承、思想及著作。该书旨在宣扬汉经古文学，尤其倡导吴派之学，故而除首列阎若璩、胡渭，末附黄宗羲、顾炎武之外，基本上将吴派列前、皖派居后。

《国朝汉学师承记》作为清代最为重要的一部学术史著作，对于后世学人了解清代乾嘉学者的生平、学术思想及渊源体系颇具参考借鉴价值。现存的《国朝汉学师承记》版本主要有清嘉庆二十三年（1818）刻本、嘉庆二十五年（1820）扬州黄氏艺古堂刊二酉堂藏本、光绪二年（1876）聚珍版活字本、民国十年（1921）上海文瑞楼排印本等。

《古书疑义举例》

《古书疑义举例》，是清代著名学者俞樾撰著的中国古代训诂学著作，共计7卷。

俞樾撰著《古书疑义举例》，源自于周、秦、汉三代的经典著作在遣词造句上与后世多有不同，加上抄传刊刻多有讹误，音义变易多有歧异，所以后代学人无论阅读抑或理解均极为不便。《古书疑义举例》之中共诠释了古书辞例88例，以举例的方式解读古书的行文。该书主要对先秦古籍之中有关造句之法、用字之法以及后人读古书之误等进行了总结归纳，内容涉及训诂、校勘、语法、修辞等多个方面，尤其是注重分析先秦汉语的造句之法，并进行条理明细的概括，还使用大量例句借以佐证作者的观点。其中，前4卷的51例中除少数是用字之例外，其余均属造句之例。具体而言，卷一是用词中的特殊表达法，卷二是语言成分的省略和繁复，卷三是修辞，卷四是虚词的使用。而后3卷的37例主要是校订刊物的例证，如古书的误衍、误改、错简、错分篇章等问题。

尽管《古书疑义举例》之中总共只有88个例子，但引证丰富，囊括经、史、子、集各类典籍计近百种，如《易》《书》《诗》《仪礼》《礼记》《大戴礼记》《春秋三传》《论语》《孟子》《孝经》《韩非子》《墨子》《吕氏春秋》《淮南子》《战国策》《史记》《汉书》《后汉书》《吴志》《晋书》《宋书》《南齐书》《旧唐书》等，以及相关字书、注疏、笔记等。

《古书疑义举例》刊行之后，引起了极大的社会反响。受其影响，陆续又有众多学者撰写了续补之书。典型者如刘师培的《古书疑义举例补》、杨树达的《古书疑义举例续补》、马叙伦的《古书疑义举例校录》、姚维锐的《古书疑义举例增补》等。现存的《古书疑义举例》版本主要有光绪间刊本、民国长沙鼎文书社本、1982年中华书局版本等。

《群经平议》

《群经平议》，是清代著名学者俞樾撰著的中国古代训诂学著作，共计35卷。

关于《群经平议》的成书经过，俞樾在《自序》中记述道："咸丰七年，自河南学政免官归，因故里无家，侨寓吴下石琢堂前辈五柳园中……余自顾无所能，闭户发箧，取童时所读诸经复诵习之，于是始窃有撰述之志矣。家贫不能具书，假于人而读焉，有所得必录之。治经之外旁及诸子，妄有订正，两《平议》之作盖始此矣……同治建元之岁，由海道至天津，寓于津者三载，而《群经平议》三十五卷乃始告成……余之此书窃附王氏《经义述闻》之后，虽学术浅薄，傥亦有一二言之幸中者乎！以其书成最先，故列所著书第一。"

由其所述成书经过可知，《群经平议》的作者俞樾继承了清代语言学家王念孙及其子王引之在《经义述闻》中的治经之法，认为治经之道，在"正句读、审字义、通古文假借"，而以"通假借为尤要"。

总体而言，《群经平议》对于学习研究古代语言文字具有较大的帮助价值，并受到了学者及官员的关注。如曾国藩认为："俞樾荫甫所著《群经平议》之十四卷，论《考工记》世室、重屋、明堂之制，驳正郑注，思通鬼神，有超乎戴氏《考工记图》者。"李慈铭在《越缦堂日记》中指出："其《左传》《论语》《孟子》惬心者甚少，亦有强立新义而仍与旧说无大异者，又有经注极明晰无疑义而故求曲说者，然穿穴证佐，皆有心思，终胜无本空谈也。"

《经学历史》

《经学历史》，是清末学者皮锡瑞撰著的经学著作，是中国第一部经学史专著，也是经学研究的重要参考书目。

《经学历史》的作者皮锡瑞，字鹿门，一字麓云，湖南善化人，世称"师伏先生"。他是晚清时期著名的儒学家，自幼好学覃思，后因多次应举乡试和礼部试皆未中，于是潜心于讲学著述。曾主讲于湖南桂阳州龙潭书院、江西南昌经训书院，戊戌变法失败后又历任湖南高等师范馆、中路师范、长沙府中学堂讲席。主要代表作有《经学历史》《经学通论》《今文尚书考证》等。

《经学历史》成书于清光绪三十一年（1905），光绪三十三年（1907）由长沙思贤书局刊行。皮锡瑞在该书中将中国经学的发展演变历程划分为十大阶段，具体包括"经学开辟时代""经学流传时代""经学昌明时代""经学极盛时代""经学中衰时代""经学分立时代""经学统一时代""经学变古时代""经学积衰时代""经学复盛时代"，对经学发展始终的各个阶段都有涉及，反映了经学从始到终的全部历程，是对经学发展全过程的系统总结。

就编撰体例而言，《经学历史》与传统的经学史有明显区别。该书吸收了史学会通的特点，在阐释每个经学历史发展阶段之时，首先论述其演变的总体趋势，继而考察记录学术宗旨、学术传承、典籍制度等内容，从而使读者能够在把握全局的同时了解具体的个案，这就进一步扩大了经学史的涵盖面。

《经学历史》作为第一部完整意义上的中国经学史，对经学在传统社会的发展进行了系统整理与介绍，简明扼要、浅显易懂，填补了经学通史领域的空白，是了解经学发展史的重要书籍。但该书也存在一定缺点，如主观臆断较多、史料不够完备等。《经学历史》刊行后，商务印书馆于1928年出版了周予同先生的点校版，并列为国学基本丛书。

《清代学术概论》

《清代学术概论》，是中国近代著名学者梁启超所撰的学术著作，是中国第一部系统总结清代学术思想史的著作。

《清代学术概论》的作者梁启超，字卓如，一字任甫，号任公，又号饮冰室主人，中国近代思想家、政治家、教育家、史学家、文学家，维新派的领袖之一，其著作合编为《饮冰室合集》。

《清代学术概论》本名《前清一代中国思想界之蜕变》，又名《中国学术史第五种》，原是梁启超为蒋方震撰《欧洲文艺复兴时代史》一书所作的序，文中尝试对比中西文化，评议中国近三百年学术史。初稿成于1920年10月，后因篇幅太长，皇皇六万余言，几乎与《欧洲文艺复兴时代史》篇幅相当，于是独立成书。该书最初刊载于1920年11月至1921年1月《改造》杂志的第3卷第3至5期。1921年2月《清代学术概论》独立刊行，共计1册33节。

梁启超在《清代学术概论》中将中国近三百年学术史比作中国的"文艺复兴"时代，力图从中梳理出中国文化迈向近代的历史进程。《清代学术概论》通过将清代学术发展阶段划分为启蒙期（顾炎武、胡渭、阎若璩为代表）、全盛期（惠栋、戴震、段玉裁、王念孙、王引之为代表）、蜕分期（康有为、梁启超为代表）和衰落期（俞樾、孙诒让等为代表），论述清初至清末学术的演变，分析各学派的特点及其形成和发展的社会原因，对清代经、史、哲、文、舆地历算、小学音韵、章典制度等方面研究均有介绍，并将清代学术发展的进程和特点与欧洲文艺复兴思潮相比较。

《清代学术概论》一书观点鲜明、论断独到，但因匆促成书，其中存有部分讹误之处。该书于1921年由上海商务印书馆出版，后收入《饮冰室合集》。

《毛诗正义》

《毛诗正义》，简称《孔疏》，是研究注释《诗经》的学术著作，乃是孔颖达、王德昭、齐威等奉唐太宗诏命所作《五经正义》之一。

《毛诗正义》是《诗经》研究著作，由毛公《传》、郑玄《笺》、唐孔颖达等《正义》组成，共40卷。所谓"毛诗"，是指西汉时毛亨和毛苌所辑和注的古文《诗》，为古文经学。

《毛诗正义》主要是孔颖达对《毛诗序》《毛传》与《郑笺》的疏文，全书共有疏文1410条，对《诗经》收录的全部305首诗歌均有详尽说明。《毛诗正义》分段对《毛诗序》《毛传》与《郑笺》进行疏解，由总体到局部，由局部到每首诗歌，再到每首诗歌的每个部分，层次分明，井然有序。既通过旁征博引对关键词语进行释义，又顾及全篇有关词语之间的联系。由是，《毛诗正义》在说解、文字、音训等方面集汉魏以来之大成，并为后人继续研究奠定了基础。当然，由于《毛诗正义》恪守"疏不破注"的原则，所以继续沿袭了《传》《笺》中存在的部分错误，对某些原意也有所误解。

现存的《毛诗正义》版本主要有《四库全书》本、《重刊宋本十三经注疏》本、《四部备要》本等。

《春秋繁露》

《春秋繁露》，是汉代产生的政治哲学著作，今文经学的重要代表，共计17卷82篇。其中，第39、40和54篇已亡佚，其余各篇的内容、形式及写作时间各不相同。《春秋繁露》名称中的所谓"繁露"，有人认为代表连贯现象，也有人认为"繁"是"多"之意、"露"是"润"之意。

《春秋繁露》的作者，一般认为是汉代大儒董仲舒。但由于《春秋繁露》所著篇名及篇数与《汉书·董仲舒传》《汉书·艺文志》《隋书·经籍志》中的著录存在差异，因此后世学者对《春秋繁露》是否出自于董仲舒一人之手存在怀疑。近世学者认为，《春秋繁露》应该是后人辑录董仲舒的遗文而成的著作，书名亦为辑录者所定，因此隋唐以后方有该书名的出现。

《春秋繁露》产生于西汉中期。在这一历史时段，汉王朝曾一度面临的由"七国之乱"引发的战乱局面得以结束，皇帝以此为契机设法剥夺诸侯王拥有的权力，将盐铁、铸币等权限收归朝廷，进一步加强中央集权统治。因此，为适应中央集权制度的需要，亟须能够有助于巩固大一统统治的理论出现，以策辅助王权。由是，董仲舒的神学唯心主义思想便应运而生，并在《春秋繁露》的字里行间得以充分体现。

在主旨与内容上，《春秋繁露》推崇"公羊之学"，主要论述《公羊春秋》的见解，阐发"春秋大一统"之旨，将封建统一解释为天经地义、不可改变之事。具体而论，《春秋繁露》宣扬以"阴阳五行""天人感应"为核心的神秘主义哲学体系，以此为基础做出各种牵强附会，从而将万事万物神秘化。《春秋繁露》还论述了"奉天而法古"的复古主义历史观、"三纲五常"为代表的名教思想、"王道之三纲可求于天"的伦理思想和"赤黑白"三统循环的历史观，并将孔子神圣化，将儒学神学化，从而为巩固中央集权的封建统治制度奠定了理论基础。

《宋元学案》

《宋元学案》，是以明清之际著名思想家黄宗羲为主要作者完成的宋元学术思想史著作，通行版本为100卷。

《宋元学案》主要记录了宋元两代思想家、理学家、哲学家的主要生平、思想体系及文章节选，并按不同派别进行系统全面的总结。全书共收录宋元之际的学者近3000名，并分为87个学案、2个学略和2个党案，其中包括安定学案、泰山学案、高平学案、庐陵学案、涑水学案、百源学案、濂溪学案、明道学案、伊川学案、横渠学案等。在编写体例上，《宋元学案》首冠《考略》以历叙成书始末，然后是《序录》及学案正文。在每一学案前增设"序表"，通过列举师友弟子以明确其师承渊源，其次以立传形式阐述生平、思想、著作以及文集萃语，另外在文末还附有逸事与后人的评论。其中，对理学及反对理学的思想均有阐释。

《宋元学案》一书材料搜索广泛、考证精细,是了解和研究宋元时期学术思想史的主要著作与参考书目。现存的版本主要有道光十八年(1838)何凌汉、冯五桥刻本,道光二十六年(1846)何绍基刻本,1933年商务印书馆《国学基本丛书》本,1936年世界书局本,以及1985年中华书局点校本。

《明儒学案》

《明儒学案》,是明清之际著名思想家黄宗羲撰著的学术史著作,共计62卷。

《明儒学案》是中国历史上第一部严格意义上的学术史专著,也是黄宗羲的主要代表作,成书于康熙十五年(1676)之后。

《明儒学案》系统记载、论述了有明一代学术思想的发展演变及流派。《明儒学案》以阳明心学的发展演变为主线,依据其滥觞、勃兴、分化、修正,对明代学术史进行了分期概括。《明儒学案》首列《师说》一篇作为全书总纲,其后按时代先后、学术流派以及各家治学宗旨分类,列崇仁、白沙、河东、三原、姚江、浙中王门、江右王门、南中王门、楚中王门、北方王门、粤闽王门、止修、泰州、甘泉、诸儒、东林、蕺山17个学案,记录在案的明代学者有210位。每一学案前列有案序,略述学派的师承渊源、主要代表人物、学术宗旨等,然后开列学者小传,小传之后摘录传主的主要学术著作或言论之精华,其间或撰有案语加以评论。

《明儒学案》作为我国古代第一部完整的学术史著作,不仅开创了史学上的学案体史书体裁,也是研究黄宗羲学术思想的重要资料。现存的版本包括清康熙三十二年(1693)故城贾氏刊刻本,1936年上海世界书局《四朝学案》本,1985年中华书局点校本,等等。

《清儒学案》

《清儒学案》,是近代著名政治家、学者徐世昌主编的大型学术思想史专著,全书共计208卷。另有钱穆所著《清儒学案》,但文稿已在抗战期间遗失,仅存《清儒学案序》与例言。

《清儒学案》的主编徐世昌,字卜五,号菊人,直隶天津人。他于晚清时期曾中进士,后出任军机大臣。民国七年（1918）10月,徐世昌被国会选为民国大总统,后于民国十一年（1922）6月通电辞职。除从政之外,徐世昌还著书立言、研习书法,有"文治总统"之称。主要代表作有《清儒学案》《欧战后之中国》《东三省政略》等。

在体例与内容方面,《清儒学案》承袭《明儒学案》《宋元学案》开启的治学路径、撰著方式与结构体例,仍以学者传记与学术思想资料汇编相结合作为阐述的形式。在全书208卷之中,共收录1169人。其中,179人入正案,922人附列,68人入诸儒案。同时,《清儒学案》继续以学派为主线,将有清诸儒划归186个学案。列入正案者如孙奇逢、黄宗羲、顾炎武、王夫之、颜元、戴震、龚自珍、曾国藩、张之洞等,列入附案者如傅山、惠栋、刘宝楠等。其中,172个学案按师承关系而划分为不同流派,其余14个阐述"其有潜修自得,或师传莫考,或绍述无人",儒者的学案则划归"诸儒学案"。每案均先作概括说明,再述生平传略,继录著述。

作为卷帙浩繁的庞大学术史著作,《清儒学案》内容丰富、资料翔实、层次清晰,收录清代学者著作在万种以上,是了解和研究清代儒学发展的重要资料。现存的通行版本主要有上海商务印书馆《万有文库》本、1936年上海世界书局《四朝学案》本、1985年中华书局出版沈芝盈点校本等。

《二程全书》

《二程全书》,又称为《河南程氏全书》或《二程集》,是北宋著名理学家程颢、程颐撰著的全部哲学著作合集,现存通行版本计有61卷。

《二程全书》的作者程颢、程颐,为兄弟二人,是北宋时期著名思想家、理学流派的奠基人,开创"洛学"一派。程颢,字伯淳,世称明道先生。程颐,字正叔,世称伊川先生。二者合称为"二程",俱为周敦颐的弟子。

《二程全书》内容十分丰富，具体包括由二程门人弟子记录、朱熹编集的《二程遗书》25卷、附录1卷（行状）、《二程外书》12卷，诗文杂著《明道先生文集》5卷、《伊川先生文集》8卷，注释易经的《伊川易传》4卷，注解儒家典籍的《程氏经说》8卷，以及记录二程语录的《二程粹言》2卷。种类较为庞杂，包括著述、问答、语录、诗文、杂谈等，体例各异。

《二程全书》比较全面地反映了程颢、程颐的理学思想体系。

现存的《二程全书》主要版本有《四部备要》本。而1981年中华书局排印时，则改为《二程集》。

《朱子语类》

《朱子语类》，又名《朱子语类大全》或《朱子语录》，是南宋著名学者朱熹与其弟子门人问答的语录汇编。南宋景定四年（1263），福建沙县主簿黎靖德以李道传编辑的池州刊《朱子语录》、李性传编辑的饶州刊《朱子语续录》、吴坚编辑的建安刊《朱子语别录》、蔡抗编辑的饶州刊《朱子语后录》、黄士毅编辑的眉州刊《朱子语类》与王佖编辑的徽州刊《朱子语续类》等为蓝本，在删除重复的基础上编辑朱熹的生前语录，并于南宋咸淳六年（1270）出版《朱子语类》，计有140卷。

朱熹一生从事著述和讲学，在与弟子门人的沟通交流及各地讲学之中妙语连珠、纵横古今。朱熹去世后，其弟子便将平日听课时的所见所闻记录下来，并汇辑成册，由此形成了池州、饶州、眉州、徽州、建安等不同版本。黎靖德则以上述版本为基础，按类编排内容，完成了《朱子语类大全》的刊刻，即现今通行的《朱子语类》版本。

在《朱子语类》的140卷内容中，共分为26个门类，具体包括"理气""鬼神""性理""学""大学""论语""孟子""中庸""易""书""诗""孝经""春秋""礼""乐""孔孟周程张邵朱子""吕伯恭""陈叶""陆氏""老氏""释氏""本朝""历代""战国汉唐诸子""杂类""作文"。该书虽是语录体著作而非哲学专著，但对朱熹学术思想的反映比较全面，范围较为广泛，从本体论、伦理道德乃至读书治学的认识论均有体现。

《朱子语类》作为记载朱熹学术思想以及日常生活的语录，不仅反映出其思想的内涵精深与意蕴深厚，而且生动体现了朱熹的言行特点与教育之道。

《御纂朱子全书》

《御纂朱子全书》，是由清康熙年间大臣李光地、熊赐履等奉皇帝敕令编辑的哲学著作，康熙五十二年（1713）成书。

《御纂朱子全书》是对南宋著名学者朱熹所撰著作的分类汇编本，共计66卷。康熙皇帝在《御纂朱子全书·序》中阐述了编辑该书的主要意图："唐、虞、夏、商、周，圣贤迭作，未尝不以文字为重。文字之重，莫过五经、四书……至于朱夫子，集大成而绪千百年绝传之学，开愚蒙而立亿万世一定之规，穷理以致其知，反躬以践其实……朕一生所学者为治天下，非书生坐观立论之易。今集朱子之书，恐后世以借朱子之书自为名者，所以朕敬述而不作，未敢自有议论。往往见元明至于我朝，注作讲解，总不出朱子。而各出己见，每有驳杂，反为有玷宋儒之本意。况天下至大，兆民至众，舆图甚远，开地太广，诸国外蕃风俗不同，好尚各异，防此失彼之患不可不思。若以智谋而得人心，如挟泰山而超北海也。以中正仁义、老成宽信，似乎近之。凡读是书者，谅吾志不在虚词，而在至理；不在责人，而在责己。求之天道，而尽人事；存吾之顺，殁吾之宁，未知何如也。"

为还原朱熹理论学说的本貌，避免朱门弟子汇录的《朱子语类》存在的伪误冗复、杂而未理的问题，以及《朱子文集》存在的精粗杂载、细大兼收的问题，《御纂朱子全书》重点汇辑了朱熹在对"四书""五经"等孔孟学说的阐发及性理、理气、道统等治国平天下道理的表述。具体而言，其中包括19类内容，分为《学》6卷、《大学》3卷、《论语》10卷、《孟子》4卷、《中庸》2卷、《易》7卷、《书》2卷、《诗》1卷、《春秋》1卷、《礼》4卷、《乐》1卷、《性理》7卷、《理气》2卷、《鬼神》1卷、《道统》6卷、《诸子》3卷、《历代》2卷、《治道》2卷、其他2卷。

总体而言,《御纂朱子全书》较为系统地反映了朱熹的理学思想,对于研究朱熹思想而言是"入圣之阶梯""穷经之指要"。现存的《御纂朱子全书》版本主要有《古香斋袖珍十种》本及《四库全书》本。

《伊川击壤集》

《伊川击壤集》,是北宋著名学者邵雍撰著的诗集,其中诗20卷,集外诗1卷。

《伊川击壤集》作为理学诗的代表,是邵雍在文学尤其是诗歌领域取得的突出成绩。其中所载诗歌与一般文学作品不同,主要体现邵雍的哲学理论观点,大致可分为三种类型:一是理趣诗,是邵雍哲学理论诗歌化的呈现。典型者如"冬至子之半,天心无改移。一阳初动处,万物未生时。玄酒味方淡,大音声正希。此言如不信,更请问庖羲"。二是寻乐诗,表达其乐天安命、悠游闲适的生活态度。正如邵雍在《伊川击壤集·序》中所言:"《击壤集》,伊川翁自乐之诗也。非唯自乐,又能乐时与万物之自得也。"第三类是感愤诗,表达其对社会的激愤和忧虑。朱熹便曾指出:"康节(邵雍)之学,其骨髓在《皇极经世书》,其花草便是诗。"

以《伊川击壤集》为代表的邵雍诗作,开创了理学家语录体、浅俗体诗歌的先河,对元明时期亦有较大影响。《四库全书简明目录·击壤集提要》指出:"(邵雍)其诗源出寒山、拾得。然寒山、拾得之派不行于唐,而此集之派蔓延于南宋,至明代陈献章、庄㫤等以讲学自名者,大抵宗之。"《伊川击壤集》的存世版本较多,主要有明万历年间吴元康刊《宋邵康节先生伊川击壤集》版、《四库全书》本、清光绪间贺瑞麟辑《西京清麓丛书续编》本,以及《道藏辑要》等。此外,在日本、朝鲜也均有《伊川击壤集》的刊本。

《日知录》

《日知录》是明末清初著名学者顾炎武对其读书笔记的汇录,属于大型学术札记类著作,共计 32 卷。

《日知录》作为顾炎武的代表作,是其"稽古有得,随时札记,久而类次成书"的著作,在《四库全书》中列为子部杂家类。《日知录》之名取自于《论语·子张篇》:"子夏曰:'日知其所亡,月无忘其所能,可谓好学也已矣。'"全书内容丰富、贯通古今,共收录条目 1019 条。顾炎武的弟子潘耒将《日知录》的内容大体划为经义、史学、官方、吏治、财赋、典礼、舆地、艺文八类,而《四库全书总目提要》则分作十五类:"书中不分门目,而编次先后则略以类从:大抵前七卷皆论经义,八卷至十二卷皆论政事,十三卷论世风,十四、十五卷论礼制,十六、十七卷皆论科举,十八卷至二十一卷皆论艺文,二十二卷至二十五卷杂论名义,二十五卷论古事真妄,二十六卷论史法,二十七卷论注书,二十八卷论杂事,二十九卷论兵及外国事,三十卷论天象术数,三十一卷论地理,三十二卷为杂考证。"又因其属于札记性质的著作,故而各条目的字数视内容而不确定,多者长达 5000 字,少者仅 9 字。

顾炎武在《日知录》中倡导经世思想,主张进行社会变革,注意社会风气的影响作用,并表现出初步的民主思想。

《日知录》充分体现出顾炎武研究学问的态度和方法,对清代学风的发展演变具有重要作用。顾炎武对此书评价道:"虽未敢必其垂后,而近代两百年来未有此书,则确乎可信也。"梁启超亦给予高度评价:"论清学开山之祖,舍亭林没有第二人。"

《传习录》

《传习录》是反映明代著名学者王守仁思想理论的经典著作,由其语录及部分书信汇辑而成,是研究其思想及心学发展的重要资料。

《传习录》出自于王阳明门人徐爱、钱德洪等人之手。他们自明正德七年（1512）起陆续记录王阳明日常授课论学的内容，并整理成书，命名为《传习录》。该书名出自《论语·学而》中"传不习乎"之语，朱熹将"传习"注释为"传，谓受之于师；习，谓熟知于己"。以"传习"为名，体现出学生对王阳明及其学说的推崇、信奉及时时践行。其后，薛侃、钱德洪、谢廷杰、南大吉等对原书内容进行继续增补，加入了书信等内容，并附录王阳明所编《朱子晚年定论》，由此辑成全本《传习录》。

《传习录》一书共分为上、中、下三卷，阐释了阳明心学的主要学术观点。其中，上卷是王阳明平时讲学答疑的语录，经过王阳明本人的审阅，主要阐述"格物致知""心即理"等观点；中卷是王阳明的亲笔书信及短文，为其晚年的著述，系统阐释了"致良知""知行合一""心物合一"等思想；下卷中的一部分是陈九川、黄直、黄修易、黄省曾、钱德洪等人记录的阳明讲学语录，另一部分是王阳明所编《朱子晚年定论》，这些内容虽未经本人审阅，但也是对王阳明晚年思想的具体解释，其中便包含著名的"四句教"。

《传习录》中记述的阳明心学理论，与理学相比在本体论、方法论、认识论等方面均有差异，对明代中期以后的学术发展与社会进步产生了巨大影响。因此，该书在中国古代哲学史上具有重要地位，是研究阳明心学的主要资料，也是阳明学派的经典著作。梁启超在《国学入门书要目及其读法》中便指出："读此可知王学梗概。欲知其详，宜读《王文成公全书》。因阳明以知行合一为教，要合观学问事功，方能看出其全部人格，而其事功之经过，具见集中各文，故阳明集之重要，过于朱、陆诸集。"

《明夷待访录》

《明夷待访录》，原名《待访录》，是明清之际著名思想家黄宗羲撰著的政治思想著作，也是其最为重要的著作之一，共1卷。

《明夷待访录》成书于清康熙二年（1663），是一部批判君主专制、呼唤民主政体的启蒙性质名著。书名中的"明夷"取自于《周易》"箕子之明夷"之句,"明"指太阳,"夷"指隐没。其爻辞为:"明夷于飞垂其翼,君子于行三日不食。人攸往,主人有言。"意为有智慧的人处在患难地位。"待访",是指等待后世的贤明君主前来拜访。

《明夷待访录》计有21篇,具体包括有《原君》《原臣》《原法》《置相》《学校》《取士上》《取士下》《建都》《方镇》《田制一》《田制二》《田制三》《兵制一》《兵制二》《兵制三》《财计一》《财计二》《财计三》《胥吏》《阉宦上》《阉宦下》。

《明夷待访录》体现出的基本思想主要有:一是强烈抨击君主专制制度,黄宗羲否定所谓的"君权神授",明确提出"为天下之大害,君而已矣","屠毒天下之肝脑,离散天下之子女,以博我一人之产业,曾不惨然,曰我固为子孙创业也。敲剥天下之骨髓"。黄宗羲还批判了"君为臣纲"说,认为"古者以天下为主,君为客,凡君之所毕世经营者,为天下也。今也以君为主,天下为客,凡天下之无地而得安宁者,为君也"。二是提出了法治的主张。黄宗羲坚决反对统治者为维护皇族礼仪而制定的"一家之法",这种法公私不分、权利义务不平等,因此他主张实行维护天下得治的"天下之法"。由是,黄宗羲认为要求得天下太平、人权平等,必须废除专制的君主制度,改为民本制度。三是主张对君权给予限制。黄宗羲提出要限制君权无限扩张而导致的独裁,一方面要恢复宰相制度,当责任内阁之权,"四方上书言利弊者……皆集焉,凡事无不得达",另一方面要将学校作为监督公权力的机关,并由当时明儒担任学官以履行监督职责。四是提出"工商皆本"和均平的思想。黄宗羲认为:"世儒不察,以工商为末,妄议抑之。夫工固圣王之所欲来,商又使其愿出于途者,盖皆本也。"这种思想有利于工商业的发展。此外,黄宗羲为减轻农民的负担,主张减赋税和恢复井田制度,通过还田于民使农民能够富裕。

《明夷待访录》作为批判封建并阐发民主启蒙理论的政治著作,对于宣扬民主思想、启发维新变法等起到了重要作用,尤其是被视为清末民主革命的重要思想武器。因此,早在清乾隆年间《明夷待访录》便被列为禁书,后于嘉庆年间解禁刊行。

《三字经》

《三字经》，是中国古代传统蒙学读物中的主要代表作，号称"最具影响力的三大儿童启蒙读物之一"，是最为浅显易懂的儿童启蒙读本，又与《百家姓》《千字文》合称为"三百千"，为中国古代历史文化的宝贵遗产。

关于《三字经》的作者及成书年代，史上众说纷纭、说法不一，大多数学者更倾向于"宋儒王伯厚先生作《三字经》，以课家塾"，即《三字经》的主要作者为南宋时期著名学者王应麟。在王应麟之后，陆续又有学者根据时移世易对《三字经》进行了补充，使其内容从南宋延伸至元、明、清三代的历史，各版本的题名也因此有所差异。

通行的《三字经》版本全书包含1128字，每3字为一组，共分为376组。其中涉及的内容广泛丰富，汇集了大量掌故，既包括经史子集、百家之说、历史地理，也含有圣贤故事、英雄事迹，可以说于自然、社会、历史、古代经典乃至人生学习等各个方面无所不包，从而将零散的知识点贯穿起来。

《三字经》因其具有的大量优点而成为经典童蒙教材，历朝历代广为流传，历久不衰。不仅如此，从明代起《三字经》就已传播至世界其他国家和地区，比如日本、韩国、意大利、沙俄、英国、美国、法国、新加坡，并产生了巨大影响，成为中华文明远播海外的证明。

《弟子规》

《弟子规》，原名《训蒙文》，是清代学者李毓秀编撰的一部蒙学经典著作，是中国传统启蒙教材的代表作之一。后经清代学者贾存仁修订改编，改称为《弟子规》。

《弟子规》的主要作者李毓秀，字子潜，号采三，山东潍县人。他是清代初年学者、教育家，一生致力于治学和教育事业，精于《大学》《中庸》，并曾创办教学机构敦复斋。其主要代表作除《弟子规》之外尚有《四书正伪》《四书字类释义》《学庸发明》等。

《弟子规》一书是对《论语·学而》中"弟子入则孝，出则弟，谨而信，泛爱众，而亲仁，行有余力，则以学文"一节的丰富与拓展。书名中的"弟子"意指一切圣贤的门人学生，"规"则代表大丈夫的见识。因此，所谓"弟子规"就是要学习圣贤经典、做圣贤弟子、成为大丈夫。在内容方面，《弟子规》全书共有360句、1080个字，以《总叙》《入则孝》《出则弟》《谨》《信》《泛爱众》《亲仁》和《余力学文》为各部分的标题，内容涉及日常的生活起居、衣服纽冠、行为仪止、道德品性、处世之道等方面，据圣贤的教诲教导学生学习的重要性，做人的道理、待人接物的礼貌常识以及为人处世的行为规范。此外，书中还穿插了相关文史知识、成语典故，以帮助学生学习文史常识。在编排体例上，《弟子规》采用了三字一句、两句一韵的形式，不仅合辙押韵，朗朗上口，而且两句或四句之间意义相连。这样，十分有利于学生的学习与记忆背诵。

总体而言，《弟子规》作为传统启蒙教材的代表，以通俗的文字和三字韵的形式向儿童进行早期启蒙教育，不但普及了道德规范和各类常识，也传播了儒家思想文化的内容，对于启蒙教育、家庭教育具有突出作用。

（第六部分执笔：刘振宇）

第七部分

儒学代表机构

太学

太学为中国古代的公立最高学府,其名始于西周时期,亦称大学,天子和诸侯均设之。据《礼制·王制》载:"大学在郊,天子曰辟雍,诸侯曰泮宫。"另据《大戴礼记·保傅》载:"帝入太学,承师问道。"汉武帝时期在长安兴办太学,其目的是养天下之士。魏晋南北朝时因政局混乱太学时兴时废。及至唐代,太学规模宏大,盛极一时。唐、宋两代太学与国子学并存,元、明、清时期未设太学,只设国子学或国子监。

太学的老师主要是以授业传道为主要职责的博士,除讲学授徒外,还要奉使议政,试贤举能。太学的学生历代称谓或称"博士弟子"或唤"太学生""诸生"等,其身份资格历代亦不尽相同。如唐代规定,太学生限文武官员五品以上子孙、职事官五品的期亲,或三品的曾孙,以及勋官三品以上有封之子。宋代的太学生则须文武官八品以下的子弟及庶民之俊异者。唐宋时期太学生都可在学居住,由朝廷发给膏火。汉代还为太学生统一学服,"俱曳长裾,游息帝学"。

太学主要传授"孔子之术,六艺之文",以儒家五经作为基本教材。汉代时所刻熹平石经,是当时官定的太学标准教材。唐代的太学生要修"大经"(《礼记》《春秋左氏传》)、"中经"(《诗》《周礼》《仪礼》)和"小经"(《易》《尚书》《春秋公羊传》《春秋穀梁传》)兼习《论语》《孝经》及时务策。宋代初年教习五经,熙宁后又令太学生习《三经新义》,至南宋时期复以四书五经为教材。太学的教授方法多以自修、讲授、讨论、解惑等形式为主,学习期限没有统一规定。

太学作为古代传播文化和开展教育的专门机构,通过考试选士,对培养各种杰出人才及繁荣学术文化等方面具有杰出贡献。

四门学

四门学为中国古代官学。北魏太和十九年(495)始立四门小学,初置学于洛阳四门。隋代曾设置四门学，不久即废置。唐代的四门学为国子监所"六学"之一，设有博士、助教等。其教学内容与太学、国子监略同，但程度较低。所收学生限于勋官三品无封、四品以上有封及文武七品以上之子，庶民俊异者亦有机会入学。地方学校毕业及俊士能通若干经者，也可升补四门学。四门学学生考试合格可升补太学。宋代庆历年间也曾一度设置四门学，八品以上文武官员及庶人子弟皆有机会儒学。元代以后，四门学废止。

国子学

国子学为中国古代中央官学之一。晋咸宁二年（276）始设，与太学并立，作为士族子弟的学习场所。国子学与太学，名称虽异，但均为最高学府，且历代制度亦有变化。设国子祭酒、博士各一人，助教十五人。南北朝时期或设国子学或设太学，或两者同设。北齐时期更名为国子寺。至隋文帝时期，国子寺总辖国子、太学、四门等学。明清设国子监，作为管理机关并兼具国子学性质。

国子监

国子监是封建社会时期的教育管理机构和最高学府，亦称"国学"或"国子学"。晋咸宁四年（278），为便于区分学生的贵贱出身，于太学之外另设国子学，此为国子监之始。北齐改为国子寺，隋炀帝则改为国子监。唐宋时期，国子监作为国家教育管理机构，总辖国子学、太学、四门学等教育机构。各学皆立博士，并设祭酒一人负责管理。元代设有国子学，下辖国子学。另设有蒙古国子学、回回国子学，亦称国子监。明清时代的国子监既为国家教育管理机构，兼有最高学府的性质。清光绪三十一年（1905）设学部，国子监遂废。

在国子监读书的学生称监生、太学生或国子生。对学生入学的资格、来源及名额，历代规定不同。总管国子监事务的头领称为国子祭酒或判监事，教官名称和编制数量历代有所差异。国子监的主要教材为五经或四书。

历朝历代对国子监的管理均十分严格,颁行了考试升降、放假等各种管理制度。国子监在加强教育管理、培养官吏、造就高级专门人材、繁荣古代学术文化、纳育各国留学生及促进中外友好文化交流等方面都起到积极作用。

贡院

贡院为中国古代举办科举考试的场所,唐开元二十四年(736)始设。据《唐国史补》载:"开元二十四年,考功郎中李昂,为士子所轻诋。天子以郎署权轻,移职礼部,始置贡院。"所谓"贡",意为通过考试选拔人才以献给皇帝或国家。现存贡院遗址包括江南贡院、北京贡院、定州贡院、川北道贡院等,其中又以南京江南贡院为古代最大科举考场而更为知名。唐宪宗时期,在贡院围墙上遍置荆棘,故贡院也被称作棘围或棘院。明清之际,贡院建制更为严格、规整。院大门正中悬有"贡院"匾,由外至内分别有龙门和至公堂。至公堂后入门为内帘,至公堂的东西两侧为外帘。内、外帘作为考官及负责考场事务的官员工作、起居之处。院内两旁建号舍,供考生答卷和居住。贡院号舍常以几十或上百间为一列,形如长巷。每巷以《千字文》编列,在巷口门楣墙上书"某字号"。贡院内管理严格,内中各大小官员均须回避亲族,内帘与外帘官之间不得往来。与此同时,为防考生作弊还设有各种搜检之法,并派有兵士巡查。

广文馆

唐代国子监所属七馆之一,创设于唐天宝九年(750),以国子监中习进士课业的生徒为教育对象。馆内设有博士一人、助教一人,品秩同太学。首任博士为郑虔,且呼郑虔为"郑广文"。安史之乱后,广文馆因此益废,学生四处流散。五代及北宋沿置,仍教育各地前往京师求试者为职能,补中广文馆者可就试国子监。其后存废无常。

崇文馆

崇文馆为中国古代文化教育机构。魏明帝时期始设崇文馆,至唐贞观十三年(639),东宫属下开设崇贤馆,后因为避太子名讳而更名为崇文馆。入学资格为皇族缌麻以上亲属、皇太后、皇后六功以上亲戚及宰相、散官一品、京官从三品子孙。设学士,掌经籍图书,教授诸生。

州学

州学是中国古代的地方官学,开设于州。隋唐时期起,州成为直接管辖县的地方行政单位,并根据所处地区和户口多寡分为不同等级。如唐代规定,四万户以上为上州,二万户以上为中州,二万户以下为下州。上州设经学博士一人,助教二人,学生六十人;医学博士一人,助教一人,学生十五人。中州设经学博士一人,助教一人学生五十人;医学博士一人,助教一人,学生十二人。下州设经学博士一人,助教一人,学生四十人;医学博士一人,学生十一人。宋代自庆历兴学始,州县皆立学。州置教授,授儒学及医学。元、明清皆置州学,设学正,教授儒学。

县学

县学为中国古代的地方官学,开设于县,以教授儒学为目的。东汉时期已有少数县设学,至唐代形成制度体系。根据户口数及政治、经济条件,将县划分为京、畿、上、中、中下、下六等。凡县皆设经学博士、助教各一人;京县学生五十人,畿县和上县学生四十人,中及中下县各二十五人,下县二十人。宋代州县皆立学。元、明、清皆设县学,学官称教谕。

华林书院

华林书院是与岳麓书院、白鹿洞书院和鹅湖书院齐名的江南古代四大书院之一,最早为胡氏家族私塾,后发展为华林学舍、华林学堂。至北宋雍熙年间,胡仲尧将其扩建为华林书院。华林书院作为私人书院办学成绩卓著,培养了大批人才,仅胡氏一家就有55人高中进士。宋端拱二年(公元989),胡仲尧长子胡用之与其叔胡克顺同登进士第,幼子胡用庄探花及第,一时名震朝野。

华林书院办学的特色主要在于:一是文学派的书院,到书院讲学的大多为文学家。二是家族化的书院,通过家族教育讲经史、诵诗书、习礼义,传播良好家风。三是开收容女生之先河,凡家族中愿受教育的女性乃至亲友中的女性均可入学。四是办学经费由家族承担。

梧桐书院

梧桐书院又名梧桐书屋,位于洪州奉新县(今为江西奉新县),由南唐时期的罗靖,罗简兄弟所建。据清光绪年间《江西通志》载:"梧桐书院在奉新县罗坊镇,南唐罗靖、罗简讲学之所。"

由宋至明时期,梧桐书院的办学活动一直持续,并先后订有童养规条、延师规、读书规等教学规定。著名学者罗从彦、罗汝芳曾在此就读。

松州书院

松州书院亦作松洲书院,位于福建省漳州市芗城区浦南镇松洲村,唐景龙二年(708)由唐代"开漳圣王"陈元光之子陈珦所创立,有"八闽第一书院"之称,以讲授儒家经典为主。据《漳州府志》载:"松州书院,在二十三四都,唐陈珦与士民讲学处"。松州书院与松州威惠庙在建筑上合为一体,形成"前庙后校",规模宏大,气势雄伟。书院历经各朝重修,始终保持"庙堂兼书院"

的特点。

武夷精舍

　　武夷精舍位于崇安县（今福建武夷山市）武夷山五曲大隐屏峰下，又有武夷书院、紫阳书院之称，是宋代理学家朱熹在福建创办的最具影响力的书院之一。

　　朱熹早年从学于刘子翚时，常由其带至武夷山讲习。当地的自然环境和文化氛围给朱熹留下了深刻印象。淳熙九年（1182），朱熹迁台州主管崇道观，即在武夷山大隐屏峰下五曲之旁建武夷精舍，并亲自擘画，"使弟子具畚锸，集瓦木，率相成之"，当年四月即告完工。

　　在精舍讲学期间，朱熹广收生徒，从游者众，由此培养了大批理学人才。据《朱文公文集·武夷精舍杂咏诗序》载："堂成而始来居之，四方之友来者亦甚众，莫不叹其佳胜，而恨他屋之未具，不可以久留也。"朱熹还在此完成了《易学启蒙》《小学》《中庸或问》《中庸章句》等一批理学著述。

　　朱熹去世后，武夷精舍作为家塾式书院，由其子朱在、其孙朱鉴相继"葺而广之"。此外，武夷精舍还受到了官方的重视。淳祐四年（1244），知县陈樵子和熊蒙正、詹枢云等对其进行重建，扩大其规模，更名为书院。景定年间（1260—1264），朝廷设山长以教邑士，理宗赐匾额。咸淳年间（1265—1274），程若庸任武夷书院山长。咸淳四年（1268），朝廷命有司再次扩建屋舍，建古心堂，并更名为紫阳书院。

应天府书院

　　又名睢阳书院、南京书院。旧址在今河南商丘，为北宋四大书院之一。因商丘为古宋州，赵宋建国后改为应天府，书院故得名。应天府书院最早可追溯至五代后晋时期，宋州人杨悫"乐为教育"，并在将军赵直的支持下聚徒讲学，从而奠定了书院的基础。其学生、楚丘（今山东曹县）人戚同文，在杨悫死后继承了书院事业，"远近学者皆归之"，由此逐渐形成了一个文化中心。戚同文所办的学校人才辈出，前后百余名学生能在北宋科举中第者竟达五六十人之多。涉如北宋著名政治家、文学家范仲淹便出自这所学校。戚同文去世后，至真宗大中祥符初年，应天府民曹诚出资三百万在同文"旧学之地，造书舍为屋150间，聚书1500卷，博延生徒，讲习甚盛"。大中祥符二年（1009），曹诚愿以学舍入官，请令戚同文之孙戚舜主之，真宗正式赐额为"应天府书院"，这所书院就此获得官方认可。此后，北宋著名文学家晏殊为应天知府，大力聘请名师任教。

宋景祐二年（1035），应天府书院改为府学，官府拨给学田十顷，充作学校经费。晏殊又请因服丧而退居睢阳的范仲淹入学，"以教生徒"。由于应天书院及府学聘请名师，整饬校风，教学质量日渐提升。大约在大中祥符以后的二十余年间，应天书院的学生"相继登科，而魁甲英雄，仪羽台阁，盖翩翩焉，未见其止……"。北宋中期以后，各地学校如雨后春笋般建立起来，与应天书院的影响不无关系。

宋庆历三年（1043），南京府学被改为南京国子监，其地位更高于一般地方学校，而与东京（开封）西京（洛阳）的国子监互相辉映。

茅山书院

宋代著名书院，原址位于江苏金坛三茅山后侧，由宋仁宗时处士侯遗（仲逸，亦作仲遗）创建。书院教授生徒，并供给膳食。宋天圣二年（1024），江宁府知府王随奏请赐田三顷作为书院经费，后为崇禧观所据。南宋端平年间，漫塘刘宰别创于三角山，不久又废。淳祐年间，知县孙子秀访茅山故址重建，以待远方游学之士。开庆元年（1259），书院被为豪门所夺。咸淳七年（1271），书院迁建县南顾龙山麓。清代改为圆通庵。

石鼓书院

宋代著名书院，原址位于湖南省衡阳北石鼓山回雁峰下。唐刺史齐映曾建合江亭于山之右麓。唐宪宗元和年间，士人李宽结庐读书其上。宋至道三年（997），州人李士真请求郡守在李宽中读书处创建书院，招收生徒讲学，石鼓书院就此定名。景祐二年（1035）宋仁宗应集贤校理刘沅之请，赐书院额匾及学田。

朱熹曾作《衡州石鼓书院记》："石鼓据杰湘之会，江流环带，最为一郡佳处，故有书院，起唐元和间，州人李宽之所为。"（《朱文公·文集》）马端临在《文献通考·学校考》中也将石鼓书院与白鹿洞书院、应天府书院和岳麓书院并称为"宋兴之初，天下四书院"。宋仁宗时期，书院曾一度荒废，至南宋孝宗时期复建，明清时期仍留存。

宣成书院

亦称华掌书院，位于广西桂林城区西南，为桂林四大书院之一。宋景定三年（1262），广西经略朱祀孙为纪念张栻、吕祖谦，奏请撷取两人的谥号"宣"与"成"为名兴建书院，理宗准奏请并题名。宋代末年，书院毁于兵火。元元贞二年（1296），广西肃政廉访副使臧梦解重建。明代初年，书院改制为临桂县学。明正统五年（1440），书院复建。明嘉靖八年（1529），监察御史林富集师儒于书院，讲论五经异同；聘经师五员，招诸郡成材生员三百人。清康熙二十一年（1682），移建于城西南钱伯花园故址。提督广西学政王如辰更名为华掌书院。雍正二年（1724），巡抚李绂恢复原名。十一年，奉敕扩建，专招全省童生，定额正课生二十五名、额外正课八名，附课二十名，课以时艺。光绪二十八年（1902）变革学制，书院裁撤。三年之后，改为临桂两等小学堂。民国时期沿办小学。

涵江书院

位于今莆田市涵江区紫璜山观顶坡，为当地最早的书院。其址原为唐宝历二年（826）莆田县令、孔子四十一代孙孔仲良宅院旧址。南宋淳祐十一年（1251），兴化军知军杨栋和涵江镇官郑雄飞建书院，作为孔氏后裔专用读书之处，学规甚严。又置"圣胄庄"给田以供祭祀及月廪之费。宋景定四年（1263），知军徐直谅请示朝廷，得理宗皇帝亲书"涵江书院"。元至大二年（1309），经时任书院山长徐汝揖（江西上饶人）筹划、总管吕君政捐俸倡导及士绅乐助，费元钞900余贯，花工千余日，改筑殿址高6尺余，檐楹等也按体制修建。明成化元年（1465）重建，后毁。清康熙元年再度重建，部分建筑保存至今。

河东书院

（1）原址位于湖北黄州（今黄冈），曾名黄中书院。宋乾道年间，在理学家程颢、程颐出生地的黄州属邑黄陂县，太守李沈初建二程祠奉祀。宝祐年间，太守李节奏请增建为河东书院。明代毁废。清雍正间，知府王铎就废宅建为黄中书院。乾隆九年（1744），知府禹殿鳌复建并恢复原名，招所属府县生徒数十人肄业，后改为黄冈县书院。乾隆二十二年（1757），复为府书院选取生童二百人。咸丰至同治年间，学堂亦曾多次重建。

（2）原址位于山西运城里。明正德九年（1514），巡盐御史张士隆建，面积约三十余亩。万历八年（1580），由御史李廷观改为三圣庙，祀尧、舜、禹。万历十三年（1585）又更名为崇圣馆。清乾隆四十八年（1783），运史沈业富修葺。道光二年（1822），盐法道张大镛续捐经费修治，规定陕豫商籍、河东三十六属民籍生童均可送院肄业。

丹阳书院

原址在安徽当涂（今马鞍山市）南八十里黄池镇，为安徽所建最早书院之一。宋景定五年（1264），刘贡士创建，并经知州朱祀孙奏请朝廷，获理宗赐额"丹阳书院"。元至元元年（1335），宪使卢挚重建。明天启初，改为往来公馆，书院遂废。

丽泽书院

原址位于婺州（今浙江金华），为南宋时期著名学者居家会友讲学之地。书院取《周易》"丽泽，兑，君子以朋友讲习"之义命名，被称为南宋四大书院之一。

吕祖谦作为金华学派的奠基人，开浙东学派之先声。除在丽泽书堂教授生徒、著书立说及订立学规外，吕祖谦还邀请著名学者朱熹、张栻、陆九渊、陆九龄、薛季宣、叶适、陈亮等前来讲学，以探讨学术、交流思想。其后，吕祖谦将此屋归还官府，另置新居于城之北隅，而讲学会友之所丽泽堂也随之北移。宋庆元二年（1196），宰相韩侂胄为排除异己将理学诬作"伪学"，并严加禁止，吕学也在禁案之列。宋开禧二年（1206），宋宁宗昭雪党案后，金华部分士大夫和吕氏门人向郡里申请将吕祖谦祖父吕中曾租住过的金华城公屋划出一半，为吕祖谦建祠纪念，并设丽泽书院。南宋灭亡后，丽泽书院由金履祥司讲。元至元三十一年（1294），官府对丽泽书院进行大修，并由王龙泽撰《修丽泽书院记》勒于石。元时期，丽泽书院曾屡毁屡建。明天顺年间（1457—1464），吕氏后裔吕济晟、吕重濂重建书院，并追回被占学田。到明成化三年（1467），浙江都指挥使司佥事辛访又命金华知府李嗣负责重修丽泽书院，时人魏骥撰有《重修丽泽书院碑记》记其事。嘉靖十四年（1535），巡按御史张景又命金华府通判汪昉负责重修丽泽书院。并由丽泽书院供祀同创道学于婺州的朱熹、张栻、吕祖谦三位理学大师。至明末，丽泽书院终因遭兵燹而毁。

考亭书院

又名竹林精舍、沧洲精舍，原址位于建宁建阳西南（今福建莆田），为南宋朱熹晚年居住、讲学之处，也是朱熹一生创办的最后一座书院。宋绍熙三年（1192），朱熹在考亭筑室。绍熙五年（1194），因四方前来求学者日增，便于居所之东建竹林精舍。次年又进行扩建，并更名为沧洲精舍。精舍有明伦堂、燕居庙。朱熹在此著述颇丰，后人亦称朱学为"考亭学派"。宝庆元年（1225），建阳县令刘克庄辟祠以祀朱熹。淳祐四年（1244），宋理宗御书"考亭书院"匾额。至元明清各朝均有地方官主持修缮，增置些田，清末废。

鹤山书院

南宋理学大师魏了翁创建。宋嘉定三年（1210），魏了翁在家乡蒲江北门外创办鹤山书院。据《宋史·魏了翁传》载："筑石白鹤山下，开门授徒，士争负笈从之。由是蜀人尽知义理之学。"魏了翁聚书求友、朝暮研习，得书十万卷，建阁以藏，辟为书院，并由宋理宗赐额"鹤山书院"。明正德十三年（1518），巡按御史卢雍等重建于城内善政街，有"崇正""企贤"两讲堂。万历三十二年（1604），知州牛大纬扩建，提学官亦驻此校士，书院兼作试院。清乾隆二十二年（1757），知州段以信迁书院于州署南，书院与试院始分。道光间，知州叶朝东再迁于书院街，改名"崇学"。光绪二十九年（1903），改为高等小学堂。此外，由于魏了翁一生历官多地，因此在邛崃、眉山、泸州及湖南靖州、江苏苏州等地亦建有鹤山书院。

岳麓书院

位于湖南长沙岳麓山，中国历史上最负盛名的书院，被称为古代四大书院之一。自古以来岳麓山便为文化名山，早在西晋以前即有道士在此活动，唐末五代时期僧人智璿等在此办学，建立学舍。北宋开宝九年（976），潭州太守朱洞在原有僧人办学的遗址上正式建立岳麓书院。大中祥符八年（1015），宋真宗召见山长周式并亲赐"岳麓书院"额及内府书籍。两宋更替之时，书院遭战火所毁。至南宋乾道元年（1165），湖南安抚使刘珙知潭州重修书院，以"造就人才、传道济民"为办学宗旨。由此，书院成为湖湘学派主要基地。著名弟子有吴猎、胡大时、彭龟年、游九功、游九言等。乾道三年（1167），朱熹来访，与张栻会讲《中庸》之义，手书"忠、孝、廉、节"，开启了闽学和湖湘学派的交流。绍熙五年（1194），朱熹任湖南安抚使，再度兴学岳麓。曾筹划更建书院，颁《朱子书院教条》，并于政暇讲学其中。南宋末年，元兵攻破长沙城，岳麓书院被毁。元至元二十三年（1286）重建，延祐元年（1314）再修，元末又毁。明弘治七年（1494），通判陈钢等重建，推崇朱、张理学传统。明正德、万历间，王守仁及弟子王乔龄、季本、张元忭、邹元标等相继居此讲学，传播王学。崇祯十年（1637），王夫之肄业于此。明代末年，书院再度毁于战火，至清顺治时恢复办学。雍正十一年（1733），岳麓书院列为省城书院。光绪二十四年（1898）增加一百多种"新学"图书。并刊刻书籍，包括岳麓书院的历史文献和课艺等。光绪二十九年（1903），巡抚赵尔巽将书院改为湖南高等学堂。辛亥革命后，书院改为湖南高等师范学校湖南公立工业专门学校，1926年成立湖南大学，1984年湖南大学设岳麓书院文化研究所。

象山书院

原名象山精舍，位于信州贵溪（今江西）应天山，南宋四大书院之一。宋淳熙十四年（1187），著名学者陆九渊及其门人彭世昌创办书院，并以山形似象而命名为象山，书院由此得名。象山精舍规制极为特别，它以升堂讲座的草堂为中心，四周则依地形山势，遍布居仁、由义、养正、明德、志道、储云、佩玉、愈高惠林、达诚、琼芳等数百间生徒自己构筑的讲庐、书斋。舍中教学不立学规，除每日清晨鸣鼓会揖，由陆九渊升堂讲座外，其他时间肄业者归斋舍，各自研习。宋绍定四年（1231），陆九渊再传弟子、江东提刑袁甫以交通不便、祠宇荒颓为由，将书院迁建于贵溪城南山峰下，并请赐额，刊录《陆象山文集》，"以惠后学"，聘请钱时出任堂长，以主讲席、政暇亦自至院中讲学。直至南宋末年，象山书院作为陆学的中心基地，影响不断扩大。

姚江书院

位于浙江余姚。明崇祯十二年（1639），余姚学者沈国模、管宗圣、史孝咸、史孝复等集资购下城南双雁里半霖村一处"山拱溪环"的宅院，稍加修缮，创办起"霖间义学"。创建之初，义学由史孝咸任主讲，除学生日常修习外，每月还举办讲会，邀集各地学者前来讲学论道。

明清鼎革之际，义学停办。至清顺治十四年（1657），史孝咸主持重建义学，并定名为"姚江书院"。史孝咸、韩孔当、俞长民、史标等著名学者相继主持院事，由此形成了学术史上颇具影响的著名学派——"姚江学派"。

清康熙二十九年（1690），知县康如琏捐资重修书院，著名学者邵廷案在此讲学。康熙四十一年（1702），书院迁至城内角声苑（今余姚花园桥），二十世纪九十年代初被拆除。

五华书院

原址位于云南昆明五华山麓，明嘉靖三年（1524）巡抚王启创办于城之西北处。嘉靖三十一年（1552），提学黄琮等对书院进行了增修，成为当时云南地区的最大书院。明末毁于战火。清雍正九年（1731），总督鄂尔泰迁建于五华山，聚所属府县秀良之士藏修息游其中雍正。十一年（1733），书院立为省城书院，并获赐帑金千两。经历任督抚不断整饬，规制完备、人才辈出。其中，戴炯孙、戴淳、李於阳、池生春、杨丹山，尤具才名，号称"五华五子"。有《五华五子诗选》传世。咸丰六年（1856），因滇中兵燹而致学业停顿。同治十一年（1872），巡抚岑毓英修复。光绪二十九年（1903），改为云南高等学堂。

阳明书院

又名贵山书院，原址位于贵州贵阳。明嘉靖十四年（1535），王阳明私淑弟子贵州巡按王杏应黔籍王门弟子汤冔、叶梧、陈文学等人之请创建。书院除教授生徒之外，还有祭祀先贤的功能。嘉靖二十五年后，书院曾几度迁建，最终在明末毁于兵火。清康熙十二年（1673），贵州巡抚曹申吉捐资重建书院，并在其中置书数千卷。雍正十一年（1733），在书院旧址上改建贵山书院。光绪二十四年（1898），诏改书院为学堂，遂废。二十八年（1902），设贵州大学堂于此，后改设高等学堂。宣统元年（1909）改建矿业学堂。

梅花书院

扬州最古老的书院之一，又名甘泉行窝、甘泉书院、湛公书院、崇雅书院，原址位于江苏扬州广储门外，为明代学者湛若水在扬州的讲学之所。湛之门人葛润建为书院置有学田，用以资助外来就学者。其后，巡盐御史朱廷立改名甘泉山书馆，并几经拓修，时兴时废。清雍正十二年（1734），郡人马日琯独力兴建扩充，书院定名为"梅花"，内部包括双忠祠、萧孝子祠及讲堂等建筑。乾隆四年（1739），盐运官员于运库公支项下拨给膏火。乾隆八年（1743）并附安定书院。乾隆四十二年（1777），马日琯之子马振伯呈请将梅岭处原梅花书院楼宇归公，运使朱孝纯谕商捐修、定经费，并邀请著名文学家姚鼐掌院。乾隆六十年（1795），运使曾燠重立规条，设正附课各五十人，随课无定额，专课生监，参"安定"之例酌给膏火。咸丰年间，书院毁于战火，后于同治年间移建于左卫街，生童额数及膏火分给同"安定"。初每月只有官课，设掌院后始有院课、小课。延府县学学官为监院轮流点名收卷、支发膏火。凡参加官课院课连续优异者给予奖励。

诂经精舍

原址位于杭州西湖孤山南麓，由浙江学政阮元于清嘉庆二年（1797）创建。阮元遴选浙江精通经学研究之人，于西湖孤山上构屋五十间纂辑《经籍纂诂》。阮升任浙江巡抚后，又于嘉庆五年（一说为六年正月）将其辟为精舍。据阮元《西湖诂经精舍记》载："精舍者，汉学生徒所居之名；诂经者，不忘旧业，且勖新知也。"诂经精舍崇汉学，轻理学，因而祭祀许慎、郑玄，而不祭祀程颢、程颐与朱熹。在具体教学上，精舍提倡培养经世致用之才，而不在乎明心见性之空谈。至嘉庆年间，在精舍先后就学者近百人。清咸丰十一年（1861），精舍毁于战火，至同治五年（1866）方才重建。由此，同治、光绪年间就读于精舍的学生增至60人，亦有从杭州之敷文、崇文、紫阳书院选送者。著名学者如朱一新、黄以周、章炳麟、崔适、戴望等均曾肄业于此。光绪二十三年（1897），巡抚廖寿丰议与杭州其他五书院合并为求是书院，专课中西实学，未果。光绪三十年（1904），精舍正式停办。

东林书院

东林书院位于江苏无锡，中国古代著名书院，始建于北宋政和元年（1111），曾是理学大师程颐、程颢嫡传高足杨时长期讲学之地。书院之名与杨时游历庐山所写"东林道上闲步"的诗词有关。明万历三十二年（1604），罢黜里居的顾宪成、顾允成、高攀龙安希范等人，为继承龟山讲学传统，以"系道脉、树风声"为己任，共同捐资重建东林书院。顾宪成等人在此聚众讲学，一时间有"天下言书院者首东林"的盛誉，东林书院遂成为学术教育中心兼政治舆论中心。天启年间（1621—1627），因宦官魏忠贤专权，东林书院遭受禁毁。崇祯二年（1629），因东林党案平反书院得以重建。清康雍乾三朝曾多次重修书院，但已不复当年讲学盛观。清末改为东林两等小学堂。

鹅湖书院

又名文宗书院,原址位于江西铅山鹅湖寺旁,为江西四大书院之一。南宋淳熙二年(1175),朱熹与吕祖谦、陆九龄、陆九渊及弟子门人在此聚会讲学。朱熹等人去世后,信州刺史杨汝砺筑"四贤祠"以资纪念。至宋淳祐十年(1250),鹅湖寺旁建立书院,由朝廷命名为文宗书院。元代末年,书院毁于战火。明景泰四年(1453),书院在鹅湖寺旁重建,称为鹅湖书院。清咸丰年间,书院再度毁于兵火,后于同治年间复建。清代末年,书院改建为鹅湖师范学堂。

关中书院

位于陕西西安,为明清两代陕西本土的最高学府,西北四大书院之一。书院始建于明神宗万历年间。明万历二十年(1592),左副都御史冯从吾因触怒神宗罢官归里后,便与友人萧辉之、周淑远等在西安宝庆寺讲学,弟子日众,影响甚巨。万历三十七年(1609),陕西布政使汪可受、按察使李天麟等为冯从吾另择宝庆寺东小悉园创建"关中首善书院",后易名为"关中书院"。书院建讲堂六间,题曰"允执堂",堂前半亩方塘,堂后假山一座。天启六年(1626),魏忠贤党羽捣毁关中书院,冯从吾悲愤交加,含恨辞世。崇祯二年(1629),关中书院复建,并在院中奉祀冯从吾。

康熙十二年(1673),陕甘总督鄂善礼聘关中巨儒李顒来院主讲。乾隆二十一年(1756),御赐书院"秦川浴德"匾,乾隆三十六年(1771),陕西巡抚毕沅提出"移风易俗,教化为先",重修关中书院,延请著名学者来陕主持关中书院,改革教务,选拔生徒,关中书院遂以教学管理的严谨和规范称著一时。

光绪三十二年(1906),关中书院改为两级师范学堂,旋称陕西第一师范大学堂、陕西师范大学堂,为西北地区第一所高等学府。

钟山书院

原址位于江宁上元（今南京），由两江总督查弼纳于清雍正二年（1724）创建，雍正赐"敦崇实学"匾额。书院檄选通省士子肄业其中，月给饩廪，设掌教、副掌教讲学管理生徒。每月两课，总智、巡抚、藩臬、道台亦可主持或加课，另给奖励。雍正十一年（1733），奉旨改为省城书院。乾隆元年（1736），两江总督尹继善将朱熹所订《白鹿洞书院规条》及《分年读书法》刻石立于书院之中，院长杨绳武定钟山书院规约。乾隆四十六年（1781），两江总督萨载定书院规条，院长钱大昕定学约。咸丰年间，书院毁于战火。同治年间，曾国藩曾借地重开书院，并聘请李联琇任主讲席。光绪年间，总督刘坤一再度重建书院，后改为学堂。

广雅书院

原址位于广州城西北，光绪十三年（1887）由两广总督张之洞创办，是近代中国著名书院之一。院名取"广者大也""雅者正也"之意。广雅书院以培养博古通今、明习时务、期于体用兼备之材为己任。书院首任学长为梁鼎芬，后任有朱一新、廖廷相、邓蓉境、谭莹、丁仁长等广东著名学者。课程分为经学、史学、理学、文学4门，学生可自由选择，兼习文章之学，原定学制3年，后改为9年。

广雅书院坐北向南，中轴建筑有山长楼、礼堂、无邪楼、冠冕楼是学生的图书馆，珍藏不少典籍善本。东西均为书斋，各有10巷，每巷10间，共200间。

清光绪二十五年（1899），书院率先附设西学堂。光绪二十七年（1901），因清政府颁布"废书院，设学堂，改良私塾"之令，广雅书院遂改为两广大学堂，1903年再改为两广高等学堂。辛亥革命后，书院又改名广东省第一中学，1935年则改为广雅中学并沿用至今。

嵩阳书院

又名太乙书院、太室书院，原址位于河南登封太室山南麓，中国古代著名书院之一。书院始建于五代后周时期，最初称为太乙书院，宋至道三年（997）赐名太室书院，并颁九经子史置校官，生徒数百。宋景祐二年（1035）书院重修，奏置山长及给田一顷供膳食，并更名为嵩阳书院。理学创始人程颢、程颐曾先后以提举身份在嵩阳书院讲学。金兵南侵时期，书院逐渐荒废。元代易名为嵩阳宫。明嘉靖八年（1529），登封知县侯泰在书院遗址上重建，并立二程祠。明末，书院毁于战火，后于清康熙十三年（1674）由知县叶封复建，康熙十六年（1677）再由邑人耿介及知县张壎扩建，后又增建书院别墅、藏书楼、讲堂、道统祠等。耿介、张壎、汤斌等儒学大师先后在此讲学，均以阐发程朱理学，继承孔孟道统为己任。清代末年，因废除科举制度，书院改为学堂。

白鹿洞书院

原址位于庐山五老峰南麓（今江西九江），又名白鹿洞书堂、白鹿书堂、朱晦翁书院，中国古代著名书院之一。南唐升元四年（940），朝廷在此创建白鹿洞学馆，即庐山国学，设有官师、置田，学徒常数十百人。宋开宝九年（976），江州吏民在此建书院。咸平五年（1002），奉真宗旨意整修书院并塑孔子及其弟子像。皇祐五年（1053），礼部郎中孙琛在此建屋十间，使子弟读书，并接待来学士子，供给膳食。皇祐末（1054），书院毁于战火。南宋淳熙六年（1179），朱熹知南康军时就遗址复建书院，亲自执教并制订《白鹿洞书院揭示》。陆九渊亦曾来此讲学，留有《白鹿洞书堂讲义》。著名弟子有胡泳、曹彦纯、曹彦约、周模、余宋杰、余锜、刘贲、李辉、吕炎、吕焘、彭方、蔡念成等二十余人。吕祖谦所撰《白鹿洞书院记》将其称之为四大书院之一。元至正十一年（1351），书院再度毁于兵火。明正统三年（1438），南康知府翟溥福等重建书院。胡居仁、蔡清、李梦阳、王守仁、湛若水、薛应旂、吴国伦、邹守益、王栋、王畿、赵参鲁等先后执教。至清代，江西地方官员对书院屡有修缮，并订立新规。清康熙二十六年（1687），书院获御赐"学达性天"匾额。乾隆九年（1744），书院再度获赐"洙泗心传"匾额。清代末年，书院改为江西林业学堂。

还古书院

位于安徽休宁万安山。明万历二十年（1592），知县祝世禄、邑人进士邵庶始建书院于万安山，万历二十二年（1594）书院落成，并成为明代中后期阳明学派举行讲会之中心。自万历二十五年（1597）至崇祯十二年（1639），书院共集新安六邑（歙县、休宁、黟县、绩溪、祁门、婺源）之士讲会七次，每会计十天，邹守益、王艮、钱德洪、王畿等曾来院讲学及参与讲会。后因魏忠贤毁天下书院，还古书院曾作价银六百三十两售卖，因此被废。崇祯原年（1628），邑人进士汪先岸、汪康瑶、吴侃、汪姬生募捐赎回修复。清咸丰年间，书院毁于战火。

白鹭洲书院

又名白鹭书院，位于江西吉州。南宋淳祐元年（1241），朱熹门人林夔孙的弟子吉州太守江万里在此创办书院及自任山长，并获宋理宗御赐"白鹭洲书院"匾额。白鹭洲书院与白鹿洞、豫章、鹅湖书院并称为江西四大书院。书院建立以后人才辈出，文天祥便是书院培养的第一位状元，其后历代共有十七人中状元，二千七百余人中进士。书院自创办以后屡历兴废，多次重修重建。明万历二十年（1592），知府汪可受重建书院，是白鹭洲书院历史上规模最大的重建。书院现存明万历间重建的"云章阁"，原为藏书楼和山长起居之所，今奉祀历代先贤。此外，还有风月楼、魁星阁、泮月池、状元桥、古吉台等历史古迹。清光绪三十一年（1905），书院改为吉安府中学堂。现为江西吉安白鹭洲中学。

稽山书院

原址位于浙江绍兴卧龙山西岗。宋宝元二年至康定元年（1039—1040），范仲淹知越州时于州治创建稽山书院，并聘请著名学者新昌石待旦主持书院，四方受业者甚众。乾道六年（1170），朱熹司提举浙东常平茶盐事时亦于此讲学敷政。此后，书院逐渐湮废。至明正德年间（1506—1521），山阴知县张焕将书院移建于故址之西。嘉靖三年（1524），知府南大吉及山阴县令吴瀛重修移于会稽舍子桥，并增建"明德堂""尊经阁"。书院重建后声名远播，四方来学者甚众，王阳明亦曾于此阐述"致良知"之学，并培育了大批心学学者，还撰有《稽山书院尊经阁记》。万历七年（1579），书院被毁。万历十年（1582），知府萧良干修复并易名为朱文公祠。至清康熙十年（1671），里人虞敬道、柴世盛再度重修。

韩山书院

原址位于广东潮州。宋元祐五年（1090）知州王涤始建于州城西南，最初为纪念韩愈而建的昌黎伯庙。宋淳熙十六年（1189），知州丁允元迁建于河东双旌山（即今韩山），后废。淳祐三年（1243），郡守郑良经复建于城南旧址。郡守任洞主，郡博士任山长。职事有堂长、司计各一，斋长四名，生额二十名。春秋各课试一次，内容为《四书》讲义。淳祐五年（1245），陆九龄弟子陈圭来书院捐金购书置田，并亲自为春秋课试命题及讲明《四书》及濂洛诸老议论。宋元之际，书院毁于兵火。元至元二十一年（1284），书院重建。至顺二年（1331），潮州录总管王元慕扩建书院，使其规模倍加于前。至正十二年（1352），书院再毁于火，后重建于城南大隐庵旧址。明代，书院隶属潮州府，经多次修建后继续办学。清代，书院隶属惠潮道，成为粤东地区最高学府。康熙二十七年（1688），知府石文晟将书院改为南隅社学，又称城南书院，隶属海阳县。咸丰四年（1854），邱建猷任书院山长，以实学课文。光绪年间，山长何如璋曾出使日本，提倡西学，因而书院开始兼授西学。光绪二十九年（1903），书院改为惠潮嘉师范学堂。

兴贤书院

位于福建武夷山五夫镇兴贤村，院名取"兴贤育秀""继往开来"之意。书院于南宋绍兴八年至十年间（1138—1140）由著名学者、朱熹的启蒙老师胡宪创建。南宋时期，兴贤书院为五夫镇的教育中心，其建筑规模轩敞宏丽，整个布局共分三大进，前进为正堂，分上厅与下廊，上厅为正堂，上供孔子神位，另设有东西厢房作为藏书之所。第二进为师生授课之所，设正堂，东西两庑，正堂为老师授课之所，两庑供生员座谈。第三进为文昌阁，两层木构体，楼上专供文昌帝君神像兼祀胡、刘、朱诸贤，楼下为书院山长的起居室和书斋等。元代初年，书院被毁。清光绪二十四年（1898），由乡人连成珍等14人首倡，在崇安县令张鷟支持下重建，但其后又废弃。

双峰书院

又名六贤书院，位于福建顺昌县西。南宋咸淳九年（1273），为纪念顺昌籍两位理学大儒廖刚和廖德明，顺昌县人廖邦杰始建双峰书院。宋元交替时期，书院被毁。元至元二十九年（1292），判官毋逢辰重建书院。延祐二年（1315）腊月，县尹张元亨联合有识之士在旧址上新建四贤祠堂。在东面新建师友渊源堂，西面增建拜亭，匾为"道南"。

至明天顺初年（1460），顺昌当地官绅在四贤祠的基础上增祀李侗和罗从彦，书院由此易名为六贤书院。宪宗年间（1465—1487），书院年久失修而倒塌。成化六年（1470），文章政事何乔新重建书院。正德十五年（1520），书院改迁并只奉祀廖刚和廖德明，就此改名为二贤书院。清乾隆二十八年（1763），顺昌知县陈瑛扩建书院。光绪三十年（1904），六贤书院和旁边的华阳书院合并为县立高等小学。

南溪书院

位于福建尤溪县水南路，原为朱熹之父朱松的好友郑安道的家宅。宋建炎三年（1129），朱松权职建州时寓居尤溪好友郑安道的水南别墅，建炎四年（1130），朱熹诞生于此。朱熹去世后，县令李修于嘉熙元年（1237）即在郑义斋的故宅捐资建立了"韦斋"祠，以合祀朱松、朱熹父子。淳祐五年（1245），施偾在祠堂右侧建立"会极堂"作为讲学场所。宝祐元年（1253），宋理宗赐以"南溪书院"匾额，书院由此名扬四方。明正统十三年（1448），书院毁于战火，惟存敕赐门额。景泰二年（1451），监察御史许仕达、通判杨季琦重修祠堂并扩大了书院的规模。弘治十一年（1498），知县方溥捐资为南溪书院扩建堂宅5间、东西两廊、拜亭、斋宿房、方塘、活水亭、华表等，并撰《南溪书院志》。

清康熙五十五年（1716），通判杨毓健再度重修书院。至清代末年，书院遭废弃。

泉山书院

又名温陵书院，位于泉州市鲤城区东街。唐代时书院原址为道场紫极宫，北宋改建为天宁寺。南宋咸淳三年（1267），泉州太守赵宗正将原地改建为书院，以奉祀朱熹，取名"泉山"，自宋至元书院久办不衰。南宋乾道年间，泉郡守王十朋梅溪曾于书院内会集诸生讲经论文。嘉定年间（1208—1224），真德秀也曾到书院选择才俊诸生，亲莅讲学。

明代洪武初年，泉山书院被改为县学，仅余朱熹像暂寄于县学明伦堂。洪武二十一年（1388），书院复建。清康熙十二年（1673），泉州知府王者都捐俸重建朱子祠，又于祠北建斋堂十间，号房数十楹，祠学共处，书院始复旧观。乾隆七年（1742），知府王廷诤重修，建"启贤祠"，设"敬业堂"、13间学舍。又因泉州缙绅募资增置田产，而取泉州旧称"温陵"将其更名为温陵书院。时规模大备，学子云集，与小山书院、石井书院、欧阳书院并称"四大书院"。

九峰书院

曾名牧堂南山书堂、咏归堂、咏归精舍，位于福建武夷山太极岩东麓，由宋理学家蔡元定之父蔡发创建，后由蔡元定之子蔡沈改建南山学堂发展而来，宋嘉熙三年（1239）由蔡元定之孙蔡杭最终完工。书院最初为蔡发教育蔡元定及著书立说之所，后随着不断扩展而成为聚徒讲学的学堂，并置有田产以供学用。明代中叶起，书院日益颓败破落直至荒废。明正德八年（1513），蔡沈的十世孙蔡琪，开始筹划于旧址上重建书院。正德十一年（1516），书院复建成功。清代，书院移建崇安县城内，原址废弃。

伊川书院

原址位于河南伊川鸣皋镇，又名"伊皋书院"。宋元丰五年（1082），文彦博将鸣皋镇一处庄园赠与程颐，作为其著书讲学之所。至崇宁二年（1103），程颐长期在此著书立说、聚徒讲学，其思想体系和著述传道活动大多在此间完成。宋元丰五年，获赐"伊川书院"匾额。靖康元年（1126），书院毁于兵火。元延祐三年（1316），书院重建。此后20年间，程颐长期在书院讲学。伊川书院作为理学的策源地之一，在中国历史上具有重要地位。

正德书院

原址位于江西上高县蒙山。元至元二十七年（1290），由蒙山银场提举姜云、侯孛兰奚创建，作为官办银矿附设书院，以教育山民子弟，传授经书义理。书院礼请原龙兴路学录邹民则（号紫山，上高人）主持书院，内设有大成殿、两庑、明伦堂、六斋等。后因姜、侯相继离去，书院日就敝坏。延祐二年（1315），提举陈以忠重加修整书院，并增建屋宇、置学田。

匡山书院

位于吉州太和县（今江西泰和县）东匡山下，后唐长兴元年（930）由罗韬创办，于其间教学授徒。后唐明宗李嗣源曾敕书，并命翰林学士书写"匡山书院"匾额以赐。敕书内称："朕惟三代盛时教化每由于学校，《六经》散后斯文尤托于士儒。故凡闾巷之书声实振国家之治体。前端明殿学士罗韬积学渊源，莅官清谨，纳诲防几之鉴，充协朕心，赏廉革蠹之箴，顾存应席。寻因养病遵尔还乡，后学云从，馆起匡山之下；民风日益，俗成东鲁之区，朕既喜闻，可无嘉励。兹敕翰林学士赵凤大书'匡山书院'四字，为之匾题。俾从游之士乐有赡依，而风教之裨未必无小补焉！"

宋重和年间（1118），罗韬裔孙罗宏重修。元代初年，罗氏后裔再度重修书院。元末，书院毁于战火。明永乐年间，书院又再重修，作为教授乡人子弟的学校，后毁于明末清初时期。

大梁书院

原址位于今河南开封，又名丽泽书院，明成化五年（1469）河南提学使刘昌创办于开封城南薰门内。成化二十年（1484），河南巡抚李衍改书院为巡按治所，并迁徙于丽景门外东南繁台之东二程夫子祠处。天启二年，书院重修，建有院垣、坊表、门屏、山桥、讲堂、文会堂、高明楼、八角亭、碧玉泉、号舍、仕宦祠等，并拨给学田。崇祯十五年（1642），因农民军围攻开封而明军决河，书院随开封城毁于洪水之中。至清康熙十二年（1673），在开封城重建的过程中，巡抚佟凤彩重修书院于城内西北隅天波楼旧址。

康熙三十五年（1696），巡抚李国亮将大梁书院迁建于开封城州桥以西古汴水经行处，并获赐予"两河文教"匾额。乾隆二年（1737），以二程为代表的由宋至清四十五位河南先贤被奉祀于大梁书院讲堂之中，并又刻朱熹的《白鹿洞规条》及元程端礼的《读书分年日程》于课斋。道光五年（1825），河南巡抚程祖洛又迁大梁书院于行宫东路北，延请江南学者钱仪吉主持大梁书院。辛亥革命后,书院改为县立第一高级小学。

仁文书院

原址位于江西吉水,原名文江书院,明万历初年由知县林鹏飞创办,建筑包括用于祭祀的前堂、用于讲学的学堂和用于办公、就寝、藏书的后堂,以及供学生生活的东西二斋。书院因吉水别称"文江"而得名。后因张居正禁毁书院,书院被售为民居。万历十一年(1583),知县徐学聚倡议捐资重建书院并更名"仁文",后邀请理学大家邹元标主持书院。天启年间,因魏忠贤再毁书院,其房屋大部分被拆售。崇祯十五年(1642),知县沈中柱倡议重建,并得邹元标门人弟子的大力协助,书院由此再度兴盛。清康熙二年(1663),书院再为知县张象灿拆毁,后由湖西道、著名诗人施闰章重建。清代末年,书院改为吉水县小学堂。

学海堂

原址位于广州城北越秀山,清代著名书院之一。清道光元年(1821),两广总督、著名学者阮元借城西的文澜书院授徒课业,后选址越秀山并于道光四年(1824)建成学堂,并以《拾遗记》"何休学海"之意命名。作为官办书院,学海堂依照道光六年(1826)阮元制定的《学海堂章程》,施行学长制、季课制、刊刻制,专以古经试士,并及小学、天文、地理、算法等科,不课举业。传授内容偏重于汉学。

道光、咸丰间,陈澧担任学长,书院教学以汉学、宋学并重。咸丰七年(1857),因英法侵略军占领广州,学海堂毁于战火,后于同治元年(1862)重建,此后数十年办学不断。光绪二十九年(1903),书院改为阮太傅祠,用以祭祀阮元。

漳南书院

原址位于河北肥乡屯子堡，清代著名书院之一。清康熙十九年（1680），直隶巡抚于化龙在此首立义学，其后由乡绅郝文灿等扩建，改称为漳南书院。康熙三十五年（1696），聘颜元为山长主持院务。颜元对科举取士和理学教育提出尖锐批评，把"宁粗而实，勿妄而虚"作为办学宗旨，并制定《习斋教条》，强调"实学""实事""实行""实习"。在教学上，书院设文事、武备、经史、艺能、理学、帖括六斋进行分斋教学。文事课礼、乐、书、数、天文、地理等科；武备课黄帝、太公、孙吴五子兵法、攻守营阵、陆水战法、射御技击等科；经史课十三经、历代史、诰制奏章、诗文等科；艺能课水学、火学、工学、象数等科；理学课静坐、编著程朱陆王之学；帖括课八股举业。另辟"步马射圃"为操练场所。后因漳水泛滥，院舍倾倒湮没，仅历时四个月颜元即告归。

（第七部分执笔：赵伟）

第八部分 「四书」精要语句

《论语》名言警句

学而时习之

【讲解】

此语出自《论语·学而》第一章。"学而时习之",学习到为人处世的道理,然后能够时时践行,不是很愉悦吗?这是孔子所言。孔子一生重视"教学相长",他认为不断地学习,益于更好地教,教的过程中不断有所感悟又利于深入地学习。所以,此处把"学"可以理解为"教与学"。学习到的知识要不断地在实践中运用,那么所学的知识才能转化为真实的本领和能力,这是一件很愉悦的事情。此处是在讲述个人的修养。

有朋自远方来

【讲解】

此语出自《论语·学而》第一章。"有朋自远方来",志同道合的学友们从远方聚拢而来,不是很快乐吗?这是孔子所言。孔子认为有共同追求的人会自然聚拢在一起,然后进一步研究学业,修德进性,互相启示,这是很大的乐事。此处是讲述人与人的关系。

人不知而不愠

【讲解】

此语出自《论语·学而》第一章。"人不知而不愠",当没被人了解,甚至受到不公平的待遇时,也毫无怨愤之情。孔子认为一个人的修养达到一定的程度,社会对其尚未认可,很多人不了解其长处,而他毫无怨愤之情,能够冷静且正确地对待,这就是君子。此处讲述人与社会的关系。

其为人也孝悌,而好犯上者鲜矣

【讲解】

此语出自《论语·学而》第二章。"其为人也孝悌,而好犯上者鲜矣",做人孝敬父母,友爱兄长,而喜欢犯扰上级的太少了。这是孔子弟子有子所言。孔门师生认为,在家里能够做到孝敬父母、友爱兄长的人,就具备了仁义忠厚的思想品质,那么,其在社会上就很少会做出以下犯上、扰乱秩序的事情。

欲使社会安定必从孝悌治起，每个人在家做到孝悌了，到社会上就不会冒犯领导；每个人都不喜好犯上，社会自然就无动乱之事发生了。

君子务本

【讲解】

此语出自《论语·学而》第二章。"君子务本"，君子要抓根本，致力于根本。无论是统治者从管理的角度，还是贤人志士从修养德性的角度都需要抓住根本，抓住了根本，做人、治国的大道就随之产生了。而这一根本就是"孝悌"。孝悌是社会安定的基础因素，由孝悌能推展为敬官长、尊教师的风尚，社会自然易于和平、安定。两千多年的中国古代社会所以能够平稳地向前发展，就在于中华民族在孔子思想，尤其是"孝悌忠信、礼义廉耻"思想影响下，易于构成安定的社会。

巧言令色鲜矣仁

【讲解】

此语出自《论语·学而》第三章。"巧言令色鲜矣仁"，花言巧语，装出好看的脸色以取悦于人者，缺少仁德。这是孔子所言。花言巧语，装出好看的脸色以取悦于人者，缺少仁德，或仁德之士很少。孔子讲话总是不绝对的。

吾日三省吾身

【讲解】

此语出自《论语·学而》第四章。"吾日三省吾身"，我每天多次自我反省。孔子认为，修德进性，忠信是最基础的修养。没有忠信，不但修德不成，也无法立身于世。所以孔门弟子十分重视忠信之德。曾子此处所言三省己身，主要是反省自己是否做到了忠信。如果一个国家、一个民族，大多数人做事尽心尽力，全心全意，与人相处重承诺，讲信誉，那么这个民族的工作质量、道德水平都会从根基上有所提高。

敬事而信，节用而爱人，使民以时

【讲解】

此语出自《论语·学而》第五章。"敬事而信，节用而爱人，使民以时"，严肃认真地理政而讲信誉，节俭去奢而关心爱护民众，使役百姓不要违背农时。这是孔子所言。爱人、亲民、考虑时间如何安排更有效,这样将会显著提高管理质量。管理者爱被管理者,是好的管理方法的坚实基础,或者说,这本身就是最好的管理方法。其中核心问题,就是善待人民,从人民角度考虑治国问题。如果每个地区、部门、企业,都能采用"敬事而信,节用而爱人,使民以时"的办法,工作质量、效率、信誉都会有所提高。

谨而信,泛爱众

【讲解】

此语出自《论语·学而》第六章。"谨而信,泛爱众",谨慎地做事而守信誉,广泛地亲爱民众而施行仁义。这是孔子所言。孔子认为做人的基础是修德,有了德之后,有条件者可以再学文化。没有好的道德基础,文化是学不好的。文化要想发挥积极作用,学文化的人必先打好道德修养的基础。

贤贤易色,事父母能竭其力,事君能致其身,与朋友交言而有信

【讲解】

此语出自《论语·学而》第七章。"贤贤易色,事父母能竭其力,事君能致其身,与朋友交言而有信",以重视女子贤德改变只重色的观念,奉养父母能竭力尽孝,侍奉上司能身体力行,与朋友交往一诺千金,绝不食言。这是子夏所言,他认为一个人如果解决好夫妇间重德而不是重色的问题,处理好自己对父母尽心尽力孝敬的问题,解决好自己对上司尽职尽忠的问题,把握好自己与朋友间的信誉问题,那么这样的人,即使没有受过学校的系统教育,也是有学识的人。在此特别强调一个人的道德水平,是衡量一个人是否受过良好教育的重要标准。

君子不重则不威

【讲解】

此语出自《论语·学而》第八章。"君子不重则不威",君子道德不厚重就没有威严庄重之仪表。这是孔子所言。此处指出道德修养要厚重,才能使人敬畏。

过则勿惮改

【讲解】

此语出自《论语·学而》第八章。"过则勿惮改",犯了错误不要怕改正。这是孔子所言。此处特别强调有了过错,应该勇于面对自己的错误,不要害怕改正。

慎终追远

【讲解】

此语出自《论语·学而》第九章。"慎终追远",敬慎地对待为老人送终之事,追怀远去的先人,民风民德将愈来愈朴厚。这是曾子所言,也体现了孔子及其弟子结合人伦实际,提出不忘本的观点,旨在焕发人们爱亲敬亲的情感,希望形成敦厚淳朴的社会风气。

温良恭俭让

【讲解】

此语出自《论语·学而》第十章。"温良恭俭让",温和、良善、恭敬、节俭、礼让。孔子的弟子子禽问子贡,老师每到一个国家,一定要参与探讨国政,这是他主动求得这个地位的呢,还是所到国家之君给予他这个地位的呢?子贡说老师是靠温和、良善、恭敬、节俭、礼让等道德修养以赢得参知政事的地位。夫子即使有所求,也与他人求此地位之途径不同。此处的意思是,夫子是凭借自己高尚的人格、道德去取得各国君尊重的地位,与一般的干禄求仕者不同。

礼之用,和为贵。小大由之。

【讲解】

此语出自《论语·学而》第十二章。"礼之用,和为贵",礼的实施,以和谐为贵。"小大由之",小事大事均由此道。这是孔子弟子有子所言。此处意在阐述提倡礼,是为了社会有序。但过分强调等级、名分,就会离心离德,所以还要"和为贵"。既强调等级制度,又能做到和。礼和之论必须不偏不倚,"和"过分了就失去了等级是非的观念,失去了礼法人伦的约束,所以就行不通了。礼、和关系的最佳程度就是中庸。

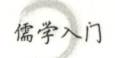

信近于义，言可复也。恭近于礼，远耻辱也。因不失其亲，亦可宗也

【讲解】

此语出自《论语·学而》第十三章。"信近于义，言可复也。恭近于礼，远耻辱也。因不失其亲，亦可宗也"，讲信誉必须合乎义，合乎义的诺言是可以践行的。谦恭必须合乎礼，合乎礼的谦恭就会远离耻辱。依靠的应该是自己亲近的人，这些人才是可尊崇而靠得住的。这是有子所言。儒家思想注重具体问题具体分析，反对教条刻板式的执行。重然诺，讲信誉需要合乎义。背于义之信，有害于人之信，是不可行的。谦恭，亦须有度，如果过分谦虚，即有虚伪之嫌，卑怯之态，这不符合礼。只有符合礼的谦恭，才能避免耻辱。孔门认为治理国家、社会必先从自家做起。一个人首先要在家中处理好诸方面的关系，亲人关系处理好了，再将此关系外延，那么这样的人自然就可以成为可靠的人。

君子食无求饱，居无求安

【讲解】

此语出自《论语·学而》第十四章。"君子食无求饱，居无求安"，君子在饮食上不过分追求，在居住条件上不贪图安逸。这是孔子所言。这里讲的"食无求饱"，绝非教人不吃饱饭，而是教人别过分讲求饮食；"居无求安"，在有了基本的居住条件后，不要过分追求安逸。总之，有了基本的生存条件后，要追求仁德，做人处世都要追求正道。这就是做人的道理。

贫而无谄，富而无骄

【讲解】

此语出自《论语·学而》第十五章。"贫而无谄，富而无骄"，贫穷窘迫也要坚持操守，不行谄媚之事；富有优越也能谦和朴诚，不生骄横之情态。这样的人怎么样？这是子贡向孔子提出的问题。这是君子修养的第一层次。

贫而乐，富而好礼

【讲解】

此语出自《论语·学而》第十五章。"贫而乐，富而好礼"，贫困之际也能不改其乐，富有优越而又好礼。这是孔子对子贡提出的"贫而无谄，富而无骄,何如?"问题的回答。这是君子修养的第二层次。

如切如磋,如琢如磨

【讲解】

此语出自《论语·学而》第十五章。"如切如磋,如琢如磨",出自《诗经·卫风·淇澳》,本意是像切磋牛角,像琢磨玉石。这里是做学问、道德修养要精益求精的意思。子贡问:"贫而无谄,富而无骄,何如?"孔子回答:"可也。未若贫而乐,富而好礼者也。"孔子的回答是告诉子贡修养的层次不同,要不断提高修养层次。当子贡理解了孔子的话语,就讲出了《诗》云"如切如磋,如琢如磨"的比喻。

告诸往而知来者

【讲解】

此语出自《论语·学而》第十五章。"告诸往而知来者",告诉你过去的事情,你可以推知未来之事。当子贡理解了孔子的话语,讲出了《诗》云"如切如磋,如琢如磨"的比喻时,孔子认为子贡达到了一定境界,可以共同探讨《诗经》了。因为告诉他一个道理,他就能更深入地进一步去求得真知。此处也是师徒间互通心意的体现。

不患人之不己知,患不知人也

【讲解】

此语出自《论语·学而》第十六章。"不患人之不己知,患不知人也",不怕人家不了解自己的优点、长处,怕的是不了解人家的优点、长处。这是孔子所言。孔门师生要求自己是严格的,一贯怕自身修养不高,不苛求他人,专在自身修养下功夫。而了解别人是为了学习人家的优点、长处。即只有知人,才能做到"见贤思齐""见不贤而内自省"。当然,也含有一旦了解别人品格低下后,尽量避免受其熏染之意。

为政以德,譬如北辰

【讲解】

此语出自《论语·为政》第一章。"为政以德,譬如北辰",用德去行政,如同光亮闪烁的北极星。这是孔子所言。孔子认为以道德仁义去推行政令,统治者就像北极星一样，安居其位，给人以方向且不骚扰人。民众都愿意聚拢在他的周围。孔子及其儒家学派非常注重德政。

思无邪

【讲解】

此语出自《论语·为政》第二章。"思无邪"，其思想情感都是直率正直的。这是孔子所言。孔子认为《诗经》三百篇，用一句话概括就是"思无邪"，即可以直接坦率地表述志向与情感。孔子当时并非像后来汉代谶纬学说那样，只重维护皇权，也不像南宋理学正式形成后的只重义理，而是对人的自然本性尚有所尊重。《尚书·舜典》："诗言志，歌咏言。"即当时是可以直接坦率地表述志向与情感的。

道之以政，齐之以刑，民免而无耻

【讲解】

此语出自《论语·为政》第三章。"道之以政，齐之以刑，民免而无耻"，统治者以法制禁令去督导人民，以刑罚威胁去规范人民，人民能够做到避免惩罚，却没有羞耻之心。这是孔子所言。道，导也；免，避免，免于。

道之以德，齐之以礼，有耻且格

【讲解】

此语出自《论语·为政》第三章。"道之以德，齐之以礼，有耻且格"，以道德引导人民，以礼义规范人民，人民就会有羞耻感，且能端正自己。这是孔子所言。格，正，善。孔夫子以来两千多年的历史充分证明了中国社会的长治久安全赖以德化民、以德导民、以德使民、以德惠民、以德安民。任何形式的暴政都不能实质性地赢得人民由衷拥护，更不能带来社会可持续的发展。

吾十有五而志于学

【讲解】

此语出自《论语·为政》第四章。"吾十有五而志于学"，我十五岁便立志向学。这是孔子所言。此章讲孔子为学与修养的过程，也可以视为孔子教育弟子如何进学的顺序。孔子认为每个人修养须有一个过程，循守这一过程去修德进性，才能养成坚实的操守、高尚的道德，以至达到"慎独"的境界。

三十而立
【讲解】
此语出自《论语·为政》第四章。"三十而立"，我三十岁便能以所学立足于世。这是孔子所言。

四十而不惑
【讲解】
此语出自《论语·为政》第四章。"四十而不惑"，我四十岁时处理问题便不迷惑。这是孔子所言。

五十而知天命
【讲解】
此语出自《论语·为政》第四章。"五十而知天命"，我五十岁时知道事物发展的内部规律。这是孔子所言。

六十而耳顺
【讲解】
此语出自《论语·为政》第四章。"六十而耳顺"，我六十岁时能够耳入心通。

七十而从心所欲，不逾矩
【讲解】
此语出自《论语·为政》第四章。"七十而从心所欲，不逾矩"，我七十岁时随心行事，却都符合规范。这是孔子所言。

孟懿子问孝。子曰："无违。"
【讲解】
此语出自《论语·为政》第五章。孟懿子，鲁国大夫，姓仲孙，名何忌，懿，谥号。孟懿子问什么是孝。孔子说："不要违背奉亲、敬亲的规范。"樊迟为孔子驾车，孔子告诉他说："孟孙问我什么是孝，我对他说，无违就是孝。"樊迟说："这是什么意思呢？"孔子说："父母在世时，要以礼来侍奉他们，父母去世，要以礼来安葬他们，以礼来祭祀他们。"此章讲奉亲、敬亲均须以礼来规范。如事亲孝敬违背了名分，僭越了等级，是谓不孝。生时，只有按父母的名分地位去奉养他们；死后，用适当的礼仪去安葬他们，且要以适当的礼仪去祭祀他们。凡事要适中，无过无不及。奉亲孝亲亦须适中，恰到好处。

父母唯其疾之忧

【讲解】

此语出自《论语·为政》第六章。"父母唯其疾之忧"，侍奉父母，尤其更要关心他们的病痛。这是孔子对孟武伯问什么是孝的回答。"父母唯其疾之忧"，关键词是"其"。其，一指父母，那么全句即子女对父母病痛最为忧愁，是以为孝。二指子女，那么全句即父母对子女的病痛最为忧愁，所以子女欲孝顺父母，就要身体健康。何谓孝？对待父母的病痛要切实动情，尽力去减少他们的苦痛，就是孝。

今之孝者，是谓能养

【讲解】

此语出自《论语·为政》第七章。"今之孝者，是谓能养"，目前对孝的普遍解释，就是能够养活父母。这是孔子对子游问什么是孝的初步回答，接着孔子说："那么对于狗、马等动物，我们也能够养活他们。如不敬重父母，那么和养活狗、马有什么区别呢？"孔子于此强调由衷敬爱父母是孝的核心，极其深刻地揭示了孝的真谛是由衷敬爱父母的情感及其所支配的孝敬行为，也明确了孝有别于其他情感的界限。

色难

【讲解】

此语出自《论语·为政》第八章。"色难"，侍奉父母时能保持愉悦的容色是最难的。这是孔子对子夏问什么是孝的初步回答。接着孔子说："有事，作为晚辈的竭力去办；有酒食，让长辈享用，这些就是孝吗？"此章仍然强调一个"敬"字。真正的孝，是发自内心地敬爱父母，这种真善美的情感自然而然反映在面容上的和颜悦色。所以对父母一贯地和颜悦色，展示着儿女的真正由衷的敬爱之情，这是孝的意义的核心。相比之下，为长辈做事，让长辈先用酒食等就不能算是孝的主要内容了。奉养父母，遵守孝道，首先要不违背礼仪规范，以礼侍奉生死，但更要敬爱父母，由衷的发乎内心的爱才能达到真正的敬。孝，在养，更在敬。此为孝之深义。由此也看出孔子教人，由浅入深，以至真正深入问题的本质。

回也不愚

【讲解】

此语出自《论语·为政》第九章。"回也不愚"，颜回不愚笨。这是孔子对颜回的评价。孔子说："我与颜回讨论学业，他整天里都不会有违仁悖理之处，像很愚笨的样子。审视他回到家中私下学习时，很能够阐发弘扬老师的道业，颜回不愚笨。"颜回治学的特点是诚。颜回与孔子研讨学问，整日里也不会有悖礼违仁之处，似愚而不笨拙，但他于学后私居之时能够弘扬阐发老师的道业。由此体现出孔子真是一位最优秀的教师，他对自己的学生了如指掌。

视其所以

【讲解】

此语出自《论语·为政》第十章。了解一个人的真实情感与为人本质，要看他处理问题的手段、方法是什么，即"视其所以"；凭据是什么，即"观其所由"；兴趣在哪儿，即"察其所安"。这是孔子所言。孔子于此道出了审视、观察人的有效方法。一个人处理问题所用的手段，能够展示他的为人品格和道德修养。

温故而知新

【讲解】

此语出自《论语·为政》第十一章。"温故而知新"，既寻究借鉴古圣先贤的治国之道，又注重研习新的学问。这是孔子所言。孔子认为，能做到"温故而知新"，就可以做老师了。只求旧道固不足取，而只倡新说，不以史鉴，抛弃传统，亦不完善。其实，不只是教师当如此，各级官员尤其应当如此。传统与创新任何时候都应很好地结合。孔子提出的"温故而知新"命题，极为概括而深刻地说明了新知识与历史经验、教训二者的辩证关系互不可少。任何历史时期，偏执一端的执政者都未能比较全面地解决好国泰民安的大事。

君子不器

【讲解】

此语出自《论语·为政》第十二章。"君子不器",君子不能像器物那样只有一种用途,而应学大道。这是孔子所言。大道是万事相通的。所以真正的君子能够抱一以御万。

君子周而不比,小人比而不周

【讲解】

此语出自《论语·为政》第十四章。"君子周而不比,小人比而不周",君子普遍团结人而不拉帮结伙;小人拉帮结伙而不广泛团结人。这是孔子所言。孔子认为君子有仁爱之心,视众人如兄弟,故普遍团结,容众宽和;而道德不良者终日蝇营狗苟,穷尽所有伎俩,拉帮结伙,以谋私利。

学而不思则罔,思而不学则殆

【讲解】

此语出自《论语·为政》第十五章。"学而不思则罔,思而不学则殆",只是学习而不去思考,就会迷惘;只是空想而不学习,那就很危险了。这是孔子所言。此处孔子全面而辩证地论述了学与思的深刻关系。学、思二者缺一不可,必须切实结合,才能学有所得。

攻乎异端,斯害也已

【讲解】

此语出自《论语·为政》第十六章。"攻乎异端,斯害也已",攻击不同的学说,甚至不容其他学说存在,这是很有害的啊!这是孔子所言。攻乎异端,即党同伐异。孔子反对攻乎异端,足见孔子的包容与宽大。

知之为知之,不知为不知

【讲解】

此语出自《论语·为政》第十七章。"知之为知之,不知为不知",知道就是知道,不知道就是不知道。这是孔子教给子路关于知的道理。子路勇武强悍,有时强不知以为知,孔子因材施教,教诲他要知道知与不知的道理。孔子教育学生懂得关于知的道理,其实就是个实事求是的问题。做学问来不得半点虚假，处理其他问题亦然。

举直错诸枉，则民服；举枉错诸直，则民不服

【讲解】

此语出自《论语·为政》第十九章。"举直错诸枉，则民服；举枉错诸直，则民不服"，选举正直者放在邪曲者之上，老百姓就服从。把邪曲者放在正直者之上，老百姓就不服从。这是孔子对鲁哀公问怎么做民众能服从的回答。直，正直、正派的优秀人士；枉，谄佞邪恶之徒。孔子认为选拔良善忠信之士作为民之表率，去端正管理百姓，百姓就能信服；如果任用卑劣之徒，把他放在好人的上面，百姓就不会信服。

使民敬、忠以劝

【讲解】

此语出自《论语·为政》第二十章。"使民敬、忠以劝"，使民对上尊敬、忠诚而又相互劝勉。季康子问孔子："使民敬、忠以劝，如之何？"孔子说："上司庄重地与老百姓相见，老百姓就会尊敬。尊重老人，慈爱婴幼，老百姓就忠诚。选举优秀者做官，教育无能者上进，老百姓自然互相鼓励向善。"孔子认为要解决民的问题，必须先解决最高统治者的表率作用问题。统治者严肃庄重地对待人民，人民自然产生敬长尊上之风；统治者首先做到孝敬父母以及于百姓之中的老人，慈爱子孙以及于百姓的婴幼，人民自然就尽力尽心事奉上司；选拔重用善良之士，教诲引导愚钝之材，人们就互相勉励积极向上。此处明确说出欲民善则官必良的道理。

人而无信，不知其可也

【讲解】

此语出自《论语·为政》第二十二章。"人而无信，不知其可也"，人不讲信誉，怎么可以。这是孔子所言。孔子认为信乃立世之本，不讲信誉者即不知羞耻者，是不可以立世的，是万事难以行通的。如同大车、小车（牛车、马车）失去了牵引的着力点，根本就运转不了一样。孔子把信看得很重，万民立世，皆以信为先。尤其领导者、管理者更应率先守信。

非其鬼而祭之，谄也

【讲解】

此语出自《论语·为政》第二十四章。"非其鬼而祭之，谄也"，不是我应该祭祀的鬼神而去祭祀，这就是献媚。这是孔子所言。孔子此言旨在反对向有势的人以至有势的鬼谄媚取宠。究其实质，在于以鬼说人，批评趋炎附势、毫无骨气和灵魂的人。而应该挺身而出，仗义执言之时却退缩、躲避，此种人为无勇，即无正人之气。假如有势者做了坏事，谄者可能狗仗人势地去大胆维护，假如无势者冻饿于街头，谄者唯恐避之不及。此章教人不应因势而定附离，而应因礼而决去就。

见义不为，无勇也

【讲解】

此语出自《论语·为政》第二十四章。"见义不为，无勇也"，见到应该做的合乎道义的事情，而不去做，这就是怯懦。

是可忍也，孰不可忍也

【讲解】

此语出自《论语·八佾》第一章。"是可忍也，孰不可忍也"，这样的事（僭越之事）也能狠心地做得出来，什么犯上作乱之事不可狠心地做出来？这是孔子所言。孔子认为，季孙氏用天子规格的乐队在自己的庭园里演奏，这样过分之事都可以大胆地做出来，那么还有什么不敢做的事呢？孔子认为，必要的社会规章制度绝对不能破坏，尤其是最高统治者绝对不能率先破坏社会规章制度、等级名分，一旦破坏了，将随之而来一系列恶果。如果社会规范从上到下受到破坏，那么国将不国，家将不家。所以作为对社会极其负责任的孔子对季孙氏的僭越行为非常愤慨，并暗示篡逆之事亦可出现。

人而不仁，如礼何？人而不仁，如乐何？

【讲解】

此语出自《论语·八佾》第三章。"人而不仁，如礼何？人而不仁，如乐何？"一个人不具备仁德，怎么能执行礼仪制度呢？一个人不具备仁德，怎么能正确对待音乐呢？这是孔子所言。此言仁是礼乐的内在基础，礼乐是仁的延伸，二者具有辩证的逻辑关系。孔子认为乐必须由有德者掌握，只有有德者才能及时以礼节之，使人民情感有所抒发而不至于泛滥。如果掌管礼制者，道德有缺失，就会近于残刻。所以礼、乐欲实施得好，就必须由仁德之士去管理，否则，礼将不礼，乐将不乐。

礼，与其奢也，宁俭；丧，与其易也，宁戚

【讲解】

此语出自《论语·八佾》第四章。"礼，与其奢也，宁俭；丧，与其易也，宁戚"，就一般的礼仪来说，与其奢华铺张，宁可俭约朴素。对丧葬之礼，与其仪文周到，宁可由衷悲哀。这是孔子对林放提问礼的根本是什么的回答。此处孔子强调了礼的本质不可动摇，绝不要过于渲染仪式而削弱了礼的真谛，也不要草率忽略了礼的必要程序。礼之本是对人们行为的一定约束与规范，并以一定的仪式、行为加以表现。孔子认为"过犹不及"。凡事要恰到好处。既不要过分粉饰，也不要草率行事。丧礼至哀就突显了礼。但完全合乎礼尚须有一定的仪式加以文饰与节制。哀也要依身份而适度。一般礼重要的在于抓住礼的真谛，不要强宾夺主，过分地讲究排场。最好行礼时，做到中庸。但一般都做不到，那么宁可取质朴、本质的一端，也不取奢华、轻率的一端。

绘事后素

【讲解】

此语出自《论语·八佾》第八章。"绘事后素"，绘画要先有白色的底子，然后在上面作画。子夏引《诗经》里的话"巧笑倩兮，美目盼兮，素以为绚兮"，问孔子是什么意思，孔子说："绘事后素。"子夏问礼是否也要在有仁德之后。孔子认为可以与子夏一同讨论《诗经》了。"绘事后素"的素，是绘画的白粉底，是基础，指人的基本道德素质。此言引出仁德为礼之根本的道理。人的素质如果低劣，规章制度再好，也难于真正实施。所以孔门弟子深知欲行礼制，须有人的道德本质作基础。人的德性低劣，则什么制度也不生效。

祭如在，祭神如神在

【讲解】

此语出自《论语·八佾》第十二章。"祭如在，祭神如神在"，祭祀祖先，就像祖先在那里一样；祭祀鬼神，就像鬼神在那里一样。孔子此语意为不亲自参加祭祀，就像没有祭祀一样。这是讲凡行礼必庄重严肃，执礼要一丝不苟。如一点一点地疏略，礼就一步一步退让，最终将导致失掉礼的约束，这样人们就粗俗狂放，肆无忌惮了。人类社会将受到野蛮的威胁。所以祭祀之礼一定要认真对待，毫不含糊。

获罪于天，无所祷也

【讲解】

此语出自《论语·八佾》第十三章。"获罪于天，无所祷也"，如果得罪了上天，怎么祈祷都是没有用的。王孙贾问孔子说："与其献媚奉承奥神，不如奉承灶神，是什么意思呢？"孔子说："这话不对。如果得罪了上天，怎么祈祷都是没有用的。"王孙贾是卫国大夫。孔子久游卫国不得仕，实由南子、弥子瑕之流作梗所致。此言奥者，原为内室神，此暗喻卫君；灶者，原为灶室之神，此暗喻南子、弥子瑕等。王孙贾一片美意，以问的方式，启发孔子认识到于卫国求仕须走通小人南子、弥子瑕的门径。但孔子执礼不移，认为干了大坏事，向谁祈祷都没有用。言外之意，行道义之事，不用向谁祈祷，谁的门径也不用走。此申明孔子正大光明，求仕是为了行道，非为自己私利，绝不行鼠窃狗偷之径，持礼不移。

子入太庙，每事问

【讲解】

此语出自《论语·八佾》第十五章。"子入太庙，每事问"，孔子到太庙，每一件不懂的事都要发问。有人认为"子入太庙，每事问"是不懂礼的表现。孔子对此的态度是："这才是真正的知礼啊！"太庙，鲁国太庙，即周公庙，位于曲阜古城西北角。孔子作为学问家、大教育家，一贯虚心向学，"不耻下问"。对不懂之事绝不装懂，总是认真坦诚地去求教，所以孔子才成其为孔子。实事求是地请教获得真知是合乎礼的。礼既是规章制度，又是最符合情理的规范仪式。所以礼也不是僵化的，具有一定的灵活性。本来依礼而言，到了太庙不能言语，要静静地拜祭与祈祷。可是孔子却请教别人借以提高自己。这是为了更好地执行礼，所以这是符合礼的。

射不主皮

【讲解】

此语出自《论语·八佾》第十六章。"射不主皮",射箭不一定要射穿靶子。这是孔子所言。孔子认为每个人的力气有大小,只要能射中就可以了,这是古代射箭的规矩,力不同而礼应相同。此言人尽力达礼即可,只要尽力为礼,不必在乎是否力大贯鹄。而重要的在于礼让谦和。古有乡射礼,即比试射箭之礼。但此以谈射为表,实则在谈礼、谈道德修养。强调一个人的力量有大小,尽力就可以了。

告朔之饩羊

【讲解】

此语出自《论语·八佾》第十七章。"告朔之饩羊",每月初一致祭祖庙所杀的羊。子贡想免去每月初一致祭祖庙所杀的羊。孔子说:"端木赐啊!你爱的是羊,我爱的是礼。"各诸侯每逢月初一,便杀一只活羊祭祀祖庙,叫告朔。久之,只杀羊上供祖先灵位,而鲁公不到场。即只留下以羊祭祖的形式。子贡认为,既然只是一种形式了,就没必要再每月初一杀羊走形式了。孔子认为,如果连这个形式也取消了,那么告朔之礼就将彻底被人们忘记了。因为,必要的形式体现一定的内容。即使空形式的礼,这种形式也比没有强。礼的形式更重要,只要留有一定的形式,便可待机充实它的内容。如果形式都没了,礼就将消失了。

君使臣以礼,臣事君以忠

【讲解】

此语出自《论语·八佾》第十九章。"君使臣以礼,臣事君以忠",君主以礼来使用臣子,臣子以忠心来服侍君主。这是孔子所言。孔子认为君礼臣忠就叫正定名分,做君的就应该以礼待臣,做臣的就应该以忠事君,这是本分。能依本分行事待人就合乎礼,君臣之间的礼,就是君礼臣忠。在此孔子着重强调了礼的本质是依据各自不同的地位、身份,而各自应尽职尽责,各自做好分内工作,天下自然安定。

乐而不淫，哀而不伤

【讲解】

此语出自《论语·八佾》第二十章。"乐而不淫，哀而不伤"，快乐而有节制，悲哀而不过分伤感。这是孔子对《诗经》中《关雎》这首诗的评价。孔子非常重视《诗》的作用，因为《诗》能教育人、影响人，犹如东风、春雨之于万物，无过无不及，恰到好处。其中《关雎》是讲男女情感恰到好处的典范。诗中语言含蓄，欲求与求之不得、设想求得，毫无放肆之思，均有节制。

成事不说，遂事不谏，既往不咎

【讲解】

此语出自《论语·八佾》第二十一章。"成事不说，遂事不谏，既往不咎"，已成定论的事就不要说了，已经做定的事就不要劝谏了，过去的事就不要再追究了。鲁哀公问宰我立社用什么树木。宰我认为夏代用松，殷代用柏，周代用栗，意思是使人民敬惧。孔子对此事的看法是"成事不说，遂事不谏，既往不咎"。宰我因不顾三代的具体情况而妄言周代竖栗木以使人民敬惧，并以此谏哀公实行严政。孔子预见到严政失败的后果，但却无能为力，也只能是既往不咎了。

管氏有三归，官事不摄

【讲解】

此语出自《论语·八佾》第二十二章。"管氏有三归，官事不摄"，管仲妻室多，专职服务人员很多。管氏有三归，即管仲娶多位女子，各位家室，泛指三归。官事不摄，即管事者各管一个家室，每个家室都有一套家丁管事，不是一套家丁为几个家室服务，而是各有专伺。这就是奢华的表现。孔子于此，重在讲管仲这位有功德于华夏之功臣也有违礼之处。其生活上奢靡，与国君攀比。宠妾、家臣众多；门仪、摆设竟与君同，大有僭越之嫌。因此，孔子大斥其不知礼，不行礼。所以孔子断言："管仲之器小哉！"器小者，非大器也，尤非大道也。

塞门，反坫

【讲解】

此语出自《论语·八佾》第二十二章。塞门，即后世之影壁，起屏风遮挡视线的作用。反坫，倒扣酒爵的台子。这些本是国君才应具有的，而管仲都有了，所以孔子认为是僭越违礼。

天将以夫子为木铎

【讲解】

此语出自《论语·八佾》第二十四章。"天将以夫子为木铎"，天将降大任给孔子，使孔子传道醒民，导民从善。木铎，铜质木舌的铃。古代宣布政令、传播教化时，摇木铎召集众人来恭听，以使之遵行。仪这个地方的长官请求见孔子，孔子的学生使他见到了老师。事后，仪封人对孔子弟子们讲："天将以夫子为木铎。"此处是通过仪封人之言道出孔门师生的重任所在。

里仁为美

【讲解】

此语出自《论语·里仁》第一章。"里仁为美"，与仁德者为邻里是最美好的。孔子在此指出环境对成就仁德的重要作用。

择不处仁，焉得知？

【讲解】

此语出自《论语·里仁》第一章。"择不处仁，焉得知？"选择住宅而不选择有仁德的地方，哪里算得明智呢？孔子在此指出环境对成就仁德的重要作用。

仁者安仁，知者利仁

【讲解】

此语出自《论语·里仁》第二章。"仁者安仁，知者利仁"，仁德之人践行仁，智慧之人借助仁。这是孔子所言。孔子认为，不仁之人不能长久地受礼约束，因其急功近利，也不能长久地在宽松环境中生活，因其肆无忌惮，淫欲横流，乐思滥耳。只有仁德之士无论束缚或宽松都能自然而然地去践行仁德，非为名利而行仁，非为默默无闻而不安。而聪敏人是有目的地去行仁德，有意地约束自己，宽松环境也不放松对自己的要求。因为他们认为行仁德是长久之利。

君子去仁，恶乎成名？

【讲解】

此语出自《论语·里仁》第五章。"君子去仁，恶乎成名"，如果君子抛弃了仁德，那么他还能用什么来成就他的名声呢？这是孔子所言。此处强调仁德对于君子的重要意义。

君子无终食之间违仁

【讲解】

此语出自《论语·里仁》第五章。"君子无终食之间违仁"，君子从没有一顿饭的时间违背仁德。君子的灵魂是仁，无论富贵，还是贫贱，无论流离失所、刀斧相加，还是锦衣玉食、肥马轻裘，都不能违背仁德。君子失去了灵魂，当然就不成其为君子了。所以君子对己、对人、对社会都要以仁来约束自己，无须臾之间违背仁。君子必须终生践行仁德。

无适也，无莫也，义之与比

【讲解】

此语出自《论语·里仁》第十章。"无适也，无莫也，义之与比"，（君子对于天下的事情）没有一定要怎样做，也没有一定不要怎样做，只要合乎道义的标准便可以去做。这是孔子所言。孔子认为管理者治理天下应该具体问题具体分析，采取具有针对性的管理手段、措施，而不是机械地教条化地照死规矩去办事。其标准就是对任何人群、对任何具体事项均能管理得适宜、合理。

君子怀德，小人怀土

【讲解】

此语出自《论语·里仁》第十一章。"君子怀德，小人怀土"，君子想的是道德关怀，小人想的是耕地奉上。此处，孔子的意思是社会分工不同，不同的阶层都有自己的责任与义务，社会上所有人均应各尽其职，各负其责，各尽其心力。人们都能各自从自己的角度尽自己的力量，国家就会越来越好。

君子怀刑，小人怀惠

【讲解】

此语出自《论语·里仁》第十一章。"君子怀刑，小人怀惠"，君子想的是楷模影响，小人想的是感恩效劳。此处，孔子的意思是社会分工不同，不同的阶层都有自己的责任与义务，社会上所有人均应各尽其职，各负其责，各尽其心力。人们都能各自从自己的角度尽自己的力量，国家就会越来越好。

放于利而行，多怨

【讲解】

此语出自《论语·里仁》第十二章。"放于利而行，多怨"，肆无忌惮地去求利，就会招致多方面的怨恨。这是孔子所言。儒家并非不言利，但取利须合乎道，合乎礼，不能什么也不顾，放纵地去一味地求利。不然，则会导致怨声载道。

以礼让为国

【讲解】

此语出自《论语·里仁》第十三章。"以礼让为国"，以礼让治国。孔子说："能够以礼让治国，还有什么难办的事呢？不能以礼让治国，学礼有什么用？"此处强调了以礼治国的重要性，同时指出学礼必须践行。如学而不用，学得再多，也是无意义的。孔子思想重在实用，学习一切规章制度、等级名分学说，关键在落实到具体社会的管理活动中，且使之生效，使社会局面有所改善。

不患无位，患所以立；不患莫己知，求为可知也

【讲解】

此语出自《论语·里仁》第十四章。"不患无位，患所以立"，不怕没职位，怕的是有了职位立不住；"不患莫己知，求为可知也"，不怕别人不了解自己，而应该追求自身有别人欣赏之内涵。这是孔子所言。孔子认为人要在提高自身素质上下大功夫，自身素质提高了，能力强了，影响自然大了。别人自然而然地了解你了，给你一定的职位也就能胜任了。关键是自身品德与能力的提高。

一以贯之

【讲解】

此语出自《论语·里仁》第十五章。"一以贯之",以一个基本观点贯穿始终。孔子说自己的学说以一个基本观点贯穿始终。曾参理解其基本观点就是忠恕。孔子的学说一在修己,二在安人。忠为修己,恕为安人。孔子之道即实行仁德于天下。其对仁有过多种定义,最具代表性的就是"爱人",关爱、施惠于天下人,尽心竭力地为民众着想。所以孔子讲"吾道一以贯之",曾子理解为"忠恕"罢了,是正确的。"忠恕"确实是孔子"道"的核心思想。

夫子之道,忠恕而已矣

【讲解】

此语出自《论语·里仁》第十五章。"夫子之道,忠恕而已矣",他老人家的学说,只是忠恕罢了。这是曾参所言。

君子喻于义,小人喻于利

【讲解】

此语出自《论语·里仁》第十六章。"君子喻于义,小人喻于利",君子明白的是义,小人懂得的是利。这是孔子所言。此君子指统治者,小人指被统治者。即释为统治者明白的是义("天理之所宜"),被统治者该懂的是利("人情之所欲")。也就是说,由于社会分工的不同,统治者应该考虑的是如何行义于民众,如何治理好国家;而被统治者应考虑的是如何生利,如何搞好发展生产。

见贤思齐焉,见不贤而内自省也

【讲解】

此语出自《论语·里仁》第十七章。"见贤思齐焉,见不贤而内自省也",看到贤者,便应该想着向他看齐;看见不贤的人,便应反躬自省。此处孔子主张把具有高尚美德之人作为自己的表率,朝思暮想向人家看齐,这是一种高尚的美德。看到别人有修养上的欠缺,不但不去斥责、挖苦人家,反而自我深思,深刻检查自己有无那方面的错误。诚能如此,人与人之间的关系就会非常融洽。

劳而不怨

【讲解】

此语出自《论语·里仁》第十八章。"劳而不怨",再劳苦也绝无怨言。孔子说:"侍奉父母,见其不当处要伺机而建议,发现其不接受,仍然恭敬侍奉不违背其愿望。侍奉父母再劳苦也绝无怨言。"孔子讲侍奉父母的两方面问题,一是父母有不当之处,要谏,不能使父母错误发展下去。但要讲求方法,即要抓住可谏的机会,相机而行。如果父母不能采纳,做子女的还是要恭敬地服从父母,不要违背孝道。二是父母安排子女做的艰苦工作,总有他们的良好用心,要任劳任怨,不要有任何抱怨。以上两点是侍奉父母的原则,做子女的应该做到。

父母在,不远游,游必有方

【讲解】

此语出自《论语·里仁》第十九章。"父母在,不远游,游必有方",父母在世,不远游他乡,一定要外出,要有明确指向。此讲年高父母尚在世,做子女者不能远行他乡。万一父母有疾危险,子女不在身边,是谓大不孝。古时交通不便,千里之外,返回家乡需十余日。所以有高龄父母在堂者,不该远游。如务必去远方办事,也一定事先订好计划,何时到哪儿,待必要时好找得到,以免不能为父母送终。绝不是无论父母多大年龄,也不论子女到外边去做什么事,而僵化地恪守父母在世时不能远离的原则。

耻躬之不逮也

【讲解】

此语出自《论语·里仁》第二十二章。"耻躬之不逮也",担心自己的行动跟不上自己说的话。孔子说:"古人言语不轻易出口,就是怕自己的行动赶不上。"

以约失之者鲜矣

【讲解】

此语出自《论语·里仁》第二十三章。"以约失之者鲜矣",凭约束自己行事而失误的人很少。此处孔子指出严格要求自己的君子很少有差错。

讷于言而敏于行

【讲解】

此语出自《论语·里仁》第二十四章。"讷于言而敏于行",君子应追求言语谨慎稳重,工作勤恳机敏。此处孔子阐发了"行重于言""言行一致"的主张。这也是儒家倡导的做人的准则之一。

德不孤,必有邻

【讲解】

此语出自《论语·里仁》第二十五章。"德不孤,必有邻",有仁德的人不会孤立,必然会有来亲近他的人。此为孔子对其有德弟子的鼓励与支持,以坚定弟子们好德施义的好作风。大凡修养道德、操守,总是利人利社会的,而自己则远于名利。这势必得到多数人的由衷拥护与爱戴,所以有德操者绝不会孤立的,站在他们一边的人太多了。

事君数,斯辱矣;朋友数,斯疏矣

【讲解】

此语出自《论语·里仁》第二十六章。"事君数,斯辱矣;朋友数,斯疏矣",对君频繁紧迫地劝谏,这会取辱啊!对朋友频繁紧迫地说教,这会造成疏远啊!这是孔子弟子子游所言。此处讲劝谏君主的次数太多且逼之太紧,而君主不采纳时,还勉强人家接纳,就会招致侮辱。劝诫朋友的次数太多而不被采纳,还不厌其烦地说教就会导致朋友疏远。事君也好,处朋友也好,好心劝勉也要有个度,也要讲求方法。绝不要勉强,绝不要过分。不考虑对象的接受程度,不厌其烦地琐碎说教,后果将是事与愿违的。

缧绁

【讲解】

此语出自《论语·公冶长》第一章。缧绁,捆绑犯人的绳索,此指监禁。孔子说可以把女儿嫁给公冶长,虽然他在监禁之中,并不是他的罪。孔子察人于道德、品格之根本,不以世俗风云作权衡。公冶长虽在缧绁之中,孔子把女儿嫁给他,因深知其贤,其无罪也。现实生活中,很多人只凭眼前的财势取人,仅因暂时的窘迫而弃人,而忽略其一贯的为人道德、品格。而此处体现出孔子力矫时弊,石中选玉,琢璞求玉,为后世观人求才树立了楷模。

南容

【讲解】

此语出自《论语·公冶长》第一章。南容,孔子弟子。孔子说南容在国家政治好时会受到重视,当国家昏乱时能够不受伤害。于是把自己侄女嫁给了他。孔子认为南容合乎他一贯要求"有道则见,无道则隐",不以名利为重,重道行道,明哲保身。所以孔子把侄女嫁给了南容。此处可以看出孔子观人洞察秋毫,能深入人的内在品质,做出深刻的判断,然后决定取舍。

瑚琏

【讲解】

此语出自《论语·公冶长》第三章。瑚琏,祭祀用的高贵器皿。子贡问孔子自己是怎样的人。孔子说子贡好比是一个器皿。子贡问是什么器皿。孔子说是瑚琏。孔子认为子贡才学、能力都很高,但还没有达到"道"的境界,即修养还没有达到最高水平。

御人以口给

【讲解】

此语出自《论语·公冶长》第四章。"御人以口给",强嘴利舌地同人家辩驳。有人说:"冉雍这个人有仁德,却不善辩。"孔子道:"何必要善辩呢?强嘴利舌地同人家辩驳,常常讨人厌恶。况且冉雍尚未达到仁者的程度。为什么要去追求善辩之才呢?"孔子认为"御人以口给,屡憎于人"的人,其仁德尚未达到,哪里用什么巧言善辩呢?此处由辩驳而讲出了一般人的做人道理,孔子认为冉雍离仁德尚有距离,岂能抛弃大任而追逐小艺?君子修道当求厚重,而避免巧言令色。

乘桴浮于海

【讲解】

此语出自《论语·公冶长》第六章。"乘桴浮于海",乘木筏去海外(行道)。孔子说:"如果我的道不能(在中原)施行,那我就乘木筏去海外(行道),跟随我的恐怕只有仲由吧!"子路闻之,感到很光荣。孔子说:"仲由啊!

关键时刻正义勇为超过了我，对你还要有什么要求呢？"此处着重写孔子在艰难境遇见子路是真君子。这不等于讲，孔子急了的时候就忘了子路的缺点、毛病，只肯定他的优点了；而是在重大问题面前，在关键的时刻考验出子路能为正义赴汤蹈火，在所不辞。孔子突出肯定了这一点，于是说有了这一点，还要求他什么呢？

闻一以知十

【讲解】

此语出自《论语·公冶长》第八章。"闻一以知十"的意思是听到一件事，就可以推演知道十件事。孔子问子贡说："你和颜回谁更强一些呢？"子贡回答说："我怎么敢和颜回比呢！颜回听到一件事，就可以推演知道十件事；而我听到一件事，只可以推演知道两件事。"孔子说："你不如他。我和你都不如他。"此言是孔子对颜回的赞赏，也是孔子的自谦。此处亦是教诲子贡找出差距以奋进。

朽木不可雕也

【讲解】

此语出自《论语·公冶长》第九章。"朽木不可雕也"的意思是腐朽的木头不能用来雕刻了。宰予大白天睡觉，孔子说："腐朽的木头不能用来雕刻了，粪土似的墙壁也不能再涂抹了。对于宰予我还能责备他什么呢？"孔子又说道："最初我对别人，听到他的话，便相信他做的事；今天我对别人，听到他的话，还要考察他的行为。我就是从宰予的事件以后，改变了态度。"先秦时代"日出而作，日落而息"，点灯点蜡只是贵族夜宴时所用，一般人是用不起灯油的，所以事情须白天做好。孔夫子的学生尤应珍视白天时光，因为夜晚一般是不能看书学习的。白天睡觉就等于放弃了一天的学业。所以孔子对宰予白天睡觉事看得很重，且反省自己看人看事的方法，进而也说明孔子不固执，时时修正自己的看法与做法。

听其言而观其行

【讲解】

此语出自《论语·公冶长》第九章。"听其言而观其行"，听人讲话，还要观察他的行为，才能判断一个人。

敏而好学，不耻下问

【讲解】

此语出自《论语·公冶长》第十四章。"敏而好学，不耻下问"，聪敏而好学，不以向下求解为耻。子贡未解孔文子其人为什么能得到"文"的谥号而向孔子请教。孔子认为孔文子"敏而好学，不耻下问"，即能够做到机敏好学、乐学，广泛地向众人学习各自长处，就是了不起的贤人。因为一般聪明人，不容易做到刻苦学习；一般有地位的人，容易丧失继续学习的精神，更不容易做到向下级学习长处。孔文子既然做到了"敏而好学，不耻下问"，那他当然可以得到"文"的谥号了。

三思而后行

【讲解】

此语出自《论语·公冶长》第十九章。三思，多思，反复地思，此处是指过分地思虑。季文子办事谨慎，每件事都要考虑多次才行动。孔子听到了，说："考虑两次也就可以了。"季文子，鲁大夫名行父。孔子不是反对三思，而是反对过分地思，优柔寡断。尤其作为一位大的管理者有时需要大气魄，当机立断，免得贻误大局之事。所以孔子针对季文子其人说再思则可，三思则过矣。

愚不可及也

【讲解】

此语出自《论语·公冶长》第二十章。"其愚不可及也"是孔子对宁武子的赞许之词。愚，此处当作昧解，即糊涂。孔子说："宁武子在国家政治清明时，他就聪明；国家昏暗时，他就糊涂。他的聪明是可以学得到的，他的糊涂则是学不得到的。"孔子认为宁武子为有道之邦发挥聪明才智是可学到的，但其于无道之邦能掩藏自己的才智，装糊涂不与恶劣政权苟同，是不易学到的。

斐然成章

【讲解】

此语出自《论语·公冶长》第二十一章。"斐然成章",光彩鲜明。孔子在陈国,说:"回去吧!回去吧!我的学生们狂放勇进,虽光彩鲜明,但尚未达裁定天下事的程度。"此章讲孔子认为弟子们虽有勇进之大志,却疏于治世才能,只不过是外表文饰成章而已,实质尚未修养到持"中正之道",裁定天下是非的程度,所以还是要再修养提高以备世用。

伯夷、叔齐

【讲解】

此语出自《论语·公冶长》第二十二章。伯夷、叔齐,古东北侯国孤竹君之二子,古仁人。伯夷、叔齐爱憎分明洁身自好,决不苟合,然而当他人改恶从善去旧图新,他们即刻乐与之共同为善,绝不念旧恶。由于其不追究旧恶,虽当初恶恶而去之,人们对其亦不怨恨。因为伯夷、叔齐讨厌的是坏事,不是那个人本身。

不念旧恶

【讲解】

此语出自《论语·公冶长》第二十二章。"不念旧恶",不追究旧恶。

匿怨而友其人

【讲解】

此语出自《论语·公冶长》第二十四章。"匿怨而友其人",胸藏怨恨而表面与人友善。孔子认为花言巧语、眉飞色舞者,一定缺乏仁德。过分地、虚假地谦恭都是别有用心的举动。藏匿着怨恨而与怨恨者交友,这是违心的耍心计。这是孔子反对的做法。

无伐善,无施劳

【讲解】

此语出自《论语·公冶长》第二十五章。"无伐善,无施劳",不夸耀自己的善行善事,也绝不转移劳苦于他人。孔子让弟子们讲述各自的志向,子路说:"我愿意将车、马、衣服、皮袄与朋友共用,用坏了也无遗憾。"

颜回说："我愿意不夸耀自己的善行善事，也绝不转移劳苦于他人。"子路想知道孔子的志愿。孔子说："老人得安，朋友得到信任，年轻人得到关怀。"此处为孔子引导子路、颜渊各言其志，进而指导他们志向要更广大，要从天下大众的全局出发，去解决天下不均、不和、不安的全面问题。

老者安之，朋友信之，少者怀之

【讲解】

此语出自《论语·公冶长》第二十五章。"老者安之，朋友信之，少者怀之。"老人得安，朋友得到信任，年轻人得到关怀。

居敬行简

【讲解】

此语出自《论语·雍也》第一章。"居敬行简"，平素以礼严格要求自己，行事使民则简易去繁。冉雍问桑伯子其人如何。孔子说："可以，但粗野一些。"冉雍说："平素严谨不苟，行事使民就简去繁，不也可以吗？平素放肆而行事草率，岂不太粗野了吗？"孔子说冉雍讲得对。这实质是孔子认为桑伯子礼不够，野的成分大。孔子认为做统治者须为民着想，不能繁苛待民，要给民休养生息的时间与机会，所以对民要简。但统治者自己应严格要求自己，不能太简易，要遵守多方面的规章制度，这样才能管理好老百姓。

不迁怒，不贰过

【讲解】

此语出自《论语·雍也》第二章。"不迁怒，不贰过"，不迁怒于别人，不再犯同样的错误。这是孔子对颜回的高度评价。孔子认为"克己复礼"是为人修养的头等大事，也是成就仁德的主要途径，而"不迁怒，不贰过"则是"克己"的主要功夫。无论什么事情都不迁怒于人，移怨于人；无论什么情况都不再犯同样的错误，即犯了错误一定能改正。凡事从自身找原因，绝不推诿，绝不怨天尤人。修养到此种程度很不容易。孔子认为只有颜回达到了这种程度，其实这是在激励其他弟子要学习做到"不迁怒，不贰过"，以此作为好学的主要内容。

君子周急不济富

【讲解】

此语出自《论语·雍也》第三章。"君子周急不济富",君子应周济穷急之人,而不使富者益富。公西华出使齐国,冉有给其母亲请粮食。最终,冉有在孔子允诺的基础上,又多给了一些。孔子认为"君子周急不济富"。而公西赤这次出使齐国,乘坐肥马拉的车,穿着轻暖之裘。原思做孔子的家宰,给其俸九百斛。原思拒绝收。孔子让其拿一部分周济邻里乡党。此处孔子提出的"君子周急不济富",也有当得者得,不当得者不应使之得的思想。而当得,是指当"周急",救济贫穷;不当得,是指不当"济富",即不应使富者更富。孔子使原宪不拒禄,也是使当得者得,此当得者得,有正定名分之意,且指引原宪以禄俸去周济贫困的乡里、邻人。最终也是"周急"的意思。其所谓的"周急不济富"思想与老子"损有余而补不足"思想是相通的,都是主张行天道,行合乎大自然规律的公平爱众之道,如果注重此理论的实施,社会将会安定团结。

箪食瓢饮

【讲解】

此语出自《论语·雍也》第九章。"一箪食,一瓢饮",一筐饭、一瓢水。孔子说:"贤德啊,颜回!一筐饭,一瓢水,居住在破小房子里,一般人受不了那样的忧苦,颜回不改变其学道的乐趣。贤德啊,颜回!"孔子提倡贫寒乐道,持久不辍,笃志不移。孔子多处褒扬颜回不为名利所扰,学道如愚。思无二心,言无二意,行无二举,思言行归于一,即学道、传道、行道专心不二。比较而言,颜回真是优秀的学生啊!一筐饭、一瓢水的生活,住在破烂不堪的狭小房子里,一般人忍受不了。只有颜回志道不移,不改其乐道之宗旨。颜回真是了不起呀!这里再次强调学道需要笃诚不移,一丝不苟。

女为君子儒,无为小人儒

【讲解】

此语出自《论语·雍也》第十一章。"女为君子儒,无为小人儒",你要做个识大体顾大局的儒者,不要做心胸狭窄的儒者。这是孔子对子夏说的话。孔子育人诲人总是从大处着眼，他反对死读书而不悟道者。他所以经常表扬颜回，就因为颜回读书悟道。他主张学了诗书要会用，不能用就等于白学。又强调"君子不器"，不能学了什么，只会什么，不能只就事论事。要学大道，学了大道就能宏观地全面地看问题，以天下为己任。这样的读书人才能大有作为，即所谓"君子儒"。如果只为个人利益而读书，只为学一技之长以糊口，这样的读书人即"小人儒"。

行不由径

【讲解】

此语出自《论语·雍也》第十二章。"行不由径"，行事不走捷径。子游做武城的长官。孔子问他得到什么人才。子游说有个叫澹台灭明的人，行事不走捷径，不是公事从未到过他的办公室。这里主要赞扬的是澹台灭明光明磊落，从不走捷径，堂堂正正，非公事从不私下找长官。孔门倡导任人唯贤。何谓贤？此即道出了下属官吏的标准，堂堂正正，公事公办，决不搞鼠窃狗偷的巧诈之举。

孟之反不伐

【讲解】

此语出自《论语·雍也》第十三章。"孟之反不伐"，作为军队统帅的孟之反不喜欢夸耀自己。不伐，不宣扬，不夸耀。孟之反在与齐国交战败北，众人奔逃时，他在最后作掩护。其一是讲孟之反为人修养高尚，不争功，也不居功；其二是讲孟之反头脑清晰，谨慎退让是为了保全自己，避免成为众矢之的。孔子于此借孟之反殿后不伐功，不矜善，大力倡导勇于国难而不邀功求赏的精神品格，同时也让学生知道退让的明哲保身之术。孔子常常是借题发挥，就事而广论一种道理，或提倡一种精神，要学生们谦虚谨慎地学习。

文质彬彬

【讲解】

此语出自《论语·雍也》第十六章。"文质彬彬"，礼仪文饰与自然本质结合得体，恰到好处。质，人之七情六欲；文，人之礼仪文饰、伦理规范。彬彬，合宜得体。性情突破规范，就无所约束了，即野；礼仪文饰胜过了性情就显得过于拘泥僵化，即史。文与质能恰当结合，才是真正的君子。孔子既反对肆无忌惮的粗野，也反对过分地讲求礼仪而导致的思想僵化。主张文质合宜，一个人既要循礼而行、凡事规范，又要有热情、爱心、同情心及个性化的才能。这才是孔子培养学生欲达到的目标。

务民之义，敬鬼神而远之
【讲解】

此语出自《论语·雍也》第二十章。"务民之义，敬鬼神而远之"，追求对百姓有益的事，尊敬鬼神但不迷信。孔子认为，所谓智就是要把全副精力用于益于人民的事业。务，追求，全心全意地追求；义，宜，适宜，有益的事，不去论辩鬼神之事。敬，敬畏，严肃、恭谨对待之，利于节制人们的私欲。但不可迷信，故曰远之。做仁人君子者都是先努力去做艰苦的事、克己修德而后获得好的修养，绝不是走捷径，贪占便宜。这里强调了人、神之辨，要重民之急，重民之所需；远离鬼神之困扰，孰轻孰重极其分明，这才是聪明的人。

仁者先难而后获
【讲解】

此语出自《论语·雍也》第二十章。"仁者先难而后获"，仁，就是先艰苦磨炼、克己修养，而后获得仁德。其本意不是先做难事而后获利，而是先进行艰苦的克己修养，而后一定获得仁德。哪个圣人也不是天生就完善的，都是需要艰苦磨炼而后成的。

知者乐水，仁者乐山
【讲解】

此语出自《论语·雍也》第二十一章。"知者乐水，仁者乐山"，智慧的人喜欢水，仁德的人喜欢山。古人把仁、知二德理解为两种人。其实是修养高深者的两种美德。其仁人君子具有了大智大慧，就乐水，即自然的与水的本性相通相融，就具有纵横驰骋的想象力，剔透清明的分析力，逻辑严密的论辩力，这即是动，是内心的动，是思想的动，是灵活，是变通。知者事理看得透、明晰，所以总是乐观豁达、大度向上。仁人君子的仁德，有似泰岳之风，不为世俗所动，不为利禄所扰，恪守仁德如泰山。以静待动，以不变应万变，并非仁德本身拘泥保守，而是抱定道德的枢要，不争名利，心广体胖，益于高寿。二者往往是不可分的。只不过在一些人身上，各有突出罢了。

君子可逝也，不可陷也。可欺也，不可罔也。

【讲解】

此语出自《论语·雍也》第二十四章。"君子可逝也，不可陷也；可欺也，不可罔也"，君子可跑去看个究竟，不可贸然下井；可以被欺骗，不可以被愚弄。此处体现孔子圆通大道，切实而明确地指出，听说井中有仁德（有人落井，救上来即仁德），作为仁人君子不能不动心，要即刻跑去了解一下情况，但其不能盲目跳井救人。行之有效的救人方法多种，不能为名声而冒死。仁者可以被人欺骗，但不可以被人愚弄。孔子之道从人的根本利益出发，凡事讲实际，讲具体问题具体分析。孔子一贯反对好勇无谋的做法。

子见南子

【讲解】

此语出自《论语·雍也》第二十六章。"子见南子"，孔子见南子。南子，卫灵公夫人，卫灵公被她迷惑，深受其影响。孔子为了排除南子的干扰以利于说服卫灵公行正道，所以不顾世俗之见前去拜会南子。子路正直，不够圆通，因而不悦。孔子郑重地表示自己所彻底否定者，是老天抛弃的人。南子尚未到天都抛弃的程度。为了行道，有何不可见？孔子之道一贯主张具体问题具体处理，但绝非无任何标准，唯一标准是合乎道义，是有利于社会、人民、国家，有利于仁人君子正确行道。圣人行道在于圆通，所用方法的最高标准是"道义"，所以无论如何圆通，均为大道直理。

中庸

【讲解】

此语出自《论语·雍也》第二十七章。"中庸"是儒家的伦理道德学说，也是处理事务的基本原则和方法论。"中庸"绝不是调和折中主义或"老好人"的庸俗作风。虽然，"中庸"最初被作为一种道德境界提出，但在中华民族伦理道德继承发展的过程中，实质上已成为人们处理事务的基本原则和方法

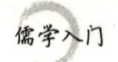

论，是解决处理问题最恰当、最公平、最合理、最正确的思维与方法。孔子说："中庸作为道德啊，它是最高程度了！百姓缺乏它太久了。"

博施于民而能济众

【讲解】

此语出自《论语·雍也》第二十八章。"博施于民而能济众"，广博施舍民众，又能拯救民众。孔子之道是人道，是济民安邦之道。他不满足于理论追求，非常注重实际地落实。所以子贡提到实践仁的具体作为"博施于民而能济众"时，孔子不假长思，即刻表态说，这不只是仁的问题，一定是圣人所为了。就连尧舜尚恐难行呢！孔子是一位力行理论家，唯恐道之不行。于此可见其极力肯定践行，赞扬践行的作为之大。

能近取譬

【讲解】

此语出自《论语·雍也》第二十八章。"能近取譬"，能就近采用实例践行。譬，譬喻，此指实例。此处孔子强调了道的践行与实施，无论圣者、仁者，均须为民众，为他人着想，且使之得到看得见的利益。不能如此者，则为空谈仁，空谈圣，于世无所补益。

述而不作

【讲解】

此语出自《论语·述而》第一章。"述而不作"，孔子在阐述古代圣贤思想之时，就糅入了自己创造性思想；实质是孔子的思想理论创作寄于阐述六经之中。孔子"删诗书，定礼乐"充分展示了自己的圣者才能，他全力以赴地去抢救文化遗产，编订整理，使上古文化得以传承发展。沟通发展中华上下五千年文化，且使之形成系统，孔子功莫大焉！此处的"述而不作，信而好古"确含谦逊诚意。

默而识之，学而不厌，诲人不倦

【讲解】

此语出自《论语·述而》第二章。"默而识之，学而不厌，诲人不倦"，默记在心，勤学不厌，教人不倦。孔子以扎实的治学与从教的态度教育弟子，使学生们审视自己,要学生们明白究竟做到了哪些,以此鞭策弟子们。

申申如也,夭夭如也

【讲解】

此语出自《论语·述而》第四章。"申申如也,夭夭如也",放松舒展也是有节制的,愉悦总是有度。申申,有节制的放松舒展。夭夭,愉快得有度。此处说孔子即使闲居无事,完全休息时,有所放松、舒展,也绝不放肆无度;即使很愉悦,也绝不忘乎所以。孔子教育学生一向严格,且时时起到表率风范的作用。弟子们通过审视老师闲居时的形象,又了解到孔子私下的一面也是大家的楷模。

志于道,据于德,依于仁,游于艺

【讲解】

此语出自《论语·述而》第六章。"志于道,据于德,依于仁,游于艺",奋斗目标在道,守住德,依靠仁,在艺能上,自由展示各自才能。志,志向,奋斗目标。据,据守,牢牢守住。依,仰仗、依靠。游,自由展示个性。孔子认为,在"志道、据德、依仁"的前提下,可以纵横驰骋地想象,自由发挥自己的个性才能,以形成各具特长的人才。此处讲德是做人的根本。有了这个根本,做事、任官、治学就都有了基础。孔子主张在道德修养上要标准固定,不容逾越;在学术、技艺上,可以各展其长,各显其能。

束脩

【讲解】

此语出自《论语·述而》第七章。束脩,一束干肉条,古人拜师最节俭的象征性礼物。此代表拜师礼,即表明来者愿意接受教诲。

不愤不启,不悱不发

【讲解】

此语出自《论语·述而》第八章。"不愤不启,不悱不发",不积极思考求解未通时,不开导他;不努力表达清楚而未能时,不指引他。愤,欲求明白而未明白。悱,想讲明白而讲不明白。启,开启。发,启发。孔子主张学生学习主要靠自学自悟。学习者未进入求学状态,就不要勉强向他灌输。

当其内在有了求知欲,再去教他,效果最佳。

举一隅不以三隅反,则不复也
【讲解】

此语出自《论语·述而》第八章。"举一隅不以三隅反,则不复也",一个房间四个角,告诉他一个角是什么特点,他都不知道其他三个角与之相同,这种程度的人就不要去教诲他了。当他内在有了变化,积极思考、积极求知而未解时,再去教他。这时教的知识使学生记忆会更深刻。

用之则行,舍之则藏
【讲解】

此语出自《论语·述而》第十章。"用之则行,舍之则藏",社会用我就积极行动起来;社会不用我,也无怨愤之情而等待机遇。这是孔子对颜回极高的评价。同时也含有树立楷模,引领弟子向其学习之意。并非单单是为激励颜回而发感慨,这也是一种很好的教育方法。

暴虎冯河
【讲解】

此语出自《论语·述而》第十章。"暴虎冯河",徒步与虎搏斗,无船硬过河。此前孔子对颜回的高度评价,即对其他弟子的教诲引出直率的子路的一番不服气的语言。子路的意思,读书、修德如果说颜回可以的话,那带兵打仗他就不行了吧!还得我吧!而孔子并未正面回答他的问题,而是从战争胜负的主要条件去探讨,从做人处事要谨慎去阐述。这不但是对子路进行了恰如其分的教育,也是为其他弟子敲了警钟。凡事三思后行,不要莽撞草率,不要以为不怕死就能成为将军。将军要从修德进性学起的。

临事而惧
【讲解】

此语出自《论语·述而》第十章。"临事而惧",遇事谨慎。

好谋而成
【讲解】

此语出自《论语·述而》第十章。"好谋而成",缜密思考,成就功业。

执鞭之士

【讲解】

此语出自《论语·述而》第十一章。"执鞭之士",即为君王执鞭开道者。孔子说:"富贵可以求得,即使做个卫兵,我也去做。如果不可以求得到,那还是按我意愿去做吧!"此处道出了孔子并非一味地反对求富贵,但求富贵必须符合道义。不符合道义的富贵,再大也不去取。孔子于此讲此话的目的,仍是在阐述不符道义的富贵不可求。教育弟子们不要去追求不义的富贵,那是徒劳的。每个人都应本着自己所好去追求各自的理想。

从吾所好

【讲解】

此语出自《论语·述而》第十一章。"从吾所好",还是按我意愿去做吧!

子之所慎:齐,战,疾

【讲解】

此语出自《论语·述而》第十二章。"子之所慎:齐,战,疾",孔子所慎重对待的有:祭前斋戒、战争、疾病。孔子对斋戒慎思看得很重,就在于他认为清理规范思想极利于一个人的进步成德。

子在齐闻《韶》,三月不知肉味

【讲解】

此语出自《论语·述而》第十三章。"子在齐闻《韶》,三月不知肉味",孔子在齐国听到演奏韶乐,竟然三个月不知肉的味道。孔子听到韶乐,三月不知肉味,即是到了出神入化的忘我境界。此一是充分肯定韶乐之美不胜收,二是颂赞孔子治学精神之极为可嘉,三是说明只有学者进入思虑纯诚凝聚的境界,方晓学问的高妙。

求仁而得仁,又何怨?

【讲解】

此语出自《论语·述而》第十四章。"求仁而得仁,又何怨",追求仁德而得到了仁德,还有什么怨恨的呢?这是孔子对伯夷、叔齐的评价。孔子与众弟子在卫国时,出现了卫国国君辄与其父蒯聩之间的夺权斗争。弟子们推测夫子支持卫君辄,子贡人极聪敏,婉转以伯夷叔齐为问,得到孔子对伯夷叔齐肯定的回答。于是,他断定孔子是不支持卫君辄的,其原因是孔子肯定夷、齐以礼让国,以义让国,本身就是反对父子相攻以攫取政权,因为他们都是无义的,所以不会支持哪一方面的。由此可见孔门师生间探讨问题,确已达到了一个相当高深的思想境界。

不义而富且贵,于我如浮云

【讲解】

此语出自《论语·述而》第十五章。"不义而富且贵,于我如浮云",不以正道所得的富贵,对我来讲,浮云一片罢了。孔子说吃素菜的饭食,喝冷水,困倦了就弯臂作枕而睡,醒了就继续致力于学业。这样艰苦的学习生活寄寓着深厚的乐趣。为什么?因为虽生活清苦,但是为学道弘道,意义重大,所以虽苦犹乐。不符合道义的富与贵,对君子来说毫无意义。

五十以学《易》

【讲解】

此语出自《论语·述而》第十五章。"五十以学《易》",五十岁开始学《易》,可以无大过失了。孔子所以把《易》看得如此重要,就是因为《易》是宏观而圆通的大道,可以包容一切,可以指导一切,然而其语言精微,没有相当的人生经历与研究基础是难于掌握的。因此孔子晚年学《易》是有道理的。

雅言

【讲解】

此语出自《论语·述而》第十七章。雅言,文化语言,是当时的普通话,即书面语,官方语。孔子用文化语言,其整理的《诗》《书》与执礼,都是文化语言。当时因各地方言所致,思想交流很为困难,孔子率先带领弟子以官方语言,中原标准语言读书、执礼。其实孔子正定诗、书、礼、乐本身也有正音之意义。孔子在正订语言发音上的贡献与秦始皇统一文字的贡献同样伟大。这对文化的统一功莫大焉!

发愤忘食，乐以忘忧

【讲解】

此语出自《论语·述而》第十八章。"发愤忘食"，乐学不倦，有时忘了吃饭。"乐以忘忧"，乐于求仁道，而忘了贫穷忧愁。叶公向子路问孔子为人，子路没有回答，是出于对老师的尊重，不敢轻易讲。而孔子却不假思索脱口而出自己的为人是好学不厌，几乎忘了吃饭，乐于求道而忘了自己的忧愁。孔子为自己的画像道出了其一生谋道不谋食，以天下"均、和、安"为己任而奋发有为、老而不衰的精神风貌。

子不语怪、力、乱、神

【讲解】

此语出自《论语·述而》第二十章。"子不语怪、力、乱、神"，孔子不讲怪异、暴力、祸乱、鬼神。孔子认为怪、力、乱、神无益于治国兴邦，教化百姓，反而有碍正常教化的实施，所以孔子讳言其事。可见孔子凡事求真务实，不做不讲任何虚妄之事。其一生奋斗不息地为着一个求正道、行正道的目标而努力不辍。

三人行，必有我师

【讲解】

此语出自《论语·述而》第二十一章。"三人行，必有我师焉"，此泛指凡有人之处就一定有老师在。而此处的师是指有可学之处，有其自身的优长之处，不是说其诸方面皆善皆美，皆可师。

子以四教：文，行，忠，信

【讲解】

此语出自《论语·述而》第二十四章。"子以四教：文，行，忠，信"，孔子用四方面内容进行教育：文化典籍、行为处事、忠诚、信实。文是通过诗书礼乐培养德性的教育，行是通过行事、处理问题培养德性的教育。文、行都是德的教育。德的形成要通过典籍规章文献教育和通过行为处事教育。而忠、信既是仁德的基础，也是仁德的重要部分。此章表现孔子重视文化典籍教育的同时，更重视实践行事教育。

虚而为盈，约而为泰
【讲解】

此语出自《论语·述而》第二十五章。"虚而为盈"，空虚变为丰厚。"约而为泰"，躁动变为安泰。此章从独特角度指出人做不到圣人、善人，起码应该做个有恒者，而有恒者则必须做到"亡而为有，虚而为盈，约而为泰"。以此教育众弟子不懈努力奋斗，每个人都要积极汲取君子德操风范，以补己之不足，使自己逐渐成为道德高尚的君子。

子钓而不纲，弋不射宿
【讲解】

此语出自《论语·述而》第二十六章。"子钓而不纲，弋不射宿"，孔子单钩垂钓而不用网捕鱼，不射夜宿的鸟。不用网捕鱼，不射夜宿的鸟都是不一网打尽的意思。孔子本仁人之心，亦本自然行事。这里的"钓而不纲，弋不射宿"是古人保持生态平衡、人类社会持续发展的基本理论思想，也是生态伦理道德的理论基础。

与其进也，不与其退也
【讲解】

此语出自《论语·述而》第二十八章。"与其进也，不与其退也"，要支持他的进步，不支持他的倒退。互乡的人难于教化。孔子却接见了那地方的一童子。弟子感到不理解。孔子说出理由。此处体现孔子为师之道，无论任何人有进步的需求，有求教的意愿，孔子都愿意帮助、教诲他。

与其洁也，不保其往也
【讲解】

此语出自《论语·述而》第二十八章。"与其洁也，不保其往也"，鼓励他的进步，不要总是对其坚持过去的看法。此处体现孔子认为教育是对今天积极接受教育者敞开门户的，其人的过去是过去，他今天愿意学习，今天就应努力教育他。同时也体现了孔子不念旧恶，总以发展的眼光看人看事，总是时中、事中地看问题，即凡事均能允妥地合乎中庸之道。

子曰：仁远乎哉？我欲仁，斯仁至矣

【讲解】

此语出自《论语·述而》第二十九章。孔子说："仁德，离我们遥远吗？任何人真想得到它，仁德就会到来。"此章讲仁德离我们并不遥远。真想求得仁，就去践行它，仁德自然就来了。孔子是伟大的思想家、政治家和教育家。他非常注重实践，认为学了理论就要付诸社会实践。不去践行的理论，没有任何意义。

君子不党

【讲解】

此语出自《论语·述而》第三十章。"君子不党"，君子不结党营私。陈司败（陈国司寇）问鲁昭公知礼吗，孔子为君隐，回答说："知礼。"陈司败向巫马期进言说："据我所知君子不结党庇护错误，难道君子也结党营私吗？鲁昭公明明娶同为姬姓的吴国之女，不敢公开称吴姬，却称吴孟子。这明显违礼。如果鲁昭公知礼，还有谁不知礼呢？"按照当时的礼制，鲁昭公娶同姓的吴国女是不合于礼制的。而孔子明知昭公问题所在，只不过是臣为君隐，不当揭其短，故勉强敷衍陈司败说昭公知礼。但孔子从巫马期处得知陈司败的看法时，从另一个角度承认自己的过失，而回避正面承认昭公的过失。这是古代仁人君子所遵循的修养美德。今人修养高尚者，亦有此类作风。但圣人绝不愿意混淆视听，于是，当听到陈司败提示他的隐情时却说：我很幸运，有了错，别人能及时纠正。其实是孔子既要为君隐，又恐违背历史事实。

为之不厌，诲人不倦

【讲解】

此语出自《论语·述而》第三十三章。"为之不厌"，不厌其烦地去做。"诲人不倦"，不知疲倦地说教。孔子一贯恪守谦德，从不自居仁圣之位。此言表示孔子自认为尚未达到仁且圣的境界，但努力地去效法仁圣，教诲学生一步一步接近仁圣，可以说是做到了。

奢则不孙，俭则固
【讲解】

此语出自《论语·述而》第三十五章。"奢则不孙，俭则固"，奢侈则不谦逊，而过分俭朴则固守。奢侈无度者自然就放荡不羁；心无约束，行无规范；目中无人，为所欲为。而俭者固执，固陋，保守，简易。兢兢业业，拘谨严格，胸有绳墨，动有轨辙，不越雷池。两者本各有其长，各有其短，但孔子表示宁可拘谨窄陋，也不敢放肆无度。

君子坦荡荡，小人长戚戚
【讲解】

此语出自《论语·述而》第三十六章。"君子坦荡荡，小人长戚戚"，君子胸怀宽广泰和，小人心理局促不安。孔子认为君子、小人所追求的目标不同。君子循理求德、求大道、益民性，毫无见不得的心理，故尔心胸坦荡；小人不择手段求个人名利而孜孜不息。求之不得而悲哀，得之又患失之。因其利或势是采用不正当途径攫夺的，所以终日惶恐不宁，唯恐被别人夺回去。

子温而厉，威而不猛，恭而安
【讲解】

此语出自《论语·述而》第三十六章。"子温而厉，威而不猛，恭而安"，孔子为人温和而严肃，威严而不刚猛，恭敬而又安泰。一般人做到了温和，就严肃不起来，一旦有了威严，就凶猛，甚至残暴，做到了谦恭就紧张拘谨。唯有大修养之君子才能做到"无过无不及"。此所述孔子修养之德乃中庸之德，中和之道。

泰伯
【讲解】

此语出自《论语·泰伯》第一章。泰伯是周太王的长子，按照惯例，是王位的继承人，但他发现其父有意传位给三弟季历，且寄兴周希望于季历之子（后来的周文王）。于是泰伯借为父采药之名远走东南。泰伯由衷地让位于季历，却从未说让，而是造成一种季历不得不继位的局面。这是真正的让，但不露任何痕迹，更不标榜自己的功德。所以人们想颂赞他，也没有什么具体事例。孔子及其弟子们认为孝悌是仁德的根本，是治国兴邦的根本。且倡导人与人之间要"温、良、恭、俭、让"。泰伯让天下之举，既践行了孝悌之义，又做到了"温、良、恭、俭、让"，所以孔子大赞其为至德，赞誉之词达到了峰巅。

三以天下让

【讲解】

此语出自《论语·泰伯》第一章。三，泛指多次。"三以天下让"，多次（不露痕迹地）让出国君的位置。

恭而无礼则劳

【讲解】

此语出自《论语·泰伯》第二章。"恭而无礼则劳"，只知恭敬而不以礼为律，未免疲劳不堪。

慎而无礼则葸

【讲解】

此语出自《论语·泰伯》第二章。"慎而无礼则葸"，过分谨慎而不知礼，就会偏于胆怯。

勇而无礼则乱

【讲解】

此语出自《论语·泰伯》第二章。"勇而无礼则乱"，勇敢而不以礼节约束就会乱来，以至犯上作乱。

直而无礼则绞

【讲解】

此语出自《论语·泰伯》第二章。"直而无礼则绞"，过于正直而不以礼节约束就会尖刻伤人。

故旧不遗，则民不偷

【讲解】

此语出自《论语·泰伯》第二章。"故旧不遗"，老亲戚、老朋友都不遗弃。"则民不偷"，那么人民就不会轻义寡德。

战战兢兢，如临深渊，如履薄冰

【讲解】

此语为《论语·泰伯》第三章引《诗·小雅·小旻》，"战战兢兢，如临深渊，如履薄冰"，此处曾子借以表达自己一生恐怕犯错误，非常小心谨慎，犹如走在深渊边沿上，就怕掉下去，犹如走在薄冰上，就怕陷进去。

鸟之将死，其鸣也哀

【讲解】

此语出自《论语·泰伯》第四章。"鸟之将死，其鸣也哀"，鸟要死时，叫得特别悲哀。曾子得了重病，孟敬子前去探问。曾子说："鸟要死时，叫得特别悲哀；人要死时，话语尽善。君子应重视道的三个方面：注意容貌，就可以避免粗暴和傲慢。端正心态，就接近诚信。缓和语言，就会避免野蛮背叛。而祭器、祭品之事，那是有关部门的事。"

人之将死，其言也善

【讲解】

出自《论语·泰伯》第四章。"人之将死，其言也善"，人要死时，话语尽善。

有若无，实若虚

【讲解】

此语出自《论语·泰伯》第五章。"有若无，实若虚"，有能力像没有能力一样，知识丰富像很空虚一样。《老子·四十一章》："上德若谷。"儒、道两家都强调虚心虚怀，向有道者及仅有一技之长者由衷学习。只有如此，才能成就学业，才能近于完善所修之正道。

犯而不校

【讲解】

此语出自《论语·泰伯》第五章。"犯而不校"，古人将此句讲成一个独立的意思。其实，此章句是一贯而下的，其意思是一体而不可分易的。即"不能"者、"寡"者，因其有一技之长，值得"能"者、"多"者去虚心学习。为了切实学习到"不能"者的一技之长，人家就是犯了错误，为了不影响其展示才技，能者也不去批评不能者。要重视人家的长处，这才是"犯而不校"

的真实含义。

可以托六尺之孤，可以寄百里之命

【讲解】

此语出自《论语·泰伯》第六章。"可以托六尺之孤，可以寄百里之命"，可以托付幼主，可以交付军国大权。这是曾子所讲。此处讲只有贤圣、将相、真正的大丈夫才可以"托六尺之孤""寄百里之命"。

士不可以不弘毅，任重而道远

【讲解】

此语出自《论语·泰伯》第七章。"士不可以不弘毅"，读书人应该弘大坚毅，因为所肩负的任务重，而完成任务的道路遥远。此言是曾子所讲，是说读书人应该胸怀宽广、气度弘大、意志坚毅。唯因其肩负着非一般人所肩负之重任，而担此重任之路是漫长且遥远的。

死而后已

【讲解】

此语出自《论语·泰伯》第七章。"死而后已"，要为仁奋斗终生，死后才能结束。

兴于《诗》，立于礼，成于乐

【讲解】

此语出自《论语·泰伯》第八章。孔子说："启蒙振兴在诗，立于社会在礼，至善圆通在乐。"孔子认为做学问、成材所必须经过的三个阶段。诗的作用是使人产生激情，立志奋进。这种作用就是兴。而任何一个人只有激情奋进不可以，要有礼的约束。所以孔子就讲了第二条"立于礼"。有了礼的规范，才能立得住，才能得到社会的认可。孔子认为一个人修养的完善必须在"立于礼"的基础上以乐成之。无有乐的功夫，只能是一个比较守纪律的有积极性、有热情的社会责任感强的人。而有了乐的完善，就能臻于至善，左右圆通，前后俱宜了。

民可使由之，不可使知之

【讲解】

此语出自《论语·泰伯》第九章。"民可使由之，不可使知之"的真实完整的意义当为：要使民保持素朴愚诚的思想，不要使民形成巧饰诈伪的思想。

好勇疾贫，乱也

【讲解】

出自《论语·泰伯》第十章。"好勇疾贫，乱也"，好勇且厌恶自己贫穷的人，就易于作乱。此处讲的"好勇疾贫"是一般等级范围内的名分制度，已久常安定，而勇武之士欲求自己的富贵，打乱了社会相对稳定的秩序。这就被视为作乱。孔子认为好勇、好武，有能力，不应作为违背礼制的资本，而应作为行仁布义的保障。

人而不仁，疾之已甚，乱也

【讲解】

此语出自《论语·泰伯》第十章。"人而不仁，疾之已甚，乱也"，对缺乏道德者过分地斥责，也容易出乱子。对有错误的人，不要厌弃，不要排挤，而要热心帮助、扶持，这样才能最大程度地团结诸多方面的人士一道施德修仁，使社会安定，使人民安居乐业。

笃信好学，守死善道

【讲解】

此语出自《论语·泰伯》第十三章。"笃信好学，守死善道"，孔子认为一个人要有信仰、遵循、追求，执着学业，立志不移，严守所追求之道，且为之奋斗终生，这是做人立世的根本。

危邦不入，乱邦不居

【讲解】

此语出自《论语·泰伯》第十三章。危邦，刀光剑影、危机四伏的国家；乱邦，打破了君礼臣忠礼制的局面，犯上作乱，国君失去了对大局的控制。这类国度是无法行道的。"危邦不入"，依儒道"君子见危受命"，不当推辞。国家危险就不去做官，情理不通。而是做官也不能扭转危险，反而为虎作伥，这样的官就不要做了，就不要进入此类国家为官了。"乱邦不居"，不能行道的惑乱国家，就不要停留了，马上离开。

邦有道则见，无道则隐

【讲解】

此语出自《论语·泰伯》第十三章。"邦有道则见，无道则隐"，天下有公道就出来，无公道就躲藏起来。孔子强调社会责任，但他一贯反对莽撞行为，所以主张寻求有道之国去实施自己的理想政治。

邦有道，贫且贱焉，耻也

【讲解】

此语出自《论语·泰伯》第十三章。"邦有道，贫且贱焉，耻也"，居于有道之国，读书求仕者尚贫且贱，就是自己的无能，是可耻的。邦有道，即"王道荡荡"之国。而国家祸乱四起，苍生涂炭之际，读书求仕者却求得自己的富贵，是卑鄙可耻的。此处关键在于说明读书求仕者，应把自我利益、自我价值的实现与国家的利益、民族的利益很好地结合起来，使自我利益与国家利益一致起来。为了达到自我目的，不择手段，不思他人苦痛，甚至危害大局，是可耻的、可悲的。

不在其位，不谋其政

【讲解】

此语出自《论语·泰伯》第十四章。"不在其位，不谋其政"，不在那个职位上，就不去研究那个职位的政务。此处表面是讲在行使职权方面要恪守名分，不得越职越位。其实，不只是讲不当那个职位的官就不管那个位子的事，而反过来却是在说明，在这个位子就要做好这个位子的事，要按礼的规范去实施本职工作，但须需视具体问题、具体环境。

狂而不直

【讲解】

此语出自《论语·泰伯》第十六章。"狂而不直"，狂放不羁之士还不正直。狂放，少忌惮。直，坦率、正直。

侗而不愿

【讲解】

此语出自《论语·泰伯》第十六章。"侗而不愿"，愚蒙之徒还不厚道。侗，僮，蒙童，愚蒙。愿，悫，诚谨，谨厚。

悾悾而不信

【讲解】

此语出自《论语·泰伯》第十六章。"悾悾而不信"，没有什么才能还不讲信誉。悾悾，无才无能。

焕乎其有文章

【讲解】

此语出自《论语·泰伯》第十九章。"焕乎其有文章"，指尧的光辉彪炳史册。他们对后世的影响，不单是以天的法则理政治民，更重要的是尧舜禅让天下于贤人。此处孔子大加赞美尧的功德，其原因就在于尧有了天下，却不把天下作为自己的私有财产去利用。

毋意、毋必、毋固、毋我

【讲解】

此语出自《论语·子罕》第四章。"毋意"，不臆断是非，不主观想象是非。"毋必"，不轻易全面肯定或否定。"毋固"，不固执己见。"毋我"，不妄自尊大，不自我标榜。孔子没有以上四方面缺失。

吾少也贱，故多能鄙事

【讲解】

此语出自《论语·子罕》第六章。"吾少也贱，故多能鄙事"，孔子说自己少小时家境贫穷，地位卑微，不得不自谋生路，所以就学会了多方面的劳动能力。孔子是苦出身，未被重用，所以自学了一些技艺。此亦可证明孔子不信天命，他不以天命自诩，非常实际。

吾不试，故艺

【讲解】

此语出自《论语·子罕》第六章。"吾不试，故艺"，孔子说我没被重用，所以我才具有下层人才有的艺能。

凤鸟不至，河不出图

【讲解】

此语出自《论语·子罕》第八章。"凤鸟至，河出图"是伏羲、舜、文王等盛世的象征。而孔子生活的年代正值春秋末期，是战争频仍、民不聊生的乱世。青年时、中年时的孔子满怀信心地去学道、传道、行道，但鲁国季氏专权僭越，无视礼的存在。其周游列国所见与鲁国大同小异，而自己无能为力。其自身人格与理想决定了他又不能与乱世同流，亲人先他去世，有影响的弟子颜回、子路等也先他而去。所以孔子衰老时颇为伤感，叹息说："凤鸟不至，河不出图，吾已矣夫！"见不到开明盛世了！我的理想与追求结束了！

仰之弥高，钻之弥坚

【讲解】

此语出自《论语·子罕》第十章。"仰之弥高，钻之弥坚"，仰头望，越看越高大，越研究越丰厚。此处讲颜回学孔子道愈仰视愈高深，愈钻研愈丰厚，此言夫子之道广大，弥天盖地。

夫子循循然善诱人

【讲解】

此语出自《论语·子罕》第十章。"夫子循循然善诱人"，此处讲颜回认为孔子善于循序渐进地教导学生。

韫椟而藏诸？求善贾而沽诸？

【讲解】

此语出自《论语·子罕》第十二章。"韫椟而藏诸？求善贾而沽诸？"用一个好匣子收藏起来呢，还是求个高价格卖掉呢？此章绘声绘色地揭示出善辩的子贡以美玉是藏起来还是高价卖掉的提问，探求老师真实思想的机智，也形象地展现出孔子为行道于天下的那种急于出仕的迫切心情。但孔子积极出仕，是有条件的，不是什么官都可以去做的。做官是手段，不是目的。孔子欲通过官位去传道、弘道，使天下达到"均、和、安"的理想社会。

君子居之，何陋之有！

【讲解】

此语出自《论语·子罕》第十三章。"君子居之，何陋之有？"君子人一去住，就没什么鄙陋了。孔子想到东北夷人居地去。有人说，九夷之地太粗陋，那怎么可以去呢！孔子认为君子之风影响到哪里，哪里就会形成良风美俗，没有什么粗陋的。此处体现出孔子积极救世的精神至死不灭，于是当其于中原大地无法传道、弘道、行道之时，他就想"乘桴浮于海"，到东北夷人居地去发挥自己的作用。

《雅》《颂》各得其所

【讲解】

此语出自《论语·子罕》第十三章。"《雅》《颂》各得其所"，即雅、颂各正其位，是什么音调得到确定，究竟各有哪些篇章得到确认。这对其后音乐、诗歌的继承发展奠定了坚实的基础。孔子在政治上失意，不能得位传道，从卫国回到鲁国，但仍积极做事，加强自身修养毫不减弱，他整理典籍，正定音乐、诗篇，以传后世，仍然是在行道。

出则事公卿，入则事父兄

【讲解】

此语出自《论语·子罕》第十五章。"出则事公卿，入则事父兄"，出仕则以礼事奉王公大人，回到家里则以礼事奉父兄。这是孔子对其弟子的教诲言辞。

逝者如斯

【讲解】

此语出自《论语·子罕》第十六章。"逝者如斯"，过去的时光就像这河水一样，一去不复返了。这是孔子站在泗水河上，指着不停息地流过的河水，教育众弟子的话，表达了要惜取青春年华，刚劲向上，成就学业，有所作为。

吾未见好德如好色者也

【讲解】

此语出自《论语·子罕》第十七章。"吾未见好德如好色者也"，我没见过好德像好色那么自然而然的人。好色是人的自然本色,是自然而然就具有的天性。天性是诚的,真的,自然的,而德则不然,是需要人为的后天培养,是需要努力修养才能获得的。孔子认为好德不如好色那么自然而然,那么一贯。

譬如为山,未成一篑

【讲解】

此语出自《论语·子罕》第十八章。"譬如为山,未成一篑",比如堆土造山,只差一筐土。儒家认为修德进性譬如堆土成山,是日积月累的功夫,不能稍有松弛。孔子支持的是不断进取的精神,而不支持虽有基础却停止不前者。

苗而不秀,秀而不实

【讲解】

此语出自《论语·子罕》第二十一章。"苗而不秀,秀而不实",只长苗而不抽穗,只抽穗而不结果实。孔子以此喻徒有其表地做学问,浮在表面,未深入进去,没有真才实学。这样的人是有的啊!孔子以此警诫众弟子应追求锲而不舍的求道精神。

后生可畏

【讲解】

此语出自《论语·子罕》第二十二章。"后生可畏",年轻人是值得敬畏的。孔子坚信年轻人朝气勃勃,有无穷尽的潜力,如果通过艰苦奋斗,就一定赶上、超过其前辈有作为的人。孔子充满信心地看待青年人,认为他们只要进取不止,就一定会大有成就的。当然,如年轻人不上进,混到四十岁、五十岁也没有什么成绩,那他就不会令人敬畏了。

法语之言

【讲解】

此语出自《论语·子罕》第二十三章。"法语之言",礼法语言、法则语言。孔子说:"礼法语言,能不遵从吗?贵在改错。恭顺的语言,能不喜欢听吗?贵在辨别。喜欢而不辨别,遵从而不改错,我也就没什么办法了。"遵从法则,重在实质的修正原本的乖谬,绝非形式上的随和与服从。此处着重揭示了人的修养与素质的提高,必须切实地从根本上改正不规范的思想认识,而后才能使行为真正规范。

巽与之言

【讲解】

此语出自《论语·子罕》第二十三章。"巽与之言",恭顺的语言。

主忠信,毋友不如己者,过则勿惮改

【讲解】

此语出自《论语·子罕》第二十四章。"主忠信,毋友不如己者,过则勿惮改",以忠诚守信为主,不与道德很差的人交朋友,一旦有错,不怕改正。

三军可夺帅也,匹夫不可夺志也

【讲解】

此语出自《论语·子罕》第二十五章。"三军可夺帅也,匹夫不可夺志也",三军的统帅可以被掠夺,普通百姓的意志不可以被剥夺。"三军"是指强大的军事力量,此指最大的人事力量,但其将帅亦可被掠夺,这样讲是为了凸显出"匹夫之志不可剥夺"的伟大和真精神。此处深层表明了孔子对普通人民力量的正视。

衣敝缊袍

【讲解】

此语出自《论语·子罕》第二十六章。"衣敝缊袍",穿着破麻袍子。此处孔子以子路穿着破麻袍子与身着狐裘、貉裘者站在一起,而不觉得低人一等,来肯定子路不但恪守名分,而且心理安泰、舒坦,认为一般人是做不到的。

不忮不求

【讲解】

此语出自《论语·子罕》第二十六章。"不忮不求",不嫉妒,不贪求。

岁寒,然后知松柏之后凋也

【讲解】

此语出自《论语·子罕》第二十七章。"岁寒,然后知松柏之后凋也",每年到了最寒冷时,才知道松柏不凋谢。孔子以自然界的规律——岁寒,松柏不凋，揭示了人世间固守正义信念、坚毅不拔者，无论遇上何等狂风巨浪，甚至灭顶之灾亦不改初衷的高尚品格与无畏气概。

仁者不忧，勇者不惧

【讲解】

此语出自《论语·子罕》第二十八章。"知者不惑，仁者不忧，勇者不惧。"有知识的人不迷惑，仁爱的人不忧愁，勇敢的人不恐惧。"知者不惑"，聪明的人自然能辨别是非，所以不迷惑。"仁者不忧"，高尚境界的人不患得患失，自然无忧无愁。在智慧、道义统摄下的勇气自然无所畏惧。

唐棣之华

【讲解】

此语出自《论语·子罕》第三十章。"唐棣之华"，梨花雪白，素雅清高。梨花雪白，素雅清高，偏偏与众花不一样。有人以其所处太遥远为由，不去追求。孔夫子说：根本在于思求还是不思求，如果真的想追求，有什么遥远的呢？此梨花喻美人，古人把最美的鲜花芳草喻美人，而又有进一层的比喻，以美人喻贤才。此喻指贤才。此章斥当时统治者言称思贤若渴，由于种种原因求不得人才，而实质是一种借口，是不想真求贤才。

乡党

【讲解】

此语出自《论语·乡党》第一章。"乡党"，乡亲。孔子在乡亲之中，极为温恭谦和，犹如笨口笨舌的朴诚人，孔子谦恭地对待乡亲父老，是一种高尚的德操，而到了宗庙、朝廷，议论大事或公务时，则口齿清晰，表述鲜明，决不含糊。

立不中门，行不履阈

【讲解】

此语出自《论语·乡党》第四章。"立不中门，行不履阈"，不站在门中间，靠边，走路时，不践踏门槛。进入国君之门，颔首弓背，犹如无地自容。不站在门中间，靠边，走路时，不践踏门槛。经过君伫立之处或君的座位，气色振作而恭敬，脚步快捷而机敏，谨慎言语，以手上提长衣下摆的两边，颔首弓背，屏住气息。出了公门，下了一个台阶，面露和悦，透露出快乐的心情。下完了台阶，小步快跑，像鸟儿展翅般。回到原来的位置，尚有恭敬的神情。此处写出孔子入公门、升堂、降阶、复其位的执礼全过程，为后世行礼做了楷模。

执圭

【讲解】

此语出自《论语·乡党》第五章。圭，外交时所执本国国君的信物，以示代表国君前去访问。执圭，表敬慎。此章述孔子为鲁君聘问邻国时情景。因是代表国君、国家的信物，所以圭虽轻，执于手中犹如千斤重担，好像拿不动的样子，以示庄重。执圭的高低程度，上不高过作揖打拱的位置，下不低于授予别人礼物时的位置。

私觌

【讲解】

此语出自《论语·乡党》第五章。私觌，私见，即非公众场合相见，交流一些真诚的看法。

缁衣羔裘，素衣麑裘，黄衣狐裘

【讲解】

此语出自《论语·乡党》第六章。孔子倡礼、行礼，衣服被褥皆有标准。"缁衣羔裘，素衣麑裘，黄衣狐裘"，黑色羔羊皮袄，必罩之黑色外衣；白色小鹿皮袄，必罩之白色外衣；黄色狐皮袄，必罩之黄色外衣。

亵裘长，短右袂

【讲解】

此语出自《论语·乡党》第六章。孔子倡礼、行礼，衣服被褥皆有标准。"亵裘长，短右袂"，穿在里边的皮袄，一定要比外罩长一些，右襟要短一些。

羔裘玄冠不以吊

【讲解】

此语出自《论语·乡党》第六章。孔子倡礼、行礼，衣服被褥皆有标准。"羔裘玄冠不以吊"，吊丧时不能穿黑羔皮袄、戴红黑色帽子。

齐必有明衣，布齐必变食，居必迁坐

【讲解】

此语出自《论语·乡党》第七章。"齐必有明衣，布齐必变食，居必迁坐"，斋戒时一定要沐浴，而后穿上洁净的衣服；告诉别人斋戒时一定吃素，不与妇人居。此处表明孔子对待斋是非常严肃认真的。

食不厌精，脍不厌细

【讲解】

此语出自《论语·乡党》第八章。"食不厌精，脍不厌细"，食品越精越好，肉切得愈细愈好。此处体现孔子是非常严肃认真的人，生活中、社会活动中各个环节都很严谨、一丝不苟。

乡人饮酒

【讲解】

此语出自《论语·乡党》第十章。"乡人饮酒"，即乡人酒礼的践行，此处是指腊祭，年终祭祀天地神灵、先祖时在一起饮酒。

乡人傩

【讲解】

此语出自《论语·乡党》第十章。乡人傩，乡人驱逐疫鬼，傩，古时迎神赛会驱逐疫鬼。

阼阶

【讲解】

此语出自《论语·乡党》第十章。阼阶，迎宾客的台。乡人驱鬼时，孔子穿好朝服立于东西迎客的台上，非常庄重、严肃，也当作真事去对待。

问人于他邦

【讲解】

此语出自《论语·乡党》第十一章。"问人于他邦"，孔子托人问候在他国的朋友。孔子托人办远方的事，为受托之人送别时两次揖拜，体现出孔子认为托办远方的事并非易事，当由衷感激办事者。

厩焚

【讲解】

此语出自《论语·乡党》第十二章。"厩",马棚。"厩焚",马棚着了火。孔子一贯关心人、爱护人,所以当马棚着了火,自然而然地脱口而出"伤人乎"。

入太庙,每事问

【讲解】

此语出自《论语·乡党》第十四章。"入太庙,每事问",孔子进入太庙,对于每一件不懂的事都要请教。

式负版者

【讲解】

此语出自《论语·乡党》第十六章。"式负版者",劳苦负重者。孔子坐在车上赶路,遇上劳苦负重者,就站在车上手扶车前横木,以示敬意与同情。揭示了孔子处处以礼行事的同时,又揭示出孔子对待劳动者真诚地同情与尊重。这是孔夫子又一伟大之处。

执绥

【讲解】

此语出自《论语·乡党》第十七章。执绥,握好登车的把手带子。孔子上车时,一定要先端正地站好,握好登车的把手带子,然后上车。孔子处处以礼规范自己,此处专讲其登车的礼仪神态。

先进于礼乐

【讲解】

此语出自《论语·先进》第一章。"先进于礼乐",先圣先贤对于礼乐。此处表明孔子自己要照先贤那样把礼乐传布给全体民众。这也是孔子"有教无类"思想的具体化。

后进于礼乐

【讲解】

此语出自《论语·先进》第一章。"后进于礼乐",后辈圣贤对于礼乐。此处表明后辈只是在统治者当中倡导礼乐,把礼乐作为一种装饰统治者门面的工具，是不足取的，孔子不赞同。

从我于陈、蔡者

【讲解】

此语出自《论语·先进》第二章。"从我于陈、蔡者"，跟我在陈蔡共克时艰的学生。陈蔡，孔子周游列国十四年，其最艰难的岁月，陈蔡大夫"相与发徒役围孔子于野，不得行，绝粮。而孔子讲诵弦歌不衰"。师生同心合力摆脱了困境。孔子老年不忘当年师生共克时艰、坚毅同心、努力奋斗的情景。于是，孔子接着如数家珍地从四个大方面分类诉说了弟子们的优长之处，这是一种极其珍爱弟子及其学识的充分反映。

未能事人，焉能事鬼

【讲解】

此语出自《论语·先进》第十一章。"未能事人，焉能事鬼"，没能解决好如何对待人的问题，怎么讨论如何对待鬼了呢？孔子深知，不信鬼神可以，但世俗习气不可全违，所以不能亵渎鬼神。孔子对待鬼神的态度是积极的，偶讲鬼神，完全是教导世人的需要。本质上是不相信有什么鬼神的，但也不全否，原因是有时还用以进行教化。而对自己的弟子则明确教导要力行人事，免谈鬼神。所以当子路问如何对待鬼神问题时，孔子说：如何对待人的问题尚未解决，怎么能去探讨鬼神之事呢？

未知生，焉知死？

【讲解】

此语出自《论语·先进》第十一章。"未知生，焉知死？"生的问题没弄明白，怎么知道死的问题。孔子一贯重人事、重现实，但也不否定鬼神问题，只是悬而不下结论，即对鬼神之事留有余地。

言必有中

【讲解】

此语出自《论语·先进》第十三章。"言必有中"，一讲话就抓住了要害。鲁国某大夫荣任管理财政的官长。新上任的官长往往不要原有礼制，自作主张强行改制。闵子骞对此说，如原有的礼制很好，为什么一定要另搞一套？

孔子认为闵子骞一般不大讲话，一讲话就抓住了要害，有如"不鸣则已，一鸣惊人"之意。闵子骞所以能有如此成绩，是其长期谦和修养进取的结果。

升堂矣，未入于室也。

【讲解】

此语出自《论语·先进》第十四章。"升堂矣，未入于室也。"，已登入大堂，未入内室。子路鼓瑟自然而必然地流出他的野犷、刚直、粗放的性情。这是君子之乐所不允许存在的。故而孔子说仲由的瑟乐，怎能出在他的门下呢？于是其他弟子就看不起子路。孔子处理任何问题时自然而然地本中庸之道，无过无不及。他批评子路重了一些，唯恐众弟子误解，于是又给子路一定的肯定，即孔子认为仲由学乐的成就已进入厅堂了，只不过尚未进入内室罢了。孔子在教诲弟子时，经常采用纠偏补弊的办法，以引导弟子处事不走极端。凡事要仔细分析，不要偏执一端而盲目追随。一般讲，孔子批评不是全部否定，表扬不是全部肯定，其总能把全面看问题与具体分析很好地结合起来。

过犹不及

【讲解】

此语出自《论语·先进》第十五章。"过犹不及"，"过"与"不及"是一样的，未至于"中"，"过"与"不及"都是不理想的。子贡问孔子，子张与子夏谁更贤明，孔子认为子张明显激进一步，子夏平稳一些。孔子非常了解他的弟子，在道的问题上，子张过，子夏不及，均未至于中。子贡又问子张是不是强些。孔子认为子张行道只能过，而不会不足。"过"与"不及"都是不理想的。中即中庸，恰到好处。

小子鸣鼓而攻之可也

【讲解】

此语出自《论语·先进》第十六章。"小子鸣鼓而攻之可也"，弟子们可以大张旗鼓地批评他。季氏比鲁国国君富有，而冉求为其聚敛财富，并不断使之增加。孔子说："这不是我的弟子，弟子们可以大张旗鼓地批评他。"这并不是孔子与冉有自此决裂，而是孔子对助恶者的严厉批评、斥责，也是在号令弟子们群起而攻之的同时，教育全体弟子要明白，学道为官要利民，不能助纣为虐，更是通过声讨冉有而声讨季氏这个专横权臣。

屡空

【讲解】

此语出自《论语·先进》第十八章。屡，多次，常常。空，家徒四壁，空空如也，喻贫穷。孔子深知颜回在陋巷，一箪食，一瓢饮，终身不改其乐的笃学不已的学道精神，极为可嘉。其所取得的成就，也是其他门人所大不如的。但孔子又极明晰地指出，颜回屡空。学得再好，再得道，但摆脱不了贫穷，也是个大问题。这实质是揭示了读书好、修养好的颜回，缺少社会活动能力，缺少实践的本事，不能解决生活困难问题。这本身是对颜回式的读书好的学生的深刻剖析，也是对自己教的反省。

亿则屡中

【讲解】

此语出自《论语·先进》第十八章。亿，臆，估计、预测。屡中，经常预测得准。此处讲孔子认为子贡不完全按老师的一套去办，经常能够灵活地处理现实问题，虽然其学道没有那么精进，却能致富，对子贡的能力做了肯定。

不践迹，亦不入于室

【讲解】

此语出自《论语·先进》第十九章。"不践迹，亦不入于室。"做利他、利群之事不留痕迹，不标榜自己的功德，也不受做善人善事标准的束缚。入室，进入一定的深奥层次，达到一定的高标准。此意为亦不受做善事、做善人的标准束缚起来。子张问善人应如何处世。孔子认为如做善事是为了张扬自己，那么便成了沽名钓誉的手段，非为行善事了，亦非善人之道了。

求也退，故进之；由也兼人，故退之

【讲解】

此语出自《论语·先进》第二十一章。"求也退，故进之；由也兼人，故退之。"冉求退缩，所以激励他前进；子路好胜，所以教他平稳些。当子路问孔子，一件事听到后就即刻去办吗？孔子回答说：有父兄在堂，怎么可以听到就去做呢？弦外之音是应报告父兄，且与之商议后方可行动。冉有问同一个问题，孔子却回答说：听到后就即刻去办。孔子毫不含糊，确凿地告诉他要雷厉风行。时公西华在侧，他是孔子的年龄小的弟子之一，他大胆地提出了自己的不解。孔子说：冉求过于谦退，所以激励他上进；子路好胜，所以我教他三思而行，谦和一些。

回何敢死
【讲解】

此语出自《论语·先进》第二十二章。"回何敢死？"颜回怎么敢死呢？孔子在匡地遇上了危险。颜回落在后面。孔子说："我以为你死了呢。"颜回说："老师在，我怎么敢死呢？"此处反映了孔门师生的真挚情谊，体现了他们生死与共、同舟共济的传道、弘道精神。

以道事君，不可则止
【讲解】

此语出自《论语·先进》第二十二章。"以道事君，不可则止"，要用仁道辅佐君主，不能的话就不做这个官。季子然问孔子，子路与冉有可以称得上辅弼大臣了吧？其中透露出季氏家族的狂妄，自我夸耀，连子路、冉求这等能行政事之良才都为我用，我的力量如何？孔子非常明晰其内心篡逆之欲。于是说：所谓大臣者，能够用仁道辅佐君主，如果多次谏君行正道而不得，则弃职不留。仕而利世，非为谋利。因此，君不听善言而独断专行，则不能为仕而仕。这才称得上大臣。现在仲由与冉求所为，只能称得上一般的臣子。

克己复礼
【讲解】

此语出自《论语·颜渊》第一章。"克己复礼"，克制自己非分之欲，依礼而行。复，按，照，依。颜渊问什么是仁。孔子说：克制自己种种非分之欲求，严格按礼制规范自己的言行，这就是仁。仁，是孔门师生共同为之奋斗的最高道德境界、最高的修养境界，将之用于行政，政治就升华为仁政。《论语》一书中，孔子对仁有多种解释，对学生问仁有多种回答，但最重要的、最具纲领性的、最强调内在修养境界的回答就是此处对颜回问仁的回答。

非礼勿视，非礼勿听，非礼勿言，非礼勿动

【讲解】

此语出自《论语·颜渊》第一章。"非礼勿视，非礼勿听，非礼勿言，非礼勿动"，不合乎礼的不要看，不合乎礼的不要听，不合乎礼的不要讲，不合乎礼的不要动。颜渊问孔子什么是仁，孔子回答"克己复礼为仁"，这是大道理、大原则，即纲。颜渊进一步问具体行仁的具体做法，即目。孔子从视、听、言、动四方面回答颜渊，显得头绪清晰，容易把握。

出门如见大宾

【讲解】

此语出自《论语·颜渊》第二章。"出门如见大宾"，出门办事如同去会见高贵的宾客，自然就心怀敬畏，谦逊谨慎，严格节制自己，依礼行事，结果就会好。仲弓，即冉雍，孔子弟子。仲弓向孔子问仁，孔子针对仲弓问仁的回答是具体做法，即出外办事如同接待高贵的宾客，深怀敬慎之情意，尊敬对方，审慎而严格节制自己的不合乎礼仪的思想。

不忧不惧

【讲解】

此语出自《论语·颜渊》第四章。"不忧不惧"，不忧愁不恐惧。司马牛问何谓君子。孔子答道："君子能做到不忧不惧。"司马牛，是孔子的弟子，因其兄桓魋谋反，而常忧惧，孔子极富针对性地对其进行指导，既然内省毫无愧疚，还有什么忧愁与惧怕的呢？

内省不疚

【讲解】

此语出自《论语·颜渊》第四章。"内省不疚"，自我反省毫无愧疚。孔子讲的"不忧不惧"是建立在"内省不疚"的基础之上的，所以，"内省不疚"是为君子之根本。

死生有命，富贵在天

【讲解】

此语出自《论语·颜渊》第五章。"死生有命，富贵在天"，死、生、富、

贵在天命；天命，是大自然与社会整体形成的每个人的处境。司马牛之兄桓魋造反，乖逆常理，违礼背亲，司马牛则失去了亲兄长，感到孤独忧愁。于是道出了他忧愁的真谛，即"人皆有兄弟，我独亡"。子夏本着老师的指导思想，直接对司马牛进行了开导："死生关乎性命，富贵在于天意。君子谨慎地行事而无所闪失，与人相处恭敬而重礼仪，那么四海之内到处都是兄弟，你怕什么呢？"子夏的口吻完全是老师的语气，或说是传达老师对此类问题的看法，正中司马牛的症结。

四海之内皆兄弟也

【讲解】

此语出自《论语·颜渊》第五章。"四海之内皆兄弟也"，天下各地到处都是兄弟。孔门师生已认识到亲疏远近不只取决于血缘，也取决于共同的追求、共同的伦常。此处体现孔门确有天下一理、四海一家的大见识，这为增强中华民族的凝聚力，加强民族大家庭的思想道德建设奠定了基础。

浸润之谮

【讲解】

此语出自《论语·颜渊》第六章。浸润，渐渐渗入。谮，谗言。浸润之谮，隐微的谗言，是巧为谗者。子张问何谓清明。孔子说："隐微的谗言，小题大做地诉讼，作为听受者绝不去执行。这就是非明辨。对隐蔽的谗言，表面非常受冤枉的诉讼，绝不闻风是雨，这就是看得深远。"

肤受之愬

【讲解】

此语出自《论语·颜渊》第六章。肤受，表皮受点小委屈。愬，诉讼。肤受之愬，受点小碰撞就激烈诉讼，即小题大做地闹事。

足食，足兵，民信

【讲解】

此语出自《论语·颜渊》第七章。"足食，足兵，民信"，充足的食粮，雄厚的军备力量，人民的信任。子贡问如何治理国家。孔子认为要做到三点，即要有充足的食粮，要有雄厚的军事力量，要有人民的信任。

自古皆有死，民无信不立

【讲解】

此语出自《论语·颜渊》第七章。"自古皆有死，民无信不立"，自古及今，人都是要死的，没有人民的信任，国家就立不住。孔子认为在治理国家的三个重要条件中，最重要的是人民的信任，宁可"去食"，也得立信于民。理由是自古人人都有死时，但人民不信任国家统治者的话，国家就根本立不起来。其他条件再优越有什么用呢？

驷不及舌

【讲解】

此语出自《论语·颜渊》第八章。驷，四匹马拉的一辆车。"驷不及舌"，快车也追不回讲出的话语，即君子一言，驷马难追。棘子成与子贡探讨本质与文饰之间的关系，棘子成认为君子注重本质就可以了，文饰不重要。子贡认为棘子成所论错了，这错误的言论一经发出，四匹马拉的快车也难追回。子贡认为君子之质与文是统一体，不可分的。

文犹质也，质犹文也

【讲解】

此语出自《论语·颜渊》第八章。质，本质。文，文饰。"文犹质也，质犹文也"，恰当的文饰是本质的体现，真实的本质是文饰的基础。质与文是统一体，不可分的。

虎豹之鞟犹犬羊之鞟

【讲解】

此语出自《论语·颜渊》第八章。鞟，去毛的兽皮。"虎豹之鞟，犹犬羊之鞟"，去了毛的虎豹皮与去了毛的犬羊皮没什么区别。以此生动形象的比喻，揭示了"文"的重要性，也指明了什么样的"质"，自然有相应的"文"。如果不要了"文"，一定的"质"也就无从体现了。

崇德，辨惑

【讲解】

此语出自《论语·颜渊》第十章。"崇德，辨惑"，尊崇道德与辨别迷惑的道理。子张向孔子请教尊崇道德与辨别迷惑的道理。孔子说："以忠信为主导，主动去接近正义者，这就是尊崇道德。喜爱时想使某人永生，厌恶时很想使某人快死。忽欲其生，忽欲其死。这就是迷惑。如此行事是不能成功的，只能是异端异行罢了。"

爱之欲其生，恶之欲其死

【讲解】

此语出自《论语·颜渊》第十章。"爱之欲其生，恶之欲其死"，喜爱时想使某人永生，厌恶时很想使某人快死。

君君，臣臣，父父，子子

【讲解】

此语出自《论语·颜渊》第十一章。"君君"，为君者要尽君的义务，要有君的权威。"臣臣"，为臣者要尽臣的职分，也享有臣的待遇。"父父"，为父者要尽父的义务，要做儿子的表率，当然也有父亲的权威。"子子"，为子者，要尽子的义务，也享有子的待遇。齐景公向孔子求教治国之策。孔子回答："君君，臣臣，父父，子子。"此处是孔子正名思想的具体化。孔子认为只有正定名分，才能治理好国家。

片言折狱

【讲解】

此语出自《论语·颜渊》第十二章。"片言折狱"，通过其只言片语就可以判断其是非曲直。孔子评论子路说，通过其只言片语即可剖判其是非曲直的人，那大概只有仲由吧！此处体现出子路在孔子心目中既有莽撞草率的一面，也有勇猛过人、直截了当、坦率无邪的一面。

无宿诺

【讲解】

此语出自《论语·颜渊》第十二章。"无宿诺"，没有隔宿的诺言。子路处理问题是雷厉风行的，答应的事，当天就办完，决不留到以后的时日。此处是孔子表彰子路正直、坦率、雷厉风行的人品与工作作风。

居之无倦，行之以忠

【讲解】

此语出自《论语·颜渊》第十四章。"居之无倦，行之以忠"，居其位要敬其事而勿懈怠，行其事则须尽心竭力。子张问政事。孔子认为为官施治，必须首先严格要求自己，振作精神，兢兢业业于公务；思想上不能有丝毫松弛，不能小有成就就忘乎所以，要忠于事、忠于政务。此处阐发了孔子正定名分思想在居官者身上的具体要求。

成人之美

【讲解】

此语出自《论语·颜渊》第十六章。美，美德，泛指善事。"成人之美"，帮助别人成就美德。孔子认为君子应帮助别人成就美德，绝不促成别人的罪恶。而小人恰与此相反。

子帅以正，孰敢不正

【讲解】

此语出自《论语·颜渊》第十七章。"子帅以正，孰敢不正"，您率先为正，谁敢不正？季康子向孔子问政治管理。孔子认为政治是执政者自身端正，做大众的榜样，而后去使民正。所以，孔子告诉季康子："政治管理就是正，您率先为正，谁敢不正？"即统治者自身做好表率，天下人就自然跟随。

苟子之不欲，虽赏之不窃

【讲解】

此语出自《论语·颜渊》第十八章。"苟子之不欲，虽赏之不窃"，如果您不贪求，即使奖赏他们行窃，他们也不去偷盗。季康子问孔子治盗之策。孔子认为统治者要节制自己的欲望，减轻百姓负担，同时使人民生活富足，那么就会减少偷盗。治理偷盗的根本在于解决国家安定，想无盗贼则必须统治者先正己，正己而后正人。

君子之德风，小人之德草

【讲解】

此语出自《论语·颜渊》第十九章。"君子之德风"，君子修养如何都是影响百姓的风。"小人之德草",普通人民的修养就是服从,接受影响。季康子向孔子问行政管理的方法,问孔子是不是要杀掉暴虐无道之人,接近有道君子。孔子说不能用杀人的办法,而是要追求善政,那么民自然随之而善。统治者影响太大了,其修养、其道德,犹如风;百姓的德性就是草,是根据风的方向而确定自己的方向。风怎么吹,草就怎么动。草的方向受风的方向制约。欲使百姓趋善去恶,则必须使统治者给其以良善影响。

质直而好义

【讲解】

此语出自《论语·颜渊》第二十章。"质直而好义",内在正直而行事正义。孔子解答子张提出的读书人怎么做才能称之为达的问题。孔子认为"达"是内心很正直,行为奉行正义;审视别人的表情,斟酌别人的言语,而努力去理解人,谦恭地去对待人。诚能如此,在一个地区,或在一定的职务上,他就能行事畅达,上信下助,路路亨通。这就是"达"。而孔子认为子张所提出的在某一地区有名声,在某一职位上有名声,不是"达",是"闻"。"闻"有的是表面行仁德,实质是违背仁德的,且又居于虚伪而不以为非。其在地区、在官位上都有名声,只不过这个名声不是好名声。

察言而观色

【讲解】

此语出自《论语·颜渊》第二十章。"察言而观色",审视别人的表情,斟酌别人的言语。

虑以下人

【讲解】

此语出自《论语·颜渊》第二十章。"虑以下人",谦恭地去对待人。

色取仁而行违

【讲解】

此语出自《论语·颜渊》第二十章。"色取仁而行违",是表面行仁,实质是违背仁的。

樊迟问仁

【讲解】

此语出自《论语·颜渊》第二十二章。樊迟问何谓仁，孔子说："爱人。"这是仁的实质，核心定义就是爱人，爱人是仁德的根本。樊迟"问知"，孔子说："知人。"这是智的问题，知人，知贤人而善用就是智。孔子进一步解释说："选举正直之士且将其放在邪枉之徒上边，使令正确的去领导错误的、去管理不正确的，那么邪枉之徒也逐渐会变为正直。"但樊迟还是没有明白，于是问子夏老师所说的意思，子夏说："老师讲的道理很盛大啊！舜取得天下时，从众人中选拔正直之士，选出了皋陶，所以周围没有不仁之人。商汤治理天下时，从民众中选出伊尹，所以不仁之人、不仁之事都远去了，没有了。"

以文会友

【讲解】

此语出自《论语·颜渊》第二十四章。"以文会友"，以文化往来结交志同道合者。君子会见朋友，绝不是讲追名逐利，讲掩饰自己过失的方法，等等。而是通过对诗书礼乐的研习、理解，求得志同道合，以今日语言讲，即通过诗书礼乐的道德伦理统一、规范朋友们的思想。

以友辅仁

【讲解】

此语出自《论语·颜渊》第二十四章。"以友辅仁"，一个地区的优秀人才结交一个地区的优秀人才，这叫朋友。具有高尚道德境界者互相帮助成就仁德。朋友之间均能以仁义礼智信衡量是非了，那么彼此间就能辅助成仁了。凡朋友应有个共同追求仁德的目标，应以切磋诗文作为交游的途径。用朋友优长之处辅助自己，以成就仁德。

先之，劳之

【讲解】

此语出自《论语·子路》第一章。"先之"，先为人民做表率。"劳之"，（再）安排人民服役。子路问如何搞好行政管理。孔子告之以"先之劳之"，凡使役民众，凡号令民众致力于办公事，统治者必须身先民众，走在前头，此谓"先之"。统治者处处事事能起表率作用,当然包括"孝悌忠信,礼义廉耻"的修养,也是人民的榜样楷模。这样,民虽劳苦而心悦诚服。

先有司,赦小过,举贤才

【讲解】

此语出自《论语·子路》第二章。"先有司",先把自己部门即机关官员整顿好。"赦小过",对下级要从大处着眼,宽宏大度,谅解其小错误、小毛病。"举贤才",选拔贤人充实官员队伍。仲弓做了季氏的管家,问如何搞好管理。孔子告之以"先有司",即应先把有关部门机关官员整饬好,把所辖之官员教育好、组织好,而后通过他们去教民、导民。接着教仲弓"赦小过",即教其宽缓待人,使人不令自奋。最后是"举贤才",重用贤士,信任贤士。

名不正,则言不顺

【讲解】

此语出自《论语·子路》第三章。"名不正,则言不顺",名分不正,讲话就不顺。子路问孔子主持政务最重要的是什么,孔子认为是"正名",并进一步解释:"名分不正,讲话就不顺,讲话不顺,事情就办不成,事不成,规章制度就建立不起来,制度建不起来,刑罚就不会公平。刑罚不公平,老百姓就不知道如何做是好。管理者确定名分一定要讲得出,只有讲得出才一定可行。管理者对自己的话,要敢于负责任。"孔子认为为政之要,是正定名分。名分不正即等级制度不规范,讲话就无依托,讲话无依托就办不成事,礼仪典章制度就建立不起来。各项制度建设不起来,人民就无所遵循。所以必须先正定名分。其实质即把人们的行为纳入礼治的轨道,使"君、臣、父、子"各安其位,各司其事,各得其利,不得上下相扰。诚能如此,社会才能和谐发展。

上好礼,则民莫敢不敬

【讲解】

此语出自《论语·子路》第四章。"上好礼,则民莫敢不敬",在上位者喜好礼,那么百姓没有能不谨慎从事的。樊迟向孔子请教学种五谷。孔子说:"我不如老农。"请教学种蔬菜。孔子说:"我不如老菜农。"樊迟离开后,孔子说:"小人哉,樊须也!"这不是骂学生,更不是看不起樊迟,而是慨叹樊须志于成为劳动者啊!他不往仕途上务啊!随之,孔子发表关于做个好官的重要作用的议论。实质是强调其培养目标的正确性:为仕者如果受到良好的教育,做到重礼、重义、讲诚信,那么百姓岂能不谨慎地按规章制度办事呢?岂能不遵从统治者的各项要求呢?岂能不由衷地拥戴官长呢?如果达此程度,国家一旦需要,那么四方之民将背着幼儿如影随形一样追随管理者。如此看来,学为优秀的管理者重要呢,还是学种地重要呢?显然,在当时培养带头的模范人物更重要,社会更急需。

上好义,则民莫敢不服

【讲解】

此语出自《论语·子路》第四章。"上好义,则民莫敢不服",在上位者喜好义,那么百姓没有不服从的。

上好信,则民莫敢不用情

【讲解】

此语出自《论语·子路》第四章。"上好信,则民莫敢不用情",在上位者待人以诚信,那么百姓没有不尽心尽力的。

其身正,不令而行

【讲解】

此语出自《论语·子路》第六章。"其身正,不令而行",统治者身正行范,不发令,老百姓也循善而行。此处重在讲明"正人必先正己"的必要性,管理者的正己、明德是极为重要的。与之相反的是统治者身不正行不范,就是三令五申,老百姓也不会照他要求去办。

庶,富,教

【讲解】

此语出自《论语·子路》第九章。庶,人口众多。富,富裕起来。教,教育。孔子刚入卫国境看到人烟稠密,就感慨地说:"人口众多呀!"因为人民是国家的根本,是治理才能施展的对象。所以,孔子此刻对卫国之民众多简直欣喜异常,甚至于手舞足蹈了。接着在冉有的一再问询下,孔子道出了他的治国兴教的系列主张：庶、富、教。孔子在此较早地提出了富民的主张，只有使百姓摆脱饥寒，有一定的生计，而后施教，才能见成效。

不能正其身，如正人何？

【讲解】

此语出自《论语·子路》第十三章。"不能正其身，如正人何？"不能端正自己的身心，凭什么去正人？此处再次体现孔子政治思想的关键所在，即统治者必须正。统治者如不能做到正，一切统治手段与途径，都将付之东流。

近者说，远者来

【讲解】

此语出自《论语·子路》第十六章。"近者说，远者来"，使附近的民众心悦而诚服，使远方的人闻风而至。叶公向孔子请教行政管理事。孔子认为民众是治理国家的根本。没有人民，人民太少，使国家强盛是不可能的。所以他一贯认为治国以仁，主要是爱人，爱人民，关心人民，使其心中喜悦，形成良风美俗，使远方之民乐于归附。

无欲速，无见小利

【讲解】

此语出自《论语·子路》第十七章。"无欲速，无见小利"，不要追求快出成绩，不要看重一时的小利。子夏做鲁下邑之长官，向孔子问如何治理。孔子认为治理一个地区不要追求快出成绩，不要看重一时的小利。只图快出成绩，就不会达到预期目标；只顾一时小利，大事就做不成。这里孔子不只讲反对快和小的问题，而是揭示弄虚作假不图实效者必做不成大事的问题。如果只图虚荣，快出成就，不想从根本上解决问题，总会露出马脚，最终一事无成的。教育为官者，扎实为民谋利，为民长远利益计，不能只图快速沽名钓誉而不顾民众根本利益。

父为子隐，子为父隐。直在其中矣。

【讲解】

此语出自《论语·子路》第十八章。"父为子隐，子为父隐"，父亲维护儿子，儿子维护父亲。这里面就有直。全句释义如下：叶公告诉孔子，其乡党有位正直者，揭发了他父亲盗羊。孔子即刻表态，我们那边的正直者与你讲的不同。因为父亲为儿子隐讳，儿子为父亲隐讳，是天伦人性，正直、正道自然源于其中了。父子是五伦之首，是人伦的基础。孔夫子倡导的父子人伦，孝悌之道，是根本的治理社会的道理，也是最为有效的手段。这是治国大道，是根本，所以孔子认为不能因为惩治盗窃者，提倡正直揭发，就动摇了治国的根本之道。

居处恭，执事敬，与人忠

【讲解】

此语出自《论语·子路》第十九章。"居处恭，执事敬，与人忠"，住在哪里都要谦恭，处理问题时都敬惧谨慎，与人相处尽心尽力。樊迟问什么是仁。孔子回答："居处恭，执事敬，与人忠。"这是孔子在指导樊迟自我内心与形象的修养，办事与处世的修养。

行己有耻

【讲解】

此语出自《论语·子路》第二十章。"行己有耻"，自己的行为有羞耻约束着。子贡问孔子怎么做才可以称之为士。孔子回答：自己的行为有羞耻所束，出使各国，不辱君命的人，可称之为士。子贡说："请问第二等的士呢？"孔子说："宗族称之为孝，家乡人称之为悌。"子贡说："请问第三等的士呢？"孔子说："说话一定算数，行为坚决果断。坚硬石头般的小人啊！但也可以作为第三等的士了。"子贡说："现在的做官者怎么样？"孔子说："咳！盛粮装水的斗筲式的人，不值得评论了。"

使于四方，不辱君命

【讲解】

此语出自《论语·子路》第二十章。"使于四方，不辱君命"，出使各国，不辜负国君的授命，不要对不起国君。

言必信，行必果

【讲解】

此语出自《论语·子路》第二十章。"言必信，行必果"，说话一定算数，行为坚决果断。

斗筲之人

【讲解】

此语出自《论语·子路》第二十章。"斗筲之人","斗筲"指盛粮装水的器物,"斗筲之人"指气量狭小的人。

中行

【讲解】

此语出自《论语·子路》第二十一章。"中行",中正之士。作为孔子心目中理想的学生,宜是无过无不及的中正之士,但其深知理想之士是难以得到的,退而求其次,即狂者、狷者。尽管狂狷之士有偏颇,但基本的为人品格精神是教育使之成材的良好基础。

狂狷

【讲解】

此语出自《论语·子路》第二十一章。狂者,无论如何狂放不羁,却总有不断进取的劲头,志存高远;而狷者恪守中正,绝不行越轨之事。

巫医

【讲解】

此语出自《论语·子路》第二十二章。巫医,当时由高级知识人士为之。中国历史上最早的知识分子就是巫。巫医一体,既掌握一些天文地理知识,又能给人医病,还能预测吉凶等。所以当时的巫医是了不起的专门人才。

不恒其德,或承之羞

【讲解】

此语出自《论语·子路》第二十二章。"不恒其德,或承之羞",不恒定其修养,就会受到羞辱。孔子洞悉巫医虚妄不实之术,巫医在中原则不是人们奋斗追求的大目标,只能是一种谋生的小伎俩,所以孔子引用南人之言的用意是讲人若无恒心恒行,连个巫医都做不了,就不要讲做什么大事了。并顺承此意义阐发了自己的观点,即没有恒定的修养准则,恒常的奋斗目标,所受到的只能是羞辱。

不占而已矣

【讲解】

此语出自《论语·子路》第二十二章。"不占而已矣",不用占卜了啊。孔子在此是讲不恒其德之人,不用占卜问凶吉。因为肯定是没有什么好结果的。

君子和而不同,小人同而不和

【讲解】

此语出自《论语·子路》第二十三章。"君子和而不同,小人同而不和",君子和谐而各自有不同的兴趣爱好,小人求名利相同而不和谐。孔子认为君子为具有高尚修养之士,其内在道德修养达到了高尚的境界,在大是大非问题的观点上都会内心和谐、思想一致。但君子各有才性,各有独到见解,各有兴趣爱好。而小人是道德修养差、境界很低的人,都有一个共同点,就是追名逐利。正因为他们在名利上有同好,必然明争暗斗,自然不和谐。

君子易事而难说

【讲解】

此语出自《论语·子路》第二十五章。"君子易事而难说也",君子容易事奉而难于取悦。孔子认为在修养高尚的正人君子之下做事容易,因其从不求全责备,很体谅下级。但想博得君子仁人的欢喜却并不容易。如不以正道直行去博取其欢心,那他们是不会高兴的。具有高尚修养的君子对于任何奸佞谗言都会一眼看穿,何等伎俩也不易蒙蔽其明眸。所以在君子左右做事比较容易,但决不要耍狡猾,说假话,而一定要扎实勤恳,忠实做人。

小人难事而易说

【讲解】

此语出自《论语·子路》第二十五章。"小人难事而易说也",小人难于事奉而容易取悦。孔子认为,在小人左右做事可就难了,挑剔得很,求全责备。可小人好利,喜欢吹捧,所以便于迎合。小人可以因喜而谬赏,也可以因怒而谬罚。所以小人更易于欺骗。即不以道义,只以货利去诱惑小人,就会足以使之欢心。

君子泰而不骄，小人骄而不泰

【讲解】

此语出自《论语·子路》第二十六章。"君子泰而不骄，小人骄而不泰"，君子安舒而不傲慢；小人傲慢而不安舒。孔子认为君子气象泰然自若，学识融通，无可无不可，安适坦荡而无骄满之态。小人得势便猖狂，骄横跋扈，患得患失，终日不得安适，愈挣扎愈渺小。

刚、毅、木、讷，近仁

【讲解】

此语出自《论语·子路》第二十七章。"刚、毅、木、讷，近仁"，刚强、坚毅、不为色扰、口讷少言，接近仁德。一个人确立了奋斗目标，不为物、名、色所诱惑，就能经得起严酷的考验，就是刚；一个人为了自己的信仰，无论遇上任何艰难险阻，都永不移志，朝着既定的目标奋进不已，就是毅；不为情感色彩改变初衷者为木；不讲空话，不讲大话，不讲假话为讷。孔子认为一个人能够做到"刚、毅、木、讷"，基本就接近仁啦。

切切偲偲

【讲解】

此语出自《论语·子路》第二十八章。切，切磋，修理。偲偲，相互劝勉督责。"切切偲偲"，互相切磋、相互督责。子路问如何做才可以称为士，孔子针对子路之莽撞着重讲做到"切切、偲偲、怡怡如也"就是士。古人称制作骨、角之器为切。孔子的回答意思是能做到朋友间经常互相切磋、改正缺点，兄弟间情感和悦，就是士了。兄弟间经常互相帮助，指出缺点，加以改正，统一思想。这不但利于兄弟间感情的和悦，也利于彼此均可适应社会，得到众人的认可。

克、伐、怨、欲

【讲解】

此语出自《论语·宪问》第二章。克，跃跃欲试，自不量力；伐，自吹自夸，妄自尊大；怨，忿忿然，总认为待己不平；欲，欲壑难填。原宪问孔子克服了"克、伐、怨、欲"四类毛病，可以称为仁吗？孔子虽认为这是难能可贵的，但却是初步的，尚未达到成熟的仁德。

士而怀居，不足以为士矣

【讲解】

此语出自《论语·宪问》第三章。"士而怀居，不足以为士矣"，读书人贪恋安逸，就不足以称之为读书人了！士，有志向的人，包括读书的有志者与未读过书的有志者。此指有志向的读书人。怀居，怀恋安逸的生活环境。此处孔子着重讲读书人、学者、文人，不能贪图安逸，如果贪图安逸，就不是一个合格的读书人了，就不是一个合格的学者了。

危言危行

【讲解】

此语出自《论语·宪问》的第四章。危，端正。"危言危行"，按正道讲话、按正道行事。孔子认为国君贤明，国家昌盛，就要全身心地为国家做事，积极贡献自己的智慧，知无不言，言无不尽。

危行言孙

【讲解】

此语出自《论语·宪问》第四章。孙，逊，循的假借字，恭顺。"危行言孙"，正行顺言。孔子认为国君昏庸、国家混乱，也要尽全力为国家做些有益的事，但不能仗义执言，以防灾祸。既要坚持正道，也要保护好自己，才能传道、行道。

羿善射，奡荡舟

【讲解】

此语出自《论语·宪问》第六章。"羿善射，奡荡舟"，羿力大善射，奡旱地推船，他们都恃力妄为，自然不得善终。此处是借羿、奡来评说不率民实干，不倡导伦理道德，只是凭借一己之力是很难做成国之大事的。

爱之，能勿劳乎？忠焉，能勿诲乎？

【讲解】

此语出自《论语·宪问》第八章。"爱之，能勿劳乎？忠焉，能勿诲乎？"爱他，能不使之劳苦锻炼吗？由衷求教，能不全心教诲他吗？爱之，爱孩子、爱学生。劳，使之劳苦锻炼，方能成德成才。诲，教育指导。忠焉，对孩子、对学生，由衷具有责任感，焉，与"爱之"的"之"，同为指示代名词。孔子认为真正爱孩子，爱学生，就会自然而然地希望他们成才，就会采取相应的措施。

贫而无怨难，富而无骄易

【讲解】

此语出自《论语·宪问》第十一章。"贫而无怨难，富而无骄易"，贫穷却无怨愤，是不容易做到的，而富贵做到了不骄傲，是比较容易的。孔子于此教导人们要努力做到"贫而无怨，富而无骄"，这样才易于形成社会的和谐。

见利思义，见危授命，久要不忘平生之言

【讲解】

此语出自《论语·宪问》第十三章。"见利思义，见危授命，久要不忘平生之言"，见利考虑是否合乎道义，为正义肯于舍生，永远不丢掉平生之志。久要，永远要。不忘平生之言，不丢掉一生的诺言、一生的志向，即永远不丢掉成人的标准，乃至永远追求更高的仁人目标。子路问什么样的人是成人，即需具备什么条件者才是成人。孔子回答的实际内容是智、德、勇、艺兼备者，再以礼乐熏陶之，就可以成为成人了。这个标准是相当高的，孔子唯恐上述成人标准使弟子们可望而不可即，尤其针对子路提出了只要努力去做就能达到的目标："见利思义，见危授命，久要不忘平生之言。"这个目标未仕之士均可追求。其实，孔子于此也是对子路的一种肯定与鼓励，使子路更重视此类问题，为众弟子，特别是子路树立上述成人之目标。

晋文公谲而不正，齐桓公正而不谲

【讲解】

此语出自《论语·宪问》第十六章。"晋文公谲而不正，齐桓公正而不谲"，晋文公狡诈而不拘泥于成法，齐桓公礼法规范而缺乏察微知隐的权谋。晋文公、齐桓公，各为春秋五霸之一，都有所号令诸侯，称霸天下。齐桓公在先，晋文公随后。谲，狡诈。此第一个"谲"为狡诈意，第二个"谲"为灵活、机敏意。正，端正，正派。此第一个"正"为教条、僵化，拘于成法意；第二个"正"为正派意。

九合诸侯，不以兵车

【讲解】

此语出自《论语·宪问》第十七章。"九合诸侯，不以兵车"，齐桓公不靠武力，多次集合诸侯。

微管仲，吾其被发左衽矣

【讲解】

此语出自《论语·宪问》第十八章。"微管仲，吾其被发左衽矣"，如果没有管仲的大作为——统一华夏，"尊王攘夷"，北方胡人就会南侵，势必以落后的文化残害先进的文化，就会使华夏民众也披发不梳拢像野人一样，所穿的衣服也会由右开襟改为左开襟了。因为发式与衣服是民族文化的主要象征，孔子就以此二点说明了管仲的历史地位。

其言之不怍，则为之也难

【讲解】

此语出自《论语·宪问》第二十一章。"其言之不怍，则为之也难"，讲大话不惭愧，真正做到也是很难的。对此有三种理解，一是说假话的人内虚而外惭。这样的人真正实现其所言甚难。根本没有兑现的打算，他是不能践行自己的诺言的。二是话说大了，落实就困难了，甚至是没法践行的。三是讲话不惭愧者，理直气壮，没有亏心事。但能做到这样，需要平素为人处世付出许多艰难的努力。

陈成子

【讲解】

此语出自《论语·宪问》第二十二章。陈成子，陈恒，齐国的权臣。陈成子杀齐简公。鲁哀公面对同盟邻邦齐国君被弑束手无策，推诿于季孙、孟孙、叔孙三子。三者以季氏最强，实际鲁权掌于季氏之手，而季氏与齐国握权的陈恒是同类，当然不会同意讨伐陈恒的。如同意，就等于宣称季氏擅权也是该诛伐的。所以当哀公叫孔子"告夫三子"时，孔子就明白了这是哀公的应付之辞，于是表白了自己是循礼而为之举，当孔子又告知季孙等权势者时，自然遭到拒绝，于是再一次表白了自己是循礼而为之举。所以此处真谛所在是论君、臣应各正其名，各负其职责，作为国君者或某一领域的负责人均须负起自己的主导职责，不能权力旁落，更不能把责任、义务推诿于人。

勿欺也，而犯之

【讲解】

此语出自《论语·宪问》第二十三章。"勿欺也，而犯之"，不要欺骗，而可以犯颜直谏。这是孔子对子路问如何侍奉国君的回答，"犯之"，是对国君犯颜直谏。这是基本的为臣之道。孔子此论一直影响中国两千多年的君臣之道。但在具体执行的过程中，一定要本中庸之道，恰到好处。

君子上达，小人下达

【讲解】

此语出自《论语·宪问》第二十四章。"君子上达，小人下达"，君子应往上追求大道理，小人应往下务实。君子追求、研究和掌握的是高尚的思想与高级管理技能，小人琢磨、掌握的是一般的思想与做具体事的技能。孔子认为君子、小人应各守本分，各司其职，各负其责，各思其位。这实质是强调社会分工的问题。

蘧伯玉

【讲解】

此语出自《论语·宪问》第二十六章。蘧伯玉是卫国名大夫，名瑗。蘧伯玉是笃诚进德、老而不疲、终身修养的君子。而孔子周游列国期间曾做过蘧伯玉的主事家臣。因蘧伯玉注重修养，与孔子修养主张是一致的。孔子返回鲁国后，蘧伯玉派人前来鲁国看望孔子。在孔子与使者的谈话中，使者回答得非常谦恭，却又展示了蘧先生不断修养、存心养性的高尚品格。

不在其位，不谋其政

【讲解】

此语出自《论语·宪问》第二十七章。"不在其位，不谋其政"，不在那个职位上，就不去研究那个职位的政务。在此孔子论述了各正其名分的问题，强调各级各类人等皆要全心全意地去尽职尽责,做好本职工作。此句前见于《泰伯》篇。因后面的论述是在此句的基础上发表的阐述,所以此处原样搬用了孔子的话。

君子思不出其位

【讲解】

此语出自《论语·宪问》第二十七章。"君子思不出其位",君子思考问题不越过其职位所及。关心国家大事、关心人类未来都是很好的,但不能因此就忽略了本职工作,就去想去做他人职责范围内的事。

君子耻其言而过其行

【讲解】

此语出自《论语·宪问》第二十八章。"君子耻其言而过其行",君子以自己言过其行为耻。孔子认为说到而未做到是可耻的。孔子注重修养与践行,认为践行是对修养的检验。学问思辨,最后要落到行上。行而不笃,学问思辨再好也是空的。治学、修养如只是空的,则无补于世,无补于己。所以君子很害怕答应的事没办好。

仁者不忧,知者不惑,勇者不惧

【讲解】

此语出自《论语·宪问》第二十九章。"仁者不忧,知者不惑,勇者不惧",仁者不以自己的艰难为忧,以天下人之忧为忧,以爱人亲民为己任,自己无忧事。知者,不迷惑,凡事明晰,洞察秋毫,可进则进,须退则退。勇者,仁指导下的勇,非草莽英雄之勇,非游侠之勇,是大勇,为国为民之勇。

不患人之不己知,患其不能也

【讲解】

此语出自《论语·宪问》第三十一章。"不患人之不己知,患其不能也",不怕别人不了解自己,怕的是自己无才能。孔子在此着重阐述每个学生都要奋进图强,学业有成,求实进取,自己要确有服务于社会的真本事,不要担心别人不了解你。

不逆诈，不亿不信，抑亦先觉者

【讲解】

此语出自《论语·宪问》第三十二章。"不逆诈，不亿不信，抑亦先觉者"，不事先认定别人将要欺诈，也不要揣度别人不讲信誉。但也能先察觉不轨之事的发生。此处体现出孔子不是一味地反对人们事先防备诈伪不信之徒，但在估计不确切的情况下，带来的后果是对好人的怀疑与不信任，这不为宽厚者所取。所以宁可使小人一时得逞，也要广泛地与人为善，以善心善念去考虑别人。但孔子又不是一味地无限地宽缓对待所有人，如有人作恶，他决不默然处之。

微生亩

【讲解】

此语出自《论语·宪问》第三十三章。微生亩，春秋时鲁国的隐士。微生，姓；亩，名。孔子传道于天下，被一些人所不解。微生亩就是其中的代表。然而孔子不为世俗观念所动摇，"知其不可而为之"。微生亩对孔子说："孔丘，你为什么这样忙忙碌碌的，难道一心做个说教别人的人吗？"孔子说："不敢求做说教别人的人，而是想医治社会的痼疾。"可见孔子为了救助社会，为了解决社会存在的不爱人、不亲民，生灵涂炭的问题，真是"席不暇暖"，东说西劝，以救天下。其思想执着不移，万苦不辞，诚可谓拯民济世的伟大精神。

骥不称其力，称其德也

【讲解】

此语出自《论语·宪问》第三十四章。"骥不称其力，称其德也"，千里马不赞美它的气力，而赞美它的德性。骥，千里马之称。孔子在此大称马之德，即只有具有马德的快马才是千里马。明显是在喻人才。无德者，才气再大，也不是人才，因为他不能与人们合作，不能设法利群，不能服务于社会，当然也就不称其为人才了。此处再次强调道德修养是人才的第一要务。

以德报怨

【讲解】

此语出自《论语·宪问》第三十五章。"以德报怨"，用善良回报仇恨。

有人问孔子"以德报怨"是否可行。孔子说：要以直极怨。

以直报怨

【讲解】

此语出自《论语·宪问》第三十五章。"以直报怨"，用公正无私回应仇恨。有人向孔子提出"以德报怨"是否可行的问题，孔子认为，如果"以德报怨"，那么，又用什么去报德呢？报怨、报德还有个区别没有？如没区别，将如何引导人民为善？所以孔子提出以正直之道报怨，以德惠报答德惠。

以德报德

【讲解】

此语出自《论语·宪问》第三十五章。"以德报德"，用善良回报善良，以德惠报答德惠。

不怨天，不尤人，下学而上达

【讲解】

此语出自《论语·宪问》第三十六章。"不怨天，不尤人，下学而上达"，不埋怨天，不怪罪人，学习人间事而追求大道理。孔子为天下相对均衡、和平、安定，倾全部精力布道、奔走呼号。虽然没有受到重用，但孔子在无人理解他一片苦心为国为民奋斗不已的情况下，仍能做到"不怨天，不尤人"并且一如既往地以"朝闻道，夕死可矣"的精神去努力修道尽性，要争取通达高深的道理与学识。

知其不可而为之者

【讲解】

此语出自《论语·宪问》第三十八章。"知其不可而为之者"，明知有难度、有艰险，且一时看不到克服苦难之时日，而不是明知根本办不到，绝对办不到。孔子就是在此情况下迎难而上，一步步前行、宣传、推广仁道学说。

深则厉，浅则揭

【讲解】

此语出自《论语·宪问》第四十章。"深则厉"，水深就穿着衣服涉水而过。"浅则揭"，水浅就撩起衣襟、挽起裤腿蹚过去。

高宗谅阴

【讲解】

此语出自《论语·宪问》第四十一章。高宗，殷中兴之王武丁。谅，晾。晾阴，即阴晾，与阳显相对应。"高宗谅阴"，武丁于守丧之际不居王位彰显自己，而是居于简陋场所，隐蔽自己，全神贯注于思亲尽孝。但一国之君之孝非与百姓同。所以武丁居陋室守丧尽哀以孝敬至亲，同时考虑的是如何以事亲尽孝之道施惠于百姓。因此，谅阴之时，也是武丁静思治国兴邦之策，为大展殷中兴之宏图而周密筹划之时。孔子认为，古代有作为的君主皆如此，国君去世了，新君未继位阶段，主要是哀悼尽孝，筹措治国方略，而国事由冢宰署理。百官各自约束自己，在冢宰的统一管理下各负其责，各尽其力。此章强调了君带头尽孝，但这个孝须落实到关心国家大事上，关心民众疾苦上。

上好礼，则民易使也

【讲解】

此语出自《论语·宪问》第四十二章。"上好礼，则民易使也"，统治者喜欢以礼约束自己，民众就易于接受管理。此所谓好礼，并非单指喜好礼的理论，而是爱好礼的践行。统治者能起到表率风范作用去践行礼，遵礼法，循名分。而后以礼的规范去使民，民自然乐于接受统治者的管理。所以"上好礼，则民易使也"，主要仍是个表率风范作用的问题。

修己以敬，修己以安人，修己以安百姓

【讲解】

此语出自《论语·宪问》第四十三章。"修己以敬"，修养好自己，恭谨地对待自己的事业。"修己以安人"，修养好自己，使周围的人得以安居乐业。"修己以安百姓"，修养好自己，使百姓过上和平安定的生活。以上三点是孔子对子路问如何做个管理者的回答。孔子认为"修己以安百姓"，是孔门共同奋斗的目标，也是所有管理者应追求的目标。

原壤夷俟

【讲解】

此语出自《论语·宪问》第四十四章。"原壤夷俟"，原壤箕踞等待孔子。

原壤是孔子故人，旧交。夷，夷人之箕踞，喻指原壤简直如同化外野人一样箕踞着。其母死，尚不守礼节，放肆无拘束。原壤肆无忌惮、无拘无束的箕踞而待孔子来。此处讲夫子哀其不幸，怒其不争，但其间也蕴含着夫子与故旧的难以割舍之旧谊。

幼而不孙弟

【讲解】

此语出自《论语·宪问》第四十四章。"幼而不孙弟"，年幼时不循悌道。

老而不死是为贼

【讲解】

此语出自《论语·宪问》第四十四章。"老而不死是为贼"，年老时还不守礼，这就是祸害。此种放旷不羁之人，年寿愈高，影响愈坏。

在陈绝粮

【讲解】

此语出自《论语·卫灵公》第一章。"在陈绝粮"，在陈地断绝口粮。孔子周游列国，第一步就到了卫国。卫灵公向孔子询问行军打仗的学问，孔子不是不知道，只是他认为卫灵公当务之急在于如何施德惠于民，行仁义于国中。而卫灵公不往自己病根上论，孔子以为勉强进以德治之论是进不去的。于是第二天就离开了卫国。经过曹、宋等国，到了陈国，逢吴伐陈，荒乱乏粮。孔子一行断炊，学生们多病不起，子路心中愤懑，起而见孔子说：君子也有走投无路之时吗？言中含有，您不是讲"君子不忧不惧"吗？现在饥饿致病怎么办？孔子没有直接回答，而是讲君子如何对待穷，穷而恪守君子之道。绝不乱来以求利。不能用非正义之途径摆脱穷困。而小人则不然，穷则泛滥其私欲，为谋私利无所不用其极。

俎豆之事

【讲解】

此语出自《论语·卫灵公》第一章。"俎豆之事"，祭祀礼仪之事。

君子固穷，小人穷斯滥矣

【讲解】

此语出自《论语·卫灵公》第一章。"君子固穷。小人穷斯滥矣"，君子穷困不会越轨范，小人穷困就会乱来了。固穷，固守穷困，不能用非正义之途径摆脱穷困。

无为而治

【讲解】

此语出自《论语·卫灵公》第四章。"无为而治"，此处讲舜是"无为而治者"，并非无所作为，而是大有作为者。只抓治国经邦之大纲，驾一以御万。

言忠信，行笃敬

【讲解】

此语出自《论语·卫灵公》第五章。"言忠信，行笃敬"，讲话要忠信，行事要笃诚、谨慎。此六字是孔子对子张问怎么做才能行通于世的问题的回答，也是古代处理好人与人之间关系的法宝。

知者不失人，亦不失言

【讲解】

此语出自《论语·卫灵公》第七章。"知者不失人，亦不失言"，有智慧之人，既不会失去应得到的朋友，也不会枉费语言，一无所获。此"知者"就是知人者，就是善于观察人、了解人的人。

无求生以害仁

【讲解】

此语出自《论语·卫灵公》第八章。"无求生以害仁"，（志士仁人）没有苟且偷生而损伤仁德的人。孔子认为志士仁人，以天下为己任，以解民倒悬为平生乐事，为国家为民族的独立解放、为亲民爱人、为大众利益不惜牺牲自己的一切，甚至生命。绝不会因为保全自己的生命而葬送国家、人民的利益。

杀身以成仁

【讲解】

此语出自《论语·卫灵公》第八章。"杀身以成仁",(志士仁人)有不惜牺牲自己而成就仁德的人。这样的正气、节操,正是中华民族的脊梁思想。正是在这正气、节操熏陶下,中华民族世世代代都有着一批批"杀身成仁"的爱国志士,使得觊觎我国的敌寇终不能得逞。

放郑声,远佞人

【讲解】

此语出自《论语·卫灵公》第十章。"放郑声,远佞人",郑国音乐淫荡,而佞人会使人危险。孔子在回答颜渊提出的如何治理好国家的问题时,阐述了以上的观点。此句强调要远逐郑国的音乐,远离奸邪谄佞之人。

人无远虑,必有近忧

【讲解】

此语出自《论语·卫灵公》第十一章。"人无远虑,必有近忧",人无长远考虑,就一定会有眼前的忧患。孔子在此强调做事要全面地、长远地考虑,不能急功近利。只顾眼前,私欲膨胀而不防微杜渐,忧患就不会远了。

君子求诸己,小人求诸人

【讲解】

此语出自《论语·卫灵公》第二十章。"君子求诸己,小人求诸人",君子在道德修养上责己督己,以求内在下功夫,不外推责于人;君子在处世能力修养上也是设法提高自己,不转嫁艰苦辛劳于他人。而小人在修养上不在内下功夫,责人、督人,总找别人的毛病。做事拈轻怕重,总想利用他人替己吃苦,这即所谓"求诸人"。

君子矜而不争,群而不党

【讲解】

此语出自《论语·卫灵公》第二十一章。"君子矜而不争,群而不党",君子自重而不与别人争名利,和群而不结党营私。君子本质上就是注重节操,不争名利,君子绝不会因为沽名钓誉有意降低身份而假意与民亲近;君子和群是自然的、公开的、为公的，不是因谋私利而鬼鬼祟祟、拉帮结伙的。这就是真正的君子。

己所不欲，勿施于人

【讲解】

此语出自《论语·卫灵公》第二十三章。"己所不欲，勿施于人"，自己不想要的，就不要强加于人。子贡问孔子哪一个字可以终身奉行，孔子回答"恕"，接着又阐释了"恕"的基本内涵，即"己所不欲，勿施于人"。这是做人的基本原则，是任何人、任何阶段都适用的做人准则。恕道就是推己及人，多考虑些别人的感情，多想到别人的需要，也要多想想别人厌恶的事物。这需要长期修养且能严格要求自己终身行之。

工欲善其事，必先利其器

【讲解】

此语出自《论语·卫灵公》第九章。"工欲善其事，必先利其器"，想做好有关工作，先准备整理好有关工具。这是孔子对子贡问如何修养仁德的回答，孔子认为想修养好仁德，就要尊奉贤德的官长，与仁德之士做朋友。如此观之，"事其大夫之贤者，友其士之仁者"，是修仁成仁的利器，是手段，是途径，不是最终的成仁。但久而久之，尊贤友仁，日长月化，久而自芳，自然成仁。所以，尊贤友仁，实乃修仁德之良方佳途。

躬自厚而薄责于人

【讲解】

此语出自《论语·卫灵公》第十四章。"躬自厚而薄责于人，则远怨矣"，对自己严格要求，对别人宽和少责备，就远离了怨愤。躬，身，自身。自厚，厚于责己。薄责于人，对别人宽和、少责备，多谅解。孔子认为自己对自身要要求严格、全面，一丝不苟，即厚于责己。经常严于律己，自然益于修身养性。薄责于人，对别人要宽和，要少责备，多一点谅解。如此作为，久而久之，就远离了怨愤。一说，孔子认为一个人如能不断加强自身修养，养成淳厚的美德，而对别人又从不苛求，宽缓待人，那么周围的人自然对他真诚地拥护而无丝毫的怨愤。

群居终日，言不及义

【讲解】

此语出自《论语·卫灵公》第十六章。"群居终日，言不及义"，三五成群整天闲聊，毫不关涉仁义。世间总有这样一些人，不与社会主流思想相一致，又不是公开的反对派，背地里对时政评头品足，见不得世面，鬼鬼祟祟，自以为是。其实，这样一些做法对社会无任何补益，对自己的道德修养亦无长进。"言不及义"者，群居多少时间也是无补于社会的，所以孔子反对那样做。

君子病无能焉

【讲解】

此语出自《论语·卫灵公》第十七章。"君子病无能焉"，君子怕的是自己能力弱。孔子认为有修养者总是严于律己，诚惶诚恐，唯恐自己做得不够好。当别人不了解自己的长处、能力时，一点也没有不满意。认为自己做得好，有成绩是应该的，不需谁表扬。人家不知道你的优点、长处，这没什么妨碍，关键的是自己要修养好，能力强。

君子疾没世而名不称焉

【讲解】

此语出自《论语·卫灵公》第十九章。"君子疾没世而名不称焉"，君子怕的是死后而没有值得称道之处。疾，恨，怕。没世，身后，死后。孔子认为君子奋斗一生，任重道远，不求人知人解，只求贡献社会。但其所怕的是了却一生后，无所成名，无所值得称道之处。怕无所称道之处，就是怕自己平生修养差，不能施惠于民。

君子不以言举人，不以人废言

【讲解】

此语出自《论语·卫灵公》第二十二章。"君子不以言举人，不以人废言。"君子不凭一个人的言语举荐人，也不因某人有过失，就连他的好话也不听。举人，选拔推荐人。了解人，要"听其言，观其行"，不能简单草率地"听其言，信其行"。所以孔子说"君子不以言举人"。废言，不听人家建议。

君子绝不要因人家地位低或是犯了错误，就拒绝人家的好建议。

众恶之，必察焉，众好之，必察焉

【讲解】

此语出自《论语·卫灵公》第二十七章。"众恶之，必察焉，众好之，必察焉"，大家都厌恶的人，一定要考察；大家都喜欢的人，一定要考察。此处孔子针对大家都厌恶的人、大家都喜欢的人，提出一定要考察，即一定要详细考察了解，究其底里。这是非常深刻地知人用人的依据，以防止结党营私者蒙混入士流或入仕为官；也会避免有一定长处者，曲高和寡不为世人所容，而失去入士流或入仕为官的机会。

人能弘道，非道弘人

【讲解】

此语出自《论语·卫灵公》第二十八章。"人能弘道，非道弘人"，人能弘扬道，不是道弘扬人。人的发现与阐发决定道的大小，修养高、认识能力强的人就能不断弘扬道、拓展道，使道的影响力不断扩大。在此孔子充分肯定了人的主体作用，且明确指出道本身不能决定人的善恶，道不能自然使人悟通高尚。当然孔子非常清楚人在学道、弘道的过程中自然提高了自身的善性与悟性。所以此处孔子强调人主动学道、行道、弘道的必要性，强调了人的主动作用与意义。而并非否定君子仁人以所掌握的道去教化人们的作用。

过而不改，是谓过矣

【讲解】

此语出自《论语·卫灵公》第二十九章。"过而不改，是谓过矣"，犯了错误不改正，这才叫错误。孔子强调"过而不改"，才是错误，但其反映出的是"过而改之，不为过也"。所以此处本意在于不怕犯错误，关键的是能否改正错误，而最关键的是有错误要及时改正。

君子谋道不谋食

【讲解】

此语出自《论语·卫灵公》第三十一章。"君子谋道不谋食"，君子应该谋求的是治国兴邦之道、做人处世之道，而不谋求衣食问题。此处孔子强调社会分工决定了君子应考虑大事，也只有考虑大事，才能发挥其长处，发挥了长处后，生计问题自然随之而解决了。

君子忧道不忧贫

【讲解】

此语出自《论语·卫灵公》第三十一章。"君子忧道不忧贫"，君子忧患道之不行，而不怕贫困。

君子不可小知，而可大受也

【讲解】

出自《论语·卫灵公》第三十三章。"君子不可小知，而可大受也"，君子不擅长小智慧，而可承担大任务。孔子认为大人物、做大事者不能用小事情去衡量他们，他们真的不知道、不明白许多小事，但他们却能承受重任、能处理好大事。这是君子之知。

小人不可大受，而可小知也

【讲解】

此语出自《论语·卫灵公》第三十三章。"小人不可大受，而可小知也"，小人不能承担大任务，而擅长小智慧。小人物、劳动者不能承担宏观大策大略的研究与实施，却能将许多具体问题做得很好、很精细。这是小人之知。

民之于仁也，甚于水火

【讲解】

此语出自《论语·卫灵公》第三十四章。"民之于仁也，甚于水火"，仁对于人民比水火更重要。孔子以人生活必要的水火为衬托，强调了行仁的重要性。

当仁，不让于师

【讲解】

此语出自《论语·卫灵公》第三十五章。"当仁，不让于师"，遇行仁时，即使老师，也不谦让。孔子把行仁德之事视为人生最大之事。一旦有机会行仁德之事，要不加犹豫地即刻去行动。不应"礼让"、攀比他人，此事没必要跟着老师的后边走，要冲在老师的前头。

君子贞而不谅

【讲解】

此语出自《论语·卫灵公》第三十六章。"君子贞而不谅",君子注重大气节,不固守小信义。贞,正,讲节操。谅,小信条,小节义,是非不清的节义,亦可解为固执地信。"贞而不谅",即讲正气、讲气节,要坚守大道,注重大节而不为市井小信条所束缚。孔子认为如果偏执小信、小义,不知变通,会伤害大信大义。

敬其事而后其食

【讲解】

此语出自《论语·卫灵公》第三十七章。"敬其事而后其食",为国家做事,首先要恭恭敬敬、谨慎认真地把事办好,待遇之事往后放。"敬其事",恭恭敬敬地、谨慎认真地把君主、朝廷,即国家交给的事办好,"后其食",而后再领取朝廷的俸禄。此处孔子强调君子首先考虑的、追求的是如何把国家交给的大事做好。

有教无类

【讲解】

此语出自《论语·卫灵公》第三十八章。"有教无类"是孔子教育思想中关于教育对象问题的光辉命题。其本意就是不分贵族与平民,不分华夏与诸夷的子弟均可入学受教育。这是针对其前代有教有类的贵族教育提出来的。孔子"有教无类"思想对中国古代教育有其深刻的影响和巨大的推动作用。其意义还在于,平民有了受教育权,对缓和当时社会矛盾与阶级矛盾,对争取使社会达到均和安,起到了相当大的积极进步与调节作用。

道不同,不相为谋

【讲解】

此语出自《论语·卫灵公》第三十九章。"道不同,不相为谋",孔子认为行正道的人与行邪道的人不能相互探讨实现愿望之方。孔子认为道不同不相为谋,行正道的人与行邪道的人,所持为人之道不同,是不可以共谋达到目的的方法的。因彼此完全对立而相排斥,当然不能在一起讨论研究如何去达到各自的目标。

季氏将伐颛臾

【讲解】

此语出自《论语·季氏》第一章。颛臾，鲁国境内的相对独立政权。季氏，鲁国权臣。冉有、子路任季氏家臣，辅佐季氏。二人当得知季氏将要攻伐颛臾时，即刻向老师孔子请教。孔子于此对弟子严于要求，批评冉有、子路未能阻止季氏的错误决定。冉有、子路说自己不那样想，是季氏的想法。孔子就此展开一番议论，中心主旨是说应该修文德使远方的人信服而归顺，不应采取武力征伐的方式扩充地盘。

陈力就列

【讲解】

此语出自《论语·季氏》第一章。"陈力就列"，根据自己的力量就任官位。这是古贤良之士周任的话。

危而不持，颠而不扶

【讲解】

此语出自《论语·季氏》第一章。"危而不持"，危险了不扶持一下。"颠而不扶"，跌倒了不拉一下。

虎兕出于柙，龟玉毁于椟中

【讲解】

此语出自《论语·季氏》第一章。"虎兕出于柙"，猛虎、犀牛跑出栅栏。"龟玉毁于椟中"，龟壳、宝玉被毁于匣中。

君子疾夫舍曰欲之而必为之辞

【讲解】

此语出自《论语·季氏》第一章。"君子疾夫舍曰欲之而必为之辞"，君子憎恶的是不说想得到，而一定找借口。孔子批评冉有、子路没有尽到辅佐的责任，应该反对季氏攻伐颛臾。冉有辩解说："颛臾本来接近费地，现在不攻取，以后一定为子孙忧患。"其实，费地乃季氏封地，季氏伐颛臾实欲为扩大其地。所以冉有的话是掩饰其本质想法的言辞。孔子深刻地批评了冉有："冉求，君子最厌恶的是不正面讲想得到什么，而一定要找个冠冕堂皇的借口去拿到其想要的东西。"

不患寡而患不均

【讲解】

此语出自《论语·季氏》第一章。"不患寡而患不均"，不怕财富少，而怕不均衡。这是孔子批评冉有的话。孔子认为一个国家、一个大夫封地，不怕人少而怕不相对均衡。相对均衡，就不会有太多贫穷者。

不患贫而患不安

【讲解】

此语出自《论语·季氏》第一章。"不患贫而患不安"，不怕贫穷，而怕不安定。这是孔子批评冉有的话。孔子认为一个国家、一个大夫封地，不怕贫穷而怕不和平。社会和平，人口就会多起来；国家、封地安定，政权就会安定。

既来之，则安之

【讲解】

此语出自《论语·季氏》第一章。"既来之，则安之"，已经来了，就使他们安定下来。孔子认为远方人不服从，就修治文德而吸引他们来，已经来了，就使他们安定下来。

分崩离析

【讲解】

此语出自《论语·季氏》第一章。"分崩离析"，（国家）四分五裂。

萧墙之内

【讲解】

此语出自《论语·季氏》第一章。"萧墙之内"，宫墙之内，此指鲁国国君。

礼乐征伐自天子出

【讲解】

此语出自《论语·季氏》第二章。"礼乐征伐自天子出"，礼乐、征伐由天子发布命令。孔子借此表达国家的最高权力应掌握在国家最高统治者手中，礼乐征伐的决定权是国家最大的权力。此处体现孔子认为必须维护天下统一，反对分崩离析的观点。此处孔子借礼乐、征伐应由天子发布命令，着重论述了统一大国统一政令、统一执行的必要性。阐述任何一种地方政权，甚或下臣篡权，一时号令嚣张，都不会长久。

陪臣执国命

【讲解】

此语出自《论语·季氏》第二章。陪臣，大夫的家臣，如季孙之阳虎。"陪臣执国命"，大夫的家臣掌握国家大权。孔子认为这是不对的，大权只有集中于中央朝廷，国家才能统一，百姓才服气。

益者三友

【讲解】

此语出自《论语·季氏》第四章。"益者三友"，三种有益的朋友，即正直的朋友、信实的朋友、见闻广博的朋友。

损者三友

【讲解】

此语出自《论语·季氏》第五章。"损者三友"，三种有害的朋友，即见不得人的朋友、见硬就退的朋友、巧言令色的朋友。

益者三乐

【讲解】

此语出自《论语·季氏》第五章。"益者三乐"，有益的爱好有三种，即乐于以礼乐规范自己，乐于称赞别人的好处，乐于多交贤达之友。

损者三乐

【讲解】

此语出自《论语·季氏》第四章。"损者三乐"，有害的爱好有三种，即喜欢骄横无度，喜欢放肆的游猎，喜欢宴会的纵情欢乐。

君子有三愆

【讲解】

此语出自《论语·季氏》第六章。"君子有三愆"，（侍奉君子时）有三种做法是错误的。没到应讲话时讲话，这叫急躁。该讲话而不讲话，这叫隐匿。不察言观色就讲话，这叫盲目。

君子有三戒

【讲解】

此语出自《论语·季氏》第七章。"君子有三戒"，君子一生有三方面必须戒备：青少年时，性情丰发，必须以好色为戒；到了壮年，性情刚强，必须以争斗为戒；到了老年，精力衰损，必须以聚敛财物为戒。孔子认为人一生应戒备"色、名、利"三方面的过分、失当。其实，每个问题不只是人每个阶段的问题，而是一生都应警戒的。

君子有三畏

【讲解】

此语出自《论语·季氏》第八章。"君子有三畏"，君子有三种敬畏之事。敬畏天命，敬畏上级统治者，敬畏圣贤的教诲。小人不懂天命而不敬畏，对上司不尊重，耍戏圣贤的教诲言语。

君子有九思

【讲解】

此语出自《论语·季氏》第十章。"君子有九思"，君子有九方面思考：看，要想一想看明白没有；听，要想一想听清楚没有；气色，要想一想是否温和；面貌，要想一想是否恭敬；讲话，要想一想是否忠诚；做事，要想一想是否谨慎认真；有了疑问，要想一想如何去请教；气恼时，要想一想恶果；遇上利，要想一想是否合乎道义。视、听、色、貌、言、事、疑、忿、见得，这九事均须合于礼，于是孔子给出了答案：明、聪、温、恭、忠、敬、问、难、义。孔子一贯主张，君子必须以礼约束自己，时时事事谨慎笃诚。此处所论九思，就是在指导颜回"视、听、言、动"皆须合乎礼的基础上，有所扩展，更为具体。

见善如不及，见不善如探汤

【讲解】

此语出自《论语·季氏》第十一章。"见善如不及，见不善如探汤"，看见善人行善唯恐自己差距太大者，看见恶人恶行犹如热水烫了手者。此处重写了孔门师生学善、行善的迫切心情，唯恐赶不上人家善言善行，充分体现了孔门师生积极修德不已、乐于用世的上进精神风貌。对恶人恶事绝不苟同，唯恐避之不及。

齐景公

【讲解】

此语出自《论语·季氏》第十二章。齐景公虽系齐国国君，有四千多匹马，千辆兵车，势力权威不可谓不大。但其奢华靡费，淫乐无度，溺爱宠妾之子，不足以服众，重赋严刑，民心大背。所以及其死之日，朝士大夫及民间百姓，没人称颂其德。此系其敛财淫佚、不恤民情导致的必然结果。

伯鱼

【讲解】

此语出自《论语·季氏》第十三章。伯鱼，孔子儿子孔鲤的字。陈亢向孔鲤询问孔子对其是否有特殊教育内容，孔鲤回答没有。此处体现了孔子全身心地进行教育工作，把自己的全副精力都贡献给弟子们，对待学生与自己的儿子同样教诲，对儿子绝无特殊地偏心。

不学《诗》，无以言

【讲解】

此语出自《论语·季氏》第十三章。"不学诗，无以言"，不学诗，就讲不好话。这是孔子教育弟子的内容。

不学《礼》，无以立

【讲解】

此语出自《论语·季氏》第十三章。"不学礼，无以立。"不学礼，就不能立于世。这是孔子教育弟子的内容。

问一得三

【讲解】

此语出自《论语·季氏》第十三章。"问一得三"，问一件事，知道三件。这是孔子教育弟子的内容。

361

阳货欲见孔子

【讲解】

此语出自《论语·阳货》第一章。阳货即阳虎,季氏家臣,曾囚禁季桓子而专鲁国政,这自然是犯上作乱者。其想见孔子,委之以官,以助其专鲁政。阳虎派人向孔子馈赠一头熟乳猪,按礼,受大夫馈赠必有回拜,这样其即可达到见孔子之目的。而孔子更有良方,等阳货不在家时,前去回拜。孔子如此而为既依礼行事,又可避免见阳货。孔子由阳货家回行,阳货突归,相遇于途中。足见中国古代文化思想深邃、缜密、含蓄,不同政见者,意见不合者既不勉强苟合,又不剑拔弩张,尽量以缓和的手段坚持自己的信念与追求。孔子很想出仕,溢于言表,但就是不能失去原则,所以阳货要他做官,他是绝不会去做的。

归孔子豚

【讲解】

此语出自《论语·阳货》第一章。"归孔子豚",赠送给孔子一只熟乳猪。归,馈的假借。豚,熟乳猪。

怀其宝而迷其邦

【讲解】

此语出自《论语·阳货》第一章。"怀其宝而迷其邦",胸怀治国兴邦之大道,而任国家不知所向。这是阳货劝说孔子出仕的言辞。

岁不我与

【讲解】

此语出自《论语·阳货》第一章。"岁不我与",过去时光不再回来了。这是阳货劝说孔子出仕的言辞,言外之意希望孔子出任其官,佐其行政。

性相近也,习相远也

【讲解】

此语出自《论语·阳货》第二章。"性相近也,习相远也",人性原本是相近的,不同习染、教育,使之有了差别。此处体现出孔子注重后天教育与环境影响的作用。

唯上知与下愚不移

【讲解】

此语出自《论语·阳货》第三章。"唯上知与下愚不移",只有定型的圣明者与定型的愚劣者不会改变。孔子认为圣明者之人性与愚劣不可教者之人性不可改易。

割鸡焉用牛刀

【讲解】

此语出自《论语·阳货》第四章。"割鸡焉用牛刀",杀鸡怎么用上了牛刀。孔子认为以诗书礼乐治国,即以教化治国,是大道。子游以大道治武城,孔子很满意,夸奖其"割鸡焉用牛刀",即子游治武城小地方怎么用上了大道?其实是肯定了子游用大道治理武城。于此显然是对子游的一种充分的肯定与赞许,是以疑问的口气吐露出内心的满意与自豪。

君子学道则爱人,小人学道则易使也

【讲解】

此语出自《论语·阳货》第四章。"君子学道则爱人,小人学道则易使也",君子学了治国之道就爱他人,就更会做官;劳动者受了教育之后就容易服从管理、奉公守法。

公山弗扰

【讲解】

此语出自《论语·阳货》第五章。公山弗扰是季氏家臣,与阳虎共执季桓子作乱,其请孔子去做官。子路对老师愿意前往表示不解。孔子的理由是可以扭转其谬行悖德,那也是可以考虑的。此处体现出孔子绝不失做人为官的原则,但其总能做到具体问题具体分析、具体对待,绝不僵化教条,怎么利于行道就怎么做。

恭、宽、信、敏、惠

【讲解】

此语出自《论语·阳货》第六章。"恭、宽、信、敏、惠",恭敬、宽和、诚信、聪敏、慈惠。孔子认为在社会上能践行以上五种德性就是仁。此处孔

子对子张关于仁的定义的回答，似乎是仁政，抑或是仁道。

佛肸

【讲解】

此语出自《论语·阳货》第七章。佛肸，人名，晋国大夫赵简子家臣，职为中牟宰，背叛赵氏。佛肸召孔子，孔子想去。子路不解，孔子针对子路的质疑，论述了出仕任官的道理。

磨而不磷

【讲解】

出自《论语·阳货》第七章。"磨而不磷"，（坚硬的物体）怎么磨也不会变薄的。孔子借此比喻自己做事的原则坚定，不会轻易动摇。

涅而不缁

【讲解】

此语出自《论语·阳货》第七章。"涅而不缁"，（洁白的东西）放到污泥之中也不会变黑的。孔子借此比喻自己做事的原则坚定，不会轻易动摇。

吾岂匏瓜也哉？焉能系而不食？

【讲解】

此语出自《论语·阳货》第七章。"吾岂匏瓜也哉？焉能系而不食"，我难道是葫芦吗？怎能总悬着不食用？此处体现孔子积极出仕的热情，以此为题教育弟子们不要这也不做、那也不做，不要挑剔环境，关键在自身修养、磨炼。要抓紧时机为社会做事，尽力去推行仁政，以使国家"均、和、安"。

六言六蔽

【讲解】

此语出自《论语·阳货》第八章。六言，六字，此指六种美德：仁、智、信、直、勇、刚。六蔽，六种障蔽，此指愚、荡、贼、绞、乱、狂。愚，愚蠢，一味地好仁而不喜欢学习。荡，思绪游荡，一味地好智而不喜欢学习。贼，毁则坏法，一味地好信而不喜欢学习。绞，刻薄偏激，一味地好直而不喜欢学习。乱，犯上作乱，一味地好勇而不喜欢学习。狂，狂傲自用，一味好刚而不喜欢学习。

兴观群怨

【讲解】

此语出自《论语·阳货》第九章。"兴观群怨",《诗》的讽谏方法。孔子主张学习《诗》的这些讽谏方法。兴,启发性情、联想,因物寄兴,表达思想。通过学诗,可以培养学生的想象力和联想力。联想就容易综合看问题,容易引发同情心。观,可以学会观察社会、了解国家盛衰。群,诗能培养人们的合群性,使人们各自除去排他恶习,形成宽厚容人的美德。怨,是绝妙的"和"的手段,即讽谏。古时统治者有过失、家长有谬误,不能直截了当地提意见,但为了长治久安,又不能不敦促其改弦易辙。于是就产生《诗》的讽谏方法。

《周南》《召南》

【讲解】

此语出自《论语·阳货》第十章。《周南》《召南》是《诗经》十五国风的前二部分。其内容是夫妇、为人、处事、为官等基本的人伦、社会风化的规范,一般人应对此有所了解。孔子认为这些基本的社会情况、人伦常理,如不了解,那简直就是面墙而立的呆子了。

正墙面而立

【讲解】

此语出自《论语·阳货》第十章。"正墙面而立",正面对墙而站着,此处隐喻面墙而立的呆子。

玉帛钟鼓

【讲解】

此语出自《论语·阳货》第十一章。玉帛、钟鼓是一定的场面、仪式所需要的。此处孔子的核心意思是要抓住礼、乐的真谛,即礼的人伦秩序、典章制度,乐的和谐融通、调节性情,而不在玉帛、钟鼓的本身。

色厉而内荏

【讲解】

此语出自《论语·阳货》第十二章。"色厉而内荏",外表庄严端悫而内心空虚。"色厉内荏者"有多种情况促成，如修养不够而佯装道德高尚者，能力不强而佯装法力无边者，经济贫穷而佯装富有者，知识贫乏而佯装渊博者，等等。总之，均为名实不符者。孔子蔑视这种人，因此，以穿窬之小盗喻之。

乡愿，德之贼也
【讲解】

此语出自《论语·阳货》第十三章。乡愿，乡里无原则的和事佬。孔子一生追求社会和谐、和平、安定，但其鲜明地反对无原则的一味和气。不要原则地一味搞和气，就是压迫老实人、善良人，让他们忍辱负重以求大家的和气，所以无原则的和事佬是道德的蟊贼。

道听而涂说
【讲解】

此语出自《论语·阳货》第十四章。"道听而涂说，德之弃也！"于道路上听到的流言蜚语、在旅途中的诸种传说，多为语出无根、言之无据者。这是有德者、具有高尚修养的人所不齿的，是拒之千里的。

患得之，患失之
【讲解】

此语出自《论语·阳货》第十五章。"患得之"，是忧虑"得"的问题，绞尽脑汁，忧虑"得"的措施与"得"的方法。"患失之"，忧虑"失"的问题，忧虑防止"失"的措施与方法。孔子对不务正道苟且取名利者一目了然，这类人不从修养上下功夫，而终日钻营，唯恐得不到官位。以恶劣手段得逞便得了官位，怕暴露自己的本来面目而失去已取得的地位。因为怕失去苟且钻营而得到的地位，就会不遗余力地、不择手段地维护自己已攫取的名利。乔装的恶劣之徒，一旦怕露马脚，就会红眼地伤害他人，什么坏招数都会使出来。君子不得不防。

巧言令色，鲜矣仁
【讲解】

此语出自《论语·阳货》第十七章。"巧言令色，鲜矣仁"，油嘴滑舌，眉飞色舞以取悦于人者，缺少仁德。

恶紫夺朱

【讲解】

此语出自《论语·阳货》第十八章。"恶紫夺朱",憎恶紫色夺取了红色的地位。孔子以此表达对非正夺正、以淫乱雅、巧言丧邦的厌恶。

孺悲

【讲解】

此语出自《论语·阳货》第二十章。孺悲,鲁人,欲见孔子求教。孔子以病为由予以拒绝。转达不见者刚出门,孔子就取瑟而弹奏,且附之以歌,使孺悲知道孔子并未生病。以此使孺悲自悟,孔子不见他的缘由,督其自正、自强、自进。

钻燧改火

【讲解】

此语出自《论语·阳货》第二十一章。"钻燧改火",此处是指一周年过后,重新取火做新饭。宰我质疑守父母之丧期三年太长。其以"钻燧改火",喻思想感情过了一周年应有一个更新,不应再继续沉浸在哀痛之中了。孔子虽未讲出强求宰予必须遵守三年丧礼之论,但孔子也讲出了宰予不仁的道理。孩子生下三年内,都在父母的怀抱中,这三年之爱,无以为报,三年丧礼即报答父母三年怀抱之恩。

饱食终日,无所用心

【讲解】

此语出自《论语·阳货》第二十二章。"饱食终日,无所用心",一天天吃饱了饭,事事不用心。一个读书人,或一个管理者,每天吃得饱、穿得好,而不去劳心费神做事,真是太难以做到了。所以孔子提出下下棋也比天天无所事事好得多。当然孔子也不认为下棋对弈是读书人所应为的,是在读书人"饱食终日,无所用心"的情况下没有办法的说法。

君子有勇而无义为乱

【讲解】

此语出自《论语·阳货》第二十三章。"君子有勇而无义为乱",领导

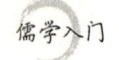

者有勇气而无道义，就会以武力颠覆国家政权。子路问孔子，君子是否崇尚勇敢。孔子认为，勇敢必须由道义加以制约，才是一种优良品质。

小人有勇而无义为盗
【讲解】
出自《论语·阳货》第二十三章。"小人有勇而无义为盗"，下层人民有勇气而无道义，就会做强盗。

恶称人之恶者
【讲解】
此语出自《论语·阳货》第二十四章。"恶称人之恶者"，厌恶尽讲别人坏话的人。孔子厌恶四种人，即：尽讲别人坏话的人；身居下位而诽谤上司的人；好勇斗狠而无礼义的人；刚愎自用而独断专行的人。子贡厌恶三种人，即：假人知识充作有知的人；以破坏规范为勇敢的人；以揭发别人为正直的人。孔子与子贡所厌恶的七种人都不是劳动者，都不是最底层的人。正因为他们有一定的影响和地位，他们的修养就更重要。所以孔门师生对这七种人的错误做法大加称恶。

恶居下流而讪上者
【讲解】
此语出自《论语·阳货》第二十四章。"恶居下流而讪上者"，厌恶身居下位而诽谤上司的人。

恶勇而无礼者
【讲解】
此语出自《论语·阳货》第二十四章。"恶勇而无礼者"，厌恶好勇斗狠而无礼义的人。

恶果敢而窒者
【讲解】
此语出自《论语·阳货》第二十四章。"恶果敢而窒者"，厌恶刚愎自用而独断专行的人。

恶徼以为知者

【讲解】

此语出自《论语·阳货》第二十四章。"恶徼以为知者",厌恶假人知识充作有知的人。

恶不孙以为勇者

【讲解】

此语出自《论语·阳货》第二十四章。"恶不孙以为勇者",厌恶以破坏规范为勇敢的人。

恶讦以为直者

【讲解】

此语出自《论语·阳货》第二十四章。"恶讦以为直者",厌恶以揭发别人为正直的人。

微子,箕子,比干

【讲解】

此语出自《论语·微子》第一章。微子,商纣王的长兄。箕子,商纣王的叔父。比干,商纣王的叔父。《史记》所载,微子、箕子、比干均以不同的表现方式体现了三位先贤的忠君爱国、为民请命的高尚情操。

直道而事人,焉往而不三黜

【讲解】

此语出自《论语·微子》第二章。"直道而事人,焉往而不三黜",以正直的做官之道去事奉上司,到哪儿而不被多次罢免?柳下惠,鲁之贤人,做典狱官,多次被免职。人们认为其贤能可任事,不当废置。其实,天下、国家、人世间都有相同的情形,统治者多喜文过饰非,恶直言相谏;喜颂赞功德,恶揭示弊端;喜谄佞,恶忠直。据此,柳下惠讲出一番去、留的道理。此意为孔子借柳下惠之事迹以明己志。

齐人归女乐

【讲解】

此语出自《论语·微子》第四章。"齐人归女乐",齐国赠给鲁国一队歌舞伎。孔子看到季桓子掌控下的鲁国君臣无意图强兴国，而以享乐为要务。显然，其道难行。孔子只好带领弟子另觅可行道之域。

楚狂接舆歌而过孔子
【讲解】

此语出自《论语·微子》第五章。"楚狂接舆歌而过孔子"，楚国狂士拦住孔子车，一边唱着一边走过孔子。楚国狂放之士拦住了孔子的车子放歌而谏，孔子立即下车，想与之交谈。楚狂小跑而躲开，孔子未得与楚狂交谈。其实楚狂是不同政见者，欲提醒孔子认清形势，不要太痴迷于行道，对统治者不要抱有任何希望了。从一个侧面反映出诸多否定、批评都未能使孔子思想光辉减弱，愈加说明了孔子思想的正确与恒常，坚毅与卓绝。

往者不可谏，来者犹可追
【讲解】

此语出自《论语·微子》第五章。"往者不可谏，来者犹可追"，过去事不要再讲了，未来的事还可以重新考虑吧。这是楚国狂士对孔子的劝谏。

长沮、桀溺耦而耕
【讲解】

此语出自《论语·微子》第六章。"长沮、桀溺耦而耕"，长沮、桀溺并肩而耕。长沮、桀溺，都是不同政见者，都是关心时政而未得实施者，都是被时政排斥于社会边缘者。他们极端地看社会，所以与社会不能沟通，索性跳出尘埃外。而孔子具备适中、时中的中庸思想，经得起社会的冷嘲热讽、关心说教、严酷打击等种种干扰，不愿离开人群社会而隐居，仍然正道直行，播撒人类之爱于人世间。

滔滔者天下皆是也
【讲解】

此语出自《论语·微子》第六章。"滔滔者天下皆是也"，天下混乱无序犹如滔滔滚滚的泛滥洪水。这是桀溺对子路的劝谏，劝其不要跟随孔子行道啦，因为天下都是混乱无序的。

耰而不辍

【讲解】

此语出自《论语·微子》第六章。"耰而不辍",耰,播种而覆盖之。耰而不辍,不停地种地。桀溺对子路进行一番劝谏后就不停种地了。

天下有道,丘不与易也

【讲解】

此语出自《论语·微子》第六章。"天下有道,丘不与易也",如果天下和平有序,我孔丘就不想改变它了。正因为天下混乱得如洪水泛滥,孔子才认为自己有责任去传道弘道,使之变易为太平盛世。此处体现孔子宏大高远的志向以及矢志不渝的精神。

荷蓧丈人

【讲解】

此语出自《论语·微子》第七章。"荷蓧丈人",挑着耘田器具的老人。荷,负重,负担,挑。蓧,耘田用的器具。荷蓧丈人是对社会丧失了信心、洞明世事而又偏激者,同时他们也是反对社会分工,主张自耕自食者。其认为孔子手脚不劳动,分不清五谷,不算是老师。面对荷蓧丈人的抨击、斥责、嘲讽,孔子仍然坚定自己的信念,还派子路回去向荷蓧丈人的儿子布道。

四体不勤,五谷不分

【讲解】

此语出自《论语·微子》第七章。"四体不勤,五谷不分",手脚不劳动,分不清五谷。这是荷蓧丈人对孔子的评价。

杀鸡为黍而食之

【讲解】

此语出自《论语·微子》第七章。"杀鸡为黍而食之",古时招待尊贵客人才能杀鸡煮黄粱米饭;食之,招待子路。足见荷蓧丈人深知孔门师生是善良人,所传的是正道,只不过政见不同。

不仕无义
【讲解】

此语出自《论语·微子》第七章。"不仕无义",不为社会做事不合道义。这是子路向荷蓧丈人的儿子宣传孔子思想的言论。

长幼之节,不可废也
【讲解】

此语出自《论语·微子》第七章。"长幼之节,不可废也",长幼礼节,不可以废弃。这是子路向荷蓧丈人的儿子宣传孔子思想的言论。

伯夷、叔齐、虞仲、夷逸、朱张、柳下惠、少连
【讲解】

此语出自《论语·微子》第八章。"伯夷、叔齐、虞仲、夷逸、朱张、柳下惠、少连",是隐逸之民,即不为世俗所容的合乎道义而又飘逸不拘之士。七人同为飘逸不拘,而具体举措各异。他们不与昏君暴政合作,恪守清白,期盼正义。这一点孔子与他们一样。不同的是孔子积极地做有利于行道、有利于解民于倒悬的事情。孔子通过反思,更加坚定了信念。

无可无不可
【讲解】

此语出自《论语·微子》第八章。"无可无不可",没有绝对可以,也没有绝对不可以。此处孔子是在表达自己与以上逸民不同,没有什么可以,也没有什么不可以。什么样的社会形势他都能处于其间,但也不能完全苟同。至于是进是退,唯义而已。

故旧无大故则不弃也
【讲解】

此语出自《论语·微子》第十章。"故旧无大故则不弃也",老朋友、老关系如没大错误,就不要遗弃他们。此处是周公教诲其子伯禽的言辞,意在倡导以亲为亲,重视血缘宗族关系。反之,故旧有大故,也是要抛掉的,是不会袒护的。

无求备于一人

【讲解】

此语出自《论语·微子》第十章。"无求备于一人",对任何一人都不要求全责备。此处是周公教诲其子伯禽的言辞。

周有八士

【讲解】

此语出自《论语·微子》第十章。"周有八士",周朝有八位贤士:伯达、伯适、仲突、仲忽、叔夜、叔夏、季随、季骗。因周公主张对任何人不能求全责备,因此周初人才济济,贤士辈出。说明了当时周的人才之众、之广,各个年龄段的人才都聚拢在周王朝的周围。

子张

【讲解】

此语出自《论语·子张》第一章。子张,孔子弟子有成就者之一。子张阐述为士者,应做到四个方面:为挽救国家之危不惜牺牲性命;每遇得利,思考是否合乎道义;每次祭祀活动考虑尊敬程度如何;每遇丧事思考是否真正哀悼。

士见危致命

【讲解】

此语出自《论语·子张》第一章。"士见危致命",有理想有抱负的读书人当天下倾颓、君主危险、生民倒悬之时,就应该奋不顾身,将生命置之度外,力挽狂澜,为天下、人民贡献自己的一切。士,此指有理想有抱负的读书人。

见得思义

【讲解】

此语出自《论语·子张》第一章。"见得思义",每遇得利,思考是否合乎道义。子张认为此为有理想有抱负的读书人应该做到的。

373

祭思敬

【讲解】

此语出自《论语·子张》第一章。"祭思敬",每次祭祀活动考虑尊敬程度如何。子张认为此为有理想有抱负的读书人应该做到的。

丧思哀

【讲解】

此语出自《论语·子张》第一章。"丧思哀",每遇丧事思考是否真正哀悼。子张认为此为有理想有抱负的读书人应该做到的。

尊贤而容众,嘉善而矜不能

【讲解】

此语出自《论语·子张》第三章。"尊贤而容众,嘉善而矜不能",尊重贤人而包容众人,颂赞贤人而矜怜能力弱者。子夏与子张阐发孔子关于交友的观点不同,原因是孔子注重因材施教。因子张激进,离众独进,自恃其长,故孔子教子张"君子尊贤而容众,嘉善而矜不能"。

虽小道必有可观者

【讲解】

此语出自《论语·子张》第四章。"虽小道必有可观者",即使是小道也一定有其优长之处。子夏说即使农圃医卜、百工技艺之人,一定都有其值得称道之处。子夏于此肯定小道之人的作用,同时强调了君子不能被小道所局限,而应目光远大,去求大道,做大事。

博学而笃志

【讲解】

此语出自《论语·子张》第六章。"博学而笃志",广博地学习而立志不移。一般人兴趣一旦广泛,受到多方面的影响后,容易动摇信念,思想游移。所以子夏强调"博学而笃志"。

切问而近思

【讲解】

此语出自《论语·子张》第六章。"切问而近思",恳切地请教而切实解决思考中的疑问。而所发问的内容紧紧贴近自己所思考的问题，即自己所问的问题正是自己百思不得其解的问题，又是整个思考的大系统中的一个问题。子夏认为能够做到"博学而笃志，切问而近思"，"仁"就在其中了。

百工居肆以成其事

【讲解】

此语出自《论语·子张》第七章。"百工居肆以成其事"，工匠居住在作坊之中成就他们的艺能。这是子夏说的话。居肆，非居市场，而是居作坊，常居观摩、演习、实践工艺之场所。百工技艺之人世代居于生产器物之场所，耳濡目染，其技能自然潜滋暗长。

君子学以致其道

【讲解】

此语出自《论语·子张》第七章。"君子学以致其道"，君子在好的教育环境中才能学成道。君子人不经过学、不经过师长教诲，就不会得到道。

小人之过也必文

【讲解】

此语出自《论语·子张》第八章。"小人之过也必文"，小人犯了错误，一定找借口去掩饰。这是子夏说的话。文，掩饰。小人，道德败坏者。小人犯了错误总是千方百计地找种种借口去掩饰。其原因多为有意地做了坏事，又早有思想准备地去文饰错误，甚或把错误讲成正确。小人常为鼠窃狗偷之事，又要面世，于是虚伪其表。而堂堂正正之君子，犯了错误也是无意的，一时疏忽，一旦意识到了，即痛心疾首，痛改前非。所以君子之过是能够及时更改的。

君子有三变

【讲解】

此语出自《论语·子张》第八章。"君子有三变"，君子形象有三种内涵，即：远望他威严不可犯；接近他和蔼可亲；听他讲话严格不苟。这三种内涵是糅合在一起的，难于分割的，只是在不同的情况下所突出的内涵不同而已。

君子信而后劳其民

【讲解】

此语出自《论语·子张》第十章。"君子信而后劳其民",君子取得信誉后才能使役人民。君子,贤人君子,非国君,乃中层管理者,既对上负责,又要对下负责。贤人君子一定要树立信誉,有了威望,而后调动他的民众从事公益事业才见成效。

信而后谏

【讲解】

此语出自《论语·子张》第十章。"信而后谏",(君子)取得信誉后再给上司提建议。贤人君子要做好管理工作,对上级必须先取得信任,而后再提出自己的建议。否则,将被视为是毁谤之言。

大德不逾闲

【讲解】

此语出自《论语·子张》第十一章。"大德不逾闲",闲暇时也绝不逾越道德的根本原则。子夏主张人们闲居时,不应放松对自己的要求。愈是闲暇,愈须注意严格律己。大德之士则进入了高尚的修养境界,绝不会于闲暇自由之时、独处之时对道德的根本原则有所逾越。而这种不逾越是自然的,如同孔子所说的"七十而从心所欲,不逾矩"。

洒扫应对进退

【讲解】

此语出自《论语·子张》第十二章。"洒扫应对进退",洒扫庭除,送往迎来,言语应对等事。这是子夏教育其弟子的内容与过程。子游则认为应先传给学生做人道理,这是修养的根本,后使学生们具体践行。子夏针对子游提出的问题,既说明了自己传道内容的丰厚,教学方法的灵活,依据学生的具体情况决定实施教育的次序,又指出子游不了解其教育的系统性、完整性。

仕而优则学,学而优则仕

【讲解】

此语出自《论语·子张》第十三章。"仕而优则学,学而优则仕",做官做得好就在于他受到了很好的教育，受到很好教育者就能做好官。两句话对中国文化影响深远而广泛。此言虽出自子夏之口，但揭示的是孔子及其后世儒家办教育的真实目的与意义。学，在此是教育的意思。孔子及其弟子办学的教育目的是为培养管理者、统治者、带头人。当时通过教育培养社会的管理人才，开辟了以学入仕之路，使文化人、有教养者逐渐进入靠武力征伐、杀戮取胜为官者的行列，使当官者的文化成分愈来愈大，官吏的质量渐渐提高，这对中国文明史的发展是大有积极意义的。

丧致乎哀而止

【讲解】

此语出自《论语·子张》第十四章。"丧致乎哀而止"，丧事达到真正的哀悼就可以了。子游此处的意思是丧事，一不要过分悲痛，以致伤害性命，二不要铺张浪费。这也反映了孔门师生对丧事的中庸态度，"无过无不及"。

君子恶居下流

【讲解】

此语出自《论语·子张》第二十章。"君子恶居下流"，君子非常怕处于错误的地位。子贡在此以商纣是个坏人，但不像所流传的那样坏的事实，揭示了中国文化的一种现象，即一旦表彰某人，此人就毫无瑕疵，一旦谁犯了错误，他就是罪大恶极。子贡说，君子就怕犯错误，因为他们知道犯错误的严重性。子贡在此指君子应谨慎从事，千万别犯错误，同时也展示了孔门师生 2500 多年前即能注重实事求是地评价历史人物，真是难能可贵。

君子之过

【讲解】

此语出自《论语·子张》第二十一章。"君子之过"，君子的过错。因为君子坦荡荡，所以子贡认为君子的过错如日月之蚀，明摆着，不加任何掩饰，也自然把自己放在睽睽众目之下，随时得到监督，利于及时改正。君子之过如能及时改正，人们会即刻看到如同恢复光明的日月，人人都崇敬他。

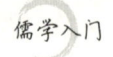

何常师之有

【讲解】

此语出自《论语·子张》第二十二章。"何常师之有？"哪有固定的老师？卫国的公孙朝向子贡询问孔子的学问是从哪儿学来的，子贡回答周文王、周武王治国理民之道并未失传，天下到处都有文武之道，孔子没有固定的老师，而是随时向有道的贤达之士学习。此处充分体现子贡对老师孔子的深入了解，并有力有理地捍卫老师的学说与形象。

不得其门而入

【讲解】

此语出自《论语·子张》第二十三章。"不得其门而入"，一般人找不到入门处。孔子去世后，有人有意贬低他，有人由于不了解他而贬低他，有人借抬高子贡而贬低他。叔孙氏武叔公然在朝廷上向众大夫讲"子贡贤于仲尼"，反过来讲，即"仲尼不如子贡"。此时子贡挺身卫师卫道。他以生动的比喻有力地宣传了老师的博大精深，即自己如同到人肩膀的宫墙，别人很容易看到家中的好物件。而老师孔子的宫墙几丈高，一般人找不到入门处，言外之意连门都找不到，怎么能真正了解其伟大之处呢？此处体现出子贡深深体悟到老师的品德之高，学问之高，仁心礼行，爱生之尽心，诲人之尽心，感化弟子之至深，为天下"均、和、安"奋斗终生，至死不渝。

仲尼，日月也

【讲解】

此语出自《论语·子张》第二十四章。"仲尼，日月也"，我的老师孔子，是日月一样的人。叔孙武叔明目张胆、直截了当地诋毁孔子。子贡将孔子比作是日月一样的人，人们是无法超越的。有人想与日月断绝关系，那对日月没有任何伤害，反而更充分地反映了他不自量力。此处体现出子贡更加有力地反驳诋毁孔子的言论，更为有力地卫师卫道。

天之不可阶而升也

【讲解】

此语出自《论语·子张》第二十五章。"天之不可阶而升也"，天是不可用梯子攀上去的。子贡面对陈子禽对老师的质疑，认为孔子犹如天是不可用梯子攀上去的。老师如得到一个诸侯国、一个大夫家，他就能去立人达民，他就能去导民从善，使"近者悦，远者来"，调动百姓和谐统一。他生在天地间，万众感到光荣，他的死万众悲哀。子贡将孔子的伟大功绩、高大形象，作以全面深刻的高度评价，为后世正确认识孔子奠定了基础。

天之历数在尔躬

【讲解】

此语出自《论语·尧曰》第一章。"天之历数在尔躬"，天的大命落在你的身上。这是尧对舜的教导。

允执其中

【讲解】

此语出自《论语·尧曰》第一章。"允执其中"，公平地执中不偏。这是尧对舜的教导。

四海困穷，天禄永终

【讲解】

此语出自《论语·尧曰》第一章。"四海困穷，天禄永终"，如果四海穷困，天给的一切就永远结束。这是尧对舜的教导。

朕躬有罪，无以万方

【讲解】

此语出自《论语·尧曰》第一章。"朕躬有罪，无以万方"，我自身有罪，绝不怪罪多方民众。这是尧对舜的教导。

万方有罪，罪在朕躬

【讲解】

此语出自《论语·尧曰》第一章。"万方有罪，罪在朕躬"，各方民众有罪，罪的根源在我。这是尧对舜的教导。

周有大赉，善人是富

【讲解】

出自《论语·尧曰》第一章。"周有大赉，善人是富"，周有上天的大赏赐，善人是最大的财富。这是孔子及其弟子的评论。

虽有周亲，不如仁人

【讲解】

此语出自《论语·尧曰》第一章。"虽有周亲，不如仁人"，即使是宗亲家族，也不如仁人君子。这是尧对舜的教导。

谨权量，审法度，修废官

【讲解】

此语出自《论语·尧曰》第一章。"谨权量，审法度，修废官"，谨慎衡量明辨，审定礼法乐章，修复废弛的管理部门。

兴灭国，继绝世，举逸民

【讲解】

此语出自《论语·尧曰》第一章。"兴灭国，继绝世，举逸民"，振兴被灭亡的国家，使之薪火相传，选举隐逸的贤达。

尊五美，屏四恶

【讲解】

此语出自《论语·尧曰》第二章。"尊五美，屏四恶"，遵守五种美德，摒除四种恶性。子张问孔子怎么才能做好行政管理工作，孔子回答要做到遵守五种美德，摒除四种恶性。五种美德，即君子施恩惠于民而不浪费，使民劳动而无怨愤，想行仁德而不贪求仁德之名，形象高大而不骄横，庄重威严而不猛烈。四种恶性，即：不教育，犯了错误就惩罚叫作酷虐；不警告，眼看构成了错误，叫作残暴；设法使人犯错误，叫作强盗；如当给人爵禄、利益时，非常吝啬，却推称是有关部门的决定。

不知命，无以为君子也

【讲解】

此语出自《论语·尧曰》第三章。"不知命，无以为君子也"，不懂得纲常伦理就没办法成为君子。命，天给每个人的生存条件与社会能给每个人的名分地位。知道自己具备什么条件与经过努力可能争取到什么条件，这就是知命。

不知礼，无以立也

【讲解】

此语出自《论语·尧曰》第三章。"不知礼，无以立也"，不懂得等级名分就没办法立于社会。知礼，知道自己是个什么位置，应怎么做，不应怎么做。

不知言，无以知人也

【讲解】

此语出自《论语·尧曰》第三章。"不知言，无以知人也"，不懂各人的言语，就没办法了解别人。知言，通过别人的言语，知道别人是什么意思、什么心理，自己应该怎么做。

《孟子》名言警句

何必曰利？亦有仁义而已矣

【讲解】

此语出自《孟子·梁惠王上》第一章。"何必曰利？亦有仁义而已矣"，为什么一定要讲利？只要讲仁义就可以了。这是孟子对梁惠王提出的有哪些利于其国的策略的回答。孟子认为一个国家的旗号必须是导民从善的"仁义"，如果旗号就是追逐货利，那么上上下下每个人都会争得剑拔弩张，甚至抛弃了人伦秩序，那才叫国将不国，家将不家。所以无论何时，国家也好，人民也好，追求的目标应是共同的利益，共同的境界，即"仁义"。这样才能始终以人类美好、善良的社会性鼓励人、约束人，避免为追逐货利而兽性相残。孟子整个思想体系核心是重义轻利、惠民利君、相对均衡，每个人都应提高思想境界，所以开篇便倡导仁义，而着重指出讲利争利的严重恶果。当然儒家并非一味地反对利，而要的是合乎道义之利，君民共利之利，长远之利，决不夺取不合乎道义之利，只顾少数人之利。孟子认为治国之道当以仁义为旗号。孟子认为从天子到百姓好利忘义的害处都是同样严重的。以此警示后人，万勿趋利忘义。

灵沼

【讲解】

此语出自《孟子·梁惠王上》第二章。灵沼,文王发动民力修筑的池沼。《诗经》中提到因百姓拥戴文王,所以文王让百姓修池,百姓非常尽心努力,提前建成。文王以民力修池,而百姓还为此高兴,所以叫池为灵沼。此处梁惠王站在池沼旁,回头看看天鹅、麋鹿,问孟子:贤达之士也会以此为乐吗?孟子就借《诗经》中关于文王修建池沼,而百姓齐心效力的描述,以及文王到苑囿见到母鹿趴着休息,长得胖胖的,干干净净的,白鸟如鹤,清幽闲适,文王走到池沼旁,鱼儿欢欣又跳跃等情景,来阐发与民同乐的必要性。多数统治者均有忽略百姓利益,而只注重自己享乐的通病。正由于此,孟子以"仁民爱物"的周文王为典范,倡导天下的君王都能仿之而行。如此而行,表面上只是为了利民,而实质必然带来君民互利的结果,以至天下太平。

灵台

【讲解】

此语出自《孟子·梁惠王上》第二章。灵台,文王以民力修台修池,而百姓还为此高兴,叫台为灵台。

与民偕乐

【讲解】

此语出自《孟子·梁惠王上》第二章。"与民偕乐",统治者与民同乐,才有真正的快乐。孟子重民思想鲜明突出。此处揭示了"与民同乐"既是治国兴邦的根本,又是治国的目标。指出了统治者只有依靠民众才能有所成就,只有民众拥护才能有真正的快乐,深刻地道出了统治者与被统治者关系的和谐是国家稳定安乐的前提。

时日曷丧,予及女皆亡

【讲解】

此语出自《孟子·梁惠王上》第二章。"时日曷丧,予及女皆亡",这个太阳何时熄灭,我与你一起死亡。孟子借用《尚书·汤誓》中的话:"时日曷丧,予及女皆亡",引出由于夏桀暴政,不顾百姓死活,所以百姓恨不得与夏桀一起死亡，揭示与民同乐的必要性、重要性。

五十步笑百步

【讲解】

此语出自《孟子·梁惠王上》第三章。"五十步笑百步"，两军交战时，抛掉盔甲拽着兵器往回跑的人，有的跑回百步而止，有的跑回五十步而止。跑回五十步的人去嘲笑跑回一百步的人。梁惠王认为自己对于国家尽心竭力。河内遭灾，他就把民移到河东，把粮食运往河内。河东遭了灾也是这样。考察邻国的治理，都没有他这样用心。而邻国的人民不见少，自己国家的百姓不见多，问孟子是什么原因。孟子以两军作战时，丢盔弃甲的败兵"五十步笑百步"作比喻，引出梁惠王"都是逃兵"的答案，并借此劝梁惠王别盼望人民比邻国多，而是应该自律惠民，实质是在倡导、推行"民本"思想。

不违农时

【讲解】

此语出自《孟子·梁惠王上》第三章。"不违农时"，不耽误农民耕作的时节。孟子在此提出不要侵扰人民耕作的时间，别影响春种、夏锄、秋收、冬藏的时机。

庠序之教

【讲解】

此语出自《孟子·梁惠王上》第三章。"庠序之教"，学校教育。孟子认为在有饭吃、有衣穿的基础上要办好教育，人民不饥不寒，又有教养，国家自然易于治理。统治者的统治地位自然是持续巩固的。

涂有饿莩

【讲解】

此语出自《孟子·梁惠王上》第三章。"涂有饿莩"，道路上有饿死的人。孟子说，道路上有饿死的人而不打开粮仓以救命，人饿死了，却说不是自己的原因，是年景不好。这与杀了人，却说不是自己杀的，是刀杀的，是一样的。以此劝谏梁惠王出现问题不要归罪于年景，这样天下的百姓就聚拢来了。

王无罪岁

【讲解】

此语出自《孟子·梁惠王上》第三章。"王无罪岁",大王不要归罪于年景。孟子在此劝谏梁惠王出现问题不要归罪于年景,这样天下的百姓就聚拢来了。

杀人以梃与刃,有以异乎?

【讲解】

此语出自《孟子·梁惠王上》第四章。"杀人以梃与刃,有以异乎?"用棒子和刀杀人,有什么不同吗?梁惠王对孟子说愿意接受他的教诲。孟子就以用棒子和刀杀人有什么不同,进而引出用刀子杀人与用行政害人有什么不同的问题。孟子借此阐发统治者若不以人为本,缺乏民的观念,或玩忽职守,或缺乏管理能力,造成人民苦难,就如同以政杀人的观点。

率兽而食人

【讲解】

此语出自《孟子·梁惠王上》第四章。"率兽而食人",带领野兽而吞食人民。孟子认为管理国家不利,使民饥饿受冻,"凶年不免于死亡",这样的统治者就是率兽食人。

为民父母

【讲解】

此语出自《孟子·梁惠王上》第四章。"为民父母",做百姓的父母官。孟子认为,为官者须不断地多方面修养,在治民实践中努力克制私欲、关切民之艰辛,真正做到孔子所谓的"恭、宽、信、敏、惠",爱民、保民。这样才能称其为百姓的父母官。

始作俑者

【讲解】

此语出自《孟子·梁惠王上》第四章。"始作俑者",第一个制作殉葬俑的人。这是引用孔子的话:"始作俑者,其无后乎!"第一个制作殉葬俑的人,他一定没有后代吧!就因为俑像人而用其殉葬。

省刑罚，薄税敛

【讲解】

此语出自《孟子·梁惠王上》第五章。"省刑罚，薄税敛"，减轻刑罚，减少赋税。梁惠王认为受到周边国家的侮辱，国土被占，询问孟子如何报仇雪恨。孟子劝谏梁惠王对人民施仁政，减轻刑罚，减少赋税，而使人民深耕细作，及时锄草。壮年人在空闲时学习孝悌忠信，在家以此来奉父兄，在外以此来奉尊长，可使这样的人民拿着木棒也能打败秦楚的披坚执锐的军队，即只要实行仁政就能打败强敌。梁惠王本为求孟子为其设计如何报复敌国，而孟子却引导梁惠王为真正强大而须行仁政于民，实质是孟子借为梁惠王设计国策而传播了仁道。

仁者无敌

【讲解】

此语出自《孟子·梁惠王上》第五章。"仁者无敌"，仁者无敌于天下。孟子认为只有仁者是最强大的，真正是天下无敌者。孟子在此提出了"仁者无敌"的光辉命题，仁爱的统治者以爱人亲民为本。孟子肯定了只要行仁政，就能战胜强敌，只要人民内心拥护统治者，条件差一些，战斗力也会无敌的。无形中孟子强调了调动人民自身的能动性，是战争胜利的根本。

天下之民皆引领而望之

【讲解】

此语出自《孟子·梁惠王上》第六章。"天下之民皆引领而望之"，天下的百姓都将伸长脖子盼望他。梁襄王问孟子如何能做到天下安定，孟子回答仁义。梁襄王问谁能做到仁义，孟子说不好杀人的统治者就能做到仁义。并进一步阐述如有不好杀人的统治者，天下的百姓都将伸长脖子盼望他。孟子认为统治者必须爱人亲民，珍惜人民的生命，一切政令法度的制定实施都要为大多数人民的利益着想。因为有了大多数人民的利益，才有君王的利益存在和持续，也只有不好杀人的君王，才有可能成为仁义之君。仁义之君，人心所向，任何邪恶势力也阻挡不了万众趋善的沛然之势。要做好统治者，要长治久安，就必须坚持实施仁义治国这条道路。而统治者必须首先修养好仁义之德。孟子认为，国家行仁施义全靠最高统治者的觉悟与自身修养。

齐桓、晋文之事

【讲解】

此语出自《孟子·梁惠王上》第七章。"齐桓、晋文之事"，齐桓公、晋文公称霸之事。齐宣王想从孟子那儿听到齐桓公、晋文公是如何称霸的。孟子说孔子的弟子没有谈论齐桓、晋文称霸之事的，所以没传下来，我也就没听说过。其实孟子不是不知道，而是借此表达以孔子为代表的儒家不推崇武力称霸，而应推行仁政。接着孟子向齐宣王系统地阐述了自己治理国家、安定百姓的全套思想。孟子主张实施王道、仁政，反对霸道、暴政。这是对孔子思想的继承和发展。

保民而王

【讲解】

此语出自《孟子·梁惠王上》第七章。"保民而王"，保护人民而称王天下。齐宣王问孟子，道德要修养到什么程度才可以王天下。孟子回答保护人民而称王天下，是谁也抵制不了的。孟子认为王道保民、仁政爱民的思想是治国的根本，是正确的，这就是社会的进步。

衅钟

【讲解】

此语出自《孟子·梁惠王上》第七章。衅钟，以血涂抹新铸钟的缝隙，即祭钟。有人曾要杀牛，以牛血祭钟。齐宣王不忍心看牛发抖的样子，又不能废除祭钟的仪式，于是命人以羊换牛。孟子问齐宣王有没有这样的事。齐宣王说有此事。孟子便夸赞齐宣王凭这仁慈之心可以称王天下了。

君子远庖厨

【讲解】

此语出自《孟子·梁惠王上》第七章。"君子远庖厨"，君子离厨房远远的。齐宣王不忍心看牛发抖的样子，又不能废除祭钟的仪式，于是命人以羊换牛。孟子说百姓会以为齐宣王是吝啬，而他则知道齐宣王是仁慈、不忍心。这正是行仁的做法，因为看到牛而没看到羊。君子对待禽兽，看见它们生，就不忍看见它们死，听见它们哀叫的声音，就不忍吃它们的肉。所以君子离厨房远远的。

他人有心，予忖度之

【讲解】

此语由《孟子·梁惠王上》第七章引自《诗经·大雅·巧言》。"他人有心，予忖度之"，别人有心思，我能揣测到。齐宣王引用此句借以表达孟子能够理解他以羊换牛的不忍之心合乎王道的原因。

吾力足以举百钧，而不足以举一羽

【讲解】

此语出自《孟子·梁惠王上》第七章。"吾力足以举百钧,而不足以举一羽"，我的力量能够举百钧，但不能够举一支羽毛。这是孟子借别人说的话来问齐宣王是否赞同这样的言论。

明足以察秋毫之末，而不见舆薪

【讲解】

此语出自《孟子·梁惠王上》第七章。"明足以察秋毫之末，而不见舆薪"，眼睛能够察看秋毫之末，但看不见一车柴草。这是孟子借别人说的话来问齐宣王是否赞同这样的言论。

挟太山以超北海

【讲解】

此语出自《孟子·梁惠王上》第七章。"挟太山以超北海"，夹着泰山而跳过北海。挟，夹，用胳膊夹住。超，跳过。孟子也认为这样的事谁都办不到。借以阐发不能称王天下，不是挟着泰山跳过北海一类的事。

为长者折枝

【讲解】

此语出自《孟子·梁惠王上》第七章。"为长者折枝"，为老年人折一枝树枝。孟子认为这样的事不是办不到，而是不去办。借以阐发不能称王天下，是折一树枝而不为一类的事。

老吾老，以及人之老
【讲解】

此语出自《孟子·梁惠王上》第七章。"老吾老，以及人之老"，敬养我的老人，以至敬养别人的老人。

幼吾幼，以及人之幼
【讲解】

此语出自《孟子·梁惠王上》第七章。"幼吾幼，以及人之幼"，护养我的孩子，以至护养别人的孩子。

刑于寡妻，至于兄弟，以御于家邦
【讲解】

此语由《孟子·梁惠王上》第七章引自《诗经·大雅·思齐》。"刑于寡妻，至于兄弟，以御于家邦"，做妻子的楷模，推广到兄弟，进而管理好整个国家。刑：型，楷模。就是把治家的仁心广泛地用到国家人民那里。

故推恩足以保四海
【讲解】

此语出自《孟子·梁惠王上》第七章。"故推恩足以保四海"，所以推广恩惠于百姓就能保护好天下。进而孟子说不广泛地行仁义连自己的妻子、孩子也保护不了。

便嬖
【讲解】

此语出自《孟子·梁惠王上》第七章。"便嬖"，左右使役的人。孟子对齐宣王说左右使役的人能够为其提供肥甜事物、轻暖衣服、好看的颜色、好听的音乐。接下来反问齐宣王追求的是这些享受吗？

犹缘木而求鱼
【讲解】

此语出自《孟子·梁惠王上》第七章。"犹缘木而求鱼"，如同往树上爬去捉鱼。孟子看出齐宣王欲开拓疆土，使秦楚来朝贡，称王中原而控制四周边鄙地区。孟子认为有这样的欲望而不行仁义，如同往树上爬去捉鱼。

恒产恒心
【讲解】

此语出自《孟子·梁惠王上》第七章。"恒产恒心",有固定的产业就有稳定的思想。孟子认为没有固定的产业而有稳定的思想,只有士人才能做得到。一般百姓,就是没有固定的产业,因而没有稳定的思想。

制民之产
【讲解】

此语出自《孟子·梁惠王上》第七章。"制民之产",(明君)规定百姓有一定的产业。

百亩之田,勿夺其时
【讲解】

此语出自《孟子·梁惠王上》第七章。"百亩之田,勿夺其时",每户都有百亩种粮土地,不要侵夺耕种收割的时机。这是孟子提出的使万民求得温饱、和平的理想社会的具体做法,也是统治阶级确保政权稳固的最有保障的方案。

老者衣帛食肉,黎民不饥不寒
【讲解】

出自《孟子·梁惠王上》第七章。"老者衣帛食肉,黎民不饥不寒",老年人穿锦衣吃上肉,老百姓不挨饿不受冻。这是孟子提出的使万民求得温饱、和平的理想社会的具体做法所能达到的结果。

独乐乐,与人乐乐,孰乐
【讲解】

此语出自《孟子·梁惠王下》第一章。"独乐乐,与人乐乐,孰乐?"一人享用音乐,和人们一起享用音乐,哪种更快乐?这是孟子问齐宣王的问题,孟子借用这个问题,提出了"与民同乐"的命题,为两千三百多年来的治国理政者提出了一个奋斗目标。

与少乐乐，与众乐乐，孰乐

【讲解】

此语出自《孟子·梁惠王下》第一章。"与少乐乐，与众乐乐，孰乐？"和少数人一起享用音乐，和多数人一起享用音乐，哪种更快乐？

举疾首蹙頞

【讲解】

此语出自《孟子·梁惠王下》第一章。"举疾首蹙頞"，都头疼皱眉。

与民同乐

【讲解】

此语出自《孟子·梁惠王下》第一章。"与民同乐"，王能与民同乐。

刍荛者往焉，雉兔者往焉

【讲解】

此语出自《孟子·梁惠王下》第二章。"刍荛者往焉，雉兔者往焉"，割草砍柴的人可以去，捉野鸡打兔子的人可以去。齐宣王问孟子周文王的园囿纵横七十里，是不是很大？孟子说人民还以为小呢，因为割草砍柴的人可以去，捉野鸡打兔子的人可以去。此处体现出周文王的利与民众的利结合在一起。孟子借此表达国君占有的利如能给民众带来利，民众就能拥护国君所占有的利的思想。

畏天之威，于时保之

【讲解】

此语由《孟子·梁惠王下》第三章引自《诗经·周颂·我将》。"畏天之威，于时保之"，敬畏上天的威灵，于是就能保有天下。孟子借此句阐发，能够敬畏天命的人就能够保有天下。

文王一怒而安天下之民

【讲解】

此语出自《孟子·梁惠王下》第三章。"文王一怒而安天下之民"，文王一怒而安定了天下的人民。齐宣王说自己好勇，孟子劝谏其不要好小勇，即一般的打杀征伐。而应该学习周文王遏止犯疆的敌人，为周人带来厚福，以此报答周人对他的期待。此处体现出孟子不是一味地反对战争，他认为天下百姓如陷于桀纣的践踏之中，天下有作为的君主就当如同周文王、周武王"一怒而安天下之民"。

乐民之乐者，民亦乐其乐

【讲解】

此语出自《孟子·梁惠王下》第四章。"乐民之乐者，民亦乐其乐"，以人民的快乐为快乐的人，人民也一定会以他的快乐为快乐。

忧民之忧者，民亦忧其忧

【讲解】

此语出自《孟子·梁惠王下》第四章。"忧民之忧者，民亦忧其忧"，以人民的忧患为忧患的人，人民也以他的忧患为忧患。

巡狩

【讲解】

此语出自《孟子·梁惠王下》第四章。"巡狩"，天子到诸侯国去游览叫作巡狩。巡狩的意思，就是巡视所守的疆土。齐景公问晏婴自己若出游，怎样做才能与先代君王相比。晏婴向其揭示了巡狩的内涵。

述职

【讲解】

此语出自《孟子·梁惠王下》第四章。"述职"，诸侯朝见天子叫作述职。所谓述职，就是汇报自己所掌管的事务。齐景公问晏婴自己若出游，怎样做才能与先代君王相比。晏婴向其揭示了述职的内涵。

睊睊胥谗，民乃作慝

【讲解】

此语出自《孟子·梁惠王下》第四章。"睊睊胥谗，民乃作慝"，大家都侧目怒视，怨声载道，乃至为非作歹。晏婴对齐景公说古代明君每次游览，每次休闲，都能为诸侯树立楷模。现在就不是这样了。队伍一动就消耗了许多粮食，挨饿的人得不到粮食，疲劳的人得不到休息，大家都侧目怒视，怨声载道，乃至为非作歹。此处孟子劝谏齐宣王应效仿明君出游。

方命虐民，饮食若流

【讲解】

此语出自《孟子·梁惠王下》第四章。"方命虐民，饮食若流"，丢掉天命虐待人民，饮食浪费如流水。

流连荒亡

【讲解】

此语出自《孟子·梁惠王下》第四章。"流连荒亡"，游山玩水荒唐无度。

畜君何尤

【讲解】

此语出自《孟子·梁惠王下》第四章。"畜君何尤"，制止君主非分之欲有什么错？齐景公听从晏婴的劝谏，告命于全国，自己移居郊外。开仓赈济穷苦人。让太师创作一首君臣同乐的歌曲，即《徵招》《角招》这两个乐曲。其歌词中提到："制止君主非分之欲有什么错？"

明堂

【讲解】

此语出自《孟子·梁惠王下》第五章。明堂，即宣布政令、宣传教化之所，主要是播扬教化之所。远在朝廷千里之外设一个象征朝廷权威的教化万民之所是有必要的，而专设一个久置不用的发布政令之所似乎意义不大，没有必要。所以此处之明堂可以理解为周于地方所设置的宣传教化之所，即后世"明伦堂"之意义。播扬伦常秩序、等级名分，既仁且礼，实质亦有发布政令的意义。而此政令是通过教化去完成的，非为强制推行。齐宣王问孟子有人劝其毁掉明堂，是否应该。孟子认为欲行仁政，有所作为，爱人亲民，就要重视教化，而施行教化之明堂，当然就不该毁坏，而应更加重视。

耕者九一

【讲解】

此语出自《孟子·梁惠王下》第五章。"耕者九一"，对种地人实行了九分之一的税。孟子回答齐宣王如何实行王政："古时周文王治理岐地，对种地人实行了九分之一的税。"这是周文王关爱人民、爱护人民的表现，将田地赋税降到最低。

仕者世禄

【讲解】

此语出自《孟子·梁惠王下》第五章。"仕者世禄",做官的人可以世世代代由子孙继承。孟子回答齐宣王如何实行王政:"古时周文王治理岐地,做官的人可以世世代代由子孙继承。"这是周文王对士人的优厚待遇。

关市讥而不征

【讲解】

此语出自《孟子·梁惠王下》第五章。"关市讥而不征",周文王所治理的岐地的市场上只管理而不征税。这是周文王对经商者的优厚待遇。

泽梁无禁

【讲解】

此语出自《孟子·梁惠王下》第五章。"泽梁无禁",不禁止到山岗泽湖去猎禽兽、砍柴草、捕鱼虾。周文王所治理的岐地的山泽对民众开放。

鳏寡独孤

【讲解】

此语出自《孟子·梁惠王下》第五章。"鳏寡独孤",年老而没有妻子叫鳏夫,年老而没有丈夫的叫寡妇,年老而没有儿子的叫孤独者,年幼而没有父亲叫孤儿。这四种人,是天下穷苦无所依靠的人。周文王在施行仁政时,一定先考虑这四种人。

哿矣富人,哀此茕独

【讲解】

此语由《孟子·梁惠王下》第五章引自《诗经·小雅·正月》。"哿矣富人,哀此茕独",可以了,富人!可怜可怜这些孤独者吧!借此句来劝谏统治者关爱人民,爱护人民。

王如好货,与百姓同之,于王何有

【讲解】

此语出自《孟子·梁惠王下》第五章。"王如好货,与百姓同之,于王何有",

王如果喜欢财物，又愿意和人民共同享有它们，那么要行王政有什么困难呢？孟子劝谏齐宣王实行仁政，齐宣王为了推托，说自己喜欢财物。孟子接着劝谏："王如果喜欢财物，又愿意和人民共同享有它们，那么要行王政有什么困难呢？"

王如好色，与百姓同之，于王何有
【讲解】

此语出自《孟子·梁惠王下》第五章。"王如好色，与百姓同之，于王何有"，王如果好女色，能与百姓同好，那对于行王政有什么难呢？孟子劝谏齐宣王实行仁政，齐宣王为了推托，又说自己喜欢女色。孟子接着劝谏："王如果好女色，能与百姓同好，那对于行王政有什么难呢？"孟子在此处阐发如真正受到明堂所宣祖宗创业维艰，守业者当勤勉不辍的教训，自然会避免只顾自己好货、自己好色，而自然会去追求与民同好，与民同富，使民皆有家室，即做到了"与民同乐"。所以此章孟子着重讲教化之功不可没。

王顾左右而言他
【讲解】

此语出自《孟子·梁惠王下》第六章。"王顾左右而言他"，齐宣王看左看右而讲些毫无关涉的话。孟子问齐宣王，假如齐宣王的臣子把妻子托给朋友照顾而到楚地游历，等他回到家时，他的妻子儿女却在受冻挨饿，那该怎么办？齐宣王说要和这样的朋友绝交。孟子又问，假如士师不能管理他的下级，那又该怎么办？齐宣王说撤他的职。孟子紧接着问，假如国家得不到治理，那又该怎么办呢？齐宣王看左看右而讲些毫无关涉的话。齐宣王在孟子引导下，谈论如何管理他人、臣下，均能果下决断。而当孟子问到他自己的责任时，则支吾搪塞。

汤放桀，武王伐纣
【讲解】

此语出自《孟子·梁惠王下》第八章。"汤放桀，武王伐纣"，商汤流放夏桀，武王讨伐商纣王。齐宣王问孟子："商汤流放夏桀，武王讨伐商纣王，有这样的事吗？"孟子回答说："古书上有这样的记载。"齐宣王说："做臣子的杀掉他的君主，可以吗？"孟子说："破坏仁的人叫作贼，破坏义的人叫作残。

残贼之人叫作独夫,只听说过诛杀了独夫纣,没听说过弑君。"孔子、孟子两位圣人,注重名分、等级制度,多次论证有关正定名分、维护伦常秩序问题,但圣人又不拘泥于礼,而更重视维护仁德的践行。此处孟子认为桀、纣,名为君,但其叛君之道,误国害民,已经是人民的公敌、独夫民贼。驱除、杀戮无道害人之君,不是以下犯上,而是除恶扬善,替天行道,是合乎礼的大义之举。

姑舍女所学而从我

【讲解】

此语出自《孟子·梁惠王下》第九章。"姑舍女所学而从我",姑且放下你所学的本事,按我的一套办。孟子对齐宣王说,价值百万未经雕琢的玉石,王要请玉匠来雕琢。而涉及治理国家,王却说:"姑且放下你所学的本事,按我的一套办。"孟子问齐宣王为什么治国有别于请玉人雕琢璞玉呢?古代统治者唯恐用贤能之士,大权旁落。国家治理好了,贤能者威信高了,但统治者的权威削弱了。所以统治者宁可国势颓溃,也要保持一人一姓之天下的局面。孟子以此问题劝谏齐宣王,既要用亲又要用贤,这样既使国强民富,又有自我的权势满足。

箪食壶浆以迎王师

【讲解】

此语出自《孟子·梁惠王下》第十章。"箪食壶浆以迎王师",人民带着酒食来欢迎王的军队。齐国攻伐燕国,取得胜利。齐宣王问孟子的看法。孟子说,人民带着酒食来欢迎王的军队,就是表明这样的攻伐救民于水火之中。人民拥护,就是得道。得到了人民的拥护,就是得到了天助。所以有了人民的支持,才可以攻伐失去道义的国家。

民望之,若大旱之望云霓

【讲解】

此语出自《孟子·梁惠王下》第十一章。"民望之,若大旱之望云霓",人民盼望他,就像大旱天盼望浓云和雨后的彩虹一样。齐国占领燕国,各诸侯国准备援救燕国。齐宣王问孟子,很多诸侯国要攻打齐国,怎么办?孟子认为如果是救民于水火的征伐,人民会拥护;如果是囚禁他们的子弟,毁坏他们的宗庙，运走他们的贵重神器，人民会反对。孟子劝谏齐宣王送回燕国的老小俘虏，制止掠夺燕国贵重神器；与燕国人商量，选择一位燕国的国君，而后撤离燕国，这样，还可以及时阻止各诸侯国动兵来伐。劝谏齐宣王的过程中，孟子引用《尚书》中记载商汤征伐夏桀时，由于受到人民的拥护，人民盼望他，就像大旱天盼望浓云和雨后的彩虹一样。这里孟子着重论述了战争正义与否决定人民支持或反对，人民支持的战争就是合乎道义的，人民反对的就是不合乎道义的。

徯我后，后来其苏

【讲解】

此语由《孟子·梁惠王下》第十一章引自《尚书·仲虺》。"徯我后，后来其苏"，等待我们的王，王来了我们就复活了。描述商汤征伐天下救民于水火，人民对他的拥护期盼。

戒之戒之！出乎尔者，反乎尔者也

【讲解】

此语出自《孟子·梁惠王下》第十二章。"戒之戒之！出乎尔者，反乎尔者也"，警惕啊！你怎么对待人家的，人家就怎么对待你呀。这是孟子引用曾子的话，意在阐发君主实施仁政，君爱其民，民自然会为君上奋争，护佑君主与官吏。反之，就会出现官死而民不前的场景。邹国与鲁国发生冲突。官吏死了三十三人，没有一个百姓为官长而死，邹穆公问孟子该怎么办。孟子说，灾荒年景，百姓死伤很多，而有关官员没有开仓放粮解救百姓，所以得不到人民的拥护，才造成今天的局面。孟子劝谏邹穆公不要怪罪老百姓。君上推行仁政，百姓自然亲近长上，为长上而死。

君子创业垂统，为可继也

【讲解】

此语出自《孟子·梁惠王下》第十四章。"君子创业垂统，为可继也"，君子创立功业、造就道统，为使子孙世代弘扬。齐国将要加强薛的城池，令滕文公感到不安，请教孟子怎么办。孟子说，周太王为避免北方戎狄族侵扰，而离开豳地定居岐山。孟子评价周太王此举是君子创立功业、造就道统，为使子孙世代弘扬。因此劝谏滕文公自己应努力施行善政，至于能否成功，那是天命所定，非个人所能操持。不要不看形势硬去维护原有利益或硬去夺取不会得到的利益。孟子认为，无论形势如何变化，无论人事如何更迭，行仁政、布善道总是对人民有好处的，也总是对统治者自身有好处的。

君子不以其所以养人者害人

【讲解】

此语出自《孟子·梁惠王下》第十五章。"君子不以其所以养人者害人"，君子不会为了那养活人的东西而使人受害。北方少数民族狄人侵扰豳地。周太王送财物以求避患，但没有效果。周太王明白狄人想占有土地，于是率民移居岐山。百姓认为周太王是仁人，都愿意跟随他。孟子评价周太王此举是君子不会为了那养活人的东西，这里指土地，而使百姓受害。

从之者如归市

【讲解】

此语出自《孟子·梁惠王下》第十五章。"从之者如归市"，跟随他（周太王）走的人，如同赶集市络绎不绝。

后丧逾前丧

【讲解】

此语出自《孟子·梁惠王下》第十五章。"后丧逾前丧"，隆重地办他母亲的丧事，远超过早先为其父亲所办的丧事。嬖人臧仓以孟子隆重地办他母亲的丧事，远超过早先为其父亲所办的丧事为由，认为孟子违反礼制，以此阻止鲁平公见孟子。

故家遗俗，流风善政，犹有存者

【讲解】

此语出自《孟子·公孙丑上》第一章。"故家遗俗，流风善政，犹有存者"，原有的好家风、好习惯、好的管理方法，还有些未全丢掉。孟子认为，从商汤到武丁，圣明之君产生了六七个，原有的好家风、好习惯、好的管理方法，还有些未全丢掉，并有贤人辅佐，所以纣王虽无道却也维持了一段时间才失国。而周文王仅凭百里之地兴起德政，所以是艰难的。此处孟子强调仁政的重要性。

虽有智慧，不如乘势；虽有镃基，不如待时

【讲解】

此语出自《孟子·公孙丑上》第一章。"虽有智慧，不如乘势；虽有镃基，不如待时"，即使有智慧，不如借助形势；即使有农具，不如等待农时。这是孟子引用齐国人说的话，阐发仁政亦需借势乘时。

饥者易为食，渴者易为饮

【讲解】

此语出自《孟子·公孙丑上》第一章。"饥者易为食，渴者易为饮"，饥饿的人不挑剔食物，口渴的人不挑剔水。孟子借此阐发百姓长期遭受暴政的苦难，期望施行仁政的王者的诞生。

德之流行，速于置邮而传命

【讲解】

此语出自《孟子·公孙丑上》第一章。"德之流行，速于置邮而传命"，德政的风传比驿人骑快马传达命令还快。这是孟子引用孔子说的话，借以阐发仁政的重要性。

犹解倒悬

【讲解】

此语出自《孟子·公孙丑上》第一章。"犹解倒悬"，犹如解救倒挂在城上的老百姓。此句表现在暴政下的百姓生活之艰难困苦，而国家推行仁政，就能救民于水火。

不动心

【讲解】

此语出自《孟子·公孙丑上》第二章。"不动心"，不动摇。公孙丑问：如果给您加上齐国卿相的官衔，让您可以按自己的主张推行仁政，小可成就霸业，大可成就王业。您会不会动心呢？孟子回答：我四十岁就不动摇啦。

孟贲、北宫黝、孟施舍

【讲解】

此语出自《孟子·公孙丑上》第一章。孟贲、北宫黝、孟施舍，皆古代勇士。孟子表示不动摇的根本，在于只要"得行道"，是正义之举，无论多么艰辛劳碌都是在所不辞的，绝不动摇。而公孙丑却把"动心与否"简单地看作是勇敢与否的表征，所以以勇士孟贲作比。于是孟子顺势对北宫黝、孟施舍与子夏、曾子之勇逐一比较，进行推导，得出结论：人们面对艰难困苦时，动摇与否的主要根据是正义与非正义。符合正义之事，即使赴汤蹈火也绝不动摇；违背正义之事，即使如履平地，也绝不敢为。这不是孟贲之武勇、北宫黝外养之勇、孟施舍内养之勇所能等同划一的。圣人之勇是大勇，是为天下仁和礼让而不辞终生艰辛劳苦的，是"死而后已"之勇。

持其志，勿暴其气

【讲解】

此语出自《孟子·公孙丑上》第二章。"持其志，勿暴其气"，坚守心志，不伤害意气。孟子自言告子早于他不动摇，但又说告子认为的"'不得于心，勿求于气'，可；'不得于言，勿求于心'，不可"言语不通达，办事不顺畅，也不去用心思考，只是果决前行，那是不可取的。此即对告子的不动心进行了剖析，摆出告子不动心之不足，因其忽略了心志的统率作用。所以得出心志是最重要的，应"持其志，勿暴其气"的结论。

我善养吾浩然之气

【讲解】

此语出自《孟子·公孙丑上》第二章。"我善养吾浩然之气"，我善于修养我的浩大广博之气。公孙丑问孟子擅长何事，孟子坦言自己的长处即"不动心"。缘由即：一是知言；二是"善养浩然之气"。何谓知言？其实就是通过语言洞悉其心的过程。既然如此，孟子当然了解考察他的人，所以面对任何名利地位都不会患得患失，都不会"动心"，都会经得起考验。浩然之气，是充满于天地之间的正气，该正气与义、道结合，就最强大、最刚强，任何困难也压不倒。具有浩然正气之士，面对任何敌人都毫无畏惧，毫不动摇。

孟子论到此处，就充分地回答了为什么"不动心"的理由与根据。

必有事焉，而勿正，心勿忘，勿助长也

【讲解】

此语出自《孟子·公孙丑上》第二章。"必有事焉，而勿正，心勿忘，勿助长也"，一定要经常地奉事义，而不要预期成效，不要忘掉它，也不要强行使它成长。公孙丑问孟子什么是"浩然之气"。孟子认为，"浩然之气"是充满于天地之间的正气，该正气与义、道结合，就是最强大、最刚强的，任何困难也压不倒。它是不断积聚正义而产生的，不是一朝一夕忽然取得的。但这浩然之气须日积月累正义、善行，时时修养，不能一曝十寒地对待修养问题，方可逐渐养成。

揠苗助长

【讲解】

此语出自《孟子·公孙丑上》第二章。"揠苗助长"，拔苗助长。宋国有人忧虑他的禾苗长得慢而将其拔高，后来苗都枯干了。孟子认为"浩然之气"需日积月累正义、善行，时时修养，不能一曝十寒地对待修养问题，方可逐渐养成。决不能拔苗助长，没修养到相当的程度，勉强逞能式的自称具有浩然之气，那就是虚假的繁盛。

诐辞知其所蔽

【讲解】

此语出自《孟子·公孙丑上》第二章。"诐辞知其所蔽"，偏激的话知其障蔽在何处。这是孟子所说"知言"的一部分。

淫辞知其所陷

【讲解】

此语出自《孟子·公孙丑上》第二章。"淫辞知其所陷"，过分的话知其失误在何处。这是孟子所说"知言"的一部分。

邪辞知其所离

【讲解】

此语出自《孟子·公孙丑上》第二章。"邪辞知其所离"，邪恶的话知其何处离经叛道。这是孟子所说"知言"的一部分。

遁辞知其所守

【讲解】

此语出自《孟子·公孙丑上》第二章。"遁辞知其所守",隐讳的话知其何处理尽辞穷。这是孟子所说"知言"的一部分。

自有生民以来,未有盛于孔子也

【讲解】

此语出自《孟子·公孙丑上》第二章。"自有生民以来,未有盛于孔子也",自从有人类以来,没有比得上孔子的。公孙丑说:"伯夷、伊尹与孔子都是一等的吗?"孟子说:"不对。自从有人类以来,没有比得上孔子的。"

出于其类,拔乎其萃

【讲解】

此语出自《孟子·公孙丑上》第二章。"出于其类,拔乎其萃",高出同类,超过群体。

以德服人

【讲解】

此语出自《孟子·公孙丑上》第二章。"以德服人",以道德使人信服。

自西自东,自南自北

【讲解】

此语由《孟子·公孙丑上》第二章引自《诗经·大雅·文王有声》。"自西自东,自南自北",来自西,来自东,来自南,来自北。以此来证明以德服人者,由于百姓心中愉悦而真正佩服,使百姓从四面八方聚拢来。

仁则荣,不仁则辱

【讲解】

此语出自《孟子·公孙丑上》第四章。"仁则荣,不仁则辱",行仁政者就荣耀,行暴政者就耻辱。

贤者在位，能者在职，国家闲暇

【讲解】

此语出自《孟子·公孙丑上》第四章。"贤者在位，能者在职，国家闲暇"，贤明之士有地位，能力强者有职务，国家无战事。

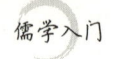

永言配命，自求多福

【讲解】

此语由《孟子·公孙丑上》第四章引自《诗经·大雅·文王》。"永言配命，自求多福"，做事永远合乎天命，就是自求多福。借此阐发祸福没有不是自己招致的。

天作孽，犹可违；自作孽，不可活

【讲解】

此语由《孟子·公孙丑上》第四章引自《尚书·太甲》。"天作孽，犹可违；自作孽，不可活"，天降灾祸，还可以躲避；自己酿制灾祸，就活不成了。借此阐发祸福没有不是自己招致的。

廛而不征，法而不廛

【讲解】

此语出自《孟子·公孙丑上》第五章。"廛而不征，法而不廛"，市场提供场地而不征税，法律不限制交易场地。

四善端

【讲解】

此语出自《孟子·公孙丑上》第六章。"四善端"，指同情之心、羞耻之心、礼让之心、是非之心。孟子认为，同情之心是仁的开端；羞耻之心，是义的开端；礼让之心，是礼的开端；是非之心，是智的开端。

仁者如射

【讲解】

此语出自《孟子·公孙丑上》第七章。"仁者如射"，仁爱的人如同射箭的人。射箭的人先正己而后再发射，箭发出而未中，不怨愤胜于自己的人，反躬自问自己有何不足。

闻过则喜

【讲解】

此语出自《孟子·公孙丑上》第八章。"闻过则喜",听到别人指出自己的过错,就欢喜。有人指出子路的过错,子路就欢喜。子路平生莽撞,但孔子又非常喜欢子路,就因为子路是透明的,做到了"诚""明",知错就改,所以孟子说子路是闻过则喜。

闻善言则拜

【讲解】

此语出自《孟子·公孙丑上》第八章。"闻善言则拜",听到善意的谏言,就拜谢。禹思贤若渴,思善若渴。其根源则在他一心想把人民的事办好,想把国家的事办好,所以一听到有利于国、有利于民的善言,就兴奋,就拜谢。

善与人同

【讲解】

此语出自《孟子·公孙丑上》第八章。"善与人同",善于与人同心同德。大舜圣明,能与民众融为一体。

舍己从人

【讲解】

此语出自《孟子·公孙丑上》第八章。"舍己从人",舍弃自己所好而遵从众人。大舜圣明,能舍弃自己所好而遵从众人。

取诸人以为善,君子莫大乎与人为善

【讲解】

此语出自《孟子·公孙丑上》第八章。"取诸人以为善,君子莫大乎与人为善",从别人那里求取优点使自己做得更好,这是和别人共同做得更好。大舜圣明,善于把众人的优点、长处集中在自己身上。

尔为尔,我为我,虽袒裼裸裎于我侧,尔焉能浼我哉

【讲解】

此语出自《孟子·公孙丑上》第九章。"尔为尔,我为我,虽袒裼裸裎于我侧,尔焉能浼我哉",你是你,我是我,就是赤身裸体在我身边,你又怎能玷污我呢?

孟子用此句阐发君子应自然而然地与人和谐相处又不失大原则。

伯夷隘，柳下惠不恭

【讲解】

此语出自《孟子·公孙丑上》第九章。孟子认为伯夷虽清廉，但不容人，容易"失去所与"，成为孤家寡人。柳下惠宽和、容人，但有些随便，容易失去原则。君子所学的是伯夷之清廉，柳下惠之宽和，而不应学他们至清至察或过于随便、缺乏严肃性等方面。

天时不如地利，地利不如人和

【讲解】

此语出自《孟子·公孙丑下》第一章。"天时不如地利，地利不如人和"，借助天时不如借助地势，借助地势不如做到人和。此处阐发孟子对于战争的基本观点，即"人和"是战争的决定因素。

得道者多助，失道者寡助

【讲解】

此语出自《孟子·公孙丑下》第一章。"得道者多助，失道者寡助"，得行仁道的，拥护的人就多，失去仁道的，拥护的人就少。

父召无诺，君命召不俟驾

【讲解】

此语出自《孟子·公孙丑下》第二章。"父召无诺，君命召不俟驾"，父亲召呼，不能犹豫；国君召见，不等备车，立即前往。孟子本来要去朝见齐王，齐王以自己得了寒病为由，让孟子来朝见。孟子也以自己生病为由未去。齐国大夫景丑认为齐王尊敬孟子，而孟子不尊敬齐王，与礼不符。并以《礼记》所讲的"父召无诺，君命召不俟驾"，表达不同意孟子的做法。

天下有达尊三：爵，齿，德

【讲解】

此语出自《孟子·公孙丑下》第二章。"天下有达尊三：爵，齿，德"，天下共同尊崇的有三种人：爵位高的人、年龄大的人、道德高尚的人。孟子认为天下共同尊崇的有三种人：爵位高的人、年龄大的人、道德高尚的人。

在朝廷没有比尊崇爵位更重要的了，在乡间没有比尊重长者更重要的了，管理社会、为民官长，没有比尊崇道德更重要的了。孟子以此告诉人们既要讲士之气节，又要合乎礼的理由、思维方法。这也是为士之道、处世原则。

好臣其所教，而不好臣其所受教

【讲解】

此语出自《孟子·公孙丑下》第二章。"好臣其所教，而不好臣其所受教"，喜好用听其所教的人为臣，而不喜好用其所受教的人为臣。孟子列举商汤对待伊尹，先向他学，而后请他做臣，所以不须过于烦劳就称王天下；齐桓公对待管仲，先向他学习，而后请他为臣，所以不费太多辛苦就成为霸主。而现在天下（各国）地等德齐，没有能高出一头的，其原因在于各国君主喜好用听其所教的人为臣，而不喜好用其所受教的人为臣。孟子表面在讲礼的运用，实质是讲为士之气节，同时讲了国君当如何对待臣。

无处而馈之，是货之也

【讲解】

此语出自《孟子·公孙丑下》第三章。"无处而馈之，是货之也"，没有理由而馈赠金钱，是收买呀。孟子没接受齐王赠送的金钱，却接受了宋君、薛君赠送的钱财。孟子的弟子陈臻对此表示不解。孟子讲述理由：宋君送的是为其远走他乡准备的盘费，薛君送的是为其戒备不测购置兵器的金钱，都应该接受，而齐国没有馈赠金钱的理由，就是收买，君子不可以被收买。君子所作所为均须合乎礼，即合乎规范。但规范不是教条，看其是否合乎道义。具体事物具体分析，合乎道义的事物就是合乎礼，不合乎道义的事物就是不合乎礼。清白高尚非不接触物质财富。接受他人的财物，只要合乎道义，即合于礼。凡事合于礼，才能立于世。

有官守者，不得其职则去

【讲解】

此语出自《孟子·公孙丑下》第五章。"有官守者，不得其职则去"，有官位的人，不能行使他的职权，就应该离开。

有言责者，不得其言则去

【讲解】

此语出自《孟子·公孙丑下》第五章。"有言责者，不得其言则去"，有进言职责的人，君主不听他的谏议，他就应该离开。

夫既或治之，予何言哉

【讲解】

此语出自《孟子·公孙丑下》第六章。"夫既或治之，予何言哉"，他已经好像善于外交活动，我又有什么话好讲呢？孟子做齐国的卿，出使去滕国吊丧，齐王派盖地大夫王欢作为他的副手。孟子与王欢在往返的路上没有谈过出使的事，公孙丑问其原因。孟子说："夫既或治之，予何言哉？"孟子对自己所厌恶的谄佞之徒，既不以语相责，也不虚假欢迎；既不设机关制约牵制于他，也不吹捧他。不冷不热；不说好，不说坏；不排斥，不交流。这就是孟子对待势利小人的态度。此处重在谈论圣贤如何对待势利小人。

君子不以天下俭其亲

【讲解】

此语出自《孟子·公孙丑下》第七章。"君子不以天下俭其亲"，君子不因为天下之利而俭慢父母。孟子厚葬其母，弟子充虞请教孟子是否所用棺木太好了。孟子的态度是："君子不以天下俭其亲。"如果礼制允许，又有钱财，人们都应尽心竭力地用好棺椁为故去的父母下葬。

人亦熟不欲富贵？而独于富贵之中，有私龙断焉。

【讲解】

此语出自《孟子·公孙丑下》第十章。龙断，即垄断，登于高处而控制全局。孟子辞去官职，齐王欲以国中讲学授其万钟之禄的方式挽留孟子，孟子表达自己非因利而来，非因利而去，更不会因利而复来。此处孟子引季孙语阐明，如不顾行道与否，一味地从不同角度，以不同方式去做齐国的官，都会带有谋富贵之嫌。如与商人垄断市场一样都是为了谋利，毫无道义追求，这样做是卑污的。此处表现孟子与孔子同样急切出仕以行道。但仕而不得行其道则辞仕。辞仕非因利禄不厚，而因齐君尊之不足，用之不够，无利于行道。

隐几而卧

【讲解】

此语出自《孟子·公孙丑下》第十一章。"隐几而卧",伏在几案上。孟子离开齐国,住宿在昼地。有人想替齐王留住孟子,就近孟子座位进言。孟子不回应,伏在几案上。"欲为王留行者"不高兴,孟子以鲁缪公派人表达重用子思作喻,向其表明来者不能为他解决任何问题,因其是一厢情愿,并未得到齐王的指派,也更不能代表齐王对孟子有任何许诺,更谈不上有利于行道,所以孟子说是你拒绝我,还是我拒绝你呢?言外之意,不是我不听你劝说,因为听了你劝说没有用,毫无意义。一言以蔽之,做官不能行道,尸位素餐,圣人不为。

彼一时,此一时也

【讲解】

此语出自《孟子·公孙丑下》第十三章。"彼一时,此一时也",过去是过去,现在是现在。孟子离开齐国。弟子充虞在途中问孟子说:"老师您怎么像不高兴的样子。以前我听老师说:'君子做事不埋怨天,不归罪于人。'"孟子说:"过去是过去,现在是现在。五百年一定有王者振兴有为,王者治世之间一定有辅弼股肱之士显于世。由周太王以来七百多年了,已超过五百年了。以乱世至极的形势而论,现在应是王者兴、圣者出的时候了。天不想天下太平也就罢了,如果想天下太平,当今天下,不用我用谁呢?我有什么不高兴的呢?"此处充分显现其非常自信,自信其施仁布义管理思想的绝对正确。

当今之世,舍我其谁也

【讲解】

此语出自《孟子·公孙丑下》第十三章。"当今之世,舍我其谁也",当今天下,不用我用谁呢?这是孟子对其施仁布义管理思想表示充分自信的豪言壮语。

若药不瞑眩,厥疾不瘳

【讲解】

此语出自《孟子·滕文公上》第一章引自《尚书·兑命》,"若药不瞑眩,厥疾不瘳"，如果药不使病人眼花头晕，病是不会痊愈的。滕文公做太子时，对孟子提出的性善论有兴趣，欲再多闻之。孟子告知说："道只有一个，即尧舜之善道。无论大国小国，概莫能外。但欲行此善道首先得自己有信心，只是不怕别人不可以，还要认真努力地向圣贤学习。要想有所作为就应这样去做。文王是我们的老师，周公也是我们的老师。只要努力地向圣贤学习，滕国虽小，但如能取圣贤之论补己之短，就能把五十里的小国变为仁义之国。"《尚书·兑命》说："如果治病良药不猛烈得使人头昏目眩，是治不好病的。"即一个国家欲改革原有政治，须下大力气，大决心。不能因改革中出现一些问题，就动摇自己的信念和政策。这个信念和政策就是"善"，就是"仁义"。

丧祭从先祖
【讲解】

此语出自《孟子·滕文公上》第二章。"丧祭从先祖"，丧礼要照先祖那样办。滕定公去世，太子派然友向孟子请教丧事之礼。孟子以听闻之言"三年之丧，齐疏之服，飦粥之食，自天子达于庶人，三代共之"告之。于是，滕太子定为三年之丧。父老乡亲、文武百官都不想这样做，引《志》所言"丧祭从先祖"来表达反对之意，即先祖都没有这样做，滕太子这样就违背了先君的做法。

上有好者，下必有甚焉者矣
【讲解】

此语出自《孟子·滕文公上》第二章。"上有好者，下必有甚焉者矣"，在上位者有所喜好，在下位的人只能更喜好。滕太子因父老乡亲与百官不满意的三年丧礼，但又怕他们的主张不能把大事办好，于是再派然友去请教孟子。孟子说："在上位者有所喜好，在下位的人只能更喜好。三年丧礼之事，完全在太子。"滕太子按孟子所言圆满地办理了丧事。此处既指明国君以至天子至于庶人的亲丧之礼的规范，又通过推行丧礼，阐明了统治者只要带头去做，由衷地真诚地去做，无论什么事情都会形成一种良好的社会风气，以此引申到治国理政，更不例外。

民事不可缓也

【讲解】

此语出自《孟子·滕文公上》第三章。"民事不可缓也",管理民众的事不可以放松。滕文公向孟子问如何治国。孟子提出"民事不可缓也",即不给人民闲暇。

昼尔于茅,宵尔索绹

【讲解】

此语由《孟子·滕文公上》第三章引自《诗经·豳风·七月》。"昼尔于茅,宵尔索绹",白天割柴草,晚上搓绳索。孟子引此句说明"民事不可缓也"的意义,即不给人民闲暇。这样既有利于创造物质财富,又能使人民不思造反,安于现状。

为富不仁矣,为仁不富矣

【讲解】

此语出自《孟子·滕文公上》第三章。"为富不仁矣,为仁不富矣",聚敛财富的人就不仁德,行仁施德的人就不聚敛财富。这是孟子引鲁国季氏家臣阳虎所说的话,以此阐述贤君一定恭敬节俭,以礼待下,按国家制度取利于民。

治地莫善于助,莫不善于贡

【讲解】

此语出自《孟子·滕文公上》第三章。"治地莫善于助,莫不善于贡",管理土地,没有比按具体年景支援公家的做法更好了,没有比按定数而贡的做法更差的了。这是孟子引古贤人龙子所说的话,孟子认为按具体年景的十取一之税收取最为允妥,各方面的利益相对均衡。

雨我公田,遂及我私

【讲解】

此语由《孟子·滕文公上》第三章引自《诗经·小雅·大田》。"雨我公田,遂及我私",雨下到公田里,就连及下到我的私田里。引此诗为了说明周代即有井田制。

周虽旧邦，其命维新

【讲解】

此语由《孟子·滕文公上》第三章引自《诗经·大雅·文王》。"周虽旧邦，其命维新"，周国即使是古老的国家，但其思想是革故鼎新的。孟子引此诗句为了说明变革是常理，滕国改革是正常的。

仁政，必自经界始

【讲解】

此语出自《孟子·滕文公上》第三章。"仁政，必自经界始"，仁政一定要从明确分田的地界开始。滕文公派毕战向孟子请教井田问题，孟子说：滕文公想要推行仁政，一定要从明确分田的地界开始。孟子在此提出"井田制"的思想，并阐述真正的爱人亲民的政治就一定要明确各自名分所应得的田地。地界不明确，田地不能按名分落实份额，俸禄不能按职务兑现，含混不清，权势者就容易侵吞弱者的利益。所以不认真对待田地的名分界限者，一定是暴虐的君主与贪官污吏。

无君子莫治野人，无野人莫养君子

【讲解】

此语出自《孟子·滕文公上》第三章。"无君子莫治野人，无野人莫养君子"，没有管理者就没有人去管理劳动者，没有劳动者就没有人去奉养管理者。孟子在此说滕国土地狭小，但也有管理者，也有被管理者。处理好管理者与被管理者的关系是土地管理的关键，也是治理国家的关键。孟子认为"井田制"能够处理好这一关系。

许行

【讲解】

此语出自《孟子·滕文公上》第四章。许行，农家学派代表人物，其与《老子》小国寡民思想相类似。许行认为在滕国推行君民同劳动而自食其力方可谓贤君治国的主张，孟子针对许行的主张，详细阐述了社会分工与供养管理者的必要性、重要性。

劳心者治人，劳力者治于人

【讲解】

此语出自《孟子·滕文公上》第四章。"劳心者治人，劳力者治于人"，劳心的人管理劳力的人，劳力的人被劳心的人管理。孟子针对许行的主张，详细阐述了社会分工与供养管理者的必要性、重要性。孟子提出治理国家，有管理者的事，有劳动者的事。劳心的人管理劳力的人，劳力的人被劳心的人管理，这是社会分工问题，也是国家正常运转的基础。

禹八年于外，三过其门而不入

【讲解】

此语出自《孟子·滕文公上》第四章。"禹八年于外，三过其门而不入"，禹在外治水八年，三过家门而不入。

人之有道也。饱食暖衣，逸居而无教，则近于禽兽

【讲解】

此语出自《孟子·滕文公上》第四章。"人之有道也。饱食暖衣，逸居而无教，则近于禽兽"，人类有其发展规律，吃饱了饭，穿上了暖衣服，闲居无事而不及时教育，那就接近禽兽了。孟子提出解决了基本生活条件后，就要办好教育，稍一松弛，人民的善性就会散佚，恶性就会滋长，所以要抓紧教育。

吾闻出于幽谷迁于乔木者，未闻下乔木而入于幽谷前。

【讲解】

此语出自《孟子·滕文公上》第四章。"出于幽谷，迁于乔木"，（鸟）从深谷迁往高树上。陈良身为楚国人，推崇周公、孔子之道，是英雄豪杰。陈相兄弟拜师陈良几十年，陈良刚刚过世，他们就丢掉自己原来的学说向许行学习，推崇许行为圣人。孟子将其与孔子弟子们为其守丧三年，子贡又独守三年的事进行对比，揭示陈相兄弟背叛师门的错误做法。并以"出于幽谷，迁于乔木"句阐发应向崇高者学习。

物之不齐，物之情也

【讲解】

此语出自《孟子·滕文公上》第四章。"物之不齐，物之情也"，万物不同，是物之常态。陈相认为按照许行先生的做法，市场上物价会都一致，国家将没有欺骗。孟子认为万物不同，是物之常态。要把原本不同的事物规定为一致，天下就将真正混乱无序了。

爱无差等，施由亲始

【讲解】

此语出自《孟子·滕文公上》第四章。"爱无差等，施由亲始"，爱人没有亲疏远近的差别，但都是由亲人开始实施的。墨家学派的夷之想由孟子弟子徐辟引见，拜会孟子。其本身就有沟通儒墨的意愿。孟子找借口说正患病，其实是对夷之为人处世的态度尚未清楚。了解了情况后，当夷之再次求见时，则直截了当地批评了墨家的作为及其指导思想，同时貌似批评实是肯定地指出了夷之孝亲厚葬之事，且由此肯定引出夷之"爱无差等，施由亲始"的命题。

枉尺而直寻

【讲解】

此语出自《孟子·滕文公下》第一章。枉尺直寻，不施展自己的才能只是一尺，而施展自己才能就是八尺了。这里意为没做事显不出才能，出仕则易展风范。枉，屈、抑，指没事做。直，伸、展，指出仕。寻，八尺。孟子弟子陈代引古书上的话"枉尺直寻"，劝孟子出仕，主动拜见诸侯。

志士不忘在沟壑，勇士不忘丧其元

【讲解】

此语出自《孟子·滕文公下》第一章。"志士不忘在沟壑，勇士不忘丧其元"，有志之士不怕弃尸沟壑，勇敢的人不怕掉脑袋。孟子弟子劝孟子出仕，主动拜见诸侯。孟子以昔日齐景公打猎，用羽毛旗召唤管园子的人，其人不来而招杀身之祸的事，以及孔子称赞其人对不合礼的招呼不去，阐发不愿主动拜见诸侯的原因。孟子在此以"有志之士不怕弃尸沟壑，勇敢的人不怕掉脑袋"表明自己的心志。孟子与孔子出仕之道颇为相似相通。但孟子求仕的条件更高些。孟子更注重维护自己的尊严，更要求统治者主动求贤，以礼敬贤。

往之女家，必敬必戒，无违夫子

【讲解】

此语出自《孟子·滕文公下》第二章。"往之女家，必敬必戒，无违夫子"，到了你的夫家，一定要恭敬、谨慎，不要违拗丈夫。孟子在这里指出男、女在礼方面的正确做法。

居天下之广居，立天下之正位，行天下之大道

【讲解】

此语出自《孟子·滕文公下》第二章。"居天下之广居，立天下之正位，行天下之大道"，以天下为家，站在天下仁德的正位，走天下正义的大道。孟子认为这是男子汉大丈夫应做到的。

得志，与民由之；不得志，独行其道

【讲解】

此语出自《孟子·滕文公下》第二章。"得志，与民由之；不得志，独行其道"，得志时，就带人民一同行仁施义，不得志时，自己走正义的大道。孟子认为这是男子汉大丈夫应做到的。

富贵不能淫，贫贱不能移，威武不能屈

【讲解】

此语出自《孟子·滕文公下》第二章。"富贵不能淫，贫贱不能移，威武不能屈"，富贵不能使他放肆无度，贫贱不能使他的节操失守，权势、武力不能使他屈膝服从。孟子认为这是男子汉大丈夫应做到的。

出疆必载质

【讲解】

此语出自《孟子·滕文公下》第六章。"出疆必载质"，（孔子）到另一国去，一定要载有士见君礼的示礼之物。魏国人周霄问孟子，古代的君子是否做官。孟子引孔子的事来做以回答。古书中记载：孔子三个月没有被任用就惶惶不安了，"出疆必载质"。孟子此处强调读书人是要做官的，并且多为积极去做官，走到哪里都不忘面君说道以望见用。

三月无君，则吊

【讲解】

此语出自《孟子·滕文公下》第三章。"三月无君，则吊"，（古代士人）三个月没有官做，就需要慰问。魏国人周霄问孟子，古代的君子做官吗。孟子引公明仪的话"古之人三月无君，则吊"来做以回答。

父母之命，媒妁之言

【讲解】

此语出自《孟子·滕文公下》第三章。"父母之命，媒妁之言"，父母的同意，媒人的沟通。周霄问既然急迫找官做，为什么君子又难于做官。孟子借如果儿女不等"父母之命，媒妁之言"就私会，会遭到父母和众人的轻视，来阐发其观点。光明正大地争取出仕。正路出不了仕，决不走邪路。时也，势也！天也，命也！孟子这一观点与孔子有关观点，多次出现，就是因为重要，概括了古代知识分子的积极性与正义性，以至安贫乐道的精神。

葛伯仇饷

【讲解】

此语出自《孟子·滕文公下》第五章。"葛伯仇饷"，葛，夏诸侯。葛伯仇视送饭的人。《尚书·仲虺》中记载：汤住在亳城时，与葛国为邻。葛伯因没有上供的牲口而不祭祀，商汤派人送去牛羊等祭品。葛伯把牛羊吃掉了，仍然不祭祀。这次的理由是没有祭祀的五谷，商汤派人给他们种地，派老幼给种地的人送饭。葛伯派人抢夺饭菜，还杀了送饭的孩子。于是商汤征伐葛国，之后十一次出征，无敌于天下。孟子以商汤因"葛伯仇饷"而征伐之的例子，揭示若行仁政，天下归之如流水，卫之如金汤。

一齐人傅之，众楚人咻之

【讲解】

此语出自《孟子·滕文公下》第六章。"一齐人傅之，众楚人咻之"，一个齐国人教他，众多楚国人干扰。孟子说，若让齐国人教楚国人学齐国话，"一齐人傅之，众楚人咻之"，即使天天打骂逼他学齐语，也学不成！如把他放在齐国的庄岳街坊几年，即使打骂逼他再讲楚国话，也是不可能的。孟子以此揭示学外国语言的环境非常重要，进而阐发圣贤们尽管以天下为己任，努力去改造社会，但旧环境的影响很大，羁绊着君主不能剜肉疗疾。因此，圣贤的理想不易得以实施。

胁肩谄笑，病于夏畦

【讲解】

此语出自《孟子·滕文公下》第七章。"胁肩谄笑，病于夏畦"，耸起肩膀，装出笑脸去讨好人家，比夏天在田地里干活累多了。这是孟子引用曾子说的话。此处讲为士之气节，"不为臣不见"，即自己是未出仕之士，没有拿君主之俸禄，就不去拜见君主。主动拜访有阿谀之嫌，为士所不齿。

请损之，月攘一鸡，以待来年，然后已。

【讲解】

此语出自《孟子·滕文公下》第八章。"请损之，月攘一鸡，以待来年，然后已"，先减少一些，一个月偷一只，到明年就不偷了。宋国大夫戴盈之与孟子探讨十比一收税的政策，能不能先减少征税，等来年再实行。孟子以偷鸡人"请损之，月攘一鸡，以待来年，然后已"的荒唐说辞作比喻，阐明了应迅速施行仁政。既然认识到以前做法是错误的，就应该立即扭转，不应拖沓。当然从实践的角度看，戴盈之的做法很可能是对的，但孟子此处主要是强调施行仁政不可延缓。

予岂好辩哉？予不得已也。

【讲解】

此语出自《孟子·滕文公下》第九章。"予岂好辩哉？予不得已也。"我哪是好辩争呢？我是不得已呀！其他学派的人都说孟子好辩争，孟子学生公都子问孟子这是为什么。孟子说："予岂好辩哉？予不得已也。"接着阐述了原因。孟子认为不同的历史阶段，人类社会面临着不同的灾难。尧舜禹都是应当时的历史环境而生的英雄。这是时代的需要，历史的需要，也是英雄人物自己的需要。周武王、周公旦也是历史环境给予他们重任。但其后世逐渐无状失范，人民又回到水深火热之中。之后，孔子担当了历史大任，著《春秋》，明纲常，叙人伦，力挽败坏伦常的狂澜。呕心沥血传授仁、礼、中庸之道，倡导"天下均、和、安"的思想。孟子认为孔子的治国兴邦的伟大思想,没有圣王去推行,所以天下邪说横行。杨朱大谈"为我",利天下之事不去作为;墨子主张"兼爱",不分亲疏、君臣,这些都是导致天下孔道不昌,伦常毁亡、民不聊生、哀鸿遍野的根源。所以必须辨明谁是谁非,使孔子思想得以重放光芒,以利天下人有所遵循,恢复纲常伦理;形成良风美俗,几近均、和、安。这个历史阶段的重任就自然地落在孟轲身上,"舍我其谁也"。不能,也不应退缩,所以孟子挺身而出,仗义执言,去完成这个历史使命。所以孟子说:"这哪里是我孟轲好辩论争强胜的问题呢?"而是不能不这样做,而是必须这样去做,才能完成历史使命。此章极鲜明而充分地反映了孟子以天下为己任的高度责任感。

天下之言不归杨,则归墨

【讲解】

此语出自《孟子·滕文公下》第九章。"天下之言不归杨,则归墨",天下的言论,不是杨朱一派,就是墨翟一派。孟子认为圣王没有产生,各诸侯放肆无羁。无位之士胡乱议论,杨朱、墨翟的学说充满天下,"天下之言不归杨,则归墨"。

杨氏为我,是无君也

【讲解】

此语出自《孟子·滕文公下》第九章。"杨氏为我,是无君也",杨朱一派主张为自己,这是目无君长。孟子认为不尊君长的人就是禽兽。

墨氏兼爱,是无父也

【讲解】

此语出自《孟子·滕文公下》第九章。"墨氏兼爱,是无父也",墨翟主张兼爱,这是心无父兄。孟子认为不敬父兄的人就是禽兽。

庖有肥肉,厩有肥马;民有饥色,野有饿莩

【讲解】

此语出自《孟子·滕文公下》第九章。"庖有肥肉,厩有肥马;民有饥色,野有饿莩",厨房里有肥肉,马圈里有肥马,而老百姓满脸饥饿的颜色,原

野里有饿死的尸体。这是鲁国贤人公孙仪说的话，他认为这是率领野兽来吞食人民。孟子认为杨墨的学说不止息，孔子的学说不昭彰，这就是邪恶学说欺骗人民，阻塞仁义之路。仁义之路被阻塞，那就是带领野兽来吃人，这样下去就会人吃人了。孟子为此很忧虑，所以要维护先圣先贤的正道，排斥杨朱、墨翟学说，驱逐他们错误言论，使持邪恶言论的人无有张扬的机会。

作于其心，害于其事；作于其事，害于其政

【讲解】

此语出自《孟子·滕文公下》第九章。"作于其心，害于其事；作于其事，害于其政"，邪恶学说如产生在心里，就会影响所做的工作，如出现在工作中，就会影响做官的质量。孟子认为即使圣人再生，也会赞成他这些言论。

孔子成《春秋》而乱臣贼子惧

【讲解】

此语出自《孟子·滕文公下》第九章。"孔子成《春秋》而乱臣贼子惧"，孔子写成了《春秋》，而使天下叛乱之臣、不孝之子有所收敛。孟子以此阐发必须辨明谁是谁非，使孔子思想得以重放光芒，以利天下人有所遵循，恢复纲常伦理，形成良风美俗，几近均、和、安。同时体现孟子以天下为己任的高度责任感。

正人心，息邪说，距诐行，放淫辞

【讲解】

此语出自《孟子·滕文公下》第九章。"正人心，息邪说，距诐行，放淫辞"，端正人心，熄灭邪恶学说，抵制偏激的行为，驱除错误的言论。孟子欲以此来继承禹、周公、孔子三位圣人，表明自己不是喜欢争辩，是不得已而为之。

陈仲子

【讲解】

此语出自《孟子·滕文公下》第十章。陈仲子，齐国的廉洁之士。陈仲子是齐国的世家大族，他哥哥陈戴在采邑盖地年获禄万钟。陈仲子认为哥哥所得是不义之食而不肯吃，哥哥所住的房屋是不义之室而不肯居住。陈仲子只吃他认为来路清白的食物，几乎饿瞎了眼；不吃别人送给当官哥哥的鹅，宁可失去哥哥、母亲的亲情。孟子认为陈仲子这样就成了孤家寡人了。他的高尚操守又有谁去效法呢？孟子认为，生活在人类社会之中，不沾染世俗社会风气，只能是相对的，不能是绝对的。绝对了就没法去参与管理社会工作，就没办法调动民众去逐渐改造社会。孟子以陈仲子为例论述了任何高洁之士，任何高尚思想，都不应却他人于千里之外，都不能脱离群众。

巨擘

【讲解】

此语出自《孟子·滕文公下》第十章。巨擘，第一位的人物。孟子认为陈仲子是巨擘，但不认为他是廉士。孟子认为为人修养不可脱离人类环境，如到了只有自己是最廉洁、最清白、最高尚之时，那么群众则距之遥遥，没有人站在他一边。他如是普通群众则已，如是官员，他就成了无源之水，无本之木，自然失去了号召力、组织力、调动力。作为管理者，其任务就是带动所辖地区民众，向进步的方向发展。管理者的思想认识能力、自律精神无论如何高超，但其所作所为必须使群众能够接受。这样，才能使群众服从管理，以至共思地方大事。

离娄之明、公输子之巧，不以规矩，不能成方圆

【讲解】

此语出自《孟子·离娄上》第一章。"离娄之明、公输子之巧，不以规矩，不能成方圆"，离娄的好视力，鲁班的技巧，不凭借圆规和角尺，也不能画成方圆。孟子认为工匠做出的器具、器皿必须合乎规矩，不因所逼或利诱而改变自己的规矩，这才算得上行其道、守其道的工匠。

师旷之聪，不以六律，不能正五音

【讲解】

此语出自《孟子·离娄上》第一章。"师旷之聪，不以六律，不能正五音"，师旷的好听力，不凭借音乐的标准，也不能校正宫、商、角、徵、羽。孟子认为音乐家再有特殊天赋，也要有所遵循，要以六律来规范。此处运用比兴手法，引出论证的正题，即尧、舜的治国韬略，不凭借仁政，也是不能治理好天下的。

不愆不忘，率由旧章

【讲解】

此语由《孟子·离娄上》第一章引自《诗经·大雅·假乐》。"不愆不忘，率由旧章"，为了不犯错误就不要遗忘，治国理民都要循行一贯的章程。孟子引此句揭示王道、仁政要真正地落实，只有一颗善心是不够的。还要做到：一要有礼制，即以礼的制度规范去约束一切人。二要借助可以借助的各行各业的职业道德规范，以具体实施先王之道，使社会各行各业、各个阶层的人们都遵守自己应遵守的道德，社会自然就和平、安定。第三，重在用仁人为官。用好各级官员，使之齐心协力行仁政于天下，才能真正使王道布达于百姓之中。

上无礼，下无学，贼民兴，丧无日矣

【讲解】

此语出自《孟子·离娄上》第一章。"上无礼，下无学，贼民兴，丧无日矣"，君上不重礼制，下民不受教育，破坏国家的人屡屡出现，国家就将很快灭亡了。孟子认为如果君不履行君的职责，臣不履行臣的职责，工匠没规矩，农夫不种粮，讲道德的人没道德，老百姓不守礼制规章，国家不亡就是很偶然了。所以治理国家要抓大事，从大处着眼，不要只看物质利益、物质实力，更要注重礼制的贯彻执行，对人民要进行有效的教育，使民风朴实，各安其位，各尽其职，这是最为有效的治国大略。

殷鉴不远，在夏后之世

【讲解】

此语由《孟子·离娄上》第二章引自《诗经·大雅·荡》。"殷鉴不远，在夏后之世"，商朝的借鉴不太远，就在夏朝灭亡的教训中。此句以为一切都应看一看前朝是怎么兴的，怎么亡的，教训就在眼前，何须更遥远的例证。孟子在此阐发治国兴邦的最关键的问题，即君臣各自负起相应的责任，尽心尽力。

行有不得者，皆反求诸己

【讲解】

此语出自《孟子·离娄上》第四章。"行有不得者，皆反求诸己"，凡行事达不到预期目的的，都要反身检讨自己做得够不够。孟子认为行仁要从自我做起。自我要坚决严格行仁，如有做不到、效果不理想，就要从自身找原因，决不能怨天尤人。

永言配命，自求多福

【讲解】

此语由《孟子·离娄上》第四章引自《诗经·大雅·文王》。"永言配命，自求多福"，永合天理而行，就能自己求得多福多寿。孟子认为，一定要相信，自己的仁爱之心、仁爱之举真的端正了，众人就会拥护。这是一条验之不爽的真理。做人、行事永远合乎这条真理，自然诸事顺遂，福寿康宁。

为政不难，不得罪于巨室

【讲解】

此语出自《孟子·离娄上》第六章。"为政不难，不得罪于巨室"，管理国家并不难，不得罪那些世家大族罢了。孟子此处点中了为政之要。做官行政必须得到有影响的大家豪族的拥护、支持，没有他们的支持，政令就行不通，仁德也不会得以弘扬充满天下，以至做不成官。

顺天者存，逆天者亡

【讲解】

此语出自《孟子·离娄上》第七章。"顺天者存，逆天者亡"，顺着这种形势就能生存，逆着这种形势就得灭亡。其内涵是指天下有道义的时代，小德之士敬服大德之士，小贤之士敬服大贤之士；天下无道义的时代，力量小的不得不服从力量大的，力量弱的不得不服从力量强的。孟子在此着重论述了文明社会，大家都服从道德高尚的人；野蛮社会，大家都服从力气大的人。这是天理。如果不如别人，硬是不服，只有消亡。

既不能令，又不受命，是绝物也

【讲解】

此语出自《孟子·离娄上》第七章。"既不能令，又不受命，是绝物也"，既不能指挥别人，又不能接受别人指挥，这是不能存在的人。孟子重在阐述一个国家、一个民族甚或一个人，都要看清周边环境，自己处于什么位置、什么程度，能否带动别人一道发展进步。如没这个能力和力量，那就主动向走在前边者学习、求教。对强大者，无论其曾有过落后的历史，还是曾攻击过别人，都应该认真地向他们学习，只有把他们强大的内核学来，壮大了自己的力量，才是真正的本事。决不能无视环境，无视发展，自我封闭吹嘘。既不是强大的，又不肯积极向强大者学习，这类的国家、民族以至个人都是不可能存在下去的。

上帝既命，侯于周服

【讲解】

此语由《孟子·离娄上》第七章引自《诗经·大雅·文王》。"上帝既命，侯于周服"，上天已经授命于周，只有对周臣服。孟子引此句意在揭示周的强大，使民众臣服。

仁不可为众也

【讲解】

此语出自《孟子·离娄上》第七章。"仁不可为众也"，仁是不可以顽众抵挡的。向强大者学习的核心是学习仁，孟子引孔子语："仁不可为众也。国君好仁，天下无敌。"论证国家、民族、每个人均须以爱人亲民的思想约束自己，积极为人民办事办好事，解决人民的疾苦，真正与民同乐。这样，他就是强大的，无敌于天下的。

谁能执热，逝不以濯

【讲解】

此语由《孟子·离娄上》第七章引自《诗经·大雅·桑柔》。"谁能执热，逝不以濯"，谁能承受热的煎熬，而不洗澡呢？孟子认为假如想无敌于天下而又不去兴仁行仁，就如同想摆脱炎热而不洗澡一样。

沧浪之水清兮，可以濯我缨

【讲解】

此语出自《孟子·离娄上》第八章。"沧浪之水清兮，可以濯我缨"，沧浪的水清啊，可以洗一洗帽子。孟子先引沧浪歌，再加以孔子对学生们的教诲，即水清洗帽子，水浊洗脚，这是水自身决定的结果。接着阐发自己的观点，即人一定先是自己不图强，而后人家才不尊重他；家一定先是自我败坏，而后人家才去损毁它；国家一定先是自我内乱，而后人家才来攻伐。主要为了说明别人对待自己的态度是由我自身修养程度决定的。所以应强调加强自身修养。

夫人必自侮，然后人侮之

【讲解】

此语出自《孟子·离娄上》第八章。"夫人必自侮，然后人侮之"，人一定先是自己不图强，而后人家才不尊重他。

苟为不畜，终身不得

【讲解】

此语出自《孟子·离娄上》第九章。"苟为不畜，终身不得"，如果不蓄积，将一生也得不到。孟子在此重在强调得民心，得民心的指导思想就在顺乎民意，满足民欲。所谓积善成德，就是不断地、持续地满足民之所欲，去除民之所恶，这就是积聚仁德，这就是得民心的根本原则。

自暴自弃

【讲解】

此语出自《孟子·离娄上》第十章。"自暴自弃"，损害自己形象，放弃一切追求。孟子认为讲话违背礼义，就是损害自己形象；行为处事不符合仁义，就是放弃一切追求。自己不尊重自己，放肆无度，不考虑别人的感受与评价；言非礼义，行非仁德，丧失了与生俱来的"善端"；无目标地生活着，此类人即自暴自弃者。孟子认为自暴自弃者即仁义之心已死者。仁义之心已死者，自然就不能心居仁德，而行正义之路。此类人多了，社会自然不安定，更不能持续发展。为了民族的全局，每个人对社会都应有所作为。而欲有所作为，则必须言循礼义，行由仁义，使之逐渐养成自尊自强自奋的精神，对家、国具有高度的责任感，其自然居仁由义。如何才能使之养成自尊自强自奋的精神，需要管理者切实地为其解决必需的生计问题，需要教育家给予其生活的信心，使其内在加强修养。

道在迩而求诸远，事在易而求诸难

【讲解】

此语出自《孟子·离娄上》第十一章。"道在尔而求诸远，事在易而求诸难"，道就在近处而常常向远处追求，事之理本平易而往往向难处探讨。

居下位而不获于上，民不可得而治也

【讲解】

此语出自《孟子·离娄上》第十二章。"居下位而不获于上，民不可得而治也"，在下位的官员得不到上级的支持，就没办法治理好自己所辖的民众。孟子非常注重个人的自身修养，他认为存养善性关键在"诚"，精诚所至，金石为开。那么善性自然充溢身心。善性丰沛，自然父母亲喜悦；父母亲喜悦，信任之友弥众；信任之友多了，上级官长自然会支持他；他得到了上级官长的支持，方能当好官，管理好民众。所以做好官的根本在"诚"。即使现代人，无论做什么工作，需要的最好的品质，仍然是"诚"。因为做到了"诚"，一切善心义举、责任心、义务感都会随之而生。

西伯善养老

【讲解】

此语出自《孟子·离娄上》第十三章。"西伯善养老"，我听说文王善于赡养老人，养老，本为赡养老人，此意为尊敬老年贤达。伯夷、姜太公是商末大贤，年高望重，因"西伯善养老"，同归周文王，带动全国民众离商向周。孟子借此事阐发年高有德者具有重大影响力。为政者如得到他们的拥戴，就将得到天下人的拥戴。年高有德的贤达，既贤明，又无个人名利干扰，察政观人皆从大局出发，公允中庸，所以一国一邦的老贤达审视是非的标准，就是天下人的标准。他们拥护谁反对谁就是全体人民的指向。所以欲为政有所作为者，就需要得到所在环境的老贤达的支持与帮助。

率土地而食人肉，罪不容于死

【讲解】

此语出自《孟子·离娄上》第十四章。"率土地而食人肉，罪不容于死"，带领土地来吃人肉，死有余辜。孟子认为不推行仁政而聚敛财富，还为争地

盘而杀人，这都是所讲的带领土地来吃人肉，死有余辜。孟子揭示制造战争者，挑拨离间者，乱砍滥伐者，构成了战国时期现实的悲哀以及未来的悲哀。所以说孟子很有见地，指出了这三个关系国计民生的大问题，要人们警醒认识它的本质，以唤起社会的抵制。

听其言也，观其眸子，人焉廋哉

【讲解】

此语出自《孟子·离娄上》第十五章。"听其言也，观其眸子，人焉廋哉"，听他的言语，观察他的瞳孔，邪正都不能掩藏。孟子认为包含人的本质之处，没有比瞳孔更为集中的了。瞳孔不能掩盖他的罪恶。胸中端正，瞳孔就敞开明亮；胸中不端正，瞳孔就躲闪昏暗。一般人，听他的言语，观察他的瞳孔，邪正都不能掩藏。

恭者不侮人，俭者不夺人

【讲解】

此语出自《孟子·离娄上》第十六章。"恭者不侮人，俭者不夺人"，恭敬人的人不侮辱别人，俭朴的人不侵夺别人。此处孟子深入地论述了"恭俭"二德的含义。不侮辱人、不侵夺人，天下人心就顺服。既不尊重人，又夺取人家的利益，天下人心就叛离他。统治者真有决心修养恭俭二德，则必须从自身言行做起。如只是口头说说恭俭，那是无济于事的。

男女授受不亲，礼也；嫂溺，援之以手者，权也

【讲解】

此语出自《孟子·离娄上》第十七章。"男女授受不亲，礼也；嫂溺，援之以手者，权也"，男女不直接给予与接受，是礼；嫂子落水，用手去拉，这是权宜之计。孟子认为礼是为人行为规范而立，为人们利益而设，一般讲人们都应恪守不贰，但出现了特殊情况，绝不该因拘泥礼而不救人性命。可贵的是孟子两千多年前就能缜密地阐明了"礼"与"权"的关系，既要人们守礼，又要人们具体问题具体对待，教育人们勿因死守理论，而忽视了礼的规范是为民利、为国利而设的实质。

古者易子而教

【讲解】

此语出自《孟子·离娄上》第十八章。"古者易子而教",古时君子交换儿子进行教育。孟子认为君子应易子而教。尤其自己无法对娇惯之子进行教诲。如请别人严加管束,往往见效。古人深晓此道。而请高超修养者教子,效果更佳。孟子此论对后世学校教育的发展也有启迪作用。

事亲守身

【讲解】

此语出自《孟子·离娄上》第十九章。事亲,养亲,孝敬父母亲。守身,守护自己的身心,守护自己的善性别丢失了。孟子认为天下的事最大的就是奉养父母,欲奉养父母,自己就必须坚守善性,不可丧失节操,不可悖谬情理,不可违犯公法。不然,众人白眼,甚至唾骂,或深陷囹圄,又怎么去奉养父母。偷窃的食物,枉法所得的金钱,父母食而不得下咽,用而身心颤抖。这是陷父母于不义,拉父母去做强盗。所以欲孝敬父母,就要加强自身修养,修养得愈好,父母亲心情愈愉悦。保护好自身不受伤害,不使父母伤心,这也是孝敬。恭敬别人,与他人友善就不会招致侮辱,就不会受到伤害。所以真正的孝子时时刻刻尊重他人,谦逊谨慎。只有如此,才能使父母得到安宁、平和。孟子此论至真至大,不但影响两千多年的人类文明,还将继续影响人类文明的纯化与进步。孟子把孝亲与社会和谐统一起来研究,并认为是一体不可分的,其实质是把社会和谐的重任分解到每个家、每个人。诚如孟子所论而为之,社会就能持续和谐。

养口体者

【讲解】

此语出自《孟子·离娄上》第十九章。"养口体者",供养父母口体的做法。曾元奉养曾参,一定有酒有肉。将撤下时,并不问父亲剩下的给谁,如曾参问"还有吗",曾元就说没有了,计算留着下次再给曾参吃。孟子认为这是所说供养父母口体的做法。

养志者

【讲解】

此语出自《孟子·离娄上》第十九章。"养志者",奉养父母的心志。曾子奉养曾皙,一定有酒有肉。每餐用后,将撤下时,一定问父亲剩下的给谁。如曾皙问还有吗,一定回答说有。孟子认为曾子奉养曾皙,就是奉养父母的心志。奉养父母,不只是给吃的、住的,而是由衷地怀有敬爱的情感。事事处处都充溢着对父母亲感恩不已的心情。到父母老年时,尤其要理解他们的感情。父母食用佳肴,总喜欢给孙儿辈吃一些。如果儿子只考虑多给父母用一点,就不给小孩子吃,那效果恰相反,老人反而会心里不痛快。孟子写曾子善解父亲曾皙之意,真是孝道典范。因为曾子是孝亲之心,即孝顺父亲的心,而不只是孝养父亲的体。孟子此处把孝亲之道升华了一大高度,真是为后人树立了孝亲的楷模。

格君心之非

【讲解】

此语出自《孟子·离娄上》第二十章。"格君心之非",端正君主思想的谬误。孟子认为正君是治国的根本,正君之心,则是治国根本的根本。孟子告诉世人欲使君永远正,永远起楷模作用,必须心正无邪,怎么才能使君心中永远无邪,要"格君心之非"。这要靠大修养的大人君子去完成。其实也是孟子坦言,国君就需要他那样的大德之人去开导去教化。

君仁莫不仁,君义莫不义,君正莫不正

【讲解】

此语出自《孟子·离娄上》第二十章。"君仁莫不仁,君义莫不义,君正莫不正",君主能行仁,人民没有不行仁的;君主能行义,人民没有不行义的;君主端正了,人民就没有不端正的。孟子此处抓住了治国理民的关键,即君在全国的表率作用。

不虞之誉,求全之毁

【讲解】

此语出自《孟子·离娄上》第二十一章。"不虞之誉",不可预料的荣誉。

"求全之毁",求完善而招致之诽谤。孟子认为荣誉、毁谤都有非正常而得者,所以评价一个人就不要只凭表面的荣誉、毁谤而下结论。

人之患在好为人师

【讲解】

此语出自《孟子·离娄上》第二十三章。"人之患在好为人师",人的祸患,在于喜好做人家的老师。孟子认为不具备高尚的道德和渊博的学识,却喜好做别人的老师,这是不足取的。

不孝有三,无后为大

【讲解】

此语出自《孟子·离娄上》第二十六章。"不孝有三,无后为大",不孝之事有三点,不娶妻生子断绝后代是最大的不孝。古代由蒙昧、野蛮过渡到开化、文明社会,所经过的时间是漫长的。为建立文明社会新秩序,周公、孔子、孟子连续奋斗了八百年。先哲充分认识到全社会的和谐安定,依赖每个家庭的和谐安定。所以孔子认为孝是仁义道德的根本,孔孟又都提出养老敬老的重要性,就是强调每个家庭的和谐。而此章孟子特别提出了没有后代是最大的不孝,其意义在于每个家庭能持续发展,整个国家就能持续发展。所以孟子实际的忧虑是对国家、民族能否持续发展的忧虑,也是把社会的忧虑分解到每个家庭的问题。

仁之实,事亲是也

【讲解】

此语出自《孟子·离娄上》第二十七章。"仁之实,事亲是也",仁的根本,就是孝敬父母。孟子认为使人们充分认识到行仁行义、施礼举乐与孝亲爱兄是一致的,就容易落实。一切美德的核心都是孝。

舜尽事亲之道,而瞽瞍厎豫

【讲解】

此语出自《孟子·离娄上》第二十八章。"舜尽事亲之道,而瞽瞍厎豫",舜尽了侍奉父母之道,而使顽父瞽瞍达到满意。孟子以此阐述为了取天下而不尽孝是不对的,取了天下也不值得;为了孝敬而不做国事也不是真正的孝敬。

一言以蔽之，与父亲母亲都处不好的人，还能做好什么事呢？

先圣后圣，其揆一也

【讲解】

此语出自《孟子·离娄下》第一章。"先圣后圣，其揆一也"，先代圣人、后代圣人，他们的治国纲常是一致的。孟子所论舜与周文王生不同地，行不同时，而由于同为圣人，所作所为完全契合，遵行之道皆为仁义。进而寻出一个真理，无论历史发展到多少年以后，凡圣贤治国理民必行仁义之道，行仁施义是历史长河中的圣贤一贯的作为。反之，无论何时何代，对人民不讲仁义者，那就不是圣贤。而待民仁义，"若保赤子"是治民者永恒的主题。孟夫子大哉！其所论至今而不爽。

君子平其政，行辟人可也

【讲解】

此语出自《孟子·离娄下》第二章。"君子平其政，行辟人可也"，统治者如果公平施政，行路时鸣锣令人让路都可以。郑子产主郑国之政，用他乘坐的车在溱水、洧水渡人。孟子认为郑子产只以自己本人助人涉水，只为求得一点小感激，而不从大事着手去根本解决全体民生问题，那就不是好的执政者。好的执政者应该"纲举目张"。

为政者，每人而悦之，日亦不足矣

【讲解】

此语出自《孟子·离娄下》第二章。"为政者，每人而悦之，日亦不足矣"，当官的人，想取悦于每个人，全局的事就没时间去做了。

君之视臣如手足，则臣视君如腹心；君之视臣如犬马，则臣视君如国人；君之视臣如土芥，则臣视君如寇仇

【讲解】

此语出自《孟子·离娄下》第三章。"君之视臣如手足，则臣视君如腹心；君之视臣如犬马，则臣视君如国人；君之视臣如土芥，则臣视君如寇仇"，（孟子告诉齐宣王）国君把臣子当作手足，那么臣子就把国君看作心肝；国君把臣子当作狗马，那么臣子就把国君看作一般人；国君把臣子当作土块草棍儿，那么臣子就把国君看作敌寇强盗。这是孟子对孔子"君使臣以礼,臣事君以忠"论说的发展与生动形象化。

谏行言听

【讲解】

此语出自《孟子·离娄下》第三章。"谏行言听",认真纳谏,听从善言。此处孟子提出君主用人要有三礼:一礼"谏行言听,膏泽于下民"即有作为者所言必耐心听其讲说,可用之策要付诸实施,重在君主要把有作为者的利民惠民思想变成人民的实际利益。孟子在这一点上点中了儒士求仕者的关键所求。出仕非为利禄,非为显耀,而是为了行道。孟子于此就是讲统治者使有作为者之道得以实施就是最大的礼遇。二礼,一时政见不和,有作为者想离开,君主就安排有关部门,使之方便出国,并派人先到所去之地,介绍其贤德之能。君主爱才用才,不能因一时政见不同,就彻底否定人才的价值,要尊重人才,离开自己也要尊重,与人方便,使有作为者情义不断,自然有回归的可能。三礼,离开三年以内,仍保持其原有经济利益。这与"二礼"合在一起,真是留住人才的好办法。

非礼之礼,非义之义,大人弗为

【讲解】

此语出自《孟子·离娄下》第六章。"非礼之礼,非义之义,大人弗为",不符合礼的那种礼,不符合义的那种义,大人君子是不遵守的。孟子认为不是真正礼的礼,就是假礼,不是真正义的义,就是假义。真正的君子决不因其打着礼义的旗号就受其欺骗蒙蔽。而大人君子更不能自己去搞假礼假义。此语既是对大人君子的褒扬,也是在坚定大人君子的正确立场。

中也养不中,才也养不才

【讲解】

此语出自《孟子·离娄下》第七章。"中也养不中,才也养不才",规范的人包容化育不规范的人,有才干的人包容化育没才干的人。孟子认为贤父兄、贤师长之所以为人所乐,就在于能诲人去恶,导人从善。如抛弃了这种职能与价值,当然就会浑然如常人,也就没什么可取可敬之处了。大凡人生于天地间，总须有安身立命之长处；如舍弃了自己的长处，价值何在？管理者如不好好管理，教育者如不好好施教，劳动者如不好好劳动，就家将不家，国将不国。各行各业的优秀人士都有化育培养青年人成长的义务，实现这个义务是光荣的，也是自己价值的实现。

人有不为也，而后可以有为

【讲解】

此语出自《孟子·离娄下》第八章。"人有不为也，而后可以有为"，人要有所不为，然后才能有所作为。此处孟子意在阐发有所不为，不为什么？不为违礼违义之事，时时、处处、事事以礼范身，以义规心，真正做到了"居仁由义"。这样的君子仁人才可以有所爱民施惠之作为。如果官员自身缺乏自我约束，甚至肆无忌惮盘剥百姓，他就不会有什么利民的作为。

言人之不善，当如后患何

【讲解】

此语出自《孟子·离娄下》第九章。孟子说："说别人的不好，该怎样对待后患呢？"此处孟子意在阐述说人家不好，说人家坏，人家不一定是坏。那么"言人之不善"就是制造矛盾，挑起事端，当然会引起祸患。这是很棘手的问题。不是讲，他人行为不轨不端，还不能如实讲，还得说他是好人，而是说不负责任地随便讲人家坏话，就会惹火烧身。

仲尼不为已甚者

【讲解】

此语出自《孟子·离娄下》第十章。"仲尼不为已甚者"，孔子不做过分的事，不讲过头的话。孔子在维护仁、礼大原则基础上，处理问题、对人、对己的要求都是本中庸之道而行之，无过无不及。孟子说"仲尼不为已甚者"，可见孟子是最深刻理解孔子的人。

大人者，言不必信，行不必果，惟义所在

【讲解】

此语出自《孟子·离娄下》第十一章。"大人者，言不必信，行不必果，惟义所在"，大人物，说话不一定都讲信用，做事不一定都有结果，只要合

乎道义即可。此处所说的大人者，实为统治者，起码是诸侯下边的卿相级别的主政者，类似郑子产、季孙氏、晏婴等。孟子认为这样有大影响的大人物不必在小是小非上讲究"信、果"，而要在大多数人的利益上做到仁义。大人要抓大事，人民不要在小事上去苛求他们。要看大局，要看对全体人民大利益的态度与实际作为。君有君道，臣有臣道，民有民道。

大人者，不失其赤子之心者也

【讲解】

此语出自《孟子·离娄下》第十二章。"大人者，不失其赤子之心者也"，大人物，应是没有丧失待民的纯真良心的人。孟子认为统治者应该比一般人高尚，但归根结底不外乎不丢掉本来的善性。而对待人民群众无须如何复杂的方法与规章，如能以人类本真的善性去待民，天下自然能治理得好。孟子所论是突出强调当官者一定要本着善心善念对待人民，不然，他就是不合格的统治者。其实，古时也不是只以善良之心就可以治理好天下的，但统治者的善心善念是治好天下的根本。

养生者不足以当大事，惟送死可以当大事

【讲解】

此语出自《孟子·离娄下》第十三章。"养生者不足以当大事，惟送死可以当大事"，平常奉养父母不能够算最大的事，只有父母临终前不能自理时的由衷敬养才是最大的事。《论语·为政》："生，事之以礼；死，葬之以礼、祭之以礼。"事父母之生与事父母之死，孔门师生认为尽孝的程度应是相同的。此处孟子把孝的程度又加深了一些，孝不但只是平常"能养"，而且要很好地送终，很好地纪念，这才称得上孝之大事。"送死"的本真含义，是满怀敬意地侍奉毫无能力的将死的父母。比较而言，这比平常侍奉父母是更大的事，更难的事。

左右逢其原

【讲解】

此语出自《孟子·离娄下》第十四章。"左右逢其原"，源源不断，左右俱宜，此处意为知识修养达到融会贯通，取不尽、用不竭的程度。孟子认为君子以道为标准加深修养，目的是使自己成为有道君子。无论做学问，还是修养道德，必须自得。何谓自得，自己真正领悟道的精髓。学习文化知识也同样，只有一步一步坚实地刻苦用功，才会掌握知识的精华。用时自然显得精通，操作顺畅，而后才能使道德修养达到纯正无邪的境地。知识修养达到融会贯通，取不尽、用不竭的程度。所以孟子说，真正的君子都渴望尽心力于修养治学，以达到悟道自如的境界。

以善养人，然后能服天下

【讲解】

此语出自《孟子·离娄下》第十六章。"以善养人，然后能服天下"，用善教养培育人，然后能使天下人服从。"以善养人"，其实就是以善教化人、教育人，使善心善念广被海内，使人们明辨是非、善恶，而后自然去恶趋善，"以善服人者"周围就会群聚而拥护之。这就是"得道多助"了，自然不战而胜，即"能服天下"。

言无实不祥

【讲解】

此语出自《孟子·离娄下》第十七章。"言无实不祥"，违背事实的话不祥。孟子认为讲话夸大其实，甚或无中生有，虚假报告成绩，最终结果是很糟糕的。而这种不实之言的恶果，应由颠倒黑白压抑贤者的人吞食。撒谎，说假话，一般事损失也很大，但损失最大的是把贤人诬为坏人，把小人说成君子，用小人伪装的君子以治人民。这类不实之不祥，患莫大焉！孟子此论可能有针对性地提出用人不实、不祥之甚。

声闻过情，君子耻之

【讲解】

此语出自《孟子·离娄下》第十八章。"声闻过情，君子耻之"，名声超过了实际，君子以之为羞耻。孟子意在表达没有学术根基的学术暴发户或没有群众基础的贪官污吏，都犹如无源之雨水，一时过后，就干涸了。表面虚伪的名声与其实际本事不相符，是最可耻的事情。

人之所以异于禽兽者几希

【讲解】

此语出自《孟子·离娄下》第十九章。"人之所以异于禽兽者几希",用来区别人与禽兽之处很少。孟子认为人与禽兽差别就一点,人能行仁义,禽兽不能。一般人对仁义有所丧失,而君子固守仁义。而舜又高明一等,明察众物,通晓人伦秩序;仁义融于身心,举手投足皆仁义,不是照仁义去做事。此处孟子把人类社会的人分为四等:一是圣人,舜式的人物;二是君子;三是普通人;四是禽兽式的人。普通人可以教化促其加强善性;君子照仁义行事,但尚未达到被仁义浸化的程度;圣人与仁义为一体,前后左右,俱合仁义。

禹恶旨酒而好善言

【讲解】

此语出自《孟子·离娄下》第二十章。"禹恶旨酒而好善言",禹厌恶美食美酒,而喜欢仁善言语。此处所述禹厌恶美食美酒,而好善言;汤执中道而不偏不倚,各等贤人皆能为我所用;文王把百姓视为受伤害的群体,应永远抚恤他们,总怨自己没能很好地去关爱他们;武王对周围的人们尊重,不轻慢,也不忘掉对远方臣民的关爱。其实这是禹、汤、文、武三代四王所共有的美德与治国方略。而周公上继三代四王光辉德操与治国方略,所以周公思想,尤其《尚书·周书》部分的思想是三代四王与周公的五圣治国理民思想的凝聚。

汤执中,立贤无方

【讲解】

此语出自《孟子·离娄下》第二十章。"汤执中,立贤无方",汤坚守中的原则,不用固定范式衡量贤人。

文王视民如伤,望道而未之见

【讲解】

此语出自《孟子·离娄下》第二十章。"文王视民如伤,望道而未之见",周文王总认为人民有待抚恤,总以善道待民,又总是感觉自己未能完全践行善道。

武王不泄迩，不忘远

【讲解】

此语出自《孟子·离娄下》第二十章。"武王不泄迩，不忘远"，周武王尊重身边的人，不忘远处的人。

周公思兼三王，以施四事

【讲解】

此语出自《孟子·离娄下》第二十章。"周公思兼三王，以施四事"，周公想兼修夏、商、周三代圣王之德，而践行禹、汤、文、武之政。

君子之泽，五世而斩

【讲解】

此语出自《孟子·离娄下》第二十二章。"君子之泽，五世而斩"，君子德泽的直接影响，五辈以后就会消失了。孟子说："君子德泽的直接影响，五辈以后就会消失了；小人劣迹的直接影响，五辈也消失了。我未能做孔子的弟子，我自己向人学习的啊！"此言表明孟子叹惋未得为孔子之徒；孟子沾沾自喜，毕竟得到了孔子未断德泽的滋润；孟子向世人宣告，他是孔子的正宗思想的传人。

逄蒙学射于羿

【讲解】

此语出自《孟子·离娄下》第二十四章。"逄蒙学射于羿，尽羿之道；思天下惟羿为愈己，于是杀羿"，逄蒙向后羿学习射箭，学尽了羿的射法；想天下只有羿能超过自己，于是杀掉羿。孟子以子濯孺子与庾公之斯间的事情来反论羿也有错。羿本为"不修民事，而淫于原兽"之徒，抛弃贤人，重用坏人，被家丁"杀而烹之"。这样的人，虽授箭法予逄蒙，逄蒙杀了他，自然不完全是逄蒙的罪过。羿也是咎由自取，逄蒙当然也是无恩无义的禽兽。

抽矢，扣轮，去其金，发乘矢而后反

【讲解】

此语出自《孟子·离娄下》第二十四章。"抽矢，扣轮，去其金，发乘矢而后反"，抽出箭来在车轮上敲掉了箭头，射了四支没头的箭而后回去了。

郑国派子濯孺子侵卫，却病。卫国派庚公之斯驱赶他们。当子濯孺子得知追赶的人是庚公之斯时，认为自己还能活下去。因庚公之斯是向尹公之他学的射箭，尹公之他是向子濯孺子学的射箭。而子濯孺子知道尹公之他是端正无邪的人，他选择的朋友、弟子也一定端正无邪。最后，果然庚公之斯没有伤害子濯孺子，但为了完成国君交办的任务，"抽矢，扣轮，去其金，发乘矢而后反"。孟子认为尹公之他是端正君子，与子濯孺子的正派无邪自然有关。自身端正，择友慎交，选善良之士而传艺能，代代相因，善风善泽广被大地，自然善果累累。上善待下者，其中隐含着上善待其上的榜样感召作用，如此，下自然善待其上。父慈子孝，君礼臣忠，父与子关系处得好的榜样力量在于父本身就是孝子；父不孝，令其子孝是不易做到的。君对自己的长辈、对前任之君的态度就是臣下的榜样。所以羿被徒弟杀而烹食之，是不奇怪的。而庚公之斯不杀子濯孺子也是正常的。

西子蒙不洁，则人皆掩鼻而过之

【讲解】

此语出自《孟子·离娄下》第二十五章。"西子蒙不洁，则人皆掩鼻而过之"，最美的西施女如沾染了污浊之物，人们也都捂上鼻子快速离开她。孟子认为在品性、情操修养方面贵在终生坚持不辍。以前修养即使有很高成就，但出了错误，别人也自然地远离开。孟子强调了两点：一是很有成就的人也不能放松对自己的要求，要一生一世始终坚持自己的修养，严格规范自己。二是不能以固定不变的眼光看待恶劣之徒，对他们加强教育与影响，他们也会改恶从善的。

虽有恶人，斋戒沐浴，则可以祀上帝

【讲解】

此语出自《孟子·离娄下》第二十五章。"虽有恶人，斋戒沐浴，则可以祀上帝"，即使是恶劣之徒，经过修心沐浴，就可以参与祭祀天帝。

天下之言性也，则故而已矣

【讲解】

此语出自《孟子·离娄下》第二十六章。"天下之言性也，则故而已矣"，天下人议论万物之性，循其原本状态罢了。孟子强调只有循万物固有的规律去努力做事方见成效。不顾国家、民族根本利益，而只是为自己出人头地，巧舌如簧地唬、骗、诈、惑别人的智者，孟子认为绝不能重用。而顺乎人性人伦，合于天道民心地为国家、人民做事者，孟子认为越有智慧越好。

礼，朝廷不历位而相与言

【讲解】

此语出自《孟子·离娄下》第二十七章。"礼，朝廷不历位而相与言"，礼制，在朝廷不能越位而互相交谈。孟子认为参加丧礼者均须诚于中而肃于外，决不能开玩笑式地参加丧葬之礼。参加丧葬之礼的达官贵人要以谦卑的姿态去致丧葬之礼，向亡者家属致抚恤意时，要离其位以揖致诚。据此而言右师王驩本应谦诚地向公行子一家致哀表恤，而他却忘了哀悼场所之礼，要将哀悼之地作为他逞威风之所。一些谄媚之徒迎合了他的虚荣心，而孟子泰山岿然，以礼而行。右师本来违礼，反而扬言孟子不尊。这是无教养的权势者的丑恶嘴脸的暴露。孟子以"礼，朝廷不历位而相与言"表明了自己的态度和立场。

君子所以异于人者，以存其心也

【讲解】

此语出自《孟子·离娄下》第二十八章。"君子所以异于人者，以存其心也"，君子不同于一般人之处，就在于君子能存养心性。孟子认为君子能存心养性，存仁、礼之心，而普通人就丢掉了仁、礼之心。同时也揭示出君子应更加严于律己，不能把自己等同于一般的百姓。只有如此，才能高于民众，才能领导民众。

爱人者，人恒爱之

【讲解】

此语出自《孟子·离娄下》第二十八章。"爱人者，人恒爱之"，爱别人的人，人们总是爱戴他。孟子强调管理者真正关爱民众，才能得到民众长久的关爱。

敬人者，人恒敬之

【讲解】

此语出自《孟子·离娄下》第二十八章。"敬人者，人恒敬之"，尊敬别人的人，人们总是尊敬他。孟子强调管理者真正尊敬民众，才能得到民众长久的尊敬。

禹、稷、颜回同道

【讲解】

此语出自《孟子·离娄下》第二十九章。"禹、稷、颜回同道"，禹、稷、颜回所持之道是一样的。孔子称禹、稷、颜回都是贤人。孟子认为虽然三者所处时代不同、所在职务不同，但其贤圣的本质是一样的。孟子也借此表明许多未能有机会出仕者，绝不是都比当官者能力差，时也！势也！

世俗所谓不孝者五

【讲解】

此语出自《孟子·离娄下》第三十章。"世俗所谓不孝者五"，社会所说的不孝的人有五类。公都子问孟子，全国都说匡章不孝，为什么孟子对其很礼貌。孟子说社会所说的不孝的人有五类，即四体懒惰，不顾养赡父母，是一不孝；赌博酗酒，不顾养赡父母，是二不孝；喜欢聚货敛财，偏私妻子儿女，不顾养赡父母，是三不孝；放纵耳目的欢娱，而为父母带来耻辱，这是四不孝；逞勇好斗，以致危及父母，这是五不孝。而匡章是因为与父亲互相督促行善而产生了矛盾。互相督促行善是朋友之间的原则；父子之间督促行善则容易伤害亲情。而匡章因得罪了父亲，于是休了妻，赶走了儿子，终身不想叫儿子奉养，他认为不如此，罪过就更大了。匡章就是这样的人罢了！此处体现孟子具体问题具体分析的观点，匡章在国人眼中是不孝之徒，而孟子能根据其具体情况对待他。这也是教人如何识别人、了解人的具体方法。

王使人瞷夫子，果有以异于人乎？

【讲解】

此语出自《孟子·离娄下》第三十二章。"王使人瞷夫子，果有以异于人乎？"国君派人窥察先生，真的具有与别人不同之处吗？储子说："国君派人窥察先生，真的具有与别人不同之处吗？"孟子说："有什么不同于别人之处啊？即使尧舜与一般人也是相同的啊！"孟子以此揭示古圣先贤表面上与常人无异，所差只是心存仁义，还是不存仁义；所行仁义，还是不行仁义。这就是舜、君子与普通人的区别。

齐人有一妻一妾而处室者

【讲解】

此语出自《孟子·离娄下》第三十三章。"齐人有一妻一妾而处室者",齐国有个人与一妻一妾组成一家。丈夫天天外出,而一定是吃饱了酒肉之后回来。后来妻妾二人发现其夫是每日到坟地里,乞讨祭祀后的供品而食饱。妻妾二人互相哭泣。孟子以此故事对以无耻手段求官求禄者嬉笑怒骂,无情鞭挞。孟子认为违背自己高尚的志向去做官,那就是好图俸禄酒食而已;而求得官位的手段卑鄙,不要人格,那就是乞酒食于乱坟之中者。此类摇尾乞怜者,掩藏着自己卑污的灵魂、丑陋的嘴脸,且对自己的妻妾耍威风,摆阔气。此类官场小丑,多么无耻,可怜,可悲!此章警诫世之读书求仕者,千万别堕入此类小丑之列,为人要讲廉耻,要讲气节,要堂堂正正做人,公正廉洁为官。

舜往于田,号泣于旻天,何为其号泣也?

【讲解】

此语出自《孟子·万章上》第一章。"舜往于田,号泣于旻天。何为其号泣也?"舜到田地里劳作,向高天号泣,他为什么号泣呢?这是万章问孟子的话。古人认为父母对子女的看法很重要,父母都不肯定的人,是难于立足于世的。子女很难一生不移地孝敬爱慕自己的父母。而舜就做到了"终生慕父母"。舜的父亲瞽瞍刁钻古怪,异母弟象凶险恶毒,多方陷害舜。而舜百般努力孝敬父母,对父与弟的反复伤害,一再原谅,还是得不到父母的欢心。他百思不得其解,又不能向别人诉说父亲、弟弟的卑劣,所以只好到田野对天号哭。而号哭也不是怪罪父母,是因为解释不通、解决不了而发悲声。这样就赢得了尧帝的敬重和肯定,不但派九子助舜,派臣子带着粮食和牛羊支持舜,而且将两个女儿嫁给舜。如果舜有了这些好条件后忘乎所以,不理睬不讲理的父母了,那他就不是舜了,而尧帝也就看错人了。舜不因为尧帝让其天下,万众归心,美女贤妻,就不去寻求"顺于父母"之方。舜总是从自身找原因,以至一生无懈怠。舜的父亲与弟弟仍然加害于舜。即使这样,舜仍是自审自察，从不怨恨父母，孝到极致。因此孟子称其为大孝。这样的父母考验出的大孝之人，才是尧帝钟爱的传位者。因为古人认为孝悌可移为对国君之忠，对国事之诚。忠诚之士，治国理民，自然以直道待人，爱人亲民、保民。民得其益，当然由衷拥戴之。

舜之不告而娶，何也？

【讲解】

此语出自《孟子·万章上》第二章。"舜之不告而娶，何也？"舜不请示父母就娶亲，是什么原因呢？这是万章问孟子的话。孟子认为娶妻要告知父母，这是有利于办好婚事的大原则，但舜知父母顽劣不化，告知就办不成婚事了。为了维护人伦大原则，就不能告知他们，面对此类父母，不告反比告知好，那就不告。这就是儒家思想原则性和灵活性相一致的具体体现。

象日以杀舜为事，立为天子，则放之，何也？

【讲解】

此语出自《孟子·万章上》第三章。"象日以杀舜为事，立为天子，则放之，何也？"象每天都把谋杀舜作为他的大事，而舜立为天子后却仅流放了象，这是为什么？舜弟象屡行害舜之毒计，而舜有了天子位，不但不追究其罪恶，反而把象安置在有庳那个地方，实际上是去安享贡税了。一般人不理解，故万章发问。孟子认为象与其父屡害舜，并未论及象害大公之事，舜谅解象之事限于兄弟之间，这是一；其二，舜并未公然地把象封于有庳，而是宣称把象放到那里，实际上也真的不让象管事，以避免他乱来，防止有碍民利民心。所以让别人代为管理，象只得享用税贡而已。这既体现了舜的仁亲，又体现了舜的爱民；既照顾了歹弟的利益，又不使象的恶劣行径害民；既不使私情害大公，也不因大公灭私情。

永言孝思，孝思维则

【讲解】

此语由《孟子·万章上》第四章引自《诗经·大雅·下武》。"永言孝思，孝思维则"，永远奉孝道不已，孝子的行为就成了人伦法则。孟子引此句阐述应永远孝敬父母，其孝敬行为和思想就是人们的法则。即天子之孝，不只是自己孝敬父母就可以了，而是要做天下人孝敬父母的楷模，带领天下人都践行孝敬之道。

天子能荐人于天，不能使天与之天下

【讲解】

此语出自《孟子·万章上》第五章。"天子能荐人于天，不能使天与之天下"，天子能向天推荐人，不能迫使天给那人天下。孟子认为做天子，做王侯，本应得到人民的认可，得到人民的认可就是得到天的认可。这样的统治者才名正言顺，才有人民的拥戴。凡成大事者，总要有天下国家人民为重的观念，不争个人的名利，礼让谦逊；在权力面前总要退避三舍，让人民选择管理者。人民选择谁，谁就应忠诚于人民，肝脑涂地，报效国家和人民，绝不应把人民授予的权力视为私有物，玩弄于股掌之上，置人民利益于不顾。

天之生此民也，使先知觉后知，使先觉觉后觉也

【讲解】

此语出自《孟子·万章上》第七章。"天之生此民也，使先知觉后知，使先觉觉后觉也"，上天生这些人民啊，安排先懂道理的人去使这些人民明白道理。汤三次派人前往聘请伊尹，于是伊尹完全改变了原来的说法："上天生这些人民啊，安排先懂道理的人去使这些人民明白道理，我不去使他们明白，靠谁呢？"孟子认为伊尹考虑天下的人民，普通男男女女还有没受到尧、舜恩泽的人，如同自己把他推入沟壑中，他如此把天下的事当作自己的任务！所以到汤那里劝说汤讨伐夏桀，而拯救人民。孟子写的是伊尹，实质是在表述自己的伟大心迹。自己乐于为天下负起责任来，其拯民于水火的迫切心情溢于言表，跃然纸上。

观近臣，以其所为主；观远臣，以其所主

【讲解】

此语出自《孟子·万章上》第八章。"观近臣，以其所为主；观远臣，以其所主"，观察近臣要看他用什么样的人，观察远臣要看他乐于被谁用。万章听人说孔子在卫国曾依附卫灵公宠臣雍渠，在齐国曾依附过太监瘠环，问孟子有无这样的事。孟子认为是拨弄是非的人传出来的。孟子由孔子当时结交的人，即说过的话，认为孔子虽积极出仕，意欲挽救天下于水火之中，但决不能违反出仕的原则，不能降格以求，不能违背节操去做官。如果不择手段，怎么利于做官怎么做，不论与何人为伍，那就不是孔子了。孟子以此事阐述君主审视臣子的原则是要看朝中的卿、大夫用什么样的人，边鄙地区的官员依附什么样的人，这就能辨别出其为何等品格之人。

伊尹曰："何事非君？何使非民？"

【讲解】

此语出自《孟子·万章下》第一章。"伊尹曰：'何事非君？何使非民？'"伊尹说："什么样的君主不可以侍奉，什么样的百姓不可以使役？"孟子认为伊尹治世努力做事，乱世也努力做事。如伊尹自己所说："何事非君？何使非民？"无论什么情况，经过他的努力都会对国家对人民更有利一些，更好一些。就因为伊尹有高度的责任心，自认天生万民，自己是天生先知先觉者，有责任去化民、醒民，使其明白道理。此处体现孟子对伊尹的赞美。

孔子之去齐，接淅而行；去鲁，曰："迟迟吾行也，去父母国之道也。"

【讲解】

此语出自《孟子·万章下》第一章。"孔子之去齐，接淅而行，去鲁，曰：'迟迟吾行也，去父母国之道也。'"孔子离开齐国时，把将要下锅的淘米沥一沥水，装起来就走。离开鲁国时，说："我要慢慢地走啊，这是离开祖国的道理啊！"此处体现孔子对自己祖国鲁国与齐国的态度截然不同，可以快点离开就快点离开，可以长久地住下去就长久地住下去，可以静观其变就静观其变，可以做官就做官，一切要根据具体情况采用最恰当的办法对待。

伯夷，圣之清者也；伊尹，圣之任者也；柳下惠，圣之和者也；孔子，圣之时者也。孔子之谓集大成

【讲解】

此语出自《孟子·万章下》第一章。"伯夷，圣之清者也；伊尹，圣之任者也；柳下惠，圣之和者也；孔子，圣之时者也。孔子之谓集大成"，伯夷是一尘不染的圣人；伊尹是积极承担天下重任的圣人；柳下惠是善于和谐的圣人；孔子是因时而宜的圣人。孔子是集大成的圣人。这是孟子对伯夷、伊尹、柳下惠、孔子的评价。孟子认为孔子一生一世对待所有问题既合乎仁、礼，又合乎中庸，犹如众乐器合奏，乐音无不全者。始于金声条理分明，终于玉振般的余絮清晰，非圣而且智者不能完满一生所行之大道。只有伟大的圣人孔子才能如此。所以孔子是诸圣之集大成者。

周室班爵禄也，如之何？

【讲解】

此语出自《孟子·万章下》第二章。"周室班爵禄也，如之何？"周朝颁行爵禄的具体情况，怎么样？这是北宫锜问孟子的话。此处以北宫锜发问引出孟子对周代官俸问题的回忆，其实是孟子托古改制，所提出的有关明确官俸等级制与正定名分的章法，以防贪官污吏，随意扩大差距，鱼肉百姓。"诸侯恶其害己也，而皆去其籍。"可见孟子提出的明确等级制和等与等之间的差距比例，权势者是极力反对的，他们怕这个等级规范限制其无限膨胀的私欲。这就反证了孟子所提出的等级制和差距比例是在承认等级制度基础上规范各级官员欲望的。所以，孟子于此提出的社会分配的等级与差距是改革社会管理蓝图的一部分。这是改革，不是复古。孟子很伟大，两千年前竟能提出如此高明的分配改革方案，并点中要害，改革的阻力在于权势者。

贵贵尊贤，其义一也

【讲解】

此语出自《孟子·万章下》第三章。"贵贵尊贤，其义一也"，尊崇权贵、尊重贤人，它的意义是一致的。万章向孟子请教交友之道。孟子以几个交友的实例，阐发交友必须由衷秉持平等态度对待朋友。所谓朋友，是指以道德相交往者，志同道合，不论地位贫富。孟子所论的朋友之道，最后升华一步，说尧与舜原本是上与下、君与臣相交，他们做到了上敬下，下敬上，既能尊重君上，又能重视贤人，二者意义同样重要。这是孟子论述问题一贯的思想逻辑，无论以何为话题，最终都会落到理想的"明君贤臣""君礼臣忠"上。

杀越人于货，闵不畏死，凡民罔不谯

【讲解】

此语由《孟子·万章下》第四章引自《尚书·康诰》。"杀越人于货，罔不畏死，凡民罔不譈"，意思是杀人劫货，强暴不怕死，百姓无不恨怨。统治者取利于民，有人讲得极端说，与杀人越货是一样的。孟子认为其实还是不一样的。社会就是有分工的，上、下、尊、卑就是有区别的。在上位、尊位取利者多而有度是合乎礼制的。只要合乎名分规范，其所得就属正常。而有些官员越出礼制名分扩张自己的利益范围，那是不对的。

鲁人猎较，孔子亦猎较

【讲解】

此语出自《孟子·万章下》第四章。"鲁人猎较，孔子亦猎较"，鲁国打猎时都抢猎物，孔子也抢猎物。鲁国人有一个不大好的习俗，打猎时，互相争夺猎物用作祭品，这本不合于礼。《礼记·射义》《论语·八佾》均载，孔子曰："君子无所争，必也射乎，揖让而升，下而饮，其争也君子。"可见孔子内心深处不会赞成争夺猎物的。但孔子在不违大礼仪的情况下，尽量不脱离鲁俗，这也是孔子避免"人至察无徒"之举。这里体现孔子为政注重渐变，"化民成俗"，不能骤变，恐民不适应。

抱关击柝

【讲解】

此语出自《孟子·万章下》第六章。"抱关击柝"，守城门敲梆子。孟子以看城门敲梆子的人，都有经常的工作才向上索禄；没有经常的工作，而空得君上赏赐的人，被人认为是不自尊的人例，倡导士要有士的气节。不礼貌的施舍，轻蔑的施舍，以上对下式的施舍，孟子认为都不应该接受。这高尚的自尊自重思想，影响了中华民族两千多年，成为了中华民族恪守民族气节的操守骨气。

周道如砥，其直如矢；君子所履，小人所视

【讲解】

此语由《孟子·万章下》第七章引自《诗经·小雅·大东》。"周道如砥，其直如矢；君之所履，小人所视"，意思是周朝大道平坦得如磨刀石，笔直得如箭行之路；君子走在这条大路上，小人在观察学习着。孟子引此句意在论述国君、君子、士人按礼为人行事，形成了一条正当大路，影响大家都走这条路，天下自然风和俗善。

一乡之善士，斯友一乡之善士

【讲解】

此语出自《孟子·万章下》第八章。"一乡之善士，斯友一乡之善士"，影响一个乡的贤达人士，自然与一乡的贤达人士交朋友。孟子认为任何有作为的人，无论做人，还是治人安民，都是虚心接纳众多朋友以至先圣先贤的优胜思想，以成就自己的贤明和能力的。每个圣贤的智慧都是来自人类的思想精华，所以善友大利于自身的修养与能力的提高。

以友天下之善士为未足，又尚论古之人

【讲解】

此语出自《孟子·万章下》第八章。"以友天下之善士为未足，又尚论古之人"，使天下的贤达之士都成了朋友还嫌不够，又注重研究古代贤达之士。孟子认为，只以同代人为友还不够，还不足以借鉴古代圣贤的思想。这样就需要读古人的书，学古圣先贤的大作为。但为了学懂学透圣贤施仁爱于天下的思想，还必须了解当时社会的背景，整体形势。这也是注重交友学道的具体作为。

君有大过则谏，反覆之而不听，则易位

【讲解】

此语出自《孟子·万章下》第九章。"君有大过则谏，反覆之而不听，则易位"，国君犯了大错误就劝谏，反复劝谏都不听，就另立新君。这是孟子所认为的亲贵所任的卿标准。而外姓官员所任的卿标准是君有错误就提建议，反复提都不听，就辞职离开。对卿标准的不同看法，体现出孟子思想中有贵族共权的意识：先祖创了基业，后代人都应共同奋斗，巩固发展这份基业。也有贵族共和的意识：在重大问题上，要征得贵族的支持，不然则行不通。而异姓卿一般不能进入到贵族集体中去，且多被贵族抵制。异姓卿的存在就是靠国君的信任和重用，缺乏贵族集体力量的支持。所以一旦君有过，谏而不听，也就是君对其信任度减弱了，他就不易做下去了，所以只有离开。

君有过则谏，反覆之而不听，则去

【讲解】

此语出自《孟子·万章下》第九章。"君有过则谏，反覆之而不听，则去"，君有错误就提建议，反复提都不听，就辞职离开。这是孟子认为的外姓官员所任的卿标准。

求则得之，舍则失之

【讲解】

此语出自《孟子·告子上》第一章。"求则得之，舍则失之"，只要追求它就会得到，放弃它就会失掉。告子关于人性与仁义关系之论，即"人性无所谓善恶"，实为荀子性恶论之前驱。其认为人的本性需要改造加工才能成为仁义，犹如把木材加工成为杯棬。而其加工、弯曲、改造都是去恶从善的过程。而孟子认为人性本善，人与生俱来就具有四个善端，"仁、义、礼、智"，只要追求它就会得到，放弃它就会失掉。经过自身修养与外部教育，使原有的善端进一步地弘扬发展，以形成完善的善性，而不是改造了人的本性，才形成的善性。孟子认为告子的扭曲人性而为仁义论，会影响天下人去祸害仁义的。所以孟子力主人性本善论。

天生蒸民，有物有则。民之秉彝，好是懿德

【讲解】

此语由《孟子·告子上》第六章引自《诗经·小雅·烝民》。"天生蒸民，有物有则。民之秉彝，好是懿德"，意思是天生众民，万物皆有规则。民众都循常理，爱好这美德。告子与他人有关人性的观点有三："性无善无不善也"，即性无所谓善恶；"性可以为善，可以为不善"，即性受到善的影响就成为善，受到恶的影响就成为恶；"有性善，有性不善"，即性有善恶。这三方面各持一隅，也不能说一点道理都没有，所以孟子并未对以上三种观点直接批评，但孟子不同意他们的观点，因其把孔子"性相近也，习相远也""唯上智与下愚不移"的思想变了含义。孟子只好以重申自己观点的方式确立自己的观点：就人类的基本性情看，是都可以成为善人的。这就是人性本善。而有的会成为恶人，不是他的本性决定的，是后天受到顽劣影响的结果。仁义礼智是人

445

与生俱来的本性，不是外部进入人的内部的。只不过有些人不去思考怎么做人，怎么去弘扬仁义礼智四种本性罢了。在此问题上，人与人之间相差一倍、五倍，甚至多倍。那就很自然地形成了差别很大的不同人群。孟子引《诗经》"天生蒸民，有物有则。民之秉彝，好是懿德"，用来说明人生下来就循守做人的规范，每个人都喜欢真善美，就都是喜欢仁义礼智。这就进一步地说明了人性与生俱来皆善。对上述告子与他人有关人性所论的三个观点予以不动声色的驳斥。尤其又以孔子语做结语，搬出圣人的有关论述，以资助自己的观点，孔子曰："为此诗者，其知道乎！故有物必有则，民之秉彝也，故好是懿德。"这就是孟子性善论的观点，人性本善成了不可动摇的定论。

不知足而为屦，我知其不为蒉也

【讲解】

此语出自《孟子·告子上》第七章。"不知足而为屦，我知其不为蒉也"，不知道脚的大小而编草鞋，那我也相信他不会编成草筐。孟子旁征博引，其中引古贤人龙子所言"不知足而为屦，我知其不为蒉也"，用以说明天下人都相信人性皆善。天下人足皆同；天下人口味皆同；天下人耳力皆同；天下人目力皆同。那么天下人心必然相同。相同的根本是理、是义，只不过圣人先知先觉，先启发了自己的心扉，早明理、义，然后再去使天下人都揭明本心所有的理、义。大家一旦都明了理、义，心中的喜悦犹如吃到牛羊鲜肉一样爽口心怡。人们悟明理、义，如真的尝到美味佳肴，那才是真正的明理、明义，才能使理、义的含义发挥到充分的程度。

其所以放其良心者，亦犹斧斤之于木也

【讲解】

此语出自《孟子·告子上》第八章。"其所以放其良心者，亦犹斧斤之于木也"，他丢掉了良心的原因，也如同斧子、锛子对待林木啊。孟子以此说明人性本善，由于有些人不很好地养护本来的善性，做些伤天害理之事，还自以为聪明，无人知晓，这就使自己的良心逐渐丧失了。良心失去了又不去找寻，还继续做坏事，如同对山上林木不断砍伐，连同新长出的树杈也砍掉，那么山就像水洗一样光秃秃了。

一日暴之，十日寒之

【讲解】

此语出自《孟子·告子上》第九章。"一日暴之，十日寒之"，一天温暖，十天冰冻。孟子以天下有最容易生长的作物，一天温暖，十天冰冻，也不能活下去，劝谏齐王多接触贤人，远离小人。孟子认为国君欲明智，就是需要经常以贤人为师，疏远势利小人。

舍生取义

【讲解】

此语出自《孟子·告子上》第十章。"舍生取义"，舍弃生命而追求正义。孟子以鱼与熊掌不可兼得，舍鱼而取熊掌做引，得出生与死不可兼得，必舍生取义的结论。接下来又通过一系列的逻辑论证，得出结论：本来人人可以做到舍生取义，但愚者丧失了这一良知善性，只有贤者保留了下来；过去死了都不接受的非正义利禄，今天绝不要因美室、美女、穷朋友感激就接受。如果接受了，就丧失了与生俱来的善性。

呼尔而与之，行道之人弗受

【讲解】

此语出自《孟子·告子上》第十章。"呼尔而与之，行道之人弗受"，大呼小叫地给人家，路上饥民也不接受。

失其本心

【讲解】

此语出自《孟子·告子上》第十章。"失其本心"，丢失了原本的善心良知。

仁，人心也

【讲解】

此语出自《孟子·告子上》第十一章。"仁，人心也"：仁，是人的善心。孟子说："仁，是人的善心；义，是人的正路。撇开正路而不走，跑掉了良心而不知往回找，悲哀呀！人家鸡狗跑丢了，都知道往回找，丢了良心而不知道往回找。教育的目的没有别的，寻找回跑掉的善心罢了。"十分形象生动地说明人的修养善心善念非常重要，不知修养者是多么愚蠢！

义，人路也

【讲解】

此语出自《孟子·告子上》第十一章。"义，人路也"：义，是人的正路。

舍其路而弗由，放其心而不知求，哀哉！

【讲解】

此语出自《孟子·告子上》第十一章。"舍其路而弗由，放其心而不知求，哀哉"，撇开正路而不走，跑掉了良心而不知往回找，悲哀呀！

学问之道无他，求其放心而已矣

【讲解】

此语出自《孟子·告子上》第十一章。"学问之道无他，求其放心而已矣"，教育的目的没有别的，寻找回跑掉的善心罢了。

养其小者为小人，养其大者为大人

【讲解】

此语出自《孟子·告子上》第十四章。"养其小者为小人，养其大者为大人"，养护小部位的人是小人，养护大部位的是君子。孟子认为人都爱护自身，都要养护自身。以"养其小者为小人，养其大者为大人"为引，阐发修养要全方位，如有所选择则抓大的、重要的方面去修养。失去做人的根本，技能再强，也只是丧失正路的快马。所以好的教育，首要的是做人的教育，道德教育。在道德指导下，技能越强越好。

心之官则思，思则得之，不思则不得也

【讲解】

此语出自《孟子·告子上》第十五章。"心之官则思，思则得之，不思则不得也"，心这个器官是主思考的，思考就能得到善性，不思考就得不到。孟子认为随从身体主要部位行事的人，就是大人，随从身体次要部位行事的人，就是小人。心这个器官是主思考的，思考就能得到善性，不思考就得不到。孟子于此重点论述思考的重要性与必要性。

一杯水救一车薪之火

【讲解】

此语出自《孟子·告子上》第十八章。"一杯水救一车薪之火",用一杯水去救一车柴着的火。孟子认为仁德胜过不仁德,如同水胜过火一样的必然。这是不需要论争的。今天修养仁德的人,其自身功力不够,一曝十寒,仁德匮乏,周围名利的诱惑力又很强,这就犹如杯水车薪。怎能说明仁德不能胜过不仁德呢?假如自身加强修养,持之以恒,使仁德宏大丰沛,卑污利禄等不仁之事则退避三舍。

大匠诲人必以规矩

【讲解】

此语出自《孟子·告子上》第二十章。"大匠诲人必以规矩",大匠教诲人,一定以圆规、矩尺为标准。孟子认为学者修养身心要时时警告自己,为养护、弘扬仁义忠信而学习。没达到这个目标,就要百般努力去克服自己的非分之欲,一切循礼而行,照孔子教诲,"毋意,毋必,毋固,毋我"。以此规矩匡正自己,努力践行仁德。

礼与食孰重

【讲解】

此语出自《孟子·告子下》第一章。"礼与食孰重",礼与食物哪个重要?任地人提出礼与食物哪个重要。孟子以金重羽轻喻一般情况的礼重食轻,以一金钩与一车羽毛比,喻特殊情况的食重礼轻,反映了孟子循礼要中庸的思想。在能吃上饭的情况下,不影响活命,"礼重于食",可以行得通。如果吃不上饭,还强调"礼重于食",则不易行得通。由此可见孟子在注重人的气节、操守的同时,更注重维护人的生命。凡事有度,践行礼也要"无过无不及"。

人皆可以为尧舜

【讲解】

此语出自《孟子·告子下》第二章。"人皆可以为尧舜",人人都可以成为尧舜。曹交是曹国的贵族,对孟子所谓"人皆可以为尧舜"表示疑义。

孟子认为能做什么人做的事，就是什么人，能讲尧舜讲的仁义之话，能做尧舜做的仁义之事，能像尧舜那样爱人民、关心人民，与民同心同劳，那就是尧舜。告知曹交，学尧舜并不难，只是孝悌而已，以此为基础，逐渐弘大仁爱之心，就会成为尧舜。

王豹处于淇，而河西善讴

【讲解】

此语出自《孟子·告子下》第六章。"王豹处于淇，而河西善讴"，歌手王豹住在淇河边，而淇河西的人都善于唱歌。淳于髡以"王豹处于淇，而河西善讴"为例阐述善歌者与善哭者都有一定的影响，都有明显的体现，如果贤人君子有所作为，就一定会有所影响与体现，言外之意，你孟子并无什么实际的作为。而孟子此时不说自己，而以孔子为例，说明了贤人、仁人去就问题自有其道理。而这个道理往往是不需传播的。同时孟子透露出自己离开齐国也不是由自身原因决定的。孟子突出论述君子去就不只由自己，要照顾君主、同僚的尊严、名声，行仁的途径很多，不必固守一方，而从国君角度考虑问题，不用贤必然衰亡。

五霸者，三王之罪人也

【讲解】

此语出自《孟子·告子下》第七章。"五霸者，三王之罪人也"，齐桓公、晋文公、秦穆公、宋襄公、楚庄王是夏禹、商汤、周文王的罪人。孟子提出五霸是三王的罪人的观点，并进行层层论证。孟子认为如不想做历史的罪人，那么，大夫对诸侯就要直言劝谏，不能顺恶为非，更不能逢迎君主罪恶。诸侯则应无乱伦常，尊崇孝道；尊贤育人，表彰道德；敬老爱幼，关心宾客；中下层官吏不能世袭，不可兼职，选贤任能，不要随意杀戮高官；不要自己国家设提防，不要禁止粮谷交易，不要对外封锁消息。而大的诸侯国，则不要胁迫诸侯国去攻打其他诸侯国。诚能如此，天下则可进入理想的社会，那就是孔子、孟子所设定的三王时代的景象。于此章，孟子论来论去，最终目的就是要解决当时社会问题。

不教民而用之，谓之殃民

【讲解】

此语出自《孟子·告子下》第八章。"不教民而用之，谓之殃民"，不教民行仁义而用他们去打仗，这叫祸害人民。鲁国打算任命慎子做带兵的将领。孟子认为"不教民而用之，谓之殃民"。孟子认为以礼治国，按典章制度办事，按名分，大诸侯国就是方圆百里土地；侵吞了他国土地，无限扩张，是非礼的。有德之君子，事君以道，要引导君行正道，追求仁爱，"博施于民而能济众"。这才是优秀的官员。君主所用者当以此为准。不可用慎子一类的以侵夺他国土地为目的者为官。

以邻国为壑

【讲解】

此语出自《孟子·告子下》第十一章。"以邻国为壑"，把邻国作为存水的沟壑。白圭认为自己治水比禹要强。孟子认为白圭治水是"以邻国为壑"，将水逼到邻国，邻国则成了蓄水处。这是仁义之士绝对不做的。此处体现了孟子外交思想的核心即与邻为善、与邻为伴。

所就三，所去三

【讲解】

此语出自《孟子·告子下》第十四章。"所就三，所去三"，做官的条件有三种，辞官的条件也有三种。此处孟子道出做官、辞官的三种条件，也是君主对士人的三种尊重程度。孟子认为尊重的主要表现是以礼相待，和颜悦色地欢迎，而采纳善言更是实质的尊重。只是礼仪上的尊重，不用其善言，也可以就任其官，这是怀有将来再用其善言的希望。古之君子做官本身不是目的，是行道的途径与载体。如长期为官不得行道，是君子所不为的。

生于忧患而死于安乐也

【讲解】

此语出自《孟子·告子下》第十五章。"生于忧患而死于安乐也"，在忧患之中得到昌盛，而在安乐无忧中逐渐消亡。孟子以舜、傅说、胶鬲、管仲、孙叔敖、百里奚担当国家重任的经历，论证人欲担当国家大事，欲有所作为，就必须有意识地严格要求自己，磨炼自己，培养自己坚毅不拔的任何困难压不垮的风貌；培养自己吃苦耐劳、百折不挠的勇往直前的精神，培养自己"富贵不淫，贫贱不移，威武不屈"的顶天立地的大丈夫气概。孟子认为，一个人、一个国家都是"生于忧患而死于安乐也"。所以一个人要接受过艰苦磨炼，才能勇担大任，一个国家要有忧患意识，有人才准备，就能长盛不衰。

存其心，养其性

【讲解】

此语出自《孟子·尽心上》第一章。"存其心，养其性"，保住自己的良心，修养自己的善性。孟子认为，用尽自己的良心，就知道自己的本性了，知道自己的本性，就知道天了。保住自己的良心，修养自己的善性，这是对待天的做法。短命、长寿都不动摇自己的善心，修养自身等待天的安排，这就是对待命的做法。尽善心善性，养其善心善性，不能以贪欲恶心戕害为善的本性。时时强调的是每个人自身要严格克己复性，不是乞求神灵来保佑。而尽善心、养善性又不是一句空话，而是在具体实践中要做具体的善事，多去引导他人共同做利民利天下的事。且要坚持终身做有益于民、有益于国家的事，这就是尽心、知性、知天、事天。如此看来，孟子的天、命当然不是宗教的语言了，而是借助天、命之辞要人们修己养心，尽其善性而有利于社会和谐安定。

反身而诚，乐莫大焉

【讲解】

此语出自《孟子·尽心上》第四章。"反身而诚，乐莫大焉"，只要反身求诚，就是最大的乐事。孟子认为要用好自身行善的条件，就必须诚。诚就是纯正地展现与生俱来的善性，使善性不带任何杂质。

强恕而行，求仁莫近焉

【讲解】

此语出自《孟子·尽心上》第四章。"强恕而行，求仁莫近焉"，努力地行恕道，所求仁德离我就最近了。孟子认为要用好自身行善的条件，就必须恕。恕，就是孔子所讲的"己所不欲，勿施于人"，就是同情心，就是践行关爱别人的情感。

终身由之而不知其道者，众也

【讲解】

此语出自《孟子·尽心上》第五章。"终身由之而不知其道者，众也"，一辈子自然地行道而不知它是道的人，就是民众。孟子认为众人皆具善性，行事做人，一般来讲都能依靠常道常则自然而行，其本人并未意识到所作所为正是为人之大道。许多人一辈子朴实厚道，与人为善，助人为乐，但他并未觉得这是什么道德修养，而觉得很自然很随便。其实，众人是天生的善性促使他们自然地守规守礼，孝亲敬长。他们未能受到理论的教育，也不去探讨自己所为合乎哪一条理论。

士穷不失义，达不离道

【讲解】

此语出自《孟子·尽心上》第九章。"士穷不失义，达不离道"，士人穷乏不丢掉义，腾达不离开道。孟子认为君子尊德乐义，尊崇仁德而以行义为乐，不以做官求禄为唯一实现人生价值的途径，如此则可进退皆悠然自乐。

穷则独善其身，达则兼善天下

【讲解】

此语出自《孟子·尽心上》第九章。"穷则独善其身，达则兼善天下"，穷乏就独自修养身心，腾达就给天下民众带来恩泽。孟子认为道义仁德不离身，即所作所为利民利国，不求个人非分之利，心里坦荡光明。无论何时，处何境遇，都会自得其乐。穷时修身，达时亦修身；达时不取非分之利，穷时亦不食嗟来之食。

以佚道使民，虽劳不怨

【讲解】

此语出自《孟子·尽心上》第十二章。"以佚道使民，虽劳不怨"，用宽缓的治民之道使役人民，即使累一些，人民也不抱怨。孟子阐述由人民的态度可知统治者的所行政策曲直斜正，以此教育统治者以仁政、利民之政治民理天下。

君子所过者化

【讲解】

此语出自《孟子·尽心上》第十三章。"君子所过者化",王者经过的地方都会化愚顽为明诚。孟子认为王道大道广泽,使天下人人被恩,待民"若保赤子","明德慎罚",使民相亲相爱,礼让谦和,社会均衡、安定、和平,使人民不为生计而欺诈侵凌,心境和平,浑如自然。犯法伏诛,非分之利不爱,人民和谐向善,而看不出王如何调整的。这就是王者以正风、正气化民,与天地自然养民、教民,天下万众在不知不觉中普沾雨露,自然而然,化除贪鄙之性,恢复本善之性。这是从根本上活民、化民,使民真正过上和平小康生活,这就是王者。

仁言不如仁声之入人深也

【讲解】

此语出自《孟子·尽心上》第十四章。"仁言不如仁声之入人深也",仁德的语言不如仁德的音乐影响人深入。孟子认为说仁德话语不如仁德歌声影响育人之深。音乐的重要意义就在于教育的功能。好的行政施治不如好的教育更得民心。此处孟子强调教育的巨大作用。

良能良知

【讲解】

此语出自《孟子·尽心上》第十五章。"良能良知",人们不通过学就具有的能力,是善良本质的能力,不通过思考就具有的智力,是善良本质的智力。孟子认为人与生俱来具有仁义礼智四大善端与良知、良能,任何人都不例外。达之天下,通之天下。通天下之人都具有善性之端与良知良能。那就是说天下任何人都有成为善人仁人的天然基础和善性基础。人皆可成为尧舜,就要看自己是否努力养心寡欲了。

无为其所不为,无欲其所不欲

【讲解】

此语出自《孟子·尽心上》第十七章。"无为其所不为,无欲其所不欲",不做他不应做的事,不追求他不应追求的事。凡事依礼而行,依名分而行,"非礼勿视,非礼勿听,非礼勿言,非礼勿动"。不符合礼的事不要做,不符合自己身份的事不要做。一个人能如此处事,就不会有什么缺失。现实生活中有些人不懂规矩,给工作造成秩序混乱,使自己也不顺利。有必要借鉴古代礼仪、名分等人伦规范,更好地解决今天的人伦秩序与和谐问题。

独孤臣孽子,其操心也危,其虑患也深,故达

【讲解】

此语出自《孟子·尽心上》第十八章。"独孤臣孽子,其操心也危,其虑患也深,故达",没有势族关系的臣子、侧室所生的儿子,他们精心防止危难,苦苦思虑避免陷入深渊,所以说他们就恭谨明达。人的聪明才智、道德风范都是经过艰苦环境的磨炼而逐渐形成的。和平安逸的环境培养不出大德大智的人才。灾患可以压倒一批人,也可以锻炼一批人。大仁大勇的圣贤无不经过艰苦环境的陶冶和折磨。受折磨的时间越长,抵制困难的能力越强,智慧增长得越多,体恤他人的情感愈浓。所以长期受压抑的臣子、不受重视的庶子,潜滋暗长地提高着道德情操,处理问题的能力自然随之提高,考虑问题比较全面深远,通情达理。今日选拔干部,要考虑有无基层工作经历,在艰苦地方工作过没有,这都是很有道理的。

正己而物正者也

【讲解】

此语出自《孟子·尽心上》第十九章。"正己而物正者也",使自己是万众的楷模,而后使天下万事得到端正。孟子以此阐发圣贤者本身就是天下的楷模,其举止言行都带给天下人良风美俗,端正万事,陶冶万民。何须有官位方可行道,圣贤所至之处,使人民沾被春风雨露。

君子有三乐

【讲解】

此语出自《孟子·尽心上》第二十章。"君子有三乐",君子有三大乐事。孟子说君子的三乐包括"父母俱存,兄弟无故""仰不愧于天,俯不怍于人""得天下英才而教育之",这三乐道出了孟子的人性论是其伦理思想、教育思想、政治思想的根基。孟子专讲君子有三乐,并着重指出天下之王之乐不在此列。

易其田畴，薄其税敛

【讲解】

此语出自《孟子·尽心上》第二十三章。"易其田畴，薄其税敛"，赐给人民土地，少收他们的税。孟子于此论述在具有养老条件基础上，再适当增赐土地，减少税收，增加人民的财富。同时教育人民省吃俭用，以礼消费，人民的生活就会恒久充裕，人与人之间的情感就会宽和友爱，而后逐渐形成全社会的利人爱人之仁风善俗。

登泰山而小天下

【讲解】

此语出自《孟子·尽心上》第二十四章。"登泰山而小天下"，登上泰山看天下就小了。孟子以"孔子登东山而小鲁，登泰山而小天下"，论述学者治学须攀登向上，只有站到学术的高峰，再来审视周围的一切，才能纵览大观，彻察纤微，任何伪说骗术皆难以行诈欺蒙。

观于海者难为水

【讲解】

此语出自《孟子·尽心上》第二十四章。"观于海者难为水"，看过大海的人难为他水所动。水的壮观在波澜，日月的光辉在普照。水所以有波澜在于积水深而流湍。日月所以光辉普照在于居高而无私。孟子以此阐述治学方法就是要抓大纲大略，大纲可带众目皆张，大略可统摄万端。

君子之志于道也，不成章不达

【讲解】

此语出自《孟子·尽心上》第二十四章。"君子之志于道也，不成章不达"，君子的志向在于学道、弘道、行道，践行不完整就不会通达。孟子借以阐述君子治学修道不完整、不丰厚，就不会成为融汇通达之士。

执中无权，犹执一也

【讲解】

此语出自《孟子·尽心上》第二十六章。"执中无权，犹执一也"，择取中庸的做法，若无权变，还是偏执一端。孟子认为，杨朱为我，墨子为利天下，都是极端。子莫避免二者的各执一端，采用执中的做法。孟子先是肯定了子莫执中接近中庸之道。但随之提出，行中庸之道必知权变，如果不能具体事物，具体斟酌处理，以一个事物的中当作所有事物的中，那也如同杨朱、墨翟各执一端。

饥者甘食，渴者甘饮，是未得饮食之正也

【讲解】

此语出自《孟子·尽心上》第二十七章。"饥者甘食，渴者甘饮，是未得饮食之正也"，饥饿的人吃什么都香，干渴的人喝什么都甜，这就有碍了解饮食的真正味道。孟子深刻地阐述了"饥者甘食，渴者甘饮"的危害性。由于饥渴吃什么都香甜，由于穷困什么钱都好用，什么官都可以做，这就容易使人丧失正义，而其实质就站到跖的队伍中去了。更严重的是有人不知自己丧失了正义，还以为正确，甚至于强烈地去攻击原本无错的一些人。这就是饥渴者、穷困者易于被他人误导，后果是可想的。而志士仁人学道笃诚，不被自己所需扰乱思绪，心清气爽，自然不以自己不被世用而忧虑了。

柳下惠不以三公易其介

【讲解】

此语出自《孟子·尽心上》第二十八章。"柳下惠不以三公易其介"，柳下惠不用他的节操去换取三公之位。柳下惠是"圣之和者也"，与贤君、昏君皆能相处，但内心直道不更，所以柳下惠被君主罢官多次，但就是不离开祖国。其理由就是只要坚持自己的操守，走到哪里都一样被罢免，如果为了官而改变操守，那又何必离开父母之乡？正因为柳下惠耿介不移，原则立场决不动摇，所以未被重用。

有为者辟若掘井，掘井九轫而不及泉，犹为弃井也

【讲解】

此语出自《孟子·尽心上》第二十九章。"有为者辟若掘井，掘井九轫而不及泉，犹为弃井也"，做事好像挖井，挖到七丈深还没见到地下水，还是一口没用的井。孟子阐述做什么事或做学问，必须做到底，得出个结果来，如浅尝辄止，屡屡未果而退，是一生也不会有什么成就的。

君子之不耕而食，何也

【讲解】

此语出自《孟子·尽心上》第三十二章。"君子之不耕而食，何也"，君子不种地却有粮食吃，是什么原因呢？公孙丑问，"君子之不耕而食，何也"。孟子回答：一是对治国兴邦的积极作用；二是对国家青少年"孝悌忠信"教育影响的积极作用。有这两个作用，就不是白吃饭。此处反映出了知识的重要、思想的重要。

居仁由义

【讲解】

此语出自《孟子·尽心上》第三十三章。"居仁由义"，仁心义路。孟子在此再次指出士就是修养仁义、传播仁义的，也是践行仁义的。如果把一切思想都放在仁的标准上，一切行为都合乎道义，久而久之，形成一派社会正风正气。这就是传道义者即士的全部事业。他们所作所为是大人君子之事，重要程度与影响力都是很大的。

恭敬而无实，君子不可虚拘

【讲解】

此语出自《孟子·尽心上》第三十七章。"恭敬而无实，君子不可虚拘"，只是有恭敬外表，却没有恭敬的诚意。孟子阐发对待士人如内心无敬意，仅仅以物去做样子表敬意，就是造假地走形式。如以这类假形式去笼络士人，那是达不到目的的。

君子之所以教者五

【讲解】

此语出自《孟子·尽心上》第四十章。"君子之所以教者五"，君子用来教育人的方法有五种。孟子认为，君子用来教育人的五种方法是"有如时雨化之者，有成德者，有达财者，有答问者，有私淑艾者"，这五点是优秀教师用作教育工作的方法与途径。

中道而立，能者从之
【讲解】

此语出自《孟子·尽心上》第四十一章。"中道而立，能者从之"，站在道的中间，能学者便跟上来。孟子借此论述传道者既不应使道可望而不可即，也不应为了迎合低能力者而降低道的标准。传道者，一定做到无过无不及，站在中道之上，不因为学道人数多寡、贤愚而改变道的标准，能学的人就跟上来，暂时不能学，经过思考，到了愤悱程度的人，再来求道也不迟，但不能改变道的标准，只能改进人的思想认识能力。

天下有道，以道殉身
【讲解】

此语出自《孟子·尽心上》第四十二章。"天下有道，以道殉身"，天下昌明，道随身显。孟子认为"天下有道"，有理想、有作为的士人就积极出来做官做事，以所学之道作为自己的才能，得到国家的认可，而所学之道也就随之被弘扬，被发展。

其进锐者，其退速
【讲解】

此语出自《孟子·尽心上》第四十四章。"其进锐者，其退速"，非正常快速提拔的人，垮台也快。孟子认为不按层级快速提拔的人，很快就会败露。

亲亲而仁民，仁民而爱物
【讲解】

此语出自《孟子·尽心上》第四十五章。"亲亲而仁民，仁民而爱物"，亲爱亲人而关爱人民，关爱人民而爱惜万物。此所论君子对待万物、人民、亲人是有差别的，这个差别是人与生俱来的本性决定的。人的本性善，但最亲爱的是自己的亲人，以亲爱亲人之心去爱周围的人以至天下的人，以爱人之心去对待万物，都是仁心善念使然。另一方面，爱物不如爱人，爱别人不如爱亲人。这是保有人的本性的人自然所为。

放饭流歠，而问无齿决

【讲解】

此语出自《孟子·尽心上》第四十六章。"放饭流歠，而问无齿决"，自己大口吞饭、大口喝汤，却去追究别人吃肉的方法。孟子以"放饭流歠，而问无齿决"做比喻，阐发人们应看到圣贤或周围的带头人的根本利民之方，而不要苛求他们。圣人也是人，不是神，不能万事都那么绝对平等、平均，先亲贤后人民是正常的。

仁者以其所爱及其所不爱

【讲解】

此语出自《孟子·尽心下》第一章。"仁者以其所爱及其所不爱"，仁德之人把对所爱人的情感推而至于原本不爱的人身上。孟子以此句指出如果梁惠王率民反对他国入侵，以至使他的亲人都积极参战，甚至战死，就是仁德，就值得颂扬了。而他却为了自己的狂欲，随意糟蹋人民，以至把自己的亲人作为牺牲品，这就是不仁德。

不仁者以其所不爱及其所爱

【讲解】

此语出自《孟子·尽心下》第一章。"不仁者以其所不爱及其所爱"，不仁德之人把对不爱的人的情感推而至于原本爱的人身上。

春秋无义战

【讲解】

此语出自《孟子·尽心下》第二章。"春秋无义战"，春秋时期没有正义战争。春秋时期战争频繁，天子失控，霸主自称代天子以令天下；久之，霸主一意孤行，又招致另一霸主的反击；天下诸小国，忽从此，忽从彼。霸主失控，则众小国亦互相攻击。大小国家各种战争，几乎无一合乎周朝的礼制。按礼只有天子对违礼诸侯用兵，或指令某诸侯出兵打某诸侯，相同的诸侯之间不能用兵，而不合乎礼制的战争就是非正义战争。所以孟子结论说："春秋无义战。"

尽信书，则不如无书

【讲解】

此语出自《孟子·尽心下》第三章。"尽信书，则不如无书"，全信《尚书》，就不如没有《尚书》。孟子所处时代的书本很少，读书人也很少，孟子不自我奇货可居，却揭穿了"尽信书"是很糟糕的实情，这是很令后世钦佩的。

梓匠轮舆，能与人规矩，不能使人巧

【讲解】

此语出自《孟子·尽心下》第五章。"梓匠轮舆，能与人规矩，不能使人巧"，各类木匠，能教给别人规矩，不能使人有技巧。孟子认为各种各类木匠师傅，只能教人依靠圆规矩尺去做工，但师傅不能教徒弟有创造性。所以学者要在学习实践的基础上独立思考，刻苦钻研，才能悟出适于自己的独特技巧来。也就是说，学者在学会老师所教内容之后，不要局限于这些内容，要突破这些去思考，把自己独有的聪明才智都发挥出来，按照自己的思路创造性地去研究，或可提出新的真知灼见来。

身不行道，不行于妻子

【讲解】

此语出自《孟子·尽心下》第九章。"身不行道，不行于妻子"，自身不践行道，妻子都不信他的道；不按道指派人，妻子都调不动。孟子以此阐述表率示范作用。

周于德者，邪世不能乱

【讲解】

此语出自《孟子·尽心下》第十章。"周于德者，邪世不能乱"，极重德的人，即使世道邪恶，也不能迷惑乱来。孟子认为非常重视道德的人，无论什么恶劣环境考验，他都会保持高尚的节操，绝不会随波逐流。

民为贵，社稷次之，君为轻

【讲解】

此语出自《孟子·尽心下》第十四章。"民为贵，社稷次之，君为轻"，人民是最重要的，象征国家的神位是次一等的，君是轻的。孟子突出民的重要性。得到众民的拥戴才能做天子，而诸侯是天子封赏的。诸侯危害了国家利益，即损害了人民的利益，诸侯也就做不成了。国家不为人民办事，不救危解困，陷人民于水火，这个国家也就垮台了。换了象征国家的神位，实质还是这个国家的诸侯做不成了。论来论去，人民是国家、天下的主人。无论谁伤害了人民，他就将失去统治的权力。

仁也者，人也。合而言之，道也

【讲解】

此语出自《孟子·尽心下》第十六章。"仁也者，人也。合而言之，道也"，仁德就是人的本质。人具有了仁，就是道。仁是人与生俱来的本质，但与生俱来之仁，仅是仁的开端、苗头，还不是成熟完善的仁德。待到人经过持续修养，涵养了与生俱来的仁的开端，进一步弘扬这个开端，使其逐渐成熟为完美的仁德，就是人已具备了仁德，人真正地具备了仁德，就是道真正地产生了，然后以道去指导人的实践活动。

忧心悄悄，愠于群小

【讲解】

此语由《孟子·尽心下》第十九章引自《诗经·邶风·柏舟》，"忧心悄悄，愠于群小"，心里暗自忧愁，被小人们诽谤。孟子引此句阐述，无论别人怎么攻击与诽谤都不要为之所动摇，要依旧走自己的正路。天理良心，坚定不移，邪不压正，哪怕一时为邪恶所掩，也要充满信心，天理良心总是要光显天下的。就是周文王、孔子大圣人，有时也遭到别人讽刺挖苦。

贤者以其昭昭，使人昭昭

【讲解】

此语出自《孟子·尽心下》第二十章。"贤者以其昭昭，使人昭昭"，贤明之士用他的明白使人明白。孟子以此阐述无论做官，还是做教师，必须先使自己在仁义礼智四大方面是明白者，又是践行者，更是所辖人民或所教学生的楷模。这才能使人服从，听信教诲，最终大家都变成了明白事理、遵行仁义礼智的人。正人者先自正，昭人者先自昭。这是对为官为师者的要求。

山径之蹊间，介然用之而成路；为间不用，则茅塞之矣

【讲解】

此语出自《孟子·尽心下》第二十一章。"山径之蹊间，介然用之而成路。为间不用，则茅塞之矣。今茅塞子之心矣"，人踩过的山中小道，一直走下去，就成了大路。空着不走，那就会长满茅草。现在茅草塞满了你的心。孟子认为山中小道是脚走出的印迹，多走下去，就成了路。做学问，搞研究，不是一朝一夕就会产生可观的成果的，但努力地做下去，总会走出新路来。

冯妇

【讲解】

此语出自《孟子·尽心下》第二十三章。冯妇，搏虎壮士。孟子以冯妇为喻，生动形象地揭示了孟子不能复进发棠之论的道理。冯妇原来善搏虎，已经改行为不杀生，无论从思想上、体力上都有了变化，已不是当年的冯妇。况且虎背依山崖，不易捕杀，众人都无法制服它。而此种情况下，众人吹捧冯妇几句，冯妇就被虚荣弄昏了头脑，于是捋胳膊挽袖子，跃跃欲试。众人看热闹，不从冯妇的名誉着想，只是起哄助威。而只有头脑清醒的读书人看得明白，冯妇岂不是不识时务吗？

大而化之之谓圣，圣而不可知之之谓神

【讲解】

此语出自《孟子·尽心下》第二十五章。"大而化之之谓圣，圣而不可知之之谓神"，善、信形成大势而去影响化解贪鄙就是圣，圣化之力不知不觉而自然全面地影响化育人们就是神。孟子此处对圣与神的定义，有力地说明了儒家思想与宗教的根本区别，就在于实事求是，不讲迷信，不搞玄虚。以光辉的美德化育民众就是圣，而化育之功效是在不知不觉自然而然中进行实施的，就是神。那么，神，就可以理解为，光辉的美德在不声响无形迹中施以巨大的影响。

诸侯之宝三

【讲解】

此语出自《孟子·尽心下》第二十八章。"诸侯之宝三"，诸侯的宝贝

有三种。孟子认为诸侯的宝贝有三种：土地、人民、行政管理。"土地，人民，政事"，失去了土地，当然也就失去了养民之资，也就失去了人民，没有人民，国家就没有了根本，国家没有人民，国君又为谁当国君，又有谁维护供养他。没有好的行政管理，好的方略，人民就成了散沙，国家就衰弱。三者是不可或缺的，当然以民为本。但如果国君不重视三者，而只重视珠玉，那当然只有失去统治地位，甚至招来杀身之祸，人民也就跟着遭殃。

士未可以言而言，是以言餂之也

【讲解】

此语出自《孟子·尽心下》第三十一章。"士未可以言而言，是以言餂之也"，士人没到可以讲话时急于表白，这是用言语买好人家欲以求利。孟子认为士人不以义为准，一味地以言语求仕禄，这就像狗舔食一样，应该表态反对邪恶时，为求得自身利益，顾左右而不言语。这是另一种舔食的姿态，都是鼠窃狗偷之类，令人唾弃。

君子之守，修其身而天下平

【讲解】

此语出自《孟子·尽心下》第三十二章。"君子之守，修其身而天下平"，君子的守护，修养身心以至使天下平。孟子阐发君子所守是修养身心，而能平治天下。欲解决广大民众之事，欲使天下相对均衡、和平、安定，每个人都应从自身做起，从身边事做起。

人病舍其田而芸人之田

【讲解】

此语出自《孟子·尽心下》第三十二章。"人病舍其田而芸人之田"，人的毛病往往是自己的田地不去耕种，而去耕种他人的田地。

养心莫善于寡欲

【讲解】

此语出自《孟子·尽心下》第三十五章。"养心莫善于寡欲"，修养心性没有比减少欲望更好的了。孟子此处阐述要寡欲，要减少欲望，只有如此，才能保持更多的善性。

孔子不得中道而与之，必也狂狷乎！

【讲解】

此语出自《孟子·尽心下》第三十七章。"孔子不得中道而与之，必也狂狷乎"，孔子得不到中正之士与之，一定去求取狂放或不做坏事的人而与之相交了。《论语·子路》孔子曰："不得中行而与之，必也狂狷乎！狂者进取，狷者有所不为也。"亦可谓中道之士是理想之士，不易得到，所以有所偏者，其各自的优长之处引发了孔子的感慨，更加深了孟子对"人无完人，金无足赤"的理解。求完人不可得，各用其长地成就仁义之道罢了。

经正，则庶民兴

【讲解】

此语出自《孟子·尽心下》第三十七章。"经正，则庶民兴"，常理得到端正，那么普通人就会发展起来。孔子所以厌恶乡愿，就在于他们以假乱真，以假掩盖了真。孟子恐怕其乱真，于是昭示天下，乡愿的本质是似善似公而非善非公。孟子希望君子由此而更加明了辨别士人的是非曲直，带领大家回复到常规常理的正道上来。常规常理得到端正，老百姓就会得到发展，老百姓都发展起来了，邪恶就不易存在了。

《大学》名言警句

大学的"三纲""八目"

【讲解】

大学的"三纲"即"明明德""亲民""止于至善"，出自《大学》的第一章，即"大学之道，在明明德，在亲民，在止于至善"。大学的"三纲"就是大学的宗旨，大学问的要义。第一点是"明明德"，即要弘大扩展人们与生俱来的善性。第二点是"亲民"，"亲民"是大人君子"明明德"的落脚点。仁义礼智的高尚修养最终要体现在"爱人""亲民"上，大人君子要合群、利群、惠群，必然要积极联系民众，亲近民众。"亲民"就是亲近人民，亲爱人民，关心人民的疾苦，关心人民的长远利益。在此基础上，为人民解除苦痛，引领人民去争取和谐安定的生活。第三点是"止于至善"，有了高尚之德，才能爱人、亲民，爱之亲之，才能使之更好修养道德。在社会实践中，大人君子要带领人民不断践行所修之德，最终要达到"至善"的最高目标，而一旦达此目标，就要恪守这一目标而不移，既要达到"至善"，又要一定守住"至善"，而无丝毫闪失。

大学的"八目"即"格物""致知""诚意""正心""修身""齐家""治国""平天下"，出自《大学》的第一章，即"古之欲明明德于天下者，先治其国；欲治其国者，先齐其家；欲齐其家者，先修其身；欲修其身者，先正其心；欲正其心者，先诚其意；欲诚其意者，先致其知。致知在格物。物格而后知至，知至而后意诚，意诚而后心正，心正而后身修，身修而后家齐，家齐而后国治，国治而后天下平。自天子以至于庶人，壹是皆以修身为本。其本乱而末治者否矣，其所厚者薄，其所薄者厚，未之有也"。大学的"八目"是具体明晰地教人依先后去修养去做人。

格物，就是从万事万物中辨析是非善恶、本末终始，而后要知道社会秩序的前后左右、各色人等都居于何位，当为当不为，当然也包括自己是什么角色也要清楚明白。

致知，就是做到"格物"之后的意念诚纯，诚纯就是最符合大自然的本真，不偏不斜，无过无不及，不添加任何感情色彩。

诚意，就是"致知"结合社会实际与自己的思想实际，反映在意念上就纯正、真诚。

正心，就是一意一念都纯诚，心自然端正。

修身，是建立在修心基础之上的，内心规范，形体必然随之规范。

齐家，齐家的齐，繁体为齊，造字之初，意为麦穗长得整齐茂盛。而齐家之齐，不是不分男女老少都一个标准的整齐，而是使其各尽其心力，各自在自己位子上充分发挥自己的善性，全家整体看是一派向善向上的兴旺景象，即心齐的景象，这就是家齐。

治国，就是确立了治家的表率风范，就会使一个地区的各个家族心向往之，这就具备了治理好一个地区的基础，在此基础上努力爱人亲民，广纳贤达的理政理念与方法。就是一个地区就会治理得好。

平天下，治好一个地区者，就会影响其他地区，这就有了治理好天下的基础。然而基础不是全部，仅是基础，尚须提高自己的管理智慧与能力，具有自强不息、坚毅不拔的爱民精神，才能平治天下。

苟日新，日日新，又日新

【讲解】

此语出自《大学》的第三章。"苟日新，日日新，又日新"，要真像每天洗脸一样洗心滤恶做新人，天天洗心滤恶做新人，持续恒常地洗心滤恶做新人。这是商汤的洗脸盆所铭文。苟，诚，真。新，脸上洗去尘秽为新；心中去掉恶念为新；与时俱进为新；不断革除弊政为新。统治者做到新，其实，也是做到了清、明。这就益于做到仁，就容易做到亲民。

周虽旧邦，其命维新

【讲解】

此语由《大学》的第三章引自《诗经·大雅·文王》。"周虽旧邦，其命维新"，周虽然是古老的国家，其指导思想却是不断革新的。一个地区、一个国家的统治者欲亲民，则必须先自新、自清，而且要永远地改过自新、自清，这样才有资格去教化人民，使之内心去恶从善，不但规范其身，而且规范其心，人民自然从善如流。

邦畿千里，惟民所止

【讲解】

此语由《大学》的第四章引自《诗·商颂·玄鸟》。"邦畿千里，惟民所止"，王都郊区很广阔，是人民最好的居处。止，居，目标，落脚点。畿（jī），国都郊区。引用此篇是要说明普通人民都会自然而然地选择京郊作为好的居住地。此处使用"赋"的写作手法，指出所要论述的问题是居止何境的问题。

缗蛮黄鸟，止于丘隅

【讲解】

此语由《大学》的第四章引自《诗·小雅·缗蛮》。"缗蛮黄鸟，止于丘隅"，黄鸟叫着挑选止息之地，最后落在了山角茂林处。缗（mín）蛮，《诗

467

经》作绵蛮，鸟叫声。引用此篇是要说明鸟鸣叫着飞来飞去，选择山角茂林作为好的栖息地。此处使用"比"的写作手法，指出鸟尚且选善处为栖息地，何况人乎？

穆穆文王，於缉熙敬止

【讲解】

此语由《大学》的第四章引自《诗·大雅·文王》。"穆穆文王，於缉熙敬止"，肃穆泰和的周文王，啊！持续地光明磊落，一切都谨慎地归于善的境界。穆穆，肃穆庄严。於（wū），叹词。缉，不断，持续。熙，光明磊落。敬，谨慎。引用此篇是要说明，君子所止，不只是住在哪里了，而是止于何种境界，最高追求目标是什么。这是君子之所止。而周文王的追求与境界光明磊落，一切归于善。此处使用"赋"的写作手法，说明各类人等皆有所至善之止。后面接此而论，做国君的应像周文王一样爱人亲民，做臣子、做儿子、做父亲都应达到分内的最高境界，即敬、孝、慈。人与人之间相交往，必须做到诚信。这就是各类各级人等所应止的境界。

有斐君子，如切如磋，如琢如磨

【讲解】

此语由《大学》的第四章引自《诗·卫风·淇澳》。"有斐君子，如切如磋，如琢如磨"，有文化修养的君子，如同切牛角、象牙而后仔细磋去毛刺使之光滑，如同雕琢美玉而后磨光使之润泽，非常认真细致，精益求精。澳（yù），山、水弯曲的地方，此指淇水弯曲的岸上。斐，文采、修养。作者阐发了诗句的内涵，即"如切如磋"，就是讲如何治学、做学问；"如琢如磨"，就是讲如何自我修养。此处使用"比兴"的写作手法，引出道德君子的盛德威貌以至至善的境界，令后世永不忘怀。

于戏！前王不忘

【讲解】

此语由《大学》的第四章引自《诗·周颂·烈文》。"于戏！前王不忘"，鸣呼！不忘前代圣贤君主至善化民。引用此篇是进一步强调先圣先贤的至善化民的丰功伟业绝不能忘。随之得出结论，不忘的好处在于管理者重用贤人会管理，使亲疏远近、大人、小人各得其所、各行其是，各得其应得的待遇，社会自然和谐熙熙而乐。此处使用"赋"的写作手法，用以引出此章的结论，即不忘前王的功德善境有诸多好处，所以不能忘。

无情者不得尽其辞

【讲解】

此语出自《大学》的第五章。"无情者不得尽其辞"，缺乏人性者也不能讲尽假话，就是畏惧众人皆修身、正心、诚意的环境氛围，不敢肆无忌惮地制造假、冤、错案。孔子说："听诉讼，我如同别人一样。重要的是使社会不产生争讼。"缺乏人性者也不能讲尽假话，因为他们畏惧违背民众的志愿。由此可知治国化民是根本。知道治国化民是根本，这就是最重要的知识与学问。引孔子语宗旨在于说明欲使社会万众不争讼、和谐，则必须使万众修身、正心、诚意，"自天子至于庶人，壹是皆以修身为本"。如人人修身有成，"己所不欲，勿施于人"，岂须狱讼以断曲直。

所谓诚其意者，毋自欺也

【讲解】

此语出自《大学》的第六章。"所谓诚其意者，毋自欺也"，所讲的诚意，就是不自欺欺人。

人之视己，如见其肝肺然

【讲解】

此语出自《大学》的第六章。"人之视己，如见其肝肺然"，其实人们看我，洞察得如同看见心、肝、肺一样。此句意在表达一个人内心、内在修养是个什么情况，必然通过他的社会活动、人与人之间交往体现出来，装不得假的，必须真诚待己，真诚待人。

诚于中，形于外，故君子必慎其独也

【讲解】

此语出自《大学》的第六章。"诚于中，形于外，故君子必慎其独也"，内心诚与不诚，必然反映在每个人的外表上，所以君子重要的是谨慎独处之时仍然要以仁礼规范身心。诚意之载体是人心，人心之载体在身。修身、正心的核心内容是诚意。意念诚敬了，身心必然端正，行为自然规范，即"诚于中而形于外"。而诚意的功夫在慎独，所以正心、修身的根本在慎独。

十目所视，十手所指

【讲解】

此语出自《大学》的第六章。"十目所视，十手所指"，犹如十只眼睛盯着我，十只手指着我。这是引用曾子的话，意在表达君子重要的是诚实意念。

富润屋，德润身，心广体胖

【讲解】

此语出自《大学》的第六章。"富润屋，德润身，心广体胖"，财富能润泽房屋，道德能润泽身心，心地宽广，体态高大。这是引用曾子的话，意在表达君子重要的是诚实意念。

身有所忿懥，则不得其正

【讲解】

此语出自《大学》的第七章。"身有所忿懥，则不得其正"，心有不平与怨怒，就得不到端正。心身遇到不平事，愤愤然，遇到暴力蛮横，害怕慌恐，预见祸乱将至，忧患无策，等等，都会影响正心、修身。这就须回到诚意上来，意念诚、敬、慎，思虑清纯，不偏不斜，遇到什么麻烦事，什么令人气愤事都能诚、敬、中正地对待之，这才能益于"正心""修身"。所讲的修身在于端正人心的道理，心有不平与怨怒，就得不到端正；存有惶恐惧怕，就得不到端正；存有偏好、偏乐，就得不到端正。心绪不宁静，思想不集中，事物触目而看不见，声音充耳而听不到，吃了食物而不知是什么味道。这就是说，修身在于端正人心。

好而知其恶，恶而知其美者，天下鲜矣

【讲解】

此语出自《大学》的第八章。"好而知其恶，恶而知其美者，天下鲜矣"，对喜欢的人能清醒知道他的缺点，对不喜欢的人能清醒知道他的优点，这样的人，天下太少了。此句意在表达一个人心有所不正，即有所偏，偏好、偏恶、偏敬、偏见，处理问题自然不公平，当然有碍自身的修养形象。自身不得修正，更不能为家族之楷模,当然无益整齐家族。如果一个人把自己的孩子看得优中之优,没有任何缺点,孩子与他人发生矛盾,只怪他人不端。每个人都以自己为家庭主人公,责无旁贷,每个人都这么想,都这么做,人人各自以修身为本,而不去责求家中其他任何一人应如何,都各自严求自己尽心竭力,心里自然舒畅无偏,而其家自然得以整齐。当然,齐家,不是绝对等齐划一,而是一家老少男女各据自己的身份地位而都能尽心竭力地修养自身,贡献自己的心智与力量,即都做出自己的努力,做出自己的贡献,都有不同的向善的诚意与表现,这就是不齐之齐。

其家不可教,而能教人者,无之

【讲解】

此语出自《大学》的第九章。"其家不可教,而能教人者,无之",自己家管教不好,而能把别人管教好的,根本没有。所讲的治理好国家一定要先整齐好家族的道理,就在于自己家管教不好,而能把别人管教好的,根本没有。所以君子治国教民的思想方法是在整齐家族中逐渐形成的。

如保赤子

【讲解】

此语由《大学》的第九章引自《尚书·康诰》。"如保赤子",对待老百姓要像保护自己幼小儿女一样。只有对百姓"如保赤子"那样由衷关爱,才能真正使百姓为国家奋斗而死不旋踵。

心诚求之,虽不中,不远矣

【讲解】

此语出自《大学》的第九章。"心诚求之,虽不中,不远矣",由衷真诚地去关爱老百姓,即使做不到至善,也不会太远了。

未有学养子而后嫁者也

【讲解】

此语出自《大学》的第九章。"未有学养子而后嫁者也",没有先学习如何养孩子而后出嫁的女子。养子是母亲的天职,只要做了母亲,就自然由衷爱自己的孩子,自然就会根据具体条件采用最有益的方法关爱自己的孩子。

而这些方法不用出嫁前就学习，而做了母亲后自然随之而来了照顾小孩的衷情与有效方法。这是在比论一个管理者只要有了由衷的诚意与爱心，别怕没有爱民的经验与方法，方法即使不当，也离正确不会远。关键的是要具有由衷的爱民诚意。

其所令，反其所好，而民不从

【讲解】

此语出自《大学》的第九章。"其所令，反其所好，而民不从"，如果他们号召的与实际所追求的不同，百姓就不会服从。号令百姓，叫百姓做的事，与他自己的真实追求恰相反，百姓就不会听从他的号令。教人民重义轻利，他自己却搜刮民财，人民怎么会真的去重义轻利呢？是讲管理者行为导向作用之大。

桃之夭夭，其叶蓁蓁，之子于归，宜其家人

【讲解】

此语由《大学》的第九章引自《诗经·周南·桃夭》。"桃之夭夭，其叶蓁蓁，之子于归，宜其家人"，桃花艳丽，绿叶繁盛，姑娘出嫁，给婆家带来了和谐。引用此篇是强调说明以家为典型确定表率风范的管理方式，然后推向社会，影响广大民众。

宜兄宜弟，而后可以教国人

【讲解】

此语由《大学》的第九章引自《诗经·小雅·蓼萧》。"宜兄宜弟"，兄弟和谐。引用此篇是强调说明以家为典型确定表率风范的管理方式，然后推向社会，影响广大民众。

君子有絜矩之道也

【讲解】

此语出自《大学》的第十章。"君子有絜矩之道也"，君子有推己及人之道。絜，用绳度量围长，引申为标准，表率，楷模。矩，方尺，引申为规范。絜矩之道，自己是楷模，能设身处地为他人着想，即推己及人之道。所讲的平治天下，在于先治理好国家的道理，就是君主尊敬老人，人民就大兴孝道之风；

君主礼遇长者，人民就大兴礼让之风；君主抚恤孤儿，人民就不背叛。所以君子有推己及人之道。厌恶上级的做法，决不把它用在下级；厌恶下级的做法，决不把它用在上级；厌恶前边人的做法，决不把它用在后边人；厌恶后边人的做法，决不把它用在前边人；厌恶右边人的做法，决不把它用在左边人；厌恶左边人的做法，决不把它用在右边人。这就叫作推己及人之道。

乐只君子，民之父母

【讲解】

此语由《大学》的第十章引自《诗经·小雅·南山有台》。"乐只君子，民之父母"，与民同乐的国君，是人民的父母官。引用此篇是为讲统治者与人民的关系，在上能由衷关爱人民，严格约束自己，自然得到人民的拥护，就会长治久安。

殷之未丧师，克配上帝

【讲解】

此语出自《大学》的第十章引自《诗经·大雅·文王》。"殷之未丧师，克配上帝"，殷朝未丧失民众的拥护时，天地也能接受他的祭祀。引用此篇是为讲统治者与人民的关系，在上能由衷关爱人民，严格约束自己，自然得到人民的拥护，就会长治久安。

财聚则民散，财散则民聚

【讲解】

此语出自《大学》的第十章。"财聚则民散，财散则民聚"，财货集中于几个统治者手里，人民就离心离德了；财货分散给大家，人民就聚拢在统治者周围。

道善则得之，不善则失之矣

【讲解】

此语出自《大学》的第十章。"道善则得之，不善则失之矣"，修善行善就会得到天命，不修善行善就会失去天命。天授大命是因善与不善而变化的，它不是永恒不变的。要久享天命，那就久行善事，使天下万民久受益。

好人之所恶，恶人之所好

【讲解】

此语出自《大学》的第十章。"好人之所恶，恶人之所好"，喜欢众人所厌恶的，厌恶众人所喜欢的。发现贤才而不能举荐，即使举荐也不愿意放在自己前边，这就叫轻慢；发现邪佞而不能远离他，即使离开了也离得不远，这就叫过失。喜欢众人所厌恶的，厌恶众人所喜欢的，这是违背正常的人事情理，灾祸一定降临到他的身上。所以国君治国化民的大道，一定要通过忠信才能得到，如果骄横奢泰就会失去。

生财有大道

【讲解】

此语出自《大学》的第十章。"生财有大道"，增加财富有大道。生财的大道就是多生产、多创造，用起来要节俭；生产得快，用得要缓，那么财物就永远足用了。

仁者以财发身，不仁者以身发财

【讲解】

此语出自《大学》的第十章。"仁者以财发身，不仁者以身发财"，仁德的人散财而修德，不仁德的人丧德而敛财。

与其有聚敛之臣，宁有盗臣

【讲解】

此语出自《大学》的第十章。"与其有聚敛之臣，宁有盗臣"，如果设置搜刮民财的爪牙，还不如安排一个偷盗自己的人呢！鲁国贤大夫公孙蔑说："养得起马车的仕宦之家，就不要再养鸡养猪了；能有冰窖储存鱼肉的仕宦之家，就不要养牛养羊了；有百辆兵车的大夫之家，就不要设置搜刮民财的爪牙了。如果设置搜刮民财的爪牙，还不如安排一个偷盗自己的人呢！"这就是国家不以财富为利，以仁义为利啊。作为国家的君主而只追求发财致富，一定要通过小人去完成，那些小人非常喜欢这样做。如果使小人管理国家，天灾人祸将一同袭来，即使有善德之人，也没有任何办法去制止。这就是国家不以财富为利、以仁义为利的道理。

国不以利为利，以义为利也

【讲解】

此语出自《大学》的第十章。"国不以利为利，以义为利也"，国家不以财富为利、以仁义为利。

《中庸》名言警句

天命之谓性，率性之谓道，修道之谓教

【讲解】

此语出自《中庸》的第一章。"天命之谓性，率性之谓道，修道之谓教"，大自然赐给人的基本素质就是人性，循人性思考、行事就是正道，学正道、弘扬正道、传播正道就是教育。孟子认为人与生俱来具有善性。人的善性是大自然赐给的，人人皆然。但与生俱来的善性只是善端，并不是完整的、成熟的善性。欲使善端成为成熟的善性，需要依循人的本性即善的本性去思考、研究、弘扬善性的问题，这才合于自然的大道，即合于人的本性之道。人人应该学道、研究道、弘扬道，为道化人、育人。于此讲明了"性、道、教"三者的关系，循性、修道才是真正的教育；如缺乏教育，性将遭污受泯，不得率性而修之道，人们将无所遵循，违道胡为，悖谬大自然规律，当然不祥。所以只有重视教育循人性本真而修行人道规范，建立人道秩序，社会才能正常运行，全国上下才能形成一派良风善俗的和谐氛围。

戒慎乎其所不睹，恐惧乎其所不闻

【讲解】

此语出自《中庸》的第一章。"戒慎乎其所不睹，恐惧乎其所不闻"，君子在别人看不到之处，也要警戒审慎地严格约束自己；在别人听不到之处，仍怕产生坏名声。所以无论何时、何地、何种情况，都应严于律己，以人性正道规范自己。

莫见乎隐，莫显乎微，故君子慎其独也

【讲解】

此语出自《中庸》的第一章。"莫见乎隐，莫显乎微，故君子慎其独也"，再隐蔽的背道思想没有不暴露的，再细微的违性心理没有不显现出来的，所以君子独处之时，一定要严谨审慎地以正道行事。

中和

【讲解】

此语出自《中庸》的第一章。"中和"，喜怒哀乐的情感没有表现出来，就是不偏不倚的中；情感表现出来，都合乎规范，就是和。中是天下万事万物的根本；和是天下万事万物的畅达之路。如能达到中和，天地各正其位，万物都能得到很好的繁育。中是一切事物存在之根本；偏、斜，过分放、流的事物都会倏忽消亡。和是天下最畅通之路，有了和，一切皆通。达到了中和，天地万物，才能正常运行，正常生长。

君子之中庸也，君子而时中

【讲解】

此语出自《中庸》的第二章。"君子之中庸也，君子而时中"，君子行事无过无不及，是说君子在不同时间、不同地点、不同问题上都做到无过无不及。这是引用孔子说的话。孔子说："君子行事无过无不及，恰到好处；小人行事与之相反。君子行事无过无不及，是说君子在不同时间、不同地点、不同问题上都做到无过无不及；小人对待中庸，是指小人在一般问题上都是不自律、放肆而无顾忌的。"

小人之中庸也，小人而无忌惮也

【讲解】

此语出自《中庸》的第二章。"小人之中庸也，小人而无忌惮也"，小人对待中庸，是指小人在一般问题上都是不自律、放肆而无顾忌的。这是引用孔子说的话。

人莫不饮食也，鲜能知味也

【讲解】

此语出自《中庸》的第四章。"人莫不饮食也，鲜能知味也"，人们没有不吃饭、喝水的，但很少能知道饮食的真味。这是引用孔子说的话。主要论述道不得施行与道之不明的原因，在于过与不及。所以对道的理解，对道的实施，均须本中庸之道；如偏离中庸之道，去弘扬道、践行道，都是不可能得到成功的。如此看来，中庸则为行道之法了。而行道之法中庸得以实施了，所行之道自然得以落实。

舜其大知也与

【讲解】

此语出自《中庸》的第六章。"舜其大知也与"，舜啊！他真是大智慧的人啊！这是引用孔子说的话。孔子说："舜啊！他真是大智慧的人啊！舜喜欢请教贤人而又能省察周围人的建议，不揭别人之短而宣扬其善良美好。控制过与不及的两个极端，用中庸正道去治理人民。大概这就是舜的本真吧！"此处所论是如何用中庸。孔子宣扬舜的伟大，是儒家树立了其所追求的统治者的标杆、楷模。

君子和而不流，强哉矫

【讲解】

此语出自《中庸》的第十章。"君子和而不流，强哉矫"，君子与人和谐而不苟同，是真正的强大！这是引用孔子说的话。子路问什么是坚强。孔子说："你问的是南方的坚强，北方（漠北）的坚强，还是指什么别的坚强呢？以宽缓柔和之道教化人民，不报复无道者，这是南方的坚强，是努力修养者所为。刀枪甲胄不离身，死而不悔的人，这是漠北的坚强，是猛烈刚勇者所为。所以，君子与人和谐而不苟同，是真正的强大！恪守中庸之道，而不偏不倚，是真正的强大！国家有道，不改变困厄时的志向，是真正的强大！国家无道，到死也不改变操守，是真正的强大！"孔子不仅不赞同漠北式的刚强，也不赞同南方的宽厚柔弱，与"不报无道"的主张。此处提出一个问题，有些君子反对强暴，主张宽柔，貌似比强暴者中庸，而潜在的又有些过，结果也与

477

中庸有了距离。

素隐行怪

【讲解】

此语出自《中庸》的第十一章。"素隐行怪"，寒素不仕而隐居。素隐，寒素无为而隐居；行怪，行为乖僻离群。这是引用孔子说的话。孔子说："寒素不仕而隐居，行为超凡离群，即使后世有传颂，我也不去做。君子当遵行天道人道，有些人半途懈怠而不前，而我是不能停止的。君子据中庸而行，哪怕不被社会所了解也毫不后悔，只有圣人才能做得到。"孔子认为"素隐行怪"者，不能行中庸之道；"半途而废"者，亦不能行中庸之道。因为他们喜利乐名，又求速成，孔子表示决不能那样做。所以，为人不能求偏行乖，以沽名钓誉。行道要奋进不止，不能图显名于世，才利于行道。行道要正，不能自持一端，不能妄自标新立异；行道要笃诚，一丝不苟，锲而不舍；行道要纯，决不为名利所惑。此处深刻反映了儒家学派以天下为己任，孜孜不倦、奋进不已的精神。无论遇到什么挫折或打击，都能传道不止，行道不辍。

天地之大也，人犹有所憾

【讲解】

此语出自《中庸》的第十二章。"天地之大也，人犹有所憾"，天地之大德广被，人们尚有不理解之处。君子之道广大而隐微，普通愚朴男女，也可以了解其大概；而深刻品味其精妙，即使圣人也有不知道的方面。普通修养差的男女，也能去践行；而达其高远境界，即使圣人也有做不到的方面。天地之大德广被，人们尚有不理解之处。所以君子讲大道理，天下人有许多不明白的；讲小道理，天下人又不能普受其惠。

鸢飞戾天，鱼跃于渊

【讲解】

此语由《中庸》的第十二章引自《诗经·大雅·旱麓》。"鸢飞戾天，鱼跃于渊"，鹰飞于高天，鱼游于深渊。讲的是天上、水下万物各以自己方式循道而行，上下虽别，而道相通。君子之道从夫妇开始，而到了高深之处，自然可以体察天地间的大道理。

君子之道，造端乎夫妇

【讲解】

此语出自《中庸》的第十二章。"君子之道，造端乎夫妇"，君子之道从夫妇开始。

道不远人

【讲解】

此语出自《中庸》的第十三章。"道不远人"，真理是不远离人们的知与行的。任何大道理，如果脱离人类社会生活实际，不能解释和解决指导社会生活问题，那它就不是什么道理。学习者自身一定要以中庸之道作为指导，作为仪范，以此诚实意念、正心、修身以至付诸自己的行事过程中。

伐柯伐柯，其则不远

【讲解】

此语由《中庸》的第十三章引自《诗经·豳风·伐柯》。"伐柯伐柯，其则不远"，砍斧柄啊砍斧柄，它的标准在手中。每个人行为的准则、标准就在左右。照着办就可以了，但这仅是初步仿效。因为照着办要根据具体情况采取最佳方案，才能接近中庸。

忠恕违道不远

【讲解】

此语出自《中庸》的第十三章。"忠恕违道不远"，忠恕离真理不远了。这是孔子说的话。

君子之道四

【讲解】

此语出自《中庸》的第十三章。"君子之道四"，君子的原则有四方面，即：对儿子的要求，用来事奉父亲；对臣下的要求，用来事奉君长；对弟弟的要求，用来事奉兄长；对朋友的要求，用来事奉朋友。这是孔子说的话。

君子素其位而行

【讲解】

此语出自《中庸》的第十四章。"君子素其位而行"，君子依据其所处地位而行事。

君子无入而不自得焉

【讲解】

此语出自《中庸》的第十四章。"君子无入而不自得焉"，君子无论处于何等环境形势，都能摆正自己的位置。

正己而不求于人，则无怨

【讲解】

此语出自《中庸》的第十四章。"正己而不求于人，则无怨"，端正自己而不责求他人，就不会怨愤。

上不怨天，下不尤人

【讲解】

此语出自《中庸》的第十四章。"上不怨天，下不尤人"，上不埋怨天，下不埋怨人。

君子居易以俟命，小人行险以徼幸

【讲解】

此语出自《中庸》的第十四章。"君子居易以俟命，小人行险以徼幸"，君子依据其所处地位行事，而不追求分外之功；小人违礼行事，而企望侥幸获利。

君子之道，辟如行远必自迩，辟如登高必自卑

【讲解】

此语出自《中庸》的第十五章。"君子之道，辟如行远必自迩，辟如登高必自卑"，做君子的道理，譬如远征，一定要从近处开始；譬如登山，一定要从低处开始。

天之生物必因其材而笃焉，故栽者培之，倾者覆之

【讲解】

此语出自《中庸》的第十七章。"天之生物必因其材而笃焉，故栽者培之，倾者覆之"，天生万物一定是依据其所需而至诚相助，使生机向上者得以滋润息养，使倒地枯槁者有所归宿。天下有道，有德者居之。这是天下国家的

常态。此章所论就是常态中的社会表象。小德居小位，中德居中位，大德居大位。不但地位名分、俸禄与之相匹，寿命也与德相应，且能身后有宗庙祭祀，子孙传承其风范。

夫孝者，善继人之志，善述人之事者也

【讲解】

此语出自《中庸》的第十九章。"夫孝者，善继人之志，善述人之事者也"，孝道的人就是善于继承先辈的高尚境界，延续先贤的善心善举的人啊！

文武之政，布在方策

【讲解】

此语出自《中庸》的第二十章。"文武之政，布在方策"，周文王、周武王的政治都写在木板与竹简上了。

天下之达道五，所以行之者三

【讲解】

此语出自《中庸》的第二十章。"天下之达道五，所以行之者三"，人类社会共由之路有五伦，能践行此五伦的人有三种共同的道德。五伦是：君臣关系，父子关系，夫妇关系，兄弟关系，朋友关系。这五种关系是人们共由之路，即五伦。智、仁、勇三种美德，是人类社会共同的道德。五伦、三德能够践行，就在一个"诚"字。

凡为天下国家有九经

【讲解】

此语出自《中庸》的第二十章。"凡为天下国家有九经"，大概治理国家有九条常理（经验），修身、尊贤、亲亲、敬重重臣、体恤群臣、爱民如子、招徕工匠、关爱及于边远地区、关怀封疆大吏。修身就逐渐有了道，尊重贤人，就不会糊涂；亲爱亲人，叔伯兄弟就都不会埋怨；敬重重臣，就不会迷惑；体恤群臣，大大小小的为官者都全力报效国家；待民如子，老百姓就努力耕织；招徕工匠，钱财、器物就充足；关爱边远地区，四方人心就归之如流；关怀诸侯，天下敌对势力就畏惧。

481

去谗远色，贱货而贵德

【讲解】

此语出自《中庸》的第二十章。"去谗远色，贱货而贵德"，赶走谗言，远离美色，轻视财物而重视德行。

凡事，豫则立，不豫则废

【讲解】

此语出自《中庸》的第二十章。"凡事，豫则立，不豫则废"，凡大事，一定要豫先精心地做充分的准备，才能成功。事先不做准备，草率从事，就不会成功。

博学之，审问之，慎思之，明辨之，笃行之

【讲解】

此语出自《中庸》的第二十章。"博学之，审问之，慎思之，明辨之，笃行之"，广博地学习，详细地请教，缜密地思考，明晰地辨别，笃实地践行。

人一能之，己百之。人十能之，己千之

【讲解】

此语出自《中庸》的第二十章。"人一能之，己百之。人十能之，己千之"，人家学一次就会了，自己学一百次；人家学十次就会了，自己学一千次。

唯天下至诚为能尽其性

【讲解】

此语出自《中庸》的第二十二章。"唯天下至诚为能尽其性"，只有天下最纯诚的圣人，能够充分体现人性之善美。

唯天下至诚为能化

【讲解】

此语出自《中庸》的第二十三章。"唯天下至诚为能化"，只有达到天下纯诚，才能化众不善而为善。

天地之道，博也、厚也、高也、明也、悠也、久也

【讲解】

此语出自《中庸》的第二十六章。"天地之道，博也，厚也，高也，明也，悠也,久也",天地之德,广博、厚重、高大、光明、悠远、长久。

苟不至德,至道不凝焉

【讲解】

此语出自《中庸》的第二十七章。"苟不至德,至道不凝焉",如没有高尚的道德,就不会成就高尚的圣人之道。

君子尊德性而道问学,致广大而尽精微,极高明而道中庸

【讲解】

此语出自《中庸》的第二十七章。"君子尊德性而道问学,致广大而尽精微,极高明而道中庸",所以君子遵行道德而以学问为正途,达到广大而又不放松细微的修养,达到崇高光明的境界而又时时取道中庸。

国有道,其言足以兴;国无道,其默足以容

【讲解】

此语出自《中庸》的第二十七章。"国有道,其言足以兴;国无道,其默足以容",国家政治清明之时,他的治国兴邦理想就能充分受到重视;国家政治昏暗时,他的沉默不语,也能够保全自己的名节。

既明且哲,以保其身

【讲解】

此语由《中庸》第二十七章引自《诗经·大雅·烝民》。"既明且哲,以保其身",既明晰又智慧,可以保全身与名。

愚而好自用,贱而好自专

【讲解】

此语出自《中庸》的第二十八章。"愚而好自用,贱而好自专",愚昧却自以为是,地位低下却独断专行。这是孔子说的话。

非天子不议礼,不制度,不考文

【讲解】

此语出自《中庸》的第二十八章。"非天子不议礼,不制度,不考文",不是天子不确定礼制,不要制定制度,不要考正变动文字。

王天下有三重焉，其寡过矣乎

【讲解】

此语出自《中庸》的第二十九章。"王天下有三重焉，其寡过矣乎"，统一治理天下要重视三件事（即本诸身，征诸庶民，考诸三王），大概就少出错误了。

仲尼祖述尧舜，宪章文武，上律天时，下袭水土

【讲解】

此语出自《中庸》的第三十章。"仲尼祖述尧舜，宪章文武，上律天时，下袭水土"，孔子以尧舜为宗主，以周文王、周武王为礼则，上以天时为约束，下以地理为参照。

万物并育而不相害，道并行而不相悖

【讲解】

此语出自《中庸》的第三十章。"万物并育而不相害，道并行而不相悖"，万物共同发育而不相侵害，各种学说各展其长而不相斥责。

小德川流，大德敦化

【讲解】

此语出自《中庸》的第三十章。"小德川流，大德敦化"，小的德性自然畅流，大的德性敦化万物。

凡有血气者莫不尊亲

【讲解】

此语出自《中庸》的第三十一章。"凡有血气者莫不尊亲"，凡是有血有气的人，没有不尊敬父母亲的。

肫肫其仁，渊渊其渊，浩浩其天

【讲解】

此语出自《中庸》的第三十二章。"肫肫其仁！渊渊其渊！浩浩其天！"恳切的仁德，爱人之情如渊之深而又深，爱人之心如天之广阔浩瀚。

第八部分 "四书"精要语句

衣锦尚䌹

【讲解】

此语由《中庸》的第三十三章引自《诗经·卫风·硕人》。"衣锦尚䌹","锦衣之上罩一件单衫。"䌹,单层的衣服。

君子内省不疚,无恶于志

【讲解】

此语出自《中庸》的第三十三章。"君子内省不疚,无恶于志",君子经常从内心审视自己而无愧疚,决不违背自己的志向。

相在尔室,尚不愧于屋漏

【讲解】

此语由《中庸》的第三十三章引自《诗经·大雅·抑》。"相在尔室,尚不愧于屋漏","看你独居一室时,在屋角暗处有无愧心事。"

君子不赏而民劝,不怒而民威于铁钺

【讲解】

此语出自《中庸》第三十三章。"君子不赏而民劝,不怒而民威于铁钺",君子不用奖赏,百姓自然奋发向上,不用愤怒,百姓就比害怕刀斧惩罚还敬畏他。

予怀明德,不大声以色

【讲解】

此语由《中庸》的第三十三章引自《诗经·大雅·皇矣》。"予怀明德,不大声以色",我感怀大德之君,对百姓从不厉言厉色。

上天之载,无声无臭

【讲解】

此语由《中庸》的第三十三章引自《诗经·大雅·文王》。"上天之载,无声无臭",上天化育万物,无声响、无气味。

(第八部分执笔:刘北芦)

第九部分

儒学重大事件

孔子问礼于老子

此历史事件于古代典籍中多有记载，司马迁《史记·老子韩非列传》《史记·孔子世家》《礼记·曾子问》《庄子·知北游、天道、天运》《吕氏春秋》中均有记载。各典籍所载不同，但说孔子问道于老子之事同。至于孔子何时求教于老子，几家说法不一。《史记·孔子世家》认为孔子年轻时求教于老子，可能更可靠一些。因《世家》所载老子教诲孔子的语气，是针对求上进的年轻人。孔子青年时好学，《论语·八佾》载"子入太庙，每事问"即是明证。诸子之书主在论道、论理，而司马迁以其史家的视角，依据其所掌握的更全面、更权威的史料，整理归纳了诸家有关思想材料之精华，写了孔子问礼于老子之事。

《史记·老子韩非列传》载，老子是苦县厉乡曲仁里人，姓李，名耳，字聃，周朝典籍、文物馆馆长，是大学问家。《史记·孔子世家》载："鲁南宫敬叔言鲁君曰：'请与孔子适周。'鲁君与之一乘车，两马，一竖子俱，适周问礼，盖见老子云。"据此，孔子适周问礼是鲁国国君支持的鲁国向朝廷学礼的事件。而学礼的过程中，遇到了老子。孔子虚心请教老子，老子则以师长角度，真诚地谈了自己的见解，而其见解并非"孔子问礼"的内容，却合乎《老子》一书的思想体系。《列传》载："孔子适周，将问礼于老子。老子曰：'子所言者，其人与骨皆已朽矣，独其言在耳。且君子得其时则驾，不得其时则蓬累而行。吾闻之，良贾深藏若虚，君子盛德，容貌若愚。去子之骄气与多欲，态色与淫志，是皆无益于子之身。吾所以告子，若是而已。'"此老子言，即"你所讲的周公等制礼作乐的圣贤，他们都化作土了，只是他们的话还在罢了，没有践行就是空话。况且君子得势就出来做事，不得势就如常人蓬头垢面而为。我听说，善于经商者深藏其货，有若无，实若虚，君子修养高尚，而表相朴厚。你应抛掉骄气与诸多欲望及不切实际的追求，因为这些无益于你的修身。我所能告诉你的，如此罢了"。这些教诲，一面合乎《老子》一书的思想体系，一面也合乎孔子《论语》中"有若无，实若虚"之主张。

第九部分　儒学重大事件

周游列国

《史记·孔子世家》载，鲁定公十四年，孔子年五十六，鲁用孔子做大司寇行摄相事。孔子参与政事三个月，就颇见成效，做买卖的诚实不欺，男女有别，路不拾遗，四方之客来鲁者，百姓积极接待，不劳官府。

齐国唯恐鲁国久用孔子，称霸于诸侯，损失齐国利益。"于是选齐国中女子好者八十人，皆衣文衣而舞康乐，文马三十驷，遗鲁君。陈女乐文马于鲁城南高门外，季桓子微服往观再三，将受，乃语鲁君为周道游，往观终日，怠于政事。"季桓子引诱鲁定公往观女乐，最终接受了齐赠女乐，荒于政务。孔子见鲁君与掌权大夫季桓子同谋受女乐而怠政，认为鲁国难于行道，但又不愿矛盾公开化，于是以祭祀后没有分给他祭肉为由，悄悄离开鲁国，期望自己的理想政治得到其他诸侯国的认可，于是开始周游列国。

孔子先到卫国，《论语·子路》："鲁、卫之政，兄弟也。"鲁国是周公之政的延续，卫国是康叔之政的延续。周公与康叔是同父同母兄弟。孔子认为卫有可能行道。卫灵公积极热情地安顿了孔子一行，也想用孔子之道治国。但卫灵公的年轻夫人南子干政，而孔子不能与之苟同，卫灵公又无能力控制局面，于是孔子住了十个月后离开了卫国，想到陈国去传道、弘道。

孔子经过匡地，被误以为是当年暴虐匡地的阳虎，被围攻了五日。弟子们很恐惧，但孔子很有信心，说："文王既没，文不在兹乎？天之将丧斯文也，后死者不得与于斯文也。天之未丧斯文也，匡人其如予何！"后来，在宁武子的帮助下得以摆脱。然后经过蒲地，克服了饥饿、窘迫，一个月后，又回到卫国。

卫灵公的夫人南子设法逼迫孔子与之相见。孔子不得已而见之。孔子仍坚持行道的原则，不能迎合南子。而卫灵公竟然与南子同乘一车，使宦者雍渠参乘，让孔子乘第二辆车，招摇过市。孔子认为卫灵公好色过分，不重视道德规范，不足以谋政治国。于是只住了一个多月，就又离开卫国，经过曹国到宋国去。

孔子在宋国一棵大树下与弟子们演礼。演礼本身就是向宋国传道，影响宋国君臣上下。宋司马桓魋恐孔子受到宋国国君的重用,影响自己的地位,于是疯狂地驱逐孔子,砍倒了大树,追杀孔子。弟子劝孔子快跑,孔子沉着镇定,说:"天生德于予,桓魋其如予何?"

孔子到郑国,与弟子相分离,孔子独自一人站在郑国东门,子贡到处寻找老师,郑国人说,东门有个人面目像尧,脖项像皋陶,肩头像子产,往下一看像疲惫不堪的丧家犬。子贡把这话告诉孔子,"孔子欣然笑曰:'形状,末也。而谓似丧家之狗,然哉!然哉!'"孔子如此艰难地奔波,就是为了宣传、推行仁义道德,推行各守名分的礼的规范,宣传中庸之道的修养高境界。

孔子于是到了陈国,为司城贞子管家政。其间陈国国君有要事往往与孔子商量,但也未用孔子施政。有猛禽落在陈国朝廷而死,"楛矢贯之,石砮,矢长尺有咫"。(注:粗劣的短箭穿透了猛禽,石头做的箭头,箭长一尺多。)陈湣公派人去请教孔子。孔子说:"隼来远矣,此肃慎之矢也。"这只大鸟是从遥远的北方飞来的,因为这箭是东北(长白山一带)肃慎族的箭。过去武王克商后,天下大欢,使周边九夷八蛮皆来朝贺进贡。武王令其勿忘各自所长,所以各地进贡物品皆为地方特产。于是肃慎贡楛矢石砮,长一尺多。武王把这方物分给了大女儿,大女儿配虞胡公而封于陈。这宝贝随之到陈,请查找收藏宝物珍器之府库。陈湣公下令查找,果然在府库找到了楛矢、石砮。这说明孔子博学,周游列国不只是传道、弘道,也传播历史知识、文化。所以孔子周游列国不只是不受欢迎,由此可见,欢迎孔子者大有人在。于是孔子在陈国才能住上三年。一直到了晋、楚更相伐陈,吴又侵陈,陈不得其安。孔子说:"归与!归与!吾党之小子狂简,进取不忘其初。"于是孔子离开陈国。孔子不但自信,对自己的弟子也充满了信任。师生皆能为天下实现仁、礼、中庸而奋斗到底,无论遇到什么挫折,皆能坚持当初的决心和志向。

由陈离开,再次经过蒲地。正遇上公叔氏以蒲地叛卫。蒲人阻碍孔子行程。孔子弟子有一位叫公良孺的,带着自家五辆马车拜孔子为师,为人贤明,有勇力。他对孔子说:"过去我跟从夫子在匡遇难,今又遇难于此,这是命运的安排。如果蒲人威胁夫子,我要拼死与其战斗。"战斗激烈,蒲人害怕了,对孔子说:"如果你不到卫国去,我们就放了你。"孔子说:"可以!"

出了蒲地东门，孔子一行马上赶往卫国。子贡说："与蒲人订盟不到卫国去，难道订盟可以背叛吗？"孔子说："武力逼迫所订之盟，神明都不听。"可见，孔子周游列国，一边传道、弘道，一边锻炼培养弟子成才，远比只在杏坛讲学强得多。

卫灵公听孔子又来了，非常欢喜，出城迎接。但由于卫灵公衰老，懒怠于政，得过且过，也就不积极用孔子。孔子深感卫灵公不能用他施政治理卫国了，长叹一声，说："假如用我呀！一年见效，三年会有大成就。"于是第三次离开卫国。

赵简子家臣佛肸在中牟反叛，派人召见孔子。孔子想去。子路说："我听老师说，亲自做坏事的人，君子是不靠近他的。现在佛肸在中牟叛主，老师却想去为他做事，这怎么解释呢？"孔子说："我讲过这个话。但你却忘了，坚硬的玉石怎么磨也不会减损的，白白的玉石即使放入污泥中，也不会变黑的。我又不是葫芦，怎么能总是挂在架上不食用呢？"这充分体现了孔子积极出仕为官以施仁政的责任与担当精神。由于众多原因，孔子最终未能去中牟，但他又积极去赵简子那里。

《史记·孔子世家》载，孔子不被卫用，将西见赵简子。到了河边，听说窦鸣犊、舜华被赵简子杀害了，望着黄河而叹曰："美哉水，洋洋乎！丘不济此，命也夫！"大好的黄河水滔滔滚滚，我孔丘不能渡过去，这是命吧！子贡跑到跟前，问："请教老师，是什么意思？"孔子说："窦鸣犊、舜华是晋国的贤大夫。赵简子未得志时，需此二人帮助。赵简子得志了，先杀了他们，而后掌权。""丘闻之也，刳胎杀夭则麒麟不至郊，竭泽涸渔则蛟龙不合阴阳，覆巢毁卵则凤皇不翔，何则？君子讳伤其类也。夫鸟兽之于不义也尚知辟之，而况丘乎哉！"而后孔子又返回卫国，到蘧伯玉家，为其管家政。可见，孔子尽管积极求仕，以行其道，但不是谁的官他都愿意做的。对于用后杀士的赵简子，他是决不与之为伍的。孔子第四次到卫国，虽住于蘧伯玉家，但卫灵公仍然乐与之谈论国事。有一天，灵公向孔子问行军布阵之法。孔子当时认为卫国主要矛盾在内政，不在军事，于是回答说："俎豆之事则尝闻之，军旅之事未之学也。"第二天，在与孔子交谈时，灵公仰观天上的大雁，注意力不在孔子，孔子立即离卫到了陈国。

鲁相季桓子病，对其子季康子说："鲁国本当兴盛，因我得罪了孔子，影响了国事。我死后，你一定继我为相，为相一定要召回孔子。"季康子执政后本想召回孔子，可是公之鱼反对，于是采用了折中的做法，召回冉求。子贡知孔子很想回鲁国，送冉求时告诫说："你如被重用，一定要请回老师。"

孔子六十四岁时，鲁季康子又重用了子贡。冉求、子贡二人努力说服季康子。当孔子七十岁时，才正式回到鲁国。孔子去鲁凡十四岁，在周游列国的困厄之中，坚守传道弘道之决心不移，虽未能出仕为官，但弘扬仁道、礼制、中庸思想，同时也锻炼了弟子们传道弘道的能力，为其后行政施治奠定了思想与能力基础。孔子回到鲁国后，其教育办得更好。同时删诗书，订礼乐，作春秋，赞周易，为中华民族优秀文化的传承做出了伟大贡献。

百家争鸣

百家争鸣是指春秋（前770—前476）战国（前475—前221）时期，各种学派、各种思想政治观点的知识分子竞相发表自己的做人、治国以至统一天下的主张，展示了中华民族在两千多年前的伟大智慧，历史上称之为"百家争鸣"。影响力较大的有儒家、墨家、道家、法家、兵家、名家、纵横家、阴阳家、杂家、农家、小说家等。

儒家

儒家学派的代表人物：

孔子、孟子

儒家学派的代表典籍：

《诗》《书》《礼》《乐》《易》《春秋》

儒家学派代表人物的代表著作：

《论语》《孟子》

儒家思想的主要内容：

做人第一要务就是要遵循孝道，而孝道的关键在于敬。对老年父母不敬只养，与养犬马无异。敬父母，要一贯地脸色和悦，内心恭敬；一贯地和顺，不只是养父母的口体，重要的是养父母的心，顺父母的情义。而对父母非分的要求，甚至违法违礼的要求，子女要尽心力说服规劝。孝子的最高境界是使全家都奉公守法，父母有个好名声。子女在家做到孝，到社会上就一定能做到孝悌忠信礼义廉耻。忠臣出于孝子，所以孝子在社会上一定能受到重用。只有孝亲才能敬长，只有孝亲敬长者，才能真正关爱天下人的父老乡亲。爱人亲民就是"仁"。惟仁者能爱人，能关心别人。下敬上，上爱下，互相讲求"忠恕"之道。"己所不欲，勿施于人。""己欲立而立人，己欲达而达人。""老吾老以及人之老，幼吾幼以及人之幼。"在此基础上，全社会要讲规矩，守法则，这就是"礼"。就个人讲，每个人首先要明确自己是干什么的，自己应是什么位置，自己的地位身份是什么。要找准自己的位置，明确自己应该做什么，不应该做什么，应得到什么待遇，不应有的不能拿。在社会群体中，要严格遵循具体的规章制度，找准位置，应当讲话时讲应该讲的话，不讲不应讲的话。不应当讲话时，不要急于表白。讲话时要看环境、气氛，要顾全大局，要考虑他人的感受。每个人都应该做好自己分内的工作，不要受外界干扰。而礼的践行需受仁德制约。礼需合乎仁德，才能认真践行，如违仁德，什么礼法都是非理的，不可行的。每个人都能如此而为，则能做到"君君、臣臣、父父、子子"。而这一切尚需处事中庸，无过无不及，恰到好处；处事绝不极端，绝不偏颇，公正，公平，且要做到事事中庸，时时中庸，随时随事都要做到中庸，使人们的修养达到最高境界。

墨家

代表人物：

墨子

代表著作：

《墨子》

思想主张：

"兼爱""非攻""尚贤""薄葬""节俭"。

墨家思想代表了手工业者的利益。

道家

代表人物：

老子、庄子

代表著作：

《老子》《庄子》

思想主张：

老子主张万物皆源于道，万物运行规律就是道，"道法自然"，人的一切活动都应顺其自然。上善若水，水利万物而不争。因而道家主张不争、不斗、不勉强，任事物自然发展。尊重天道，反对人们违背自然之所为。主张无为，但老子也说："爱民治国，能无为乎？""明白四达，能无知乎？"即老子的无为是不为违背自然之事，有利于国家人民之事还是要努力去做的。

庄子主张，人一生要追求绝对自由，以至要忘掉自己的躯壳，毫不受外界功名利禄所牵累，修养的最高境界是"形如槁木，心如死灰"，与万物成为一体。

法家

代表人物：

商鞅、韩非

代表著作：

《商君书》《韩非子》

思想主张：

法家主张治国教民一切皆依法而行。法律是最高准绳。

兵家

代表人物：

孙武、孙膑

代表著作：

《孙子兵法》《孙膑兵法》

思想主张：

《史记·孙子吴起列传》载："太史公曰：'世俗所称师旅，皆道孙子十三篇。'

孙武凭军事才能为吴王阖闾重用，使吴国西破强楚，入郢，北威齐晋，显名诸侯。孙武既死，后百岁有孙膑。膑生阿鄄之间，膑亦孙武之后世子孙也。"《孙子兵法》《孙膑兵法》影响中国军事史两千多年。尤其《孙子兵法》，广泛影响欧洲、日本。据载法国拿破仑极为重视《孙子兵法》，战争中，手不离《孙子兵法》。此书对中国近现代战争史的影响尤其广远。《孙膑兵法》长期失传，但1973年在山东临沂银雀山出土汉墓中，发现了《孙膑兵法》，经过整理，已面世多年。《孙子兵法》《孙膑兵法》在世界军事史上是两颗灿烂的明珠，一直影响着军事科学的研究与战争实践的研究。

名家

代表人物：

公孙龙子、惠施

思想主张：

其学说主要有"合同异""离坚白"。所谓"合同异"，即认为万物之"同"与"异"都是相对的，皆可"合"其"同""异"而一体观之。该说以惠施为代表。其提出"历物十事"，即"天与地卑，山与泽平""泛爱万物，天地一体"等十个命题。而公孙龙子主要学说是"离坚白"，其认为一块玉石，用眼只能望其"白"，而不知其"坚"，用手去摸，只能感到其坚硬，而不知其白。因此，其认为"坚"和"白"是分离的，彼此孤立的。其又提出著名命题"白马非马"。"合同异"强调了事物的统一性，"离坚白"强调了事物的差异性。

阴阳家

代表人物：

邹衍

代表著作：

阴阳的概念最早见于《易》，五行的概念最早见于《尚书》，到战国时期阴阳、五行合流形成了一种以阴阳变化、五行转换为理论基础的天地观。其著作在《汉书·艺文志》中记载有二十一种，今已看不到了。但其思想在其他著作也有影响与遗存，诸如《史记·秦始皇本纪》《吕氏春秋·应同》《礼记·月令》

等，还有阴阳五行思想的影子。

纵横家

代表人物：

苏秦、张仪

思想主张：

纵横家是战国时期列国争雄，互相加强外交攻势而产生的外交学派。一派以苏秦为首，主张山东六国，燕、齐、赵、魏、韩、楚南北联合，形成一条共同抗秦的纵向防线，一定坚不可摧。防止为秦各个击破，以至全部被消灭。另一派以张仪为首，主张秦国与山东几国形成缓和局势，虽不能做到友好，也不为敌，哪怕其持观望想法也好。这是一条横的统一战线，而后就近蚕食，以至各个吞并。连横之得逞，务须破坏合纵；合纵之得行，务须阻住连横之祸水。所以二者奔走于列强小弱之间，朝云暮雨，纵横捭阖，为达自己之目的、愿望，无所不施，无所不用其极。

杂家

代表人物：

吕不韦

代表著作：

《吕氏春秋》

思想主张：

吕不韦等杂家学派，事实上是想做个综合全面学派。他们的旗帜是兼各家之所长，汇于一体；"兼儒、墨，合名法"，贯通百家思想。对诸子百家兼收并蓄，也反映了战国时期天下统一的需要，富有包容海涵之气度。

农家

代表人物：

许行

思想主张：

农家学派重视农业生产，强调任何人必须耕地，不耕地者不得食。反对社会过分分工。

春秋末期至战国时期,各家学派各持己见,热心于治世利天下者,学说蜂起,不止百家。但影响大者,史有所载者,以上十家为代表。百家争鸣为中华民族文化史、思想史的发展奠定了极为丰厚而坚实的基础。基本上形成了中华民族传统文化体系。百家争鸣是中国历史上第一次全面的思想大解放,对于促进民族思想文化发展创造了一个模式,为以后历代提供了繁荣思想文化的参照。

"焚书坑儒"

秦始皇建立统一王朝之初,就意识到儒术为立国之不可缺。他设了七十位博士为国策顾问,其中有儒生淳于越,后又有名儒叔孙通和伏生等人。这说明秦始皇统一天下后采用了吕不韦调和学术、调和治国方略等主张,并未拒绝儒家参政。

"焚书坑儒"是有其具体背景的,直接目的是统一舆论,巩固封建人一统政权。秦始皇"焚书"并非不分青红皂白凡书就烧。博士所掌图书不焚;秦的史书不焚;医药、卜筮、种树之书不焚。《史记·秦始皇本纪》载,秦始皇对"焚书"的看法:"吾前收天下书不中用者尽去之;悉召文学方术士甚众,欲以'兴太平'。"烧掉有碍封建一统的书,除去人们不同政见,使民愚朴顺从。而国策顾问博士所掌图书未烧,以供统治阶级制定统治术作参考。其目的是要使人民更易于统治,使统治者更会统治。这与《论语·泰伯》"民可使由之,不可使知之"的思想是同一道理。

至于"坑儒",《史记·秦始皇本纪》讲得非常清楚:方士侯生、卢生以求仙药为名骗取利禄,攻讦秦始皇后遁逃;韩众、徐市哄骗秦始皇耗资数万,逃去不报。而这些人素得秦始皇恩宠,败露后,始皇大怒,于是殃及池鱼:"使御史悉问诸生,诸生传相告引,乃自除犯禁者四百六十余人,皆坑之咸阳。"其实,事之发端不在儒,所坑之人亦不全是儒。《史记·秦始皇本纪》写得明明白白:所坑的是"诸生",并非"诸儒生"。当然,"焚书"之中有儒书,"坑儒"之中有儒生,但并非因他们是儒生,也并非因他们宣传儒家思想。儒生淳于越在廷议时大倡儒道,也并未因此而被诛戮。

实质上，被坑之人是因其在思想上、舆论上未认可秦王朝的合理存在，制造秦暴速亡的舆论，威胁了秦始皇的统治，所以相应的镇压也是合乎政治逻辑的。所以，可以认定秦始皇并未完全摒弃儒家思想。

兴太学、重察举、独尊儒术

西汉董仲舒发展了儒家理想社会的思想，他说："大富则骄，大贫则忧，忧则为盗，骄则为暴，此众人之情。圣者使富者足以示贵而不至于骄，贫者足以养生而不至于忧，以此为度而均调之。"这样才能保证封建统治阶级的长远利益。那么如何"均调"呢？董仲舒认为只有靠儒家的道德教化。所以他大力主张以教化治国。他说："圣人之道不能独以威势成政，必有教化。"他首倡"兴太学、选贤士、独尊儒术"。他所倡导并付诸实施的以儒家教化治民兴邦的治国方略，不但影响了两汉三百多年，而且一直影响了整个封建社会。其某些措施于今日仍有其值得借鉴之处。

1. 兴办太学

董仲舒认为要想以礼乐巩固大一统的封建帝国，必须有宣传、贯彻、实施儒道的人才。而要得到人才，必须教育培养。董仲舒认为汉武帝虽然注重求贤治国，可是并未求得贤才，其主要原因在于平素忽略了人才的培养。他说："夫不素养士而欲求贤，譬犹不琢玉而求文彩也。故养士之大者，莫大乎太学。太学者，贤士之所关也，教化之本原也。……臣愿陛下兴太学，置明师，以养天下之士，数考问以尽其材，则英俊宜可得矣。"董仲舒于此强调求贤治国，需首先教育培养人才，而培养人才的最好办法是兴办太学，聘请贤德明师执教，严加教诲考察，就一定会培养出英俊贤士。

2. 重视察举

董仲舒不但主张兴办太学培养人才，还主张重视察举，即重视选拔人才。他反对论资排辈，提议扩大选士范围。反对只从高官厚禄者子弟中选拔官吏和以年资论优劣的做法。

主张选拔人才要看具体能力，不要论年资。这就促使选官者以真才实学为重，尽力避免选举有误。然后把选来的人才"量材而授官，录德而定位"。无德无能者就难以混入官场。这种选拔人才不论资历以及对选拔者的奖惩方式值得后世借鉴。

3. 独尊儒术

以儒家教化思想治国，首要的就是以儒家思想统一人们思想。而汉初以降70年来，"师异道，人异论，百家殊方，指意不同，是以上无以持一统；法制数变，下不知所守"。不确立儒家思想的统治地位，就无从谈起以儒家的教化治国。所以，董仲舒"以为诸不在六艺之科孔子之术者，皆绝其道，勿使并进。邪辟之说灭息，然后统纪可一而法度可明，民知所从矣"。这就是"罢黜百家，独尊儒术"。

说是"罢黜百家"，而百家思想并未完全消失。百家之中对当时社会有用的部分逐渐融进了儒家思想。由于百家思想的融入，儒家思想也就不纯了，当然也就更丰富了。罢黜百家，统一了思想，扫除了教出多门的现象，使人民受同一思想的教化，有利于巩固发展中央集权的封建帝国。

石渠阁会议

石渠阁是汉朝宫廷中的一个藏书阁楼，汉宣帝在汉武帝独尊儒术之后，为进一步弘扬发展儒家思想，在公元前51年亲自主持召集二十多名儒者在石渠阁召开五经讨论会，辩论五经异同。石渠阁会议的目的在于统一儒家思想学说以至礼仪规范，以利于汉朝思想大一统，国家大一统。

《汉书·儒林列传》记载，参加石渠阁辩论五经异同者有施雠、梁丘临、萧望之、刘向、林尊、周堪、张山拊、韦玄成、薛广德等二十余名儒者代表人物。各展其长，各抒己见。每一问题辩论结果由汉宣帝亲自裁判。石渠阁会议对五经中的重大分歧以及诸项礼仪制度，经过反复论辩，多有统一。会议记录经过整理，形成《石渠议奏》一书，又名《石渠论》。此书内容基本全佚，只在唐杜佑《通典》中有若干片段得以保存。

经过石渠阁五经大辩论会议后，对经书的理解有了大体的遵循，易于通过经书统一人们的思想认识。这次会议后，为以后历代继续对经书统一认识树立了范式。如东汉举行了白虎观会议，就是在石渠阁会议基础上的进一步深入。乃至以后的经学会议，无不如此。因此，石渠阁会议是经学学术会议的首善之举，其功绩是不可抹灭的。

石渠阁会议后，汉宣帝下旨，又增设了梁丘易、大小夏侯尚书、谷梁春秋博士。

白虎观会议

白虎观是东汉京城洛阳的一座宫观。东汉汉章帝诏令太常、将军、大夫、博士、诸儒于白虎观举行讲议五经同异。仿效当年汉宣帝在石渠阁辩论经书故事，以进一步统一人们对儒家思想及其指导下的各项规章制度。这次会议就叫白虎观会议。

这次重要的学术大会由汉章帝亲自主持。参加者有魏应、淳于恭、贾逵、班固、杨终等大儒士。会间，由魏应秉皇帝旨意发问，诸儒士反复讨论，达成共识后，由淳于恭代表诸儒作答，汉章帝裁决。逐个问题研讨，讨论了几个月。最后，把会议记录整理成一部书《白虎议奏》，后为班固写的《白虎通义》所代替。

鹅湖会议

南宋孝宗淳熙二年（1175），吕祖谦秉承朱熹之意与陆九龄、陆九渊兄弟进行学术讨论，以消除分歧的本意，邀请陆九龄、陆九渊到今江西省铅山县鹅湖山上的鹅湖寺进行学术讨论。

《宋史·儒林四》载吕祖谦："尝读陆九渊文喜之，而未识其人。考试礼部，得一卷，曰：'此必江西小陆之文也。'揭示，果九渊，人服其精鉴。"即吕祖谦久仰陆九渊学识、为人。吕祖谦又很崇敬陆九龄，说："所志者大，所据者实。"正因为此，吕祖谦乐成其事，积极沟通二陆与朱熹会面。

《宋史·儒林四》载:"九渊尝与朱熹会鹅湖,论辩所学多不合。"据《陆九渊集》卷三十六《年谱》载,鹅湖之会的中心议题是"教人之法"。"鹅湖讲道,诚当今盛事,伯恭盖虑朱、陆议论犹有异同,欲会归于一,而定所适从。""论及教人,元晦之意,欲令人泛观博览而后归之约;二陆之意欲先发明人之本心,而后使之博览。"这里讲的"伯恭"即吕祖谦,其担心朱、陆意见分歧,不好遵循,希望通过辩论达成一致。当时争论很激烈,三天辩论,未能统一。但也不失君子之风,彼此互相尊重,成为了终生之友。而后来朱熹到南康做官,陆九渊前去拜访。朱熹请陆九渊到白鹿洞书院为其弟子们讲"君子小人喻义利一章,听者至有泣下。熹以为切中学者隐微深痼之病"。其实,这也是"鹅湖之会"的成果。鹅湖之会讨论的内容还有"格物致知""心即理"发明本心等命题。

鹅湖之会是中国古代思想史上,学者文人的第一次重要的学术讨论会,促进了学术发展,也为以后的中国学术发展奠定了基础。

鹅湖会议,当年是在鹅湖山上鹅湖上面的鹅湖寺举行的,而后于此建立了四贤堂。1250年理学家们在此成立了书院,南宋王朝赐名为"文宗书院"。明朝正德年间将书院迁至山顶,改名"鹅湖书院",后因火毁,移至山脚下今址,仍名"鹅湖书院"。

鲁恭王坏孔子壁

《史记·五宗世家》载:"鲁恭王馀,以孝景前二年用皇子为淮阳王。二年,吴楚反破后,以孝景前三年徙为鲁王。好治宫室苑囿狗马。季年好音,不喜辞辩。为人吃。"

《汉书·景十三王传》所载,与《史记》所载同,均未提及"坏孔子壁"事,但皆言其"好治宫室苑囿",这是坏孔壁之前提。

唐代孔颖达是孔子裔孙,其所写作之《尚书序》晚于《史记》。《尚书序》说:"及秦始皇灭先代典籍,焚书坑儒,天下学士逃难解散,我先人用藏其家书于屋壁。汉室龙兴,开设学校,旁求儒雅,以阐大猷,济南伏生,年过九十,失其本经,口以传授,裁二十余篇。以其上古之书,谓之尚书。百篇之义,世莫得闻。至鲁恭王好治宫室,坏孔子旧宅,以广其居,于壁中得先人所藏,古文虞夏商周之书,及传论语、孝经。皆科斗文字。王又升孔子堂,闻金石丝竹之音,乃不坏宅。悉以书还孔氏。科斗书废已久,时人无能知者,以所闻伏生之书,考论文义,定其可知者,为隶古定,更以竹简写之。增多伏生二十五篇。伏生又以舜典合于尧典,益、稷合于皋陶谟,盘庚三篇合为一,康王之诰合于顾命,复出此篇,并序,凡五十九篇。"

由此可知,鲁恭王欲广其宫殿,毁坏孔子家的旧墙壁,发现了科斗文字的《尚书》《论语》《孝经》等。在此发现之前,公认的是伏生凭记忆用汉隶写出来的"今文尚书",而从孔子壁中发现的是"古文尚书",篇数不同,其中有的文字也有争议,成为以后"今文经"与"古文经"之争的缘起。

今、古文经之争

秦始皇焚书坑儒之后,经书多数被毁,而《易》被认为是卜筮之书未毁。汉兴以后,逐渐重视典籍,收集天下图书。收集途径有二:一是靠活着的老儒背诵经书,如山东济南伏生九十余岁,尚能背诵《尚书》,当时朝廷派晁错负责记录整理。而当时类似晁错等人皆是用汉隶文字记录、誊写口述经书的。这汉隶写的经书,即今文经。第二,据《尚书序》记载,鲁恭王坏孔子壁,发现了古文字科斗文写的《尚书》《论语》《孝经》等,而用古文字书写的经书尚有一途,即河间王刘德,"修学好古,实事求是。从民得善书,必为好写与之,留其真"。同时河间王赏给献书人金帛,于是四方之人"有先祖旧书,多奉以奏献王者"。所以河间王得旧书越来越多,"献王所得书皆古文先秦旧书,《周官》《尚书》《礼》《礼记》《孟子》《老子》等"。可见,西汉前期就构成了"今文经"与"古文经"不同局面。当初,这仅是经书文字形式不同以及随之而来的有些内容的差别的争论,但逐渐为不同政见者所借用。今古文经之争就成了不同政见者的争论了。当然,少数人仍是在文字真伪上恪守学术之争。

今文经学者尊孔子为后世制订礼乐的"素王";古文经学者认为孔子是"圣人",是"先师"。今文经学者认为"六经"皆出于孔子,古文经学者认为"六经"是原本就有的史料,经过孔子整理而成书。今文经学者认为汉代隶书写的"五经"均为正确版本;古文经学者认为汉隶书写的"五经"仅是本真"五经"的一部分。

今古文经之争,一直持续到清末,时起时消,在论争过程中,二者逐渐融合,互相借鉴,有利于学术的进步。

(第九部分执笔:刘北芦)

参考文献

[1] [唐]陆德明.经典释文[M].北京：中华书局，1983.
[2] [宋]程颢，程颐.二程遗书[M].上海：上海古籍出版社，2000.
[3] [宋]钱时.融堂四书管见[M].沈阳：沈阳出版社，1998.
[4] [宋]袁甫.蒙斋中庸讲义[M].沈阳：沈阳出版社，1998.
[5] [宋]朱熹.四书集注[M].长沙：岳麓书社，1985.
[6] [明]邓退庵.四书补注备旨[M].三义堂藏版，光绪丙戌重镌.
[7] [明]李贽.四书评[M].上海：上海人民出版社，1975.
[8] [清]陈士珂.孔子家语疏证[M].上海：上海书店，1987.
[9] [清]崔述.崔东壁遗书·孟子事实录[M].上海：上海古籍出版社，1983.
[10] [清]戴震.孟子字义疏证[M].北京：中华书局，1961.
[11] [清]焦循.孟子正义[M].上海：中华书局，1936.
[12] [清]康有为.论语注[M].北京：中华书局，1984.
[13] [清]康有为.孟子微[M].北京：中华书局，1987.
[14] [清]刘宝楠.论语正义[M].北京：中华书局，1957.
[15] [清]阮元.十三经注疏[M].北京：中华书局，1982.
[16] [清]王夫之.船山遗书[M].北京：北京出版社，1999.
[17] [清]王念孙.广雅疏证[M].北京：中华书局，1983.
[18] [清]张岱.四书遇[M].杭州：浙江古籍出版社，1985.
[19] 白新良.中国古代书院发展史[M].天津：天津大学出版社，1995.
[20] 白卓然，张漫凌.中国历代易学家与哲学家[M].哈尔滨：黑龙江人民出版社，2018.

[21] 本书编辑委员会. 易学百科全书[M]. 上海：上海辞书出版社，2018.

[22] 蔡尚思. 论语[M]. 成都：巴蜀书社，1996.

[23] 蔡志荣. 书院与地方社会：以明清湖北书院为中心考察[M]. 北京：中国社会科学出版社，2014.

[24] 陈枫. 白话论语[M]. 西安：三秦出版社，2002.

[25] 陈科华. 孔子思想研究[M]. 北京：人民日报出版社，2002.

[26] 陈科华. 儒家中庸之道研究[M]. 桂林：广西师范大学出版社，2000.

[27] 丹明. 中庸的智慧[M]. 北京：现代出版社，2006.

[28] 董洪利. 孟子研究[M]. 南京：江苏古籍出版社，1997.

[29] 董连祥. 论语赏析[M]. 北京：中央电大出版社，1990.

[30] 樊克政. 书院史话[M]. 北京：社会科学文献出版社，2012.

[31] 傅佩荣. 解读孟子[M]. 上海：上海三联书店，2007.

[32] 顾明远等. 中国教育大百科全书[M]. 上海：上海教育出版社，2012.

[33] 顾明远. 教育大辞典：增订合编本[M]. 上海：上海教育出版社，1998.

[34] 胡国珍. 中国古代名人分类大辞典[M]. 北京：华语教学出版社，2009.

[35] 季啸风. 中国书院辞典[M]. 杭州：浙江教育出版社，1996.

[36] 蒋伯潜. 十三经概论[M]. 上海：上海古籍出版社，1983.

[37] 教育大辞典编纂委员会. 教育大辞典[M]. 上海：上海教育出版社，1991.

[38] 金景芳等. 孔子新传[M]. 长沙：湖南出版社，1991.

[39] 金银珍，凌宇. 书院·福建[M]. 上海：同济大学出版社，2010.

[40] 匡亚明. 孔子评传[M]. 济南：齐鲁书社，1985.

[41] 李诚忠. 教育词典[M]. 哈尔滨：黑龙江科学技术出版社，1989.

[42] 李方. 敦煌《论语集解》校证[M]. 南京：江苏古籍出版社，1998.

[43] 李国钧，王炳照，李才栋. 中国书院史[M]. 长沙：湖南教育出版社，1994.

[44] 李启谦. 孔门弟子研究：孔子文化大全[M]. 济南：齐鲁书社，1988.

[45] 李泽厚. 论语今读[M]. 北京：生活·读书·新知三联书店，2004.

[46] 李振宏. 圣人箴言录——《论语》与中国文化（元典文化丛书）[M]. 开封：

河南大学出版社，1995.

[47] 刘兆伟.《大学》《中庸》诠评 [M]. 北京：中国社会科学出版社，2013.

[48] 刘兆伟. 论语通要 [M]. 北京：人民教育出版社，2008.

[49] 刘兆伟. 孟子译评 [M]. 北京：中华书局，2011.

[50] 骆承烈. 历代帝王与孔子 [M]. 济南：山东友谊出版社，1999.

[51] 骆承烈. 孔子祖籍考 [M]. 郑州：中州古籍出版社，1996.

[52] 毛礼锐，沈灌群. 中国教育通史 [M]. 济南：山东教育出版社，1985.

[53] 南怀瑾. 论语别裁 [M]. 上海：复旦大学出版社，1998.

[54] 南怀瑾. 孟子旁通 [M]. 上海：复旦大学出版社，1996.

[55] 庞朴. 儒家辩证法研究 [M]. 北京：中华书局，1984.

[56] 庞朴. 中国儒学 [M]. 上海：东方出版中心，1997.

[57] 钱穆. 论语新解 [M]. 成都：巴蜀书社，1985年.

[58] 钱逊. 儒学圣典：论语 [M]. 昆明：云南人民出版社，2001.

[59] 桑楚，连山注. 论语全鉴 [M]. 北京：北京联合出版公司，2015.

[60] 山东孔子学会. 鲁文化与儒学 [M]. 济南：山东友谊出版社，1996.

[61] 深圳大学国学研究所主编. 中国文化与中国哲学 [M]. 北京：东方出版社，1987.

[62] 思履. 论语全书 [M]. 昆明：云南人民出版社，2013.

[63] 汤一介. 和而不同 [M]. 沈阳：辽宁人民出版社，2001.

[64] 汤一介. 中国传统文化中的儒道释 [M]. 北京：中国和平出版社，1988.

[65] 唐兰. 中国文字学 [M]. 上海：上海古籍出版社，1999.

[66] 王立斌. 书院纵横 [M]. 长沙：湖南大学出版社，2016.

[67] 王蔚，梦溪. 论语注释及人物类编 [M]. 济南：山东大学出版社，2016.

[68] 王兴业. 孟子研究论文集 [M]. 济南：山东大学出版社，1984.

[69] 萧兵. 中庸的文化省察 [M]. 武汉：湖北人民出版社，1997.

[70] 谢谦. 国学词典 [M]. 成都：四川辞书出版社，2018.

[71] 徐志刚. 论语通译 [M]. 北京：人民文学出版社，2002.

[72] 杨伯峻. 论语译注 [M]. 北京：中华书局，1980.

[73] 杨润根.发现论语[M].北京：华夏出版社，2002.

[74] 杨树达.论语疏证[M].上海：上海古籍出版社，1986.

[75] 幺峻洲.论语说解[M].济南：齐鲁书社，2003.

[76] 叶绍钧.十三经索引[M].北京：中华书局，1983.

[77] 于建福.孔子的中庸教育哲学[M].北京：中央编译出版社，2004.

[78] 张岱年.孔子百科辞典[M].上海：上海辞书出版社，2010.

[79] 张岱年.中国哲学大辞典[M].上海：上海辞书出版社，2010.

[80] 张立文.传统文化与东亚社会[M].北京：中国人民大学出版社，1992.

[81] 张立文.传统文化与现代化[M].北京：中国人民大学出版社，1987.

[82] 张立文.儒学精华[M].北京：北京出版社，1996.

[83] 张念宏.教育百科辞典[M].北京：中国农业科技出版社，1988

[84] 张念宏.中国教育百科全书[M].北京：海洋出版社，1991.

[85] 朱汉民.中国书院（第8辑）[M].长沙：湖南大学出版社，2013.

[86] 朱作仁.教育词典[M].南昌：江西教育出版社，1987.

后 记
POSTSCRIPT

《儒学入门》一书，由酝酿、准备材料到编写出版，用时久矣。明明德孔子学堂创办人刘奇先生于2015年即考虑编写一部学习儒家思想、弘扬中华优秀传统文化的入门书，遂与沈阳师范大学刘兆伟教授商量此事。之后，商定编写此书人选，思考编写提纲，准备资料。于2018年9月开始写作，2020年3月完稿。

《儒学入门》由刘奇主编，刘振宇、赵伟、刘北芦任副主编。具体分工为：刘奇负责全书的策划、构思、结构设计与统稿；赵伟编写第一、二、三、七部分，及第四部分中的思孟学派、程朱理学、泰山学派、阳明学派、陆王学派；刘振宇编写第五、六部分，及第四部分的其余内容；刘北芦编写第八、九部分。另有陶双彬、郑欣、王娟、施华莎、孟宪丽、张文艳、赵楷夫参与撰写了孔孟弟子的部分内容，均付出了辛劳，于此铭志。

刘兆伟教授协助刘奇先生做了一些制定编写提纲、组织编写等有关工作，于此铭志。

刘奇先生多年来斥资兴学，主持编写多部国学教材，独资资助出版，默默地为弘扬中华民族优秀传统文化做贡献，对辽宁省、沈阳市弘扬传承中华民族优秀传统文化工作起到了重要的推动作用。其功当表，其劳可嘉。

事实胜于雄辩。自2012年以来，刘奇先生创办明明德孔子学堂至今九年，公益课程从未间断，聘请名师讲课，传播社

后　记

会正能量,得到社会广泛而充分的肯定。《儒学入门》就是刘奇先生为初学者编写的一部针对性极强的学习儒学的入门书。切望学人多提观感。

本书当出版之际,还要衷心感谢辽宁人民出版社的领导和相关编辑老师的大力支持。

书中引用了部分学界成果及相关资料,在此一并致谢。

《儒学入门》编委会

二〇二一年三月